美国·亚太地区国家海洋战略研究丛书

印度海洋战略研究

MARITIME STRATEGY OF INDIA

上海市美国问题研究所·主编
宋德星·著

时事出版社

图书在版编目（CIP）数据

印度海洋战略研究/上海市美国问题研究所主编；宋德星著．—北京：时事出版社，2016.10
ISBN 978-7-80232-966-9

Ⅰ.①印… Ⅱ.①上…②宋… Ⅲ.①海洋战略—研究—印度 Ⅳ.①E351.53

中国版本图书馆 CIP 数据核字（2016）第 221242 号

出 版 发 行：时事出版社
地　　　址：北京市海淀区万寿寺甲 2 号
邮　　　编：100081
发 行 热 线：（010）88547590　88547591
读者服务部：（010）88547595
传　　　真：（010）88547592
电 子 邮 箱：shishichubanshe@sina.com
网　　　址：www.shishishe.com
印　　　刷：北京市昌平百善印刷厂

开本：787×1092　1/16　印张：23.5　字数：305 千字
2016 年 10 月第 1 版　2016 年 10 月第 1 次印刷
定价：95.00 元

出版说明

党的十八大报告提出了建设海洋强国的战略目标。而为了达到这一目标，则必须依靠综合国力，建立一整套完整的海洋战略。自从海洋向人类展示其作为海上通道的魅力之时，海洋也自然成为连接国与国之间的一个重要桥梁，也成为了外交的重要舞台，海上纷争的战场。因此，在建立海洋战略的同时，对于周边地区各国的海洋战略，我们也必须加以明察。只有这样，才能够从容应对，才能建立我们自己更为完整的海洋战略体系。出于这样的目的，上海市美国问题研究所策划了一套《美国·亚太地区国家海洋战略丛书》，通过汇集多方之力，力求完成这一目标。

我所策划的这套丛书共计八本，全面展示了美国、俄罗斯、日本、韩国、越南、菲律宾、印度以及澳大利亚这八个国家的海洋安全战略、海洋管理战略、海洋经济战略、海洋环保战略、海洋教科文战略以及海洋国际政治与外交战略等，一方面促进了我们对周边各国具有更全面的认识，另一方面也可以对制定我国的海洋战略起到重要的借鉴作用。

该丛书自策划之始，便抱着严谨的学术态度，汇集各个专家多次召开学术会议，从撰写提纲到充实内容，都数易其稿。随着时间的推移，根据新问题、新情况的出现，不断追踪充实，力求与时俱进。对此，我所还遍访相关专家，力求寻找参加编撰的最佳人选，聘请了上海社会科学院金永明研究员、国家海洋局于保华与李双建研究员、解放军国际关系学院成汉平教授与宋德星教授、华东师范大学国际关系与地区发展研究院肖辉忠博士和韩冬涛博士、上海交通大学薛桂芳教授、上海外国语大学廉德瑰教授、上海政法学院朱新山教授、吉林大学李雪威教授等高校和科研机构的专家分别撰稿。历时两年多时间终于得以全部完成。书稿完成之后，我所还聘请了冯绍雷、于向东、张家栋等著名专家进行严格评审，力求做到尽善尽美。

自从本丛书策划和编撰开始之时，便受到了来自各界的支持和帮助，上海市社会科学界联合会、上海社会科学院出版社等单位对本丛书给予了巨大的帮助，国防大学战略研究所前所长杨毅海军少将为本丛书撰写了总序，对此我们表示由衷的感谢。

对于本丛书的编撰，我所常务所长胡华统筹策划、亲力亲为；朱慧、叶君、龙菲组织协调，落实安排；汪道、李奕昕和章骞先后承担联络工作，确保该丛书出版的顺利进行。虽然在出版过程中遇到了很多未曾预料的问题，但经过不懈的努力，将这套丛书展示在了读者的面前。当然，由于本丛书难免还存在各种不足之处，我们真诚地希望各位读者和专家给予指正，提出宝贵的意见。

最后，我们要特别感谢时事出版社苏绣芳副社长以及各位编辑，正是他们的悉心努力，这套丛书才能够得以顺利出版。

上海市美国问题研究所

2016 年 8 月 26 日

总　　序

中国正处在发展的历史新起点，正在进入由大向强发展的关键阶段。我国发展仍然处于可以大有作为的重要战略机遇期，但战略机遇期内涵发生深刻变化，我国发展既面临许多有利条件，也面临不少风险挑战。

随着综合国力的增强和国际影响力的上升，我国的战略回旋空间和面临的压力同步上升。各种安全挑战中的“内忧外患联动效应”突出，我们维护国家安全利益与发展利益的“两难选择”特征增加了我们运筹国家安全的难度。在实现社会主义小康社会的冲刺阶段，避免跌入“中等收入陷阱”和“修昔底德陷阱”，是我们内政与外交的两个重大课题。

对内，统筹好经济“调结构、稳增长与防风险”三者之间的关系，确保我国经济持久、健康发展是一项重要而艰巨的工作。在新常态下，我国经济发展表现出速度变化、结构优化、动力转化三大特点，增长速度从高速转向中高速，发展方式从规模速度型转向质量效率型，经济结构调整要从增量扩能为主转向调整存量、做优增量并举，发展动力要从主要依靠资源和低成本劳动力等要素投入转向创新驱动。当前，我国经济社会发生深刻变化，改革进入攻坚期和深水区，社会矛盾多发叠加，面临各种可以预见和难以预见的安全风险挑战。

对外，我国和平发展与民族复兴给外部世界特别是给美国等西方国家带来的冲击处于一个激烈的相互磨合和相互适应阶段，各国对华政策也处在一个变化路口，并且可塑性比较强的阶段。中国的外部安全环境继续呈现双重压力状态，即：美国对我国的战略防范和周边部分国家对我国的恐惧与担忧。这双重压力“相互借重，复合交汇”，在涉及与我国利益冲突问题上一拍即合，对我们形成“同步压力”。

我们运筹国家安全正面临着两大矛盾：第一，我们国家迅速扩展的安全和发展利益和有限的保卫手段之间的矛盾；第二，增强保护国家利益手段的迫切性与日益增长的外部制约因素之间的矛盾。

我国经济发展，对外贸易额的增长以及能源供应都对海上运输产生了越来越大的依赖，海上航道的安全已经成为国家安全的重要环节，它不但涉及经济安全，也是国家整体安全的重要组成部分。然而，我国对海上航道的需求的不断上升，与我国海上防卫力量的不足形成了鲜明的反差。

我国外部安全环境，来自陆地方向的大规模军事入侵基本上可以排除，但是来自海洋方向的安全挑战日益增多。美国推进亚太战略“再平衡”，强化在我国周边地区，特别是海洋方向的军事力量部署和活动强度，对我国的周边安全环境形成了巨大压力。

无论是维护国家安全，还是发展经济，经略海洋都已经在战略上形成了刚性需求。党的十八大提出了“建设海洋强国”的战略目标，把经略海洋作为推进中华民族伟大复兴事业的重要组成部分与途径之一。建设海洋强国的内涵丰富，包括提高海洋资源开发能力、海洋运输能力、海洋执法能力、海洋防卫能力，发展海洋经济，保护海洋生态环境，坚决维护国家海洋权益，把我们国家建设成一个世界性的海洋强国。

中国地缘上是一个陆海复合型的国家，虽然在古代曾经有过丰富多彩的海上实践，早在西方的“大航海时代”开始以前，郑和就率领过举世无双的庞大船队远航到了非洲，古代的海上丝绸之路也曾经连接到了欧洲。但是，进入近现代以后，由于传统的观念落后和其他综合因素，中国却不幸地沦落为一个海洋弱国，饱受西方列强的欺凌。在我国从来没有像现在如此接近民族复兴梦想的今天，作为一个世界国家整体面向海洋，这在中华民族的历史上还是第一次，它对世界的冲击是可想而知的。

古希腊著名历史学家修昔底德认为，当一个崛起的大国与既有的统治霸主竞争时，双方面临的危险多数以战争而告终。对于大海，中国还是一个后发的国家，然而，中国建设海洋强国的步伐速度之飞快、规模之宏大，免不了引起一些国家心理上的危机感，他们既无法阻止，又不可抗拒，更难以适应。

19 世纪末、20 世纪初著名的地缘政治学家，美国海军军官、历史学家，《海权论》的作者阿尔弗雷德·塞耶·马汉（Alfred Thayer Mahan）通过对十七八世纪重商主义和帝国主义时期的海上强国英国历史的大量研究，提出了关于美国海军政策、海军战略、海军战术的一系列基本原则。马汉《海权论》的核心观点是，海洋是世界的中心；谁控制了世界核心的咽喉航道、运河和航线，谁就掌握了世界经济和能源运输之门；谁掌握了世界经济和能源之门，谁就掌握了世界各国的经济和安全命脉；谁掌握了世界各国的经济和安全命脉，谁就（变相）控制了全世界。马汉学说在美国被捧为金科玉律，尤其在两次世界大战之间的 20 多年中已经构成了美国军事战略的灵魂。马汉的海权论在西方，乃至世界的影响依然巨大。

马汉通过对17世纪和18世纪的英国历史进行推导，设定了六项他表示普遍适用、永恒不变的“影响海权的一般条件”：（1）地理位置；（2）自然构造；（3）领土范围；（4）人口数量；（5）民族性格；（6）政府的特征和政策。

现代海权更是一个复杂的体系，虽然马汉的六大要素依然发挥着作用，但是对这其中第六个要素，也就是政府的特征和政策则更有进一步拓展的必要。我们不妨根据其功能将其分为“硬件”和“软件”两大部分。其中“硬件”包含海军、海洋管理体制和机构、海洋产业和海洋科技实力等构成海权的客观物质要素；而“软件”则包括海洋管理法律制度、海洋价值观和海洋意识，这些非物质因素在海权的发展和维系方面则具有不可替代的独特作用。

各国的海洋战略也正是通过这几大要素辐射而出的，而且随着进入了21世纪，在这国际政治多极化、经济全球化、军事信息化的时代，海洋战略更是具有崭新的色彩。

以往排他性海上霸权逐渐让位于功能更复杂和更国际化的当代海权观念。这一当代海权观念新颖和核心的特点是，海上力量已无力追求单极的全球霸权与秩序，相对于日益崛起的太空和空天复合力量，海权的黄金时代已经成为历史。即使对于拥有绝对海军优势的国家，在国际政策中，单纯利用海权优势也不可能实现自身的利益。这些国家即使有能力轻易获得海上战争的胜利，其外交、经济和其他代价，也是其决定行动时不得不再三综合考虑的因素。这也与当代全球经济和政治的急遽整合趋势是一致的。

在这一背景下，在这个意义下，全球化时代的海洋战略，还加入了维护海上安全、保护海洋环境等内容，其根本目的就是保护现有经济格局的安全，维护现今给大多数国家带来利益的全球秩序的稳定。海洋战略是一个综合海洋经济、海洋政治、海洋军事、海洋法制、海洋环境等一系列因素的复杂问题。

中国奉行的是和平发展道路，而不是走历史上传统大国崛起靠军事扩张，甚至通过发动战争来实现自己战略目标的旧路。正如国家主席习近平所强调的，中国愿同各国一道，构建以合作共赢为核心的新型国际关系，以合作取代对抗，以共赢取代独占，树立建设伙伴关系新思路，开创共同发展新前景，营造共享安全新局面。

面对当今世界复杂的海上局势，中国如何更好地走向海洋、经略海洋，需要我们在战略上很好地把握，搞好战略规划与运筹。对此，我们不仅仅只是开拓出一条具有中国特色的和平发展的海上战略，同样重要的，还应当对世界各国，尤其是中国周边海上国家的海洋战略加以清晰地了解，明确地掌握。

上海市美国问题研究所将美国、日本、韩国、越南、菲律宾、澳大利亚、印度以及俄罗斯这八个国家的海上战略进行了系统的梳理。据我浅薄所知，国内至今还没有见过这样一套系列丛书。这样一套系列丛书的面世，对于今后中国如何面向大海，如何制定相应的海上战略而言，具有非常宝贵的参考价值。这样一套系列丛书的顺利出版，对于服务于建设海洋强国，对于推进中华民族伟大复兴事业都是一件值得庆贺的好事。

对于海洋战略这样复杂的问题，分国家加以考察更要花费巨大的辛劳和探索。对此，上海市美国问题研究所动员了全国的相关专家，历经多年的努力，集中全力对这套丛书进行了编撰，取得了丰硕的学术成就。

为了适应世界多极化、经济全球化、合作与竞争并存的新形势，扩大与沿线国家的利益汇合点，与相关国家共同打造政治互信、经济融合、文化包容、互联互通的利益共同体和命运共同体，实现地区各国的共同发展、共同繁荣，中国政府提出了建设“一带一路”倡议。其中，“二十一世纪海上丝绸之路”的战略规划将促进构建海上互联互通、加强海洋经济和产业合作、推进海洋非传统安全领域的全面合作，也将拓展海洋人文领域的合作。在建设“二十一世纪海上丝绸之路”的大业中，了解各国的海洋战略，更是必不可少。我相信，这套系列丛书会为照亮“二十一世纪海上丝绸之路”的拓展前程做出特殊的贡献。

《美国·亚太地区国家海洋战略研究丛书》浸透了所有参与者的辛勤劳动与心血，当广大的读者从中受益的时候，也是对为这套丛书顺利撰写、编辑、出版和发行而做出各自贡献的人们表示感谢的最好方式。

2016年仲夏，于北京

目　　录

绪　论

作为一个有着悠久历史和灿烂文化的文明古国，印度因其日益显现的巨大权势和大国欲求而为世界各国所重视。在《大外交》一书中，亨利·基辛格（Henry Kissinger）曾写道："二十一世纪的国际秩序……到时至少会有六大强权：美国、欧洲、中国、日本、俄罗斯，可能再加上印度……"[①] 美国著名国务家和地缘政治理论家兹比格纽·布热津斯基（Zbigniew K. Brzezinski）也持同样的观点，认为"印度正处在把自己确立为一个大国的过程之中，并把自己视为一个潜在的重要全球性角色"。[②]

显然，印度的全球性角色作用不仅体现在对大陆事态的影响上，还体现在印度洋上。作为印度洋沿岸首屈一指的大国，印度的海洋雄心有目共睹，海上优势尽为人知，其海洋战略规划也业已出台。在世界主要大国高度重视海洋、战略取向上日益由陆向海的大背景下，探究印度的海洋战略，无疑具有十分重要的现实意义。像其他沿海国家一样，印度的海洋战略作为其国家战略在海洋事务领域的体现，主要基于对海洋战略思想传统、海上安全环境和国家海洋利益的系统思考，由海洋安全战略和海洋发展战略这两大分支战略组

---

① ［美］亨利·基辛格著，顾淑馨、林添贵译：《大外交》，海口：海南出版社，1998 年版，第 16 页。

② ［美］兹比格纽·布热津斯基著，中国国际问题研究所译：《大棋局——美国的首要地位及其地缘战略》，上海：上海人民出版社，1998 年版，第 61 页。

成，旨在全面统筹海上力量的建设与运用、海洋秩序的缔造与维护、海上安全保障、海洋经济发展、海洋科技进步、海洋环境保护等事关国家安全与发展的诸多重要问题，以便为印度成长为海洋强国提供行动框架和政策指导。作为中国学者，在研究印度海洋战略时，既要以印度的基本政策主张和海洋战略的缔造与实施作为分析对象，又要立足于世界政治、特别是海洋政治发展大势，来理性辨识其海洋战略的主要维度与根本方面，及其对于中国的意义。

一、 印度海洋战略研究之意义

作为新兴大国和中国的近邻，印度的海洋战略尽管主要囿于印度洋及其周边地区，但其对于中国的影响仍不可小视。特别是在美国大力推行“亚太再平衡”政策、中国“一带一路”倡议强劲起步、印度洋和太平洋出现新的战略聚合趋势，即“印太”战略区日渐生成的当下，关注印度的海洋战略，特别是其中的安全战略维度，无疑具有十分重要的现实意义。

首先，研究印度的海洋战略是理解印度国家战略的重要抓手之一。从 1947 年脱离英国成为独立的国家起，印度不仅是南亚地区最大、最重要的国家，而且由于其深入印度洋的半岛位置，自然地成为了印度洋地区权力政治的中心之一。20 世纪 80 年代以来，大国对于海洋控制和海洋资源的争夺日趋白热化。特别是进入新世纪后，海洋成为任何一个有着大国抱负的国家不能不强力争夺的战略空间。对于印度来说，成为海洋强国意味着能够有效地控制印度洋，进而将权势影响投射到周边海区，使之成为印度争做“有声有色的大国”的重要战略支撑。实际上，早在 20 世纪 80 年代，印度就确立了立足南亚、控制印度洋、争当世界一流大国的国家战略总目标。正如印度学者米什拉（R. N. Misra）所说：“如果没有恰当地考察海洋维度，任何对于印度国家安全问题进行的认真的研究都将是不完整的。”① 可见，研究印度的海洋战略，是理解印度国家战略必不可少的一个维度。

其次，研究印度的海洋战略，特别是其中的海洋安全战略，有助于把握印度海上力量建设与海上力量运用的真实意图，认清其致力于海洋强国战略目标的根本动能。虽然独立初期印度在英国的印度洋霸权的庇护下一度忽视了海军的建设，但是随着20世纪60年代后期英国势力逐步撤出苏伊士运河以东地区，以及印度自身海洋意识的强劲复苏，特别是自身实力的显著增长，印度加速了海军力量建设的步伐。及至21世纪，随着国家崛起的加速和海洋利益的日益拓展，印度开始以高昂的姿态加入到了印度洋控制权的争夺之中。为此，印度分别出台了《印度海洋学说》(Indian Maritime Doctrine)、《自由使用海洋：印度海上军事战略》(Freedom to Use the Seas: India's Maritime Military Strategy)、《海洋议题：2010—2020》(Maritime Agenda: 2010—2020) 等官方文件，详细阐述了印度的海洋政策愿景，以及海洋安全战略和海洋发展战略的方方面面，彰显了印度作为一个海洋大国崛起的壮志雄心。所以，研究印度的海洋战略，分析印度在该地区的战略目标及其手段运用，对于认清印度洋地区秩序、基本战略态势、主要国家海上力量对比、印度洋地区安全等方面的发展变化意义重大。

第三，研究印度的海洋战略，有助于明了其对中国国家利益的多维影响，进而为中国政府制定切实可行的印度洋战略提供有益的智力支持和政策启示。就中国而言，印度洋地区是中国国家利益增长较快、增量较大的区域之一。印度洋不仅对于中国的经济安全、能源安全以及海上通道安全具有重要意义，还对中国在新世纪里成

---

① R. N. Misra, *Indian Ocean and India's Security* (Delhi: Mittal Publications, 1986), p. VII.

长为海洋强国具有试验意义。① 换言之，作为崛起中的亚洲大国，印度的海洋战略将直接影响亚洲的海洋秩序，因而不可避免地影响着中国的国家安全。特别是随着中国“一带一路”倡议的实施，中国海外国家利益拓展明显加快，其势必同印度的海洋战略目标和印度的海洋利益相交汇，这既带来了合作的机遇，也增加了潜在冲突的风险。所以，深入研究印度的海洋战略，对于加强中印间的海上合作、化解矛盾冲突，从而保持良好的中印关系，具有现实意义。

二、 主要研究路径选择

对于印度洋和印度海洋战略这一主题在学术意义上的研究，国外和国内已有成果比较起来可谓差距巨大。毋庸讳言，这方面，国外的研究成果可谓丰硕且多元。而就国内学术界而言，尽管中国有过郑和下西洋的辉煌历史，尽管中国在印度洋地区的利益存在和利益拓展显著增大，但一个基本的事实是：很长时间里，中国学术界对于印度洋地区的现当代研究还远不能满足国家的现实政策需求。可喜的是，这一情况正在改变。一方面得益于译介，我们对于印度洋的历史和晚近事态有了更多也更为全面的了解。② 另一方面，得益于学术开放和交流，特别是国家的政策牵引，中国学界对于印度洋重要性的认识明显地上了一个台阶，相关研究机构、专门学术期刊和研究团队也日渐成长壮大，一批学术论文和专著先后出版，从而

① 参见宋德星：“中国经略印度洋的战略谋思”，《战略研究》2013 年第 6 期，第 66—73 页。

② 这方面的译著主要有：［印］K·M·潘尼迦著、德隆、望蜀译：《印度和印度洋——论海权对印度历史的影响》，北京：世界知识出版社，1965 年版；［美］A·J·科特雷尔和 R·M·伯勒尔编、上海外国语学院译：《印度洋：政治、经济、军事上的重要性》，上海：上海人民出版社，1976 年版；［印］克·拉简德拉·辛格著，周水玉、李森译：《印度洋的政治》，北京：商务印书馆，1980 年版；［印］K·R·辛格著，崔峰等编：《南亚海军》，北京：海潮出版社，2005 年版；［美］罗伯特·卡普兰著，吴兆礼、毛悦译，《季风：印度洋与美国权力的未来》，北京：社会科学文献出版社，2013 年版。

极大地丰富了有关印度洋和印度海洋战略的学术智识，开阔了学术视野。就印度洋、包括印度海洋战略研究而言，国内外的研究主要采取了三种基本的研究路径：

1. 世界体系指向的长历史时段研究

历史研究、特别是文明史的视角，是学者们探究印度洋的一个十分重要的方法路径。就像塞缪尔·亨廷顿（Samuel P. Huntington）所指出的那样，文明即价值、文化和体制，深刻地影响着国家如何界定它们的利益。[①] 印度文明作为世界八大文明之一，[②] 必然会在其对外战略中有所反映。也就是说，印度的政策行为、外交哲学必然与它的文化传统相一致。某种意义上甚至可以说，正是由于古代印度灿烂文明和悠久历史所创造的辉煌成就，使得印度始终以大国姿态自居，并尽力追求、维护这种大国地位。在海洋事务上，就是决心主导印度洋。结果，从文明史角度研究印度洋以及印度的海洋政策与海洋战略行为，便成为学者们的一项学术自觉。[③]

在《印度洋研究》（Indian Ocean Studies：Cultural，Social，and Political Perspectives）一书中，尚蒂·莫里斯（Shanti Moorthy）和阿什拉夫·贾迈勒（Ashraf Jamal）将印度洋视为“人类全球化的摇篮”（cradle of human globalization），指出其有力促进了非洲、阿拉

① ［美］塞缪尔·亨廷顿著，周琪等译：《文明的冲突与世界秩序的重建》，北京：新华出版社，2002 年版，第 15 页。

② 同上书，第 29 页。

③ 随着殖民时代的到来，印度洋史学研究开始逐渐消退。有学者指出，就好像一个繁华的充满了船只和人员的大海突然被清空，其水流失殆尽。作为一个纯粹的“英国内湖”，印度洋不再为历史学家所刻意关注。所以，毫不奇怪，19 世纪的历史学家将研究兴趣转向了别处，首先是伟大的陆地帝国——英国统治下的印度。历史书籍也一样，转而讨论土地收入、财产权利、印度社会组织等。至于印度洋，它对于历史学家来说，只是作为英国展示其帝国霸权的舞台，即论说延续上千年的“土著”海上活动的“崩溃”，因为他们受到了西方“致命一击”。这一状况直到 20 世纪才有所改变。见 Michael Pearson, *The Indian Ocean* (London: Routledge, 2003), esp. ch. 7; Kenneth McPherson, *The Indian Ocean: A History of the People and the Sea* (Delhi: Oxford University Press, 1993), p. 4; p. 8; Homas R. Metcalf, *Imperial Connections: India in the Indian Ocean Arena, 1860 - 1920* (Berkeley: University of California Press, 2007), p. 9.

伯世界、印度次大陆、东南亚和中国之间的文化和经济交往。[①] 肯尼思·麦克弗森（Kenneth McPherson）认为，正是印度洋地区的民族、文化和经济的交融，使得印度洋地区成为了一个独特的“世界”，而这个本质上一统的印度洋世界根本上由长途海上贸易所造就。[②] 鲁特·巴尔内斯（Ruth Barnes）则以纺织业为切入点，探讨了纺织业在印度洋社会生活和文化中的特殊作用。[③] 而这方面集大成者，当数印度学者乔杜里（K. N. Chaudhuri），其主要研究成果有：《亚洲世界的贸易和英国东印度公司，1660—1760》（The Trading World of Asia and the English East India Company，1660 - 1760）、《印度洋贸易与文明——从伊斯兰教崛起到1750年的经济史》（Trade and Civilisation in the Indian Ocean：An Economic History from the Rise of Islam to 1750）、《欧洲人到来之前的亚洲：印度洋经济和文明（从伊斯兰教的崛起至1750年）》（Asia before Europe：Economy and Civilisation of the Indian Ocean from the Rise of Islam to 1750）等。[④] 与西方学者相反，在乔杜里眼中，印度对于印度洋世界的生成贡献巨大。

在文明史研究中，长时段历史的研究方法尤为学者们所青睐。特别是法国杰出的年鉴派代表人物费尔南德·布罗代尔（Fernand Braudel）提出“地中海世界”（Mediterranean world）这一海洋空间概念并将之作为研究宏大历史进程的基础以来，海洋便成为超越民族国家界限的有益的分析单元。正因为如此，聚焦于海洋历史（the history of a sea or ocean）的学术研究便成为了一股潮流，其中包括

---

① Shanti Moorthy，Ashraf Jamal，eds.，*Indian Ocean Studies：Cultural，Social，and Political Perspectives*（London：Routledge，2012）.

② McPherson，*The Indian Ocean*，1993.

③ Ruth Barnes，ed.，*Textiles in Indian Ocean Societies*（London：Routledge，2012）.

④ K. N. Chaudhuri，*The Trading World of Asia and the English East India Company，1660—1760*（Cambridge，London：Cambridge University Press，1978）；*Trade and Civilisation in the Indian Ocean：An Economic History from the Rise of Islam to 1750*（Cambridge，New York：Cambridge University Press，1985）；*Asia before Europe：Economy and Civilisation of the Indian Ocean from the Rise of Islam to 1750*（Cambridge，New York：Cambridge University Press，1990）.

了对印度洋地区历史的研究。例如，就有学者借用布罗代尔的研究范式，提出了“印度洋非洲”（Indian Ocean Africa，IOA）的概念，来取代传统的以地理和政治划分非洲的理论范式。[①]

同样地，从整体视角出发探讨印度洋世界中的南亚次大陆的作品更是不在少数。在《帝国纽带：印度洋地区的印度（1860—1920）》（Imperial Connections：India in the Indian Ocean Arena，1860—1920）一书中，托马斯·R. 梅特卡夫（Thomas R. Metcalf）指出，印度不仅仅是诸多英国殖民地中的一个，或资本主义体系的“外围”，或“次等公民”争取自由之地，它还是一个节点——人民、思想、商品、制度等一切确保帝国生存的要素——向外辐射的节点。他特别强调：对于南非（特别是对于纳塔尔[②]）来说，对于中非和东非来说，对于阿拉伯和海湾沿岸来说，对于印度洋上的岛屿来说，对于马来群岛及其之外的地区来说，与大英帝国的联系不仅仅在伦敦，还在加尔各答、孟买和马德拉斯。[③] 当然，除了对经济、文化和政治方面的探讨，还有对权势转移这类事关世界历史走势的根本问题的研究。这方面，英国海军上将 G. A. 巴拉德（G. A. Ballard）于 1927 年撰写的《印度洋的统治者》（Rulers of the Indian Ocean）一书，阐述了从史前人类在印度洋上的航行到 20 世纪初英国在印度洋地区享有霸权的历史，揭示了印度洋上霸权的兴衰，特别是历史在印度海洋战略形成过程中发挥的重大作用。[④] 与之类似，被称为“印度现代海权理论之父”的 K. M. 潘尼迦（Kovalam Madhava Panikkar）在《西方在亚洲的统治》（Asia and Western Dom-

① 所谓“印度洋非洲”，指的是印度洋和红海沿岸所有的非洲地区，该非洲地区因其与印度洋世界有着直接或间接的经济联系得以成长为一个政治区域，因而成为了学者们从海洋视角探究非洲沿海地区政治经济和社会文化发展的有益尝试。Gwyn Campbell，“The Indian Ocean World：Africa in the First Global Economy”，*Transforming Cultures eJournal*，Vol. 3 No 2，November 2008. http：//epress. lib. uts. edu. au/journals/TfC.

② 纳塔尔是南非的一个省，殖民者入侵前，祖鲁人曾在这里建立过国家。

③ Metcalf，*Imperial Connections*，p. 1.

④ G. A. Ballard，*Rulers of the Indian Ocean*（London：Duckworth，1927）.

inance）一书中，着力论述了欧洲海洋强国通过控制印度洋、进而控制整个亚洲的内在机理。①

应当指出，世界体系方法不仅使印度洋在人类历史进程中重新找到了自己的位置，而且使得该地区成为当代世界的一个十分重要的分析单元。正因为如此，今天仍有不少学者从世界历史大进程中来审视印度洋以及印度的海洋战略。

2. 权势政治视角下的安全战略研究

二战后，随着冷战的展开，两极格局的固化，权势政治理论在很大程度上指引着国际问题研究，包括印度洋和印度海洋战略研究。换言之，权势政治视角下的安全战略研究，是冷战背景下印度洋和印度海洋战略研究的一大特色。特别是 20 世纪 60 年代末以来，随着英国势力的撤离，美苏在印度洋的角逐成为了印度洋地区最大的政治现实。结果，冷战将印度洋地区撕裂，历史见证了印度洋地区国家的内战、边境战争、猜疑和紧张、暴乱和恐怖主义、武器竞赛和核武化，也见证了包括经济发展模式、政治体制、社会制度、文化和宗教传统等方面的多元发展。该地区的民族国家是如此的分裂和敌对，特别是对国家安全和主权的重视和强调，以至于它们不可能像欧盟那样走到一起形成一股一体化性质的地区力量。尽管有过“印度洋和平区”（Zone of Peace）与“印度洋无核区”（Indian Ocean Nuclear-Free Zone）的倡议和呼吁，但均无果而终。结果，在国际关系学界和地缘政治理论界中，印度洋经常被划分为四个次战略区域来论述，即东非、中东、南亚和澳大拉西亚（东南亚和澳大利亚的结合），而不是将印度洋视为一个单一的战略区域。② 这方面，《超级大国在印度洋上的竞逐》（Superpower rivalry in the Indian O-

① K. M. Panikkar, *Asia and Western Dominance*: *A Survey of the Vasco Da Gama Epoch of Asian History*, *1498—1945*（Kuala Lumpur：The Other Press，1953）.

② Manoj Gupta, *Indian Ocean Region*: *Maritime Regimes for Regional Cooperation*（New York：Springer，2010），p. 265.

cean）一书可谓是典型代表作，作者们分别从美国和印度的视角出发，探讨了美苏在印度洋地区的冷战政策与广泛影响。[①] 与之类似，K. R. 辛格（K. R. Singh）在《印度洋：大国进驻与地区反应》（The Indian Ocean：Big Power Presence and Local Response）一书中，较为系统地阐释了大国与地区国家在印度洋地区的互动情况及其战略效应。[②]

冷战后，有关印度洋研究的理论范式再次发生了显著变化，两个因素的相互作用促成了这一结果：一是冷战后海洋治理新机制的出现，二是国际政治角逐的中心正从陆地走向海洋。如今，现实情势是：对海洋日益高强度的利用远远超出了海洋的承载力，印度洋也不例外。这种对海洋的竞逐不仅可能而且正在引发新的安全问题甚至是冲突。实际上，在有关海洋科学研究、渔业管理、环境保护等方面，国际社会强调相互依赖和合作；但在海上安全和海洋权益保护方面，却强调国家利益和力量运用之必要。这一海洋政治现实同样反映在相关研究之中。例如，印度国家安全委员会前顾问、印度智库——观察家基金会的研究员拉贾·莫汉（C. Raja Mohan）在《中印在印太地区的争夺》（Sino-Indian Rivalry in the Indo-Pacific）一书中，就认为中印之间已经从陆上边界之争，转移到了印度洋的控制之争；[③] 美国知名战略学者、长期担任军方顾问的罗伯特·卡普兰（Robert D. Kaplan）在其力作《季风：印度洋与美国权力的未来》（Monsoon：The Indian Ocean and the Future of American Power）一书中，通过对中国、印度、巴基斯坦、孟加拉国、斯里兰卡、印度尼西亚、缅甸、阿曼、坦桑尼亚等国家的印度洋政策的审视，描绘了

① Selig S. Harrison and K. Subrahmanyam eds., *Superpower rivalry in the Indian Ocean: Indian and American perspectives* (Oxford: Oxford University Press, 1989).

② K. R. Singh, *The Indian Ocean: Big Power Presence and Local Response* (Columbia, Mo.: South Asia Books, 1978).

③ C. Raja Mohan, *Sino-Indian Rivalry in the Indo-Pacific* (Washington D. C.: Carnegie Endowment for International Peace, 2012).

一幅大印度洋地缘政治图景，展示了在一个没有超级大国的世界里，印度洋如何成为冲突和贸易的中心，进而呼吁美国重视印度洋地区。[①] 其他的关于国别印度洋安全战略的作品，诸如所谓中国“珍珠链战略”（“String of Pearls” Strategy）的论述，更是鲜明地凸显了大国权势博弈和地缘角逐的色彩。[②]

3. 国际机制观念下的海洋秩序研究

在印度洋和印度洋地区，国际机制的培育相比较而言不仅滞后，而且困难重重。但另一方面，冷战后传统安全威胁和非传统安全威胁在印度洋地区交织且越来越严重。贫困与不发达、资源匮乏、小型武器的扩散、毒品走私、战争与内战、弱国家安全外溢问题、海盗以及恐怖主义威胁、海啸与海平面上升等问题，严重影响着印度洋沿岸国家和岛国的安全稳定与发展进步。在这种背景下，加强国际机制建设，使之有助于塑造一个良好的印度洋秩序，便成为新时期印度洋沿岸发展中国家的一致愿望。结果，诸如印度洋海洋观测体系区域联盟、印度洋委员会（Indian Ocean Commission，IOC）、环印度洋区域合作联盟（the Indian Ocean Rim Association for Regional Cooperation，IOR-ARC）[③]、印度洋海军论坛（the Indian Ocean Naval Symposium，IONS）等机制应运而生，并在各自的功能领域发挥着独

---

① Robert D. Kaplan, *Monsoon: The Indian Ocean and the Future of American Power* (New York: Random House, 2011).

② 这方面可参见 Gurpreet S · Khurana, “China's ‘String of Pearls’ in the Indian Ocean and Its Security Implications”, *Strategic Analysis*, Vol. 32, No. 1, January 2008; Toshi Yoshihara, “Chinese Views of India in the Indian Ocean: A Geopolitical Perspective”, *Strategic Analysis*, Vol. 36, No. 3, May 2012, pp. 489 - 500; Swaran Singh, “China's Forays into the Indian Ocean: Strategic Implications for India”, *Journal of the Indian Ocean Region*, Vol. 7, No. 2, 2011, pp. 235 - 248; Iskander Rehman, “China's String of Pearls and India's Enduring Tactical Advantage”, *IDSA Comment*, 8 June 2010. Http: //www. idsa. in/idsacomments/ChinasStringofPearlsandIndiasEnduringTacticalAdvantage_ irehman_ 080610; Harsh Pant, “China's Naval Expansion in the Indian Ocean and India-China Rivalry”, *The Asia-Pacific Journal*, Vol. 18, No. 4, 2010. http: //www. japanfocus. org/-Harsh _ V _ - Pant/3353.

③ 环印度洋区域合作联盟在 1997 年成立时英文缩写为 IOR - ARC，现英文全称为 Indian Ocean Rin Associatin，缩写为 IORA。

特的作用和影响。

相应地，学术界对于印度洋地区现有国际机制的研究兴趣开始增强。例如，马诺杰·古普塔（Manoj Gupta）就详细论述了有关印度洋地区合作方面的海洋机制的情况；① 借助于案例分析和比较研究的方法，学者们探讨了印度洋地区机制对于印度洋治理和良好秩序建设的成效与不足。这方面，G. V. C. 奈杜（G. V. C. Naidu）就从印度视角出发，分析指出了环印度洋区域合作联盟尽管重点关注区域贸易便利化与自由化，但却没有任何实质性举措来推进这方面的建设。② 当然，相比于历史研究和安全战略研究，这方面的成果显得明显不足。③

基于主题，同时得益于已有研究成果及其方法论启示，本书主要采用了长历史时段研究与战略研究的基本路径，而没有采用国际制度的分析框架——尽管书中对于印度参与的印度洋国际机制也有所涉猎。理由很简单，战略问题的研究，首先必须回到战略史中去寻找答案。印度作为一个有着悠久历史的文明古国，只有长时段、大纵深地回顾印度海洋思想传统和独立后印度海洋政策与海洋战略的发展历程，才能从根本上把握印度海洋战略的内涵和本质，并对影响其未来走向的根本因素进行深度剖析。基于战略研究的基本思路，地缘政治也就自然地成为了印度海洋战略研究不可或缺的方法之一。我们知道，地缘政治以权势（特别是权势的军事方面）为基

① Gupta, *Indian Ocean Region*, 2010.

② G. V. C. Naidu, "Propectives for IOR-ARC Regionalism: An Indian Perspective," *Journal of the Indian Ocean Region*, Vol. 8, No. 1, 2012, pp. 21 – 36.

③ 有关这方面的论述可参见 K. M. Panikkar, "Regional Organization for the Indian Ocean Area", *Pacific Affairs*, Vol. 18, No. 3, Sep., 1945, pp. 246 – 251; Derek McDougall, Indian ocean regionalism, *The Round Table: The Commonwealth Journal of International Affairs*, Vol. 86:, No. 41, 1997, pp. 53 – 66; P. V. Rao, "Indian Ocean maritime security cooperation: The Employment of Navies and Other Maritime Forces", *Journal of the Indian Ocean Region*, Vol. 6, No. 1, 2010, pp. 129 – 137; Gupta, *India Ocean Region*. 其中特别参见："Part III: Indian Ocean Rim Power to Govern the Sea", pp. 129 – 255.

本概念、以安全或同安全有关的权势扩张为基本价值取向，并把国家行为置于全球战略框架之中进行总体把握。显然，这一方法有助于理解印度海洋战略的地缘效应，特别是在全球战略格局大调整的背景下印度海洋战略的当今意义。

三、 框架结构与写作思路

借助战略研究的基本理论范式，基于历史和地缘政治视角，全书主体部分包括结语在内共分为八章。

第一章在对印度洋和印度洋地区的自然与人文地理情况进行简要概述的基础上，着力从长历史时段出发，全面审视了印度洋地区权势的兴衰变化，包括西方在印度洋殖民统治地位的确立，现当代主要大国在印度洋地区的权势博弈，并系统归纳了印度洋地区主要地缘战略特质，以期从地缘政治的分析架构出发，来把握印度洋的历史与现状。

第二章重点分析了印度的海洋战略思想传统，包括经典时代印度基于在孟加拉湾和阿拉伯海的涉海实践而生成的特色各异的海洋思想，达·伽马（Vasco da Gama）时代以来印度海洋思想传统的湮灭、渐次复苏与再建构，现当代印度具有典型代表性的海洋思想观念，目的在于揭示印度海洋战略思想的多元特性和嬗变机理。

第三章是印度海洋决策体制与机制，主要从民事和军事两方面入手，来阐释印度海洋决策的主要维度：一是包括航运和贸易活动在内的民事决策机制，一是涉及海上力量建设与运用的战略决策体制。本章主要强调指出，印度的海洋决策既依托于国家安全决策机制，又具有海洋决策自身的特性和内在逻辑要求。

第四章的主题是印度的海洋安全战略。为此，本章从陆海复合型国家理论切入，论述了印度国家安全观念的二元化分野，剖析了新时期印度的三大海洋关切，勾画了印度的海洋安全认知逻辑，进而在此基础上全面论说了新时期的印度海洋安全战略。

第五章主要阐释了印度的海洋经济科技与海洋发展战略。作为印度海洋战略中至关重要的组成部分，印度海洋经济、科技和环境保护对其国民经济来说越来越重要。正是基于海洋经济的发展关切，连同其海洋国土意识和海洋秩序观，催生了印度基本的海洋国策主张，它们共同构成了当今印度的海洋发展战略。

第六章侧重于印度海洋战略的军事维度，即海军建设与力量运用。为此，分别论说了独立到1970年代初、1970年代初至1990年代末、新世纪以来这三个历史时期印度海军建设情况。指出作为支撑和彰显印度大国地位的一支重要的武装力量，经过几十年的建设与发展，印度海军无论是现代化程度、力量规模，还是指挥体系、海军战略方面，均取得了令人赞叹的成就。

第七章着重分析了影响印度海洋战略未来走势的根本因素，包括21世纪全球地缘政治大图景、印度的世纪性崛起、印度洋主要力量架构以及印度海洋观念的发展变化等方面。其内在逻辑是：外在战略环境与主观战略认知、现实利益与长远目标追求交互作用，决定着印度海洋战略的发展演进方向。

结语部分简明论述了印度海洋战略与中国的逻辑关联性，强调指出：在印度的海洋战略中，中国因素始终存在，且多以负面和消极的方式起作用。对此，中国应审慎应对，综合施策，确保国家利益的最大化。

总之，印度的海洋战略就是紧随形势和任务的变化，基于国家战略目标，在经济繁荣和海军力量方面形成鲜明的联系，从而保护和促进印度巨大而多样的海洋利益。具体地，印度海洋战略主要包括了两大分支战略，即属于低级政治领域的海洋发展战略和属于高级政治领域的海洋安全战略，它们相互作用，有机契合，共同服务于印度的海洋强国地位追求。

第一章　地缘政治视角下的印度洋

在人类居住的地球上，就其自然地理特征而言，最令人印象深刻的，当属七分水域三分陆地这一自然造化。转动一下地球仪，我们就会发现，大陆就像是岛屿，镶嵌在茫茫大洋之中。难怪乎英国伟大的地理学家哈尔福德·麦金德（Halford John Mackinder）要把亚洲、欧洲和非洲统称之为“世界岛”。[①] 在这个“世界岛”的南缘，即非洲大陆和亚洲东南部之间，便是印度洋。它与位居“世界岛”东西两厢的太平洋和大西洋一道，被称为世界三大洋。显然，印度洋及其印度洋地区，无论是就海洋特质而言，还是就地缘属性而论，均不同于太平洋和大西洋。可以说，认识和把握印度洋地区的主要地缘特质，是深入探究包括印度在内的主要大国的印度洋战略的基本前提。

第一节　印度洋和印度洋地区概述

印度洋，在古代中国一度被称之为“西洋”。15 世纪初，明朝

① 有关这方面的论述参见［英］哈·麦金德著，林尔蔚、陈江译：《历史的地理枢纽》，北京：商务印书馆，2010 年版；麦金德著，武原译：《民主的理想与现实》，北京：商务印书馆，1965 年版。

著名的航海家郑和曾率船队七下“西洋”，就包括了现在的印度洋地区。古希腊则把印度洋称之为“厄立特里亚海”（Erythraen Sea），意思是“红色的海”。15 世纪末，在航海大发现的浪潮中，葡萄牙伟大的航海家达·伽马率领船队从大西洋的伊比利亚半岛出发，绕过好望角，进入现今的印度洋，并抵达印度，自此欧洲人正式把“通往印度的洋”称为印度洋。[①] 可见，作为世界第三大洋，印度洋不仅文明史久远，而且地位重要。

一、 印度洋自然地理概况

关于印度洋精确的地理边界，至今仍有争议。一般认为，印度洋北接印度次大陆，西面和西北面分别是东非海岸和阿拉伯半岛；东面与泰国、马来半岛、印度尼西亚、澳大利亚相邻；南面海域与南冰洋（the Southern Ocean）在南纬 60 度处分界，该纬度线是 1959 年的《南极条约》规定的南冰洋的北部界限。其中，印度洋最西端以南非的厄加勒斯角（Cape Agulhas）处的东经 20 度线与大西洋分界；最东端与太平洋分界处位于东经 147 度线，该经线从澳大利亚的塔斯马尼亚岛的东南角（South East Cape）起，向南延展到南纬 60 度线止；最北端位于波斯湾地区伊朗境内的霍梅尼港（Iranian port of Bandar Imam Khomeini）。一般地，印度洋主要包括以下几个区域海和海区：安达曼海、阿拉伯海、孟加拉湾、大澳大利亚湾、亚丁湾、马纳尔湾、阿曼湾、拉克代夫海、莫桑比克海峡和红海，以

① 就名称而言，1544 年罗马地理学家塞巴斯蒂安·卡伯特（Sebastian Cabot）将印度洋北部海域称之为“印度洋”（Indian Ocean），将现今的印度洋中部海域命名为“绿色海洋”（Green Sea）（Mare Prasodum）；俄尔泰留斯（Ortelius）1570 年将印度洋定性为一个单一的海，将之称为“印度海”（Sea of India）；约翰·西尼克斯（John Senex）于 1725 年像卡伯特一样，将印度洋分为两块，只是名称不同而已。他将赤道以北的海域称之为“印度海”（Indian Sea），其他的海域称之为“东洋”（Eastern Ocean）。参见 Gupta，*Indian Ocean Region*，p. 57.

及南印度洋。[①] 作为世界第三大洋，印度洋水量大约为2.9213亿立方千米，总面积约为7491.7万平方公里，约占世界海洋总面积的21.1%。

在世界大洋中，印度洋的主要海域呈现出东西走向的特征，而不是像太平洋和大西洋那样南北展开。[②] 就地理而言，印度洋三面为陆地所包围，东面是东南亚的中南半岛，北面是南亚次大陆和阿拉伯半岛，西面是东非海岸。这样一幅地理图景中的印度洋，完全称得上是被陆地包裹着的海洋。所以，在麦金德的地缘政治观点中，印度洋不过是“世界岛”（world island）的一个链接区（a link area）。正因为如此，在探究印度洋时，印度洋北部海域自然地占据了人们的眼光，南印度洋则被相当程度淡化了。

印度洋上述地理特征，直接彰显了印度半岛独特的重要地位。印度半岛作为亚欧大陆的南缘，深入印度洋长达1000多英里，将印度洋北部海域分割为孟加拉湾（Bay of Bengal）和阿拉伯海（the Arabian Sea）。

其中，孟加拉湾作为印度洋北部的一个海湾，西临印度半岛，东临中南半岛，北接缅甸和孟加拉国，南部在斯里兰卡至苏门答腊岛一线与印度洋本体相交，经马六甲海峡与暹罗湾和南海相连。孟加拉湾宽约1600公里，面积约271万平方公里，平均水深2586米。在孟加拉湾中，湾顶有恒河和布拉马普特拉河巨型三角洲，而安达曼—尼科巴海脊露出海面的部分，北有安达曼群岛，南为尼科巴群岛，它们把孟加拉湾与其东部的安达曼海分开。孟加拉湾沿岸国家有斯里兰卡、印度、孟加拉国、缅甸、泰国、马来西亚、新加坡和印度尼西亚。

---

① 有学者认为，现今的印度洋应包括历史性水域在内，如波斯湾、红海等。参见 Gupta, *Indian Ocean Region*, p. 57.

② Allan Villiers, *The Indian Ocean* (London: Museum Press, 1952)，其中第15章认为，仅有太平洋、大西洋和印度洋是洋（ocean），北冰洋和南冰洋则是海（sea）。

阿拉伯海作为北印度洋的一部分，位于亚洲南部的阿拉伯半岛同印度半岛之间，其北部为波斯湾和阿曼湾，西部经亚丁湾通红海，包括亚丁湾和阿曼湾在内总面积为 386 万平方公里，平均水深 2734 米。阿拉伯海西部的亚丁湾是一个东西走向的狭长海湾，系由地层断裂形成，属于东非大裂谷的一部分。而印度河是流入该海的最大河流。在阿拉伯海床，从索科特拉岛（Island of Socotra）向东南有一条与印度洋地震带恰好重叠的卡尔斯伯格海岭（Carlsberg Ridge），把阿拉伯海分隔成阿拉伯海盆和索马里海盆，最深处达 5803 米。阿拉伯海沿海国家除印度、巴基斯坦和伊朗外，还有阿曼、也门和索马里等国。海中有索科特拉岛、库里亚穆里亚群岛（Kuria Muria）和拉克沙群岛（Laccadive Islands）。

表 1　孟加拉湾和阿拉伯海基本数据统计表

海名	位置	面积（千平方公里）	容积（千立方公里）	平均深度（米）	最大深度（米）
孟加拉湾	印度洋东北岸	2712	5616	2586	5258
阿拉伯海	印度洋西北岸	3860	10553	2734	5803

除去上述令人印象深刻的地理印记外，印度洋就其气候而言，最具世界历史意义的当属其季风流（Monsoon Drift）所产生的深远影响。

由于印度洋水域大部分处在热带和亚热带，所以它是一个热带的大洋，气候比较温暖，水温与气温都比较高。印度洋南部洋流比较稳定，终年维持一个逆时针方向的环流，由南赤道暖流、马达加斯加暖流、西风漂流和西澳大利亚寒流组成；印度洋北部，洋流随着季节变化，冬季受东北季风吹刮，形成逆时针环流；夏季因强劲西南季风，推动洋流方向变成顺时针方向。

也就是说，印度洋上季风的季节性变化给南亚和东亚地区带来的降雨，使得亚洲季风区（包括印度季风区和东亚季风区）[①] 在整个人类文明史上具有不可替代的重要作用。众所周知，作为一个古老的气候学问题，季风一词起源于阿拉伯语“Mausim”，也就是“季节”（season）的意思，英语称之为“Monsoon”。实际上，早期人们就习惯于用“季风”指代印度洋，主要是因为阿拉伯海沿岸地区风向的季节反转，即一年之中半年吹西南风，半年吹东北风。[②] 作为亚洲季风区的上游区，印度洋是亚洲季风区的水汽和能量的主要输送源地之一，并且是亚澳季风许多子系统的直接下垫面。正如一项研究所指出的，“由于印度洋所处的地理位置，它对亚洲夏季季风的影响是更加直接并且是十分重要的。”[③]

在世界大洋中，印度洋还因资源丰富而闻名于世，不仅如此，它还是世界公认的“海上生命线”。在印度洋航行或通过印度洋到其他海域，必须途经一些重要的战略通道或曰战略支点（choke points），主要包括：莫桑比克海峡、曼德海峡、苏伊士运河、霍尔木兹海峡、马六甲海峡、巽他海峡、龙目海峡。需要指出的是，这些航道不仅仅是石油运输的主干线，而且是国际煤炭贸易的主要传送带。当然，印度洋航线以石油运输线为主，此外也包括了大宗货物的运输线，主要国际线路有：

（1）波斯湾—好望角—西欧/北美航线，该航线主要由超级油轮经营，是世界上最主要的海上石油运输线。

（2）波斯湾—东南亚—远东航线，该航线东经马六甲海峡（20

① 高雅、王会军：“泛亚洲季风区：定义、降水主模态及其变异特征”，《中国科学·地球科学》2012 年第 4 期，第 555—563 页；杨梅学，姚檀栋：“亚洲季风研究进展”，《自然杂志》，1999 年第 6 期，第 330—335 页。

② 钱维宏：“季风的季节、年际和年代际变化”，《热带气象学报》2005 年第 2 期，第 199 页。

③ 杨明珠等：“印度洋海表温度主模态及其与亚洲夏季季风的关系”，《气象学报》2007 年第 4 期，第 529 页、第 535 页。

万吨载重吨以下船舶可行）或龙目海峡、望加锡海峡（20万吨载重吨以上超级油轮可行）至远东的中国、日本和韩国。

（3）波斯湾—苏伊士运河—地中海—西欧/北美运输线。该航线目前可通行30万吨级的超级油轮。

除了以上三条油运线之外，印度洋其他航线还有：远东—东南亚—东非航线；远东—东南亚—地中海—西北欧航线；远东—东南亚—好望角—西非/南美航线；澳新—地中海—西北欧航线。

在上述航线中，马六甲海峡、霍尔木兹海峡、曼德海峡、苏伊士运河、好望角尤其具有战略价值。

表2　印度洋上重要航道数据表

航道名称	沟通海域	长度（公里）	宽度（公里）	深度（米）
马六甲海峡	南海与印度洋安达曼海	1080	37—370	25—151
巽他海峡	爪哇海与印度洋	120	22—105	50—1，080
龙目海峡	巴厘海与印度洋	80	32—64	164—1360
霍尔木兹海峡	波斯湾与阿拉伯海	150	56—125	10.5—219
曼德海峡	红海与阿拉伯海	50	26—43	30—323
苏伊士运河	印度洋与地中海	172.5	160—200	15
莫桑比克海峡	南北印度洋	1670	386—960	2100—3533
好望角	印度洋与大西洋	/	/	/

二、印度洋地区人文地理概览

在人文地理方面，与大西洋和太平洋不同的是，印度洋尽管为众多国家所环绕，但印度洋国家（Indian Ocean States）主要是发展

中国家和弱国家。根据一项研究，印度洋地区国家可分为三类：[①]

27个沿海国家和岛国：澳大利亚、东帝汶、印度尼西亚、新加坡、马来西亚、泰国、缅甸、孟加拉国、印度、巴基斯坦、伊拉克、伊朗、阿拉伯联合酋长国、阿曼、也门、吉布提、索马里、肯尼亚、坦桑尼亚、莫桑比克、南非、斯里兰卡、马尔代夫、马达加斯加、塞舌尔、毛里求斯、科摩罗。

9个海湾和红海国家：沙特阿拉伯、卡塔尔、巴林、科威特、约旦、以色列、埃及、苏丹、厄立特里亚。

13个陆锁国：尼泊尔、不丹、阿富汗、埃塞俄比亚、乌干达、赞比亚、卢旺达、布隆迪、博茨瓦纳、津巴布韦、莱索托、斯威士兰、马拉维。

这样，印度洋地区共有36个沿海国家、13个陆锁国家、外加在印度洋上拥有属地的英国和法国，总共51国。

在印度洋地区，就经济发展而言，除了澳大利亚属于发达国家外，其余的印度洋地区国家均属于发展中国家，且绝大部分是前殖民地国家，如东非、中东和南亚的一些国家，因而发展问题始终是它们所面临着的首要战略任务。其中，印度和南非作为金砖国家集团的成员，经济上在印度洋地区一枝独秀，其地区和世界影响日益

---

① Gupta, *Indian Ocean Region*, p. 58, Fig. 3. 1: Map of the Indian Ocean; P. 59, Table 3. 2: List of Indian Ocean countries. 伊拉姆·卡利得（Iram Khalid）持相似的观点，认为印度洋地区国家达51个，既包括了沿岸国家，也包括了内陆国家，具体为：26个印度洋沿岸（Indian Ocean Rim）国家，5个红海国家，4个波斯湾国家，以及沙特阿拉伯、法国、英国和其他13个内陆国家。其中，就印度洋沿岸国家而言，西面，非洲大陆从亚丁湾沿岸一直延伸到厄加勒斯角，包括了厄立特里亚、吉布提、索马里、肯尼亚、坦桑尼亚、莫桑比克、南非、塞舌尔、科摩罗、马达加斯加、毛里求斯等11个国家；北面和东面亚洲部分，从苏伊士运河到马来半岛和马来群岛，包括了也门、阿曼、阿拉伯联合酋长国、伊朗、巴基斯坦、印度、孟加拉国、斯里兰卡、马尔代夫、缅甸、泰国、马来西亚、新加坡、印度尼西亚等14个国家；大洋洲方向，则主要有澳大利亚。参见 Iram Khalid, "Indian Ocean: Global and Regional Strategies", *Journal of Political Studies*, Vol. 20, Issue 2, 2013, p. 22. 就区域组织而言，1995年3月在毛里求斯宣告成立、1997年正式运作的"环印度洋区域合作联盟"（IOR-ARC）的正式成员现为18个国家，分别是：澳大利亚、印度、肯尼亚、毛里求斯、阿曼、新加坡、南非、印度尼西亚、马来西亚、马达加斯加、莫桑比克、斯里兰卡、坦桑尼亚、也门、孟加拉国、伊朗、泰国、阿拉伯联合酋长国。

明显。此外，一些中东国家，如沙特阿拉伯、伊拉克、伊朗、科威特、阿拉伯联合酋长国、卡塔尔，作为石油输出国组织（Organization of Petroleum Exporting Countries，OPEC）的成员，其经济尽管受国际经济形势和世界石油市场波动的影响较大，但借助于油气出口来换取石油美元，经济上明显好于其他印度洋国家，有的甚至属于印度洋地区的富裕国家。除了经济上普遍欠发达外，印度洋国家另一个十分明显的特征就是弱国、小国较多，甚至出现了像索马里那样的“失败国家”。总之，印度洋地区国家就大小、强弱、贫富论，差异巨大。例如，2011 年，联合国发展计划署发布的人类发展指数（human development index）显示，印度洋沿岸国家中，澳大利亚位居世界第二位，而莫桑比克则倒数第 4，位居第 184 位；印度洋沿岸国家平均人类发展指数为 0.597，低于世界平均水平（0.682）。其中，13 个印度洋地区国家的人类发展指数低于 0.522，位于较低人类发展指数行列；仅有 6 个国家高于 0.793，位于极高人类发展指数行列。[①]

文化和宗教意义上，印度洋地区国家也呈现出典型的多元化特征。仅就印度洋沿岸国家而言，伊斯兰国家就有 23 个，占了绝大多数，它们是：东帝汶、印度尼西亚、马来西亚、孟加拉国、巴基斯坦、伊拉克、伊朗、阿拉伯联合酋长国、阿曼、也门、吉布提、索马里、坦桑尼亚、莫桑比克、马尔代夫、科摩罗、沙特阿拉伯、卡塔尔、巴林、科威特、约旦、埃及、苏丹。至于其他国家，印度主要信仰印度教，泰国信仰佛教，澳大利亚则属于基督教国家。

除了差异巨大外，印度洋地区总量规模同样可观。仅就 36 个印度洋沿岸国家而言，国土总面积达 2835.19 万平方公里，人口总数达到了 23.77 亿，2013 年 GDP 总量为 91698.55 亿美元。可见，尽管印度洋沿岸国家并不发达，但其重要性却不言而喻，甚至世界主

① Michel and Sticklor, eds., *Indian Ocean Rising*, p. 10.

要大国也无法忽视这一海区。正因为如此，印度洋才显得如此的独特和富有魅力。

表3　印度洋沿海国家基本情况统计表

国别	面积（万平方米）	人口（万）	主要宗教	2013年GDP（百万美元）①
澳大利亚	769.20	2196	基督教	1505277
东帝汶	1.49	112		6147
印度尼西亚	190.44	23137	伊斯兰教	870275
新加坡	0.0699	499	佛教　伊斯兰教	295744
马来西亚	33.03	2773	伊斯兰教	312433
泰国	51.31	6690	佛教	387156
缅甸	67.66	5838	佛教	56408
孟加拉国	14.76	14450	伊斯兰教	141275
印度	298.00	116600	印度教　伊斯兰教	1870651
巴基斯坦	79.60	16679	伊斯兰教	238737
伊拉克	44.18	3101	伊斯兰教	229327
伊朗	163.6	7150	伊斯兰教	366259
阿拉伯联合酋长国	8.36	477	伊斯兰教	396235
阿曼	30.95	234	伊斯兰教	80571
也门	55.50	2105	伊斯兰教	39152
吉布提	2.32	82	伊斯兰教	1457
索马里	63.75	1040	伊斯兰教	/
肯尼亚	58.26	3800	基督教	45082
坦桑尼亚	94.51	4060	原始拜物教　天主教	32536
莫桑比克	79.94	2180	原始拜物教　伊斯兰教	15329
南非	121.91	4932	新教　天主教	350779
斯里兰卡	6.56	2045	佛教　印度教	65833
马尔代夫	0.0298	31	伊斯兰教	2276
马达加斯加	59.08	1910	基督教	11210
塞舌尔	0.0455	8.7	天主教	1398

① 国际货币基金组织2014年4月8日公布的2013年世界各国GDP排名。

续表

国别	面积（万平方米）	人口（万）	主要宗教	2013 年 GDP（百万美元）①
毛里求斯	0.204	128	印度教	11930
科摩罗	0.22	80	伊斯兰教	652
沙特阿拉伯	225.00	2267	伊斯兰教	745273
卡塔尔	1.15	164	伊斯兰教	202561
巴林	0.0712	111	伊斯兰教	32215
科威特	1.78	249	伊斯兰教	185319
约旦	8.93	598	伊斯兰教	33860
以色列	2.70（实际控制）	743	犹太教	291500
埃及	100.15	7682	伊斯兰教	271427
苏丹	188.00	3089	伊斯兰教	70127
厄立特里亚	12.43	469	基督教　伊斯兰教	3444
合计	2835.19	237709.7		9169855

第二节　世界历史上的印度洋

在世界历史上，印度洋因其独特的地理位置而在人类经济和文化交往中发挥了十分重要的作用。其中，贸易贯穿了整个印度洋地区，也贯穿了印度洋地区的历史经纬。印度研究印度洋问题的著名学者 K. N. 乔杜里指出，尽管印度洋国家没能共享一个共同的命运，但大海有它独特的势力范围，即印度洋地区人民的旅行和流动，经济上的交往，连同气候和历史张力，所有这些都变成了内聚要素，使印度洋生成为一个地区。② 当然，在内聚的过程中，不仅有海上贸

① 国际货币基金组织 2014 年 4 月 8 日公布的 2013 年世界各国 GDP 排名。

② Kirti N. Chaudhuri, *Trade and civilisation in the Indian Ocean: An Economic History from the Rise of Islam to 1750* (Cambridge: Cambridge University Press, 1985).

易往来，同时还伴有维护和控制海上贸易的争夺战。究其原因，著名海盗瓦尔特·雷利（Walter Raleigh）曾做过这样的解答："谁控制了海洋，谁就控制了世界的贸易路线；谁控制了贸易路线，谁就控制了贸易；谁控制了贸易，谁就控制了世界的财富。"① 可以说，世界上许多民族和国家的命运，都与印度洋有着或多或少的联系，这种历史记忆直至今天还在影响着各国的印度洋政策。

一、 人类文明的摇篮与古代世界的贸易中枢

在人类历史上，特别是在早期，地理因素的作用有时候甚至是决定性的。这方面，位于欧亚非大陆中间的水运路线，完全称得上是地球上最伟大的贸易路线，它以印度洋为中心枢纽，通过南中国海、印度河——恒河流域、两河流域（底格里斯河和幼发拉底河）、波斯湾和红海到达地中海，再通过直布罗陀海峡，向上抵达大西洋沿岸；或从地中海经法国内陆河流抵达英吉利海峡。可以说，这是世界上连接东西方的主要水道。② 其中，作为这一漫长贸易带的中心水域的印度洋，享受着季风的优待，在夏天吹西南季风，在冬季吹东北季风，而商人们正是利用了这一风向变化规律远航印度洋沿岸各地开展贸易活动。

就像一位研究者所强调指出的，航道、地形、风向这些因素的结合，从根本上决定了世界上极少数位于这条贸易路线上的国家能够引领人类文明，它们构成了一个长长的、连续的地带，从中国到印度、伊朗、伊拉克、埃及、希腊、意大利、法国、西班牙、葡萄牙至英格兰（现代则扩展至美国）。主要的"赶超型"国家，则位于这一贸易带的外缘，它们到目前为止无一能成功地获取"领头羊"

---

① 转引自 Moorthy and Jamal, eds., *Indian Ocean Studies*, p. 3.

② Milo Kearney, *The Indian Ocean in the World History* (New York and London: Routledge, 2004), p. 3.

地位，这些国家包括日本、俄罗斯和德国。对此，米罗·卡尼（Milo Kearney）感叹说，历史上这个以印度洋为枢纽的世界大贸易路线，不断地向其他各大洲的某个地区施以祝福或诅咒。也就是说，在某个特定历史时期，某个地区所拥有的居于世界前列的财富、权势和创造力，很大程度上是因为控制或参与了印度洋上的贸易活动。[①]

基于这种理论范式，第一个文明缔造者，自然也是第一个参与印度洋地区贸易控制权之争的民族，就是公元前3000多年的苏美尔人。他们成功地使自己从单纯的农耕文明发展成为商业文明。有证据显示，公元前3000多年，苏美尔人的贸易物品就包括了来自波斯湾地区的贝壳、阿曼的铜币、伊朗扎格罗斯山区的木材、土耳其托罗斯山区的银器、印度河谷的玛瑙，以及可能属于印度 Meluhha 地区的木制品。[②]

至于影响深远的印度河文明，有一点是确凿无疑和无可争辩的，那就是该文明并不是随着雅利安人来到印度后产生的。不但印度河文明是吠陀以前的，而且现在所知道的印度教的主要特点或许曾经存在于印度河流域的古文明摩亨殊达鲁文明之中。事实上，对湿婆（Shiva）的崇拜以及印度教的其他特点，在雅利安人来到以前早已在印度确立了起来。很显然，慢慢征服了土著居民的游牧的雅利安人吸收了他们的文明。印度教就是这一同化作用的结果。《全球通

① Kearney, *The Indian Ocean in the World History*, p. 3.

② 在幼发拉底河和底格里斯河之间的美索不达米亚平原上，产生和发展的古文明称为两河文明或美索不达米亚文明，其存在时间从公元前4000年到公元前2世纪，是人类最早的文明。经过数千年的演化，美索不达米亚于公元前2900年左右形成成熟文字、众多城市及周围的农业社会。由于美索不达米亚地处平原，而且周围缺少天然屏障，所以在几千年的历史中有多个民族在此经历了接触、入侵、融合的过程，苏美尔人、阿卡德人、阿摩利人、亚述人、埃兰人、喀西特人、胡里特人、迦勒底人等古老民族先后进入美索不达米亚，他们先经历了史前的欧贝德、早期的乌鲁克、苏美尔和阿卡德时代，后来又建立起先进的古巴比伦和庞大的亚述帝国。迦勒底人建立的新巴比伦将美索不达米亚古文明推向鼎盛时期。但随着波斯人和希腊人的先后崛起和征服，该地区已经辉煌了几千年的文字和城市逐步走向衰败，并最终退出历史舞台。参见 Kearney, *The Indian Ocean in the World History*, pp. 12–14.

史》作者斯诺夫里阿诺斯（L. S. Stavrianos）验证了这一看法。他认为，印度雅利安人之所以能发展一个与他们西面的亲族如此根本不同的文明，最简单而又似乎可能的解释是：印度雅利安人印度化了。他们在印度河流域遇到了一个拥有大的都市中心和密集的居民的高度发达的文明。虽然印度河流域的土著居民已遭到征服、受到鄙视，但由于他们人数众多，文化又很先进，所以不能被灭绝、赶走或同化。相反地，当雅利安畜牧者在那里定居下来、改造农业时，他们不得不与原先的居民靠得很近地生活下去。这样和平共处和互通婚姻达数世纪之后，其必然结果是文化融合。①

在伊朗高原上现今伊朗境内，产生了古波斯文明。尽管该文明形态相对较晚，但古波斯帝国的建立，不仅缔造了属于本民族的自豪与荣耀，而且发展成为一个以伊朗高原为中心，势力囊括两河、埃及和印度三大古典文明的波斯帝国，谱写了西亚、北非和南亚不同民族、不同文化冲突与融合的壮丽诗篇。特别是持续半个世纪之久的希波战争，拉开了波斯帝国与希腊城邦战争交往的序幕，同时开创了西亚北非文明与域外先进西方文明接触、冲突、交往并吸收其优秀文化成果的先河，而这又为日后亚历山大帝国的建立和大规模接收希腊文化的影响奠定了基础，开启了对西亚历史发展具有深远影响的希腊化时代。鼎盛时期的波斯帝国的对外交往达到了空前的水平，这得益于帝国内道路交通网的建立。其中由巴比伦经哈马丹、帕提亚到巴克特利亚的道路，就是后来丝绸之路的主干线，这大大促进了东方与西方、特别是中亚与西亚的交往。②

以公元7世纪穆罕默德创立伊斯兰教为标志，伊斯兰风暴便开

---

① ［美］斯塔夫里阿诺斯著，吴象婴等译：《全球通史：1500年以前的世界》，上海：上海社会科学院出版社，1999年版，第255页。关于印度河文明，参见［德］赫尔曼·库尔克、迪特马尔·罗特蒙特著，王立新、周红红译：《印度史》，北京：中国青年出版社，2008年7月版，第一章“西北地区的早期文明”，第19—58页。

② 引自互动百科网站，http：//www. baike. com/wiki/% E6% B3% A2% E6% 96% AF% E6% 96% 87% E6% 98% 8E。

始席卷印度洋地区。作为一种文明形态，“伊斯兰”并不专指一种宗教意识、信仰体系，它同时又指称一种社会制度、生活方式、文化形态，甚至时代特性，而凛然贯通于穆斯林生活所有领域并成为其“脊梁”的，是所谓的“伊斯兰精神”。在这一精神指导下，信仰伊斯兰教的各个民族，在吸纳原有遗产的基础上，创造了灿烂的伊斯兰文明。[①]毫无疑问，伊斯兰文明首要特征便是其中东色彩，即伊斯兰教信仰产生于以阿拉伯半岛为核心的大中东地区，至今仍深刻地影响着中东国际政治；其次是阿拉伯色彩，即阿拉伯人作为信仰伊斯兰教的主体民族之一，成功地在伊斯兰教的旗帜下建立起了地跨欧亚非三大洲的阿拉伯帝国，进而一方面推动了伊斯兰教的传播与扩张，另一方面又直接影响了世界历史的发展进程；再次是文化传承色彩。在中世纪，伊斯兰世界的“百年翻译运动”使得希腊古代典籍较为完整地保存了下来，为后来的欧洲文艺复兴提供了指路明灯，也推动了中东和印度洋地区各大文化之间的交融。

上述古代文明及其政权，不仅在印度洋地区叱咤风云，在人类历史上打下了自己的烙印，而且与区域外文明，如古希腊文明、古罗马文明、中华文明、基督教文明等互相交融，共同促进了印度洋地区的发展与进步，并直接体现在贸易方面。

毫无疑问，印度洋地区贸易历史久远。考古挖掘显示，早在公元前4000年，古印度“本地手工业的兴起显然推动了与中亚和西亚的长途贸易的发展”。[②] 及至古希腊时期，从事贸易的人员就从东非海岸航行到了马达加斯加岛，或沿着阿拉伯半岛海岸抵达波斯湾，甚至远至印度的港口。他们也可能航行至孟加拉湾，与马来半岛进行贸易往来，并穿过马六甲海峡前往中国。特别是在马其顿帝国时期，伟大的亚历山大大帝（Alexander the Great）就把发展国际贸易

---

① http：//www. wenming. cn/sjwm_ pd/sezwmgl/201104/t20110408_ 144490. shtml。

② 库尔克、罗特蒙特著：《印度史》，第32页。

路线作为帝国的基石。为此，他创建了很多的亚历山大港式的港口城市，其中一个就在印度河三角洲南部，即今天的巴基斯坦南部。这方面一个明显的例证就是亚历山大大帝的海军指挥官尼阿库斯（Nearchus）于公元前325年离开印度河河口，一支舰队运送着他的部队于公元前324年抵达波斯湾的幼发拉底河口。

在古罗马帝国时期，印度洋在东西方贸易中同样地位显赫。特别是在公元330年，罗马帝国的主要城市君士坦丁堡建立了起来，该城从330年开始便在与东方的贸易中发挥了重要作用。接下来，波斯人在萨珊王朝的领导下在印度洋西部地区的贸易中获得了优势地位，直到公元7世纪阿拉伯人征服波斯为止。

在穆斯林兴起的年代，阿拉伯人寻求柚木建造房屋和船只，他们把亚麻、棉、羊毛面料、地毯，以及铁制品、珊瑚制品和银制品，卖给在印度马拉巴尔海岸定居的穆斯林商人，以及运往锡兰、马尔代夫和拉克沙群岛。此际，穆斯林贸易已扩展到印尼和中国，《辛巴达航海历险记》（The Seven Voyages of Sinbad the Sailor）的故事，就是对阿拉伯海上贸易商人艰辛生活的一个好的赏鉴。到10世纪，阿拉伯货币第纳尔（Denarius）是唯一在整个印度洋地区使用的货币。

在公元1127年和1433年之间，中国海上贸易活动的影响最大。14世纪，伊本·白图泰（Ibn Battuta），一个阿拉伯人，在乘坐印度舢板航行时，惊叹中国的海上活动。1405年开始，中国明朝实施了大规模海上航行活动。在郑和的统率下，庞大的船队曾抵达马尔代夫群岛和波斯湾的霍尔木兹港（the Port of Ormuz（Hormuz））。郑和第六次和第七次远洋探险，曾抵达阿拉伯海的亚丁和非洲东海岸的马林迪（Malindi）。

就在中国人在印度洋上旅行和贸易的前后，欧洲人也在寻找新的贸易路线，因为奥斯曼土耳其人控制了通过里海前往亚洲的交通线路。1150年，一个基督教王国统治者祭祀王·约翰（Prester John）的传闻，让欧洲人是如此的着迷，以至于教皇亚历山大三世（Rolando Bandinelli）在1177年派使者去寻找他。威尼斯商人马菲奥·波罗（Maffeo Polo）和尼科洛·波罗（Niccolo Polo）则紧随着蒙古军队的足迹冒险，马可波罗（Marco Polo）的故事也因此在1298年产生了。一百多年后，奥斯曼帝国在1453年征服了君士坦丁堡，并在1538年征服了也门和亚丁湾，但他们未能在印度半岛建立一个立足点。正是奥斯曼土耳其帝国对东方贸易线路的控制和封锁，促使了欧洲航海大探险活动，包括对印度洋新航路的探险。

在论述文明史时，法国年鉴学派的杰出代表人物布罗代尔曾指出：中国和印度这两个海洋巨人，濒临着众多“小而浅的陆缘海……这些海实际上就是许许多多的‘地中海’，为陆地所环绕，岛屿点缀其中：这些‘地中海’已经人性化了……每一个单元都保持着自身固有的特性；但大海也显现出文化交融的神迹，它鼓励交流，导致彼此合一”。[①] 显然，布罗代尔的上述观点同样适用于古代印度洋地区，即主要力量的海上活动，直接催生了印度洋地区的贸易繁荣，也增强了印度洋地区的内聚力。当然，在此过程中，也免不了海上贸易的争夺战。葡萄牙人托梅·皮雷斯（Tomé Pires）就说过：“谁控制了马六甲，谁就控制了威尼斯的咽喉。”[②] 可以说，在古代印度洋的航海实践中，航海自由思想与海洋控制思想同时存在。

二、近代欧洲海外殖民扩张的试验区

当世界历史进入近代后，欧洲开始展现出巨大的力量优势，特别是海上优势。它们在观念、制度和力量等方面，开始渐渐地超越东方，并最终实现了欧洲人对东方长达几百年的统治或政治主导。

---

① Fernand Braudel, *A History of Civilization*（New York: Penguin, 1995）, pp. 256 – 257.

② 托梅·皮雷斯，公元15世纪晚期一位葡萄牙药剂师，大约在1515年著有《东方述事》（“Summa of the East”），记载了他在东方旅行的经历。引自 Andre Gunder Frank, *ReOrient: Global Economy in the Asian Age*（Los Angeles, CA: University of California Press, 1998）, p. 58.

在欧洲主导亚洲的过程中，印度洋自然成为了欧洲人主亚洲的战略门户。

在探寻通往印度的新航路的过程中，葡萄牙人具有首创精神。15 世纪，一群勇敢和富有冒险精神的人，在葡萄牙王子、伟大的航海家亨利（Henrique O Navegador）的招募下聚拢起来，开始在非洲的西海岸探险。基于基督教的热情和对国际权势地位的渴求，特别是财富的巨大刺激，他们紧接着便着手去探寻一条能够前往东方印度的航线。航海技术、海图绘制和造船技术的发展，使之成为可能。1488 年，迪亚士（Bartholomeu Dias）成功地绕过风暴角即好望角（the Cape of Good Hope）。瓦斯科·达·伽马则绕过非洲好望角后，在一位阿拉伯航海家的指导下，于 1498 年 5 月抵达印度西南海岸的卡利卡特（Calicut），即此际印度南部最重要的贸易中心。至此，葡萄牙人终于成功地绕过好望角进入了印度洋和东方大地。此后，在实施其设计好的“远程控制”时，一个完全不同的概念框架出现在了印度洋地区，即帝国力量的概念出现了。也就是说，作为“主权”驱动下的这次远征探险，目的是为葡萄牙国家资本追逐利润和建立殖民帝国。[①]

之后，欧洲掀起了航海探险和海外殖民的热潮。其中，荷兰海洋探险的开始可以追溯到深谙航海事务的林索登（Jan Huyghen van Linschoten）出版的两本航海指南，即分别于 1595 年和 1596 年出版的《Resegeschrift》和《Itinerario》。《Itinerario》一度成为了荷兰航海家的《圣经》。从 1594 年到 1601 年，荷兰先后有十五次前往印度尼西亚的探险活动，并在好望角建立起了第一个真正的殖民地。英国最著名的航海探险是弗朗西斯·德雷克（Francis Drake）爵士的周游世界航行，这是继麦哲伦之后的第二次环球航行。像英国一样，法国也加入到了东方殖民探险行列之中。第一家法国东印度公司于

① Moorthy and Jamal, eds., *Indian Ocean Studies*, p. 35.

1604 年宣告成立，法国人从此加快了海外扩张的步伐。这样，到了16 世纪末 17 世纪初，东方大洋再也不是那个西方大国一统天下了，历史进入到了列强海上竞争的时代。

早期葡萄牙人、荷兰人、英国人、法国人进入印度洋地区，及随后进入南中国海的这一时期，可称之为“原生型全球化”（proto-globalization）时期，因为这一阶段的贸易往来造就了一个整体性的欧亚经济。然而，此际印度洋上的贸易依然是一种有限的贸易，仅限于大部分的奢侈品，包括香料、茶叶、丝绸、手工纺织品。途经好望角的长程帆船航行使得运费成本大增，结果进一步限制了贸易规模。简·德·弗里斯（Jan de Vries）曾估算过，这种贸易从 1500 年到 1800 年的三个世纪里，实现了年均 1.1% 的稳定增长；后期，每年约有 50000 吨的货物运往欧洲。尽管如此，相比于更重要的大西洋贸易，印度洋的贸易规模显得相形见绌，因为前者的增速是后者的两倍。[①]

然而，到了 18 世纪中叶，西方开始了真正意义上的对东方的征服。此际，对于欧洲列强来说，控制印度洋意味着控制它的贸易和财富，因而也是获得全球首强国家地位的一项战略保证。[②] 故在探险扩张过程中，西方国家先是以沿海城市为根据地寻求商业成长，在此建立贸易商站或军事要塞；然后培植地方势力，特别是买办阶级，形成割据局面；最后以各种方式吸食所在国权力，削弱所在国中央政府的管辖权，并以海岸为根据地，最终颠覆主权关系，建立起殖民统治。例如，18 世纪中叶，英国殖民者正是利用所拥有的压倒性的经济和军事优势，加上印度莫卧儿帝国的内部统治危机——陷入

① Jan de Vries, “The Move toward Economic Globalization: The Euro-Asian Trade, 1495 - 1795,” and Diego Holstein, “The Multiple Origins of Globalization,” papers delivered to the panel on Economic Globalization: Historical Perspectives and State of Research at the 20th International Congress of Historical Sciences, Sydney, Australia, 3 - 9 July 2005. 转引自 Metcalf, Imperial Connections, p. 12.

② Moorthy and Jamal, eds., *Indian Ocean Studies*, p. 2.

地方割据和军阀混战，最终成功实现了对印度的征服。在这方面，他们得到了印度本土买办商人的帮助，后者因为充当外国商人的代理人而变得有钱有势。印度大历史学家、现代海权理论家潘尼迦曾讽刺地指出，著名的1757年普拉西一战为英国征服孟加拉以及整个印度开辟了道路，但这场战争是“一场交易，而不是一场战争，是以贾伽特·塞斯为首的孟加拉买办阶级进行的交易，他们将纳瓦布卖给了东印度公司”。[①] 及至帝国主义时代（1858—1914年），伴随着不断加速的工业革命，西方在非洲和亚洲国家开始了直接的殖民统治，建立起一个个殖民帝国。相应地，西方对东方的剥削程度也不断加深。

三、 现当代大国竞逐的舞台

及至19世纪中叶，通过在关键性的战略咽喉和主要的海上通道上建立基地，英国最终成为了印度洋上的主导性力量。作为强大的海权国家，大英帝国长期控制着印度洋，使其成为了帝国的内湖。只是在第二次世界大战期间，英国在印度洋的霸权曾面临着来自法西斯德国和日本的一次大挑战。其中，在1941年12月袭击了珍珠港美国太平洋舰队后，日军随后摧毁了沿着南中国海的西方防御体系。历史学家塞缪尔·艾略特·莫里森（Samuel Eliot Morison）称，日本帝国海军受命前去巩固其所控制的南中国海的西部防御，计划对驻扎在锡兰的英国东部舰队（the British Eastern Fleet）实施一次珍珠港式的打击。日军很快占领了安达曼和尼科巴群岛，构筑起了帝国“南部资源产地”的西部屏障，以防盟国从印度洋向该地发动

① K. M. Panikkar, *Asia and Western Dominance: A Survey of the Vasco Da Gama Epoch of Asian History, 1498—1945* (Kuala Lumpur: The Other Press, 1953), p. 100.

袭击。[①]

实施印度洋作战的，正是日本海军上将南云忠一（Chuichi Nagumo）的攻击部队——实际上就是袭击珍珠港的同一支航母舰队。该舰队于1942年4月5日轰炸了英国的科伦坡军港，日本海军飞行员在海上发现并炸沉了英国皇家海军重型巡洋舰“多塞特郡”号和“康沃尔郡”号。1942年4月9日，南云特混舰队袭击了英国在亭可马里的基地，再次在海上击沉了英国皇家海军航母“赫尔墨斯”号、驱逐舰“果敢”号，以及航母护卫舰等舰只。

由小泽治三郎（Jisaburo Ozawa）指挥的第二支日军舰队，在南云发动袭击的同时，沉重打击了孟加拉湾的英国商船，同时日本的潜艇还袭击了印度西海岸的商船。在通过马六甲海峡返回日本本州岛的吴市港（Kure）之前，日本海军共击沉了23艘商船，重创了英国东部舰队，而日本水面舰只无一损伤，只有海军飞行员有轻微损失。[②] 尽管如此，日军在印度洋上的行动显然带有防御性质，且无法持久，因而难以真正撼动英国对印度洋的控制权。[③]

二战后，英国依然是印度洋上的霸主。然而，在20世纪60年代，军事设施的维护费用问题成为了战后英国一个主要的政治问题。无论是工党还是保守党，其重量级人物均主张减少在那里的军事存在。发布于1966年2月22日的国防白皮书（命令文件2901和2902号），实际上拒绝了英国在印度洋上的单方面行动。首相哈罗德·威尔逊（James Harold Wilson）在1968年初宣布，他的政府将在1971年底前大幅削减英国在苏伊士运河以东的存在。这一声明引发了印度洋沿海一些国家尤其是小国的担忧，担心英国撤离后自己会遭到

---

① Samuel Eliot Morison, *History of United States Naval Operations in World War II, Volume 3: The Rising Sun in the Pacific* (Boston: Naval Institute Press, 2011), p. 382; p. 381.

② Morison, *Rising Sun in the Pacific*, pp. 384 – 386.

③ 有关这方面的论述见 Toshi Yoshihara and James R. Holmes, Don't Expect Much from Japan in the Indian Ocean, *Journal of Military and Strategic Studies*, Volume 13, Issue 2, Winter 2011.

来自强大邻国的威胁。为此，阿布扎比的统治者就提出一项建议，建议波斯湾地区的酋长国支付英国海军在波斯湾地区的费用以留住英国，但该建议未获成功。[①]

1971 年 3 月，英国政府发布的另一份白皮书清晰阐释了关闭在印度洋地区英军基地的进程，如关闭在毛里求斯的一个海军通信中心，在马尔代夫的加恩（Gan）的一个机场，在阿曼的马西拉岛（Masirah）的一个机场；授予帝国其他领地独立，如 1976 年塞舌尔岛宣告独立。但显然也有例外，如英属印度洋领地迪戈加西亚岛就没有被赋予独立地位。[②]

英国的撤离行动使得法国——另一个在印度洋有着传统联系和海军存在的欧洲大国——在美苏角逐印度洋之前的过渡期内，成为印度洋上最强大的域外力量。尽管如此，法国也主动减少了在该地区的地面部队，关闭其军事基地，包括其在马达加斯加共和国的迭戈·苏亚雷斯（Diego Suarez）的大规模海军基地。结果，法国将其海军活动转向了留尼汪岛和马约特岛。这两地设施使得法国成为从好望角到此处的海上航道的保护人。再往北，法国保留了在吉布提的空军和海军基地，使其在红海的咽喉要冲保持着力量存在。[③]

实际上，直到 1970 年代早期，对于美国和苏联来说，印度洋并非它们优先关注的海区，大西洋和太平洋地区显然远比印度洋地区更为重要。至少在最初，苏联在该地区的关切主要聚焦于提升其在印度洋沿岸国家的政治影响力上面，美国方面则表明其利益在于确保石油能够途经不稳定的西南亚运输出来。

其中，就苏联来说，其早期卷入印度洋的原因，主要是因为它需要与印度洋沿岸国家达成互惠安排，以便帮助它打破西方在其南部长期实施的遏制。在 20 世纪 50 年代，该遏制政策表现为中央条

① Singh, *The Indian Ocean*, p. 54.

② Harrison and Subrahmanyam, eds., *Superpower Rivalry in the Indian Ocean*, p. 15.

③ Harrison and Subrahmanyam, eds., *Superpower Rivalry in the Indian Ocean*, pp. 15 – 16.

约组织和东南亚条约组织的缔结。苏联进入印度洋的另一个缘由，或许像谢尔盖·戈尔什科夫（Sergei Gorshkov）元帅所说，旨在影响印度洋地区刚独立的国家的政治精英或那些正在争取独立解放的政治精英。①

1964 年，美国武器库中引入了北极星 A－3 远程弹道导弹，并在 1971 年引入了波塞冬 C—3 远程导弹（两者射程为 2500 海里）。对美国来说，阿拉伯海是一个理想的部署地。一旦美军这两款导弹部署在此，苏联很多地区将被纳入其打击范围。这显然刺激了苏联。作为反应，苏联在 20 世纪 60 年代末决定有规划地在印度洋部署舰船。当英国于 1968 年 1 月最终决定退出印度洋后，同年 3 月苏联海军有限进入该地区，而这被华盛顿视为是苏联试图填补英国撤军留下的真空。

具体地，1968 年，在也门发生反政府叛乱后不久，苏联海军访问了亚丁港；1969 年，苏联海军访问了索马里，以示对新近掌权的索马里总统穆罕默德·塞德·巴里（Mohammed Siad Barre）的支持；在 1971 年底印巴战争期间，苏联舰船尾随美国“企业”号航母特混舰队达三天之久；1973 年春，由四艘军舰组成的苏联海军舰队访问了伊拉克，以示支持与科威特发生边界冲突的伊拉克一方。

虽然在 20 世纪 50 年代和 60 年代，苏联的印度洋地区政策中的军事要素本质上依然是对西方压倒性影响的基本反应，但到了 70 年代，这一情况业已改变。② 1973 年的斋月战争中，苏联舰队通过迅速增强力量，来反制美国海军的行动，并树立起了维护第三世界国家利益的国际形象。③

---

① Harrison and Subrahmanyam, eds., *Superpower Rivalry in the Indian Ocean*, p. 18.

② M. P. Awati, “Emerging Security Issues in the Indian Ocean: An Indian Perspective”, in Harrison and Subrahmanyam, eds., *Superpower Rivalry in the Indian Ocean*, p. 97.

③ Manoranjan Bezboruah, *U. S. Strategy in the Indian Ocean: The International Response* (New York: Praeger, 1977), p. 41.

总体上，自1968年第一次进入印度洋地区开始，苏联海军在印度洋地区的存在稳步增强。但比之美国，苏联未能获得一个通用型的基地。由于缺乏补给基地，苏联海军的后勤补给线被拉长且不安全。另外，苏联海军尽管有抵消美国海军的意义，但由于苏联政策的摇摆性，最终损害了苏联与印度洋地区有关国家的关系，进而冲击着其在印度洋地区的力量存在。

与苏联相比，美国在印度洋上的力量存在不仅更早，而且更具战略规划色彩。早在1949年，美军就在巴林岛常年驻扎一支舰队，它由一艘旗舰和2艘驱逐舰组成。1950年和1954年，美国分别与伊朗和巴基斯坦商签了防御协定，这有力配合了1955年成立的巴格达条约组织即中央条约组织；1956年苏伊士运河危机直接促使华盛顿在印度洋建立更多的军事存在，也深刻地反映了印度洋战略图景的新变化；1960年，美国航母舰队访问了印度洋；1962年，中印边境武装冲突期间，美国第七舰队派遣一支特混舰队进入孟加拉湾，以示对印度的支持；1963年，美国派遣航母、潜艇和其他舰艇首次参加了中央条约组织在阿拉伯海举行的军事演习，尽管美国并非中央条约组织的成员国；1964年4月一支特混舰队进入印度洋，美国与伊朗的大规模联合演习也于同年举行。[1]

与苏联不同，英国宣布撤离苏伊士运河以东地区对美国的影响甚大。此际，美国已卷入越战，国内反对海外用兵，1969年尼克松主义的发表就是典型表现。在此背景下，美国加快了对伊朗和沙特的技术和军事援助步伐。结果，对于美国来说，印度洋已成为仅次于欧洲和东亚的主要利益区。所以，当英国提出撤离苏伊士运河以东地区后，英美建议设立“联合防卫区”，范围包括沙特阿拉伯、伊朗、伊拉克、科威特、巴基斯坦和土耳其，但印度洋沿岸国家拒绝

---

① Manoranjan Bezboruah, *U. S. Strategy in the Indian Ocean*, p. 35.

了这个计划。[①] 1971 年，美国国会举行了一系列关于印度洋的听证会。在其中的一场听证会中，美国务院政治和军事事务局局长罗纳德·I. 施皮尔斯（Ronald I. Spiers）列举了美国在印度洋的利益存在：关注苏联对环红海战略要冲日益增长的影响力；可能影响西方获取波斯湾石油的地区不稳定因素；美国持久的商业和军事自由通行权。他指出："我们的利益在于确保地区国家不处于对我们怀有敌意的国家控制之下。特别是，我们必须关注中国或苏联的影响是否会扩大为对沿海重要水域的控制。当然，我们并没有面临这种性质的直接威胁。"[②]

尽管如此，美国认为，对美国在印度洋地区的利益的主要威胁，源自因苏联的阴谋诡计而导致的地区国家政治动荡，进而导致意想不到的政权变更，结果使得西方国家和当地政府之间的关系复杂化。[③] 故美国武装力量的一个重要目标，就是对抗苏联的扩张活动，特别是针对"那些旨在限制美国和盟国全球进出自由的活动"。[④]

1971 年 12 月的印巴战争期间，美国第七舰队的航母特遣舰队进入孟加拉湾；1972 年，美国宣布印度洋属于美国太平洋舰队的"责任防区"（Zone of Responsibility）；1973 年的阿以战争和随后的石油危机，促使美国为防范苏联海军的进入而在印度洋进行定期部署；1974 年，美军参加了中央条约组织在印度洋举行的最大规模的军演。这次演习包括整个阿拉伯海；1975 年 1 月，美军"企业号"

① I. Redko et al. , *The Indian Ocean: A Sphere of Tension or a Zone of Peace* (Moscow: Nauka Publishing House, 1983), p. 28.

② Testimony of Ronald I. Spiers before the House of Representatives, Subcommittee on National Security Policy and Scientific Development of the Committee on Foreign Affairs, 92nd Congress, 2nd Session, July 20, 22, 27, 28, 1971, p. 165. 转引自 Selig Harrison andSubrahmanyam, eds. , *Superpower rivalry in the Indian Ocean*, pp. 21 – 22.

③ *U. S. Military Posture, FY 1984*, Organization of the Joint Chiefs of Staff, pp. 11 – 13. 转引自 Selig S. Harrison and K. Subrahmanyam, eds. , *Superpower rivalry in the Indian Ocean*, p. 86.

④ *U. S. Military Posture, FY 1984*, Organization of the Joint Chiefs of Staff, p. 3. 转引自 Selig S. Harrison and K. Subrahmanyam, eds. , *Superpower rivalry in the Indian Ocean*, p. 86.

(USS Enterprise) 航母特混舰队参加了阿拉伯联合酋长国在波斯湾举行的军事演习。特别值得一提的是，在 1971 年至 1979 年间，美国航母舰群先后 20 次访问了印度洋。[①]

除了军舰访问和参加演习外，美军还加快了迪戈加西亚岛的建设步伐。1973 年 3 月 23 日，迪戈加西亚岛上的通讯中心开始运作。虽然没有正式宣布，但它被认为是未来帮助美国船只和飞机在该地区活动的一个重要步骤。《纽约时报》宣称，它开启了美国参与印度洋事务的新篇章。[②] 1975 年 3 月，福特总统宣称，迪戈加西亚基地对于美国的国家利益至关重要。这是美国最高层首次表明它事关美国"至关紧要的国家利益"。无疑，迪戈加西亚岛成为了冷战时期美国在印度洋地区军事指挥和控制系统的重要环节之一。[③]

美国对印度洋的战略重要性的看法，在 1970 年代末再度发生了根本性的变化。导致这种变化的原因是伊朗沙阿王朝的垮台，其直接击碎了尼克松主义关于强大的区域国家可以保护美国利益的假设。加之苏联入侵阿富汗这一严重事态，使得西方国家深刻地认识到苏联作为最强大的陆权国家，它准备使用武力对付它的南部邻居，进而危及西方的利益。[④] 作为回应，美国开始着手在波斯湾地区建立新的安全架构。1983 年 1 月 1 日，美军中央司令部（USCENTCOM）宣告成立，并将战略聚焦于印度洋，即西南亚地区。为此，美军加快了相关建设步伐。例如，在 1984—1988 年，中央司令部的快速反

---

① I. Redko et al., *The Indian Ocean*, pp. 29 – 30.

② Harrison and Subrahmanyam, eds., *Superpower Rivalry in the Indian Ocean*, p. 91.

③ 对于美国和英国决定在迪戈加西亚建立一个通信设施，以及 1970 年代中期商议将设施扩大化的新闻，印度洋沿海国家中没有任何一国像印度那样做出如此负面的反应。印度强烈支持卢萨卡不结盟峰会关于设立印度和平区的倡议，就是受到美英建设该设施的影响。总理英迪拉·甘地说："外部势力建设军事基地会导致紧张和大国竞争。"在印度看来，迪戈加西亚基地距离印度最南端仅有 1200 英里，这给予了美国对印度施压的便利，就像 1971 年印巴战争中美军"企业号"航母事件那样。见 J. P. Anand, "Diego Garcia Base," *IDSA Journal*, July-September 1979, pp. 58 – 85; p. 71.

④ Harrison and Subrahmanyam, eds., *Superpower Rivalry in the Indian Ocean*, p. 13.

应部队（RDF）的支出高达136亿美元。①

美军中央司令部负责的防区包括波斯湾、红海及其他地区，具体国家包括：

北层：阿富汗、伊朗、巴基斯坦；

阿拉伯国家：巴林、阿曼、伊拉克、卡塔尔、约旦、沙特阿拉伯、科威特、南也门、北也门、阿拉伯联合酋长国；

非洲国家：吉布提、肯尼亚、埃及、索马里、埃塞俄比亚、苏丹。

总之，美国在印度洋的目标主要是：（1）保护美国在波斯湾地区的经济利益；（2）使用或威胁使用武装力量支持美国在中东的外交目标；（3）确保印度洋的空中和海上航线不被骚扰或封锁；（4）通过干预支持其他近海目标；（5）制衡在该地区的苏联军队，以及在危机中赢得优势；（6）对沿海和内陆地区的“友好的民主国家”提供保护。②

及至20世纪80—90年代，“超级大国间的竞逐”（Superpower rivalry）成为印度洋沿岸国家、特别是印度常用的一个概念，以解释美国和苏联在印度洋上的海军部署与对抗。③ 毫无疑问，美苏竞逐很大程度上塑造了印度洋地区事态的发展演进，并深刻地影响了印度洋地区国家的对外政策。1977年出任塞舌尔总统的阿尔法特·雷纳（Albert Rene）称：“我反复重申我不是一个共产主义者，我们绝不允许任何大国，无论来自东方还是西方，在我们的领土上设立军事基地。”他说：“我们的问题是我们的战略地位。两个超级大国相信，

---

① Harrison and Subrahmanyam, eds., *Superpower Rivalry in the Indian Ocean*, p. 89.

② United States Foreign Policy Objectives and Overseas Military Installations, Committee on Foreign Relations, 96th Congress, 1st Session, 1979, p. 88. 转引自 Harrison and Subrahmanyam, eds., Superpower Rivalry in the Indian Ocean, p. 86.

③ 见 Harrison and Subrahmanyam, eds., *Superpower Rivalry in the Indian Ocean.* 反对该概念的论述见 P. K. S. Namboodiri, “The Indian Ocean: Need for a New Approach,” *Strategic Analysis*, April 1979, pp. 42 – 45.

对方不会允许我们奉行不结盟政策，认为我们无法坚守不结盟。”①塞舌尔的处境，很大程度上折射出了冷战背景下超级大国的影响之深。美苏竞逐印度洋的局面，直到1991年苏联的解体才宣告终结，但随着冷战的结束，新的一轮大国博弈又在印度洋上拉开了序幕，尽管其规模和影响远不及冷战时期美苏对抗那般巨大。②

第三节　印度洋地区主要地缘特质

冷战后，特别是新世纪以来，伴随着海湾地区多场局部战争的爆发，国际社会在索马里海域护航行动的展开，主要大国寻求在印度洋上的力量存在，印度洋日益成为国际社会和战略界关注的焦点，其作为地缘战略核心区域之一的认识随之进一步被强化。然而，在世界大洋中，印度洋有着不同于其他大洋的鲜明的地理构造，其主要战略支点的价值自然也就格外地引人瞩目。

一、被陆地包围着的“陆间海”③

在世界大洋中，印度洋独特地位的形成是因为陆地从三个方向把这片水域同其他大洋隔离开来。亚洲南面成为一道屋脊，非洲大陆成为它的西墙，而缅甸、马来西亚和连绵的海岛保护它的东面。跟其他大洋相比较，这个特点显得十分突出。与印度洋不同，环绕

---

① Selig S. Harrison, “India, the United States, and Superpower Rivalry in the Indian Ocean”, in Harrison and Subrahmanyam, eds., *Superpower Rivalry in the Indian Ocean*, p. 251.

② 这方面的论述见第七章相关部分。

③ 陆间海也称地中海或自然内海，在海洋学上，是指具有海洋特质但被陆地环绕，形成一个形似湖泊但具有海洋特质的海洋，一般与大洋之间仅以较窄的海峡相连。

两极的北冰洋和南冰洋，跟有人居住的陆地没有联系；而太平洋和大西洋则从北到南像两条大道，没有隆起的陆地，也没有大面积的陆地伸入大洋中间。所以，从地理上看，尽管印度洋的面积辽阔，水流和风向都带有海洋性质，但它的绝大部分无疑具有一些被陆地包围着的海洋的特征。[①] 借用地理学的话说，印度洋就是一个“陆间海”。

尽管被陆地所包围，但印度洋地区并非像地中海或北大西洋那样可被称为一个地缘战略区。首先，它的地理区域实际上难以确定。它由好望角、苏伊士运河、马六甲海峡、印度尼西亚和澳大利亚的西海岸、南极冰盖的北缘所包裹着，界限显得模糊。其次也最重要的是，由于缺乏文化的、政治的和经济的同质性，使得印度洋难以成为一个国际政治上的“地区”。环绕印度洋的国家不仅差异巨大，而且有的相互敌视，地区认同感明显不足。第三是殖民化色彩浓厚且有着深远的影响。某种程度上，印度洋地区国家的文化和政治发展，在最近几个世纪里，主要是受到外部力量对其征服和殖民的影响。这一经历给印度洋地区打下了很深的烙印，也在很大程度上决定了地区安全问题的性质和程度。[②] 换言之，注重域外联系使得印度洋地区内部分化明显。

二、　战略利益聚焦于北部弧形地带

在世界大洋之中，印度洋作为一个地理中介，其最为显著的特征就是它从地缘上把各国分割开来而不是联系在一起，才使得辽阔的印度洋涵括了几个各不相同的战略区域，并导致主要的国际战略利益都聚焦于印度洋西北部的海湾地区和东部的马六甲海峡。也就

① 潘尼迦著：《印度和印度洋》，第 14 页。

② Geoffrey Jukes, “Security Problems in the Indian Ocean Area”, *India International Centre Quarterly*, Vol. 3, No. 4, October 1976, p. 201.

是说，在印度洋的北部，沿红海海岸，经过阿拉伯半岛、波斯湾、伊朗高原、南亚次大陆、中南半岛和马来半岛直到马六甲海峡的弧形地带，以及分布在邻近区域的相关岛屿，构成了世界上最为重要的一条战略地带。在这条弧形战略地带上，囊括了波斯湾、南亚和东南亚西部等重要的地缘政治核心区域，也有着苏伊士运河、红海、曼德海峡、霍尔木兹海峡、马六甲海峡等重要的海洋交通要冲。这样一个关键的战略地带，不仅破碎而且极不稳定，集中了当今世界主要的矛盾和冲突。换言之，如果说人们关注印度洋的战略地位，那也是指印度洋北部边缘从红海到马六甲海峡这一弧形地带现有和潜在的诸多冲突。世界主要大国的印度洋战略视野，自然地也就与印度洋的这一地缘特质密切相关。①

同等重要的，还有地缘经济因素的作用。当今世界，没有一样东西像石油那样，深刻影响着全球地缘政治。20 世纪，石油占全世界能源消耗的40%，此前世纪里大量使用的煤炭，在 20 世纪里占比下降为 26%，而天然气的占比为 24%。② 其中，印度洋地区就包含世界已探明石油储量的三分之二，以及世界上三分之一的天然气。此外，该地区还拥有世界上 90% 的钻石，60% 的铀和 40% 的黄金。这使得印度洋地区成为了世界上可开发资源最具潜力的地区。石油和天然气作为重要的战略资源，由于主要集中于波斯湾地区，因而很大程度上强化了印度洋北部弧形地带的地缘重要性。

三、 难以被单一强国所独控

理论上，世界大洋的通联性决定了控制单一海洋的巨大困难。

---

① 宋德星："南亚地缘政治构造与印度的安全战略"，《南亚研究》2004 年第 1 期，第 21 页。

② Mihai Lucian Pascu, The Geo-strategic Importance of the Indian Ocean in the Context of the World Oil Crisis, *Bulletin of the Transilvania University of Bra ? ov*, Vol. 4, No. 1, 2011, p. 221.

也就是说，控制某个海洋，实际上意味着要有能力控制全部海洋。对于印度洋来说，正因为陆地包围的特征，结果使得印度洋上东南、东北、西南、西北四个方向上的进出通道被赋予了极大的战略价值。这四个门户分别是：位于澳大利亚南部和南非好望角以南的两个开阔的进口，位于非洲大陆和阿拉伯半岛之间的曼德海峡—红海—苏伊士运河通路，以及位于马来半岛、印度尼西亚与澳大利亚之间的岛屿空隙（包括马六甲海峡、巽他海峡等）。上述四个战略通道构成了印度洋区域最重要的地缘战略支点，控制这四个进出印度洋的通道，就能够控制整个印度洋。历史上，英国正是因为在这四个地区均享有战略主导地位，所以一度将印度洋变成了“不列颠的内湖”。但在当今世界，没有任何国家有能力控制上述四个战略通道，从而控制整个印度洋。当然，控制上述任何一个战略支点，都足以对世界局势产生重大影响，因为关闭或者拒绝同意使用以上任何一个战略支点，都能够对许多国家的经济带来严重影响，并将直接冲击地区安全稳定和国家关系。

就地缘安全而言，印度洋地区包括了四个巴里·布赞所说的“安全复合体”，它们是：南亚、南部非洲、海湾复合区和澳大拉西亚次复合区（Australasia，包括东南亚和澳大利亚）。这四个地区均是标准的安全复合体，即只有两个或两个以上的地区大国，没有全球性大国。其中，南部非洲属于“单极”（地区大国只有南非），南亚属于两极（地区大国包括印度和巴基斯坦），海湾地区是多极（地区大国包括沙特阿拉伯、伊朗和伊拉克）、澳大拉西亚也是多极（地区大国包括澳大利亚、印度尼西亚、马来西亚和泰国）。[①] 上述地缘安全态势，从根本上决定了印度洋地区国家中没有任何国家有能力控制次区域事态的发展变化，更遑论控制整个印度洋了。

① Gupta, *Indian Ocean Region*, p. 53.

四、 世界 “海上生命线”

印度洋作为“季风洋” (monsoon-ocean)[①], 既是贯通亚洲、非洲和欧洲的海上桥梁，又是连接大西洋与太平洋的交通要冲。历史上，许多伟大的文明就在这里产生，并深刻地影响着世界历史的进程。冷战时期，印度洋成为了美苏两个超级大国的竞逐之地。冷战结束后，印度洋成为了名副其实的世界主要国家的重要利益攸关区，世界各主要工业国家所必需的石油与矿产资源及其运输都依赖印度洋，以至于有学者认为，21 世纪印度洋将是世界舞台的中心。[②]

如前所述，就国际贸易而言，印度洋地区的贸易绝大部分经由海上通道进行，且主要依赖于少数几条稠密的海上航线：向西，经过好望角或苏伊士运河；向东经由马六甲海峡、巽他海峡或澳大利亚海岸通道。由于这类海上航线数目极少，故而它们被称之为“瓶颈”。

在能源运输方面，作为连接大西洋和太平洋、欧洲和亚洲航程最短的战略水域的印度洋，更是发挥着不可或缺的作用。即使在今天，尽管我们见证了航空运输前所未有的大发展，但海运依然是全球航运业的老大，全球商业贸易的 90% 和全球石油的 65% 都通过海洋运输。[③] 其中，40% 的全球贸易运输要经过马六甲海峡，而占总量 40% 的原油则从霍尔木兹海峡输出。[④] 从中东通过苏伊士运河航线或好望角航线前往欧洲的货船和油轮也是络绎不绝，西欧进口石油的

---

① Alan John Villiers, *Monsoon Seas: The Story of the Indian Ocean* (New York: McGraw Hill, 1952), p. 20.

② Robert D. Kaplan, “Center Stage for the Twenty-first Century: Power Plays in the Indian Ocean,” *Foreign Affairs*, Vol. 88, No. 2, March/April 2009, pp. 16 – 32.

③ Kaplan, “Center Stage for the Twenty-first Century”, p. 19.

④ Kaplan, “Center Stage for the Twenty-first Century”, pp. 19 – 20.

35%以上来自中东地区。[①] 可见，印度洋及其关键的战略支点构成了全球最主要的航线之一，无论是东方还是西方国家，印度洋都已经成为了“海上生命线”。正因为如此，印度洋理所当然地被人们称之为“21 世纪的大洋”。

五、动荡的“伊斯兰之弧”

在印度洋北部弧形地带，就国家属性而言，不仅印度、伊朗等区域性大国和缅甸、巴基斯坦等“枢纽国家”都地处这一关键区域，而且该弧形战略地带涵盖了绝大多数伊斯兰世界国家（即便是作为世俗国家的印度，也拥有占人口总数 11.4% 的穆斯林），所以这是一条“伊斯兰之弧”（arc of Islam）。[②]

这条“伊斯兰之弧”，既涵括了阿拉伯半岛、波斯湾地区这类伊斯兰教的核心区，又紧连“肥沃新月地带”，即包括今天伊拉克、叙利亚、黎巴嫩、约旦、以色列、巴勒斯坦地区、埃及西奈半岛在内。在这里，犹太教、基督教、伊斯兰教等多种宗教共存，不同文明相互交融又彼此碰撞；就教派而言，以沙特为首的海湾合作委员会成员多数是逊尼派的代表，它们与以伊朗、伊拉克为典型代表的什叶派多数，在地缘上呈现出明显的角逐之势；而印度与巴基斯坦之间的缠斗，既有历史恩怨和领土纠纷，又有印度教和伊斯兰教之间的宗教情仇，使得南亚同样的不平静；东南亚地区的伊斯兰国家与非洲红海海岸的伊斯兰国家，因其地处重要的战略航道而格外地引人瞩目。

历史、领土、民族、宗教等矛盾相互交织，使得这条“伊斯兰之弧”热点问题频发。据统计，二战后局部战争中有一半是在该地

① 陈建民：《当代中东》，北京：北京大学出版社，2002 年版，第 4 页。
② Kaplan，“Center Stage for the Twenty-first Century”，p. 17.

区爆发的，其中包括对国际局势产生重大影响的中东战争、两伊战争、海湾战争、伊拉克战争和阿富汗战争等。而“9·11”事件之后，该战略区域又不可避免地成为了反恐力量与国际恐怖主义势力缠斗的主战场。结果，地区内主权国家间的斗争、地区国家与域外大国间的斗争、主权国家与非国家行为体之间的斗争，构成了这一弧形地带的政治主旋律，而伊斯兰色彩使得这类争斗更加的敏感和复杂。

六、印度的印度洋地理中心角色

马克思曾把印度比作“亚洲规模的意大利”，他认为：喜马拉雅山相当于阿尔卑斯山，孟加拉平原相当于伦巴第平原，德干高原相当于亚平宁山脉，锡兰岛（指斯里兰卡）相当于西西里岛。[①] 这个比喻深刻地揭示了印度的地理特点，以及基于地理之上的国家发展道路选择。也就是说，印度要走向伟大，很大程度上需要走向海洋——印度洋。

印度洋是世界上唯一以其中一个沿岸国家名称命名的大洋。[②] 所以，提到印度洋的地缘构造，就不得不提到印度，以及印度在这一区域享有的得天独厚的地缘优势。潘尼迦曾指出：“印度洋和太平洋、大西洋不同，它的主要特点不在于两边，而在于印度大陆的下方，它远远深入大海一千来英里，直到它的尖端科摩林角。正是印度的地理位置使得印度洋的性质起了变化。”[③] 从传统的大陆视角来看，印度明显地处于孤立状态，北部的喜马拉雅山脉阻断了次大陆与亚洲其他部分的联系，而南部的印度洋构成了不可跨越的屏障。但是从海权的角度来看，印度在东侧的孟加拉湾和西侧的阿拉伯海

---

① 《马克思恩格斯全集》（第9卷），北京：人民出版社，1961年版，第143页。

② Misra, *Indian Ocean and India's Security*, p. 1.

③ 潘尼迦著：《印度和印度洋》，第14页。

的环绕下，位于印度洋的中心，所以也就处在了欧洲与远东地区贸易航线的中心。作为自然选择的结果，印度必然要在印度洋地区扮演重要的角色。换句话说，印度广阔的海疆和地处印度洋中心的地理位置，使其具有非同寻常的政治和经济重要性。

所以，潘尼迦特别重视印度洋的地理结构，并对于将印度洋打造成印度的保护区域进行了完美设想：如果在适当的地方布置下海空军基地，造成一个环绕印度的“钢圈”，又在圈内建立一支力量强大、足以保卫内海的海军，那么，对于印度的安全与昌盛来说有着紧密关系的印度洋就可以受到保护，变为一个安全区。也就是说，印度的印度洋地理中心角色的意义，在于其将印度洋变成护卫印度安全之洋，一种典型的印度版门罗主义思想。直至今日，这一思想及其指导下的印度海洋战略，正越来越深刻地影响着印度洋上的事态发展与国家关系。

上述六个方面的地缘特征，从根本上导致了印度洋地区的区域主义的生成与发展相对滞后。尽管相关沿岸国家大力呼吁和倡导地区合作关系，但受制于地理上的区隔，印度洋地区战略整合程度较低。一方面印度洋区内贸易量相对较少，主要沿岸国不得不放眼印度洋之外，致力于发展区外贸易和区外关系；另一方面，地区外大国在充分利用印度洋地区上述地缘特性的基础上，凭借实力优势，自然地卷入印度洋地区事务之中。结果，大国博弈便成为了印度洋地区地缘政治的主轴。

第二章　印度海洋战略思想传统

作为一个文明古国，印度历史的典型特征之一就是政治大一统的缺失，结果不仅导致了国家政治地理上的分裂，而且使得印度没有真正意义上的一元化的海洋战略思想，其海洋战略文化也因此经历了一个建构——湮灭——再建构的过程，而这恰恰构成了印度海洋战略思想传统最大的特点——多样性。可以说，印度的海洋战略思想传统本身便是一个充满着矛盾的命题，它掺杂在海权与陆权的争论中，是自由航行与海洋控制、历史渊源与殖民遗产相结合的产物。但不可否认的是，在千百年海洋实践过程中产生的印度海洋战略思想传统，已经深深嵌入印度的战略文化之中，并对每一时期印度海洋战略的制定发挥着温和但却根本性的影响。正是在这一思想传统之上，在现代西方海权观念和海洋殖民遗产的引领下，印度现代海洋战略思想逐渐发展了起来，并一直影响着独立后印度的海洋战略决策与实践。

第一节　经典时代印度的海洋思想传统

海洋思想传统，就是一个国家或民族在长期开发利用海洋和争夺海洋控制权的过程中，所形成的对于海洋的一贯认识和既定原则。

这种传统也可以视为是一种对于海洋秩序的理解和实践。[①] 历史上，在欧洲人到来之前，无论就印度洋上的权力分布态势而言，还是就海洋利益关切而论，印度始终维持着一种基于海上实践之上的海洋秩序观，并将之作为一种约定俗成的海洋思想传统融会贯通到印度的各种海洋活动之中。但应当看到，在经典时代即前达·伽马时代，阿拉伯海和孟加拉湾迥异的地缘特征，导致了印度分别在阿拉伯海和孟加拉湾形成了两种截然不同的海洋战略思想传统，维持着天壤之别的海洋秩序。就像一位研究者所说，印度的海上历史由一个持续的主题所主导，那就是在海上行使国家控制权力与自由使用海洋原则之间的竞争。[②]

一、 经典时代的印度洋贸易

如前所述，得益于优越的地理位置，印度洋与地球上第一个文明的产生密不可分。可以说，自然条件决定了贸易可能是催生西印度洋即今天的阿拉伯海出现第一个重要文明的火花。[③] 这里，干旱的气候催生了灌溉业的发展，与之相伴的是高度发达的社会组织对沿着主要河流，如印度河、幼发拉底河、底格里斯河、尼罗河进行较大规模贸易活动的支持。东南亚也发展了贸易，但其商业活动却没能催生市政中心的出现。印度洋东西部的这种分野还因为下述气候条件而更加的明显：每年除了 1 月份，途经印度最南端进行环印度洋航行十分困难。故有学者认为，这一情势决定了早期贸易和文明

---

① 所谓海洋秩序，指的是人类历史上不同的政治单元，在争夺海权或维护自身海洋权益的互动中而形成的一种相对稳定的海洋权势分布状态和海洋利益关切，并得到了国际社会普遍接受或认可的海上国际惯例与实践、海洋法、海洋制度以及保证相关法律和海洋制度有效运作的运行机制的有力保障。参见宋德星、程芬："世界领导者与海洋秩序——基于长周期理论的分析"，《世界经济与政治论坛》，2007 年第 5 期，第 104 页。

② K. K. Nayyar, *Maritime India*（New Delhi：National Maritime Foundation，2005），p. xv.

③ Kearney，*The Indian Ocean in World History*，p. 11.

只能在西印度洋产生。[①]

就航行器具而言，在阿拉伯海，15 世纪之前主要使用的是缝木板船（sewn plank boats），但最终是大三角帆船（Lateen or triangular sails）占据了主导地位；在印度洋东部的孟加拉湾，则使用两侧装有外撑支架的大船。此外，由于可耕地不足，波斯湾地区粮食的稀缺进一步鼓励了人们利用海洋；更主要的是，印度洋上的季风便于人们去航行。夏季（5 月到 10 月）的西南季风，冬季（11 月到次年 4 月）的东北季风，风力既足以鼓动风帆航行，又不至于产生破坏，只有 6 月和 7 月的夏季风能产生破坏性影响。这种季节性的风向变化有助于人们在印度洋上航行，往来于印度、波斯湾和非洲地区之间。

早在公元前 3000 多年前，印度河谷的居民便与两河流域的苏美尔人开展了贸易往来。一条一英里长的运河，将印度河上的罗索尔港与印度洋上的坎贝湾（the Gulf of Cambay）连接起来，从而便利了印度人与苏美尔人之间的贸易往来。在美索不达米亚考古挖掘中，就发现了印度河谷居民雕刻的滑石印章，据信是拿来用作贸易的。但是公元前 1500 年左右雅利安人的入侵终结了印度河文明，加之古老的迦瑟人征服了苏美尔人，结果使得世界历史上出现的第一个主要的贸易模式——美索不达米亚人在印度洋上的贸易的终结，同时终结的还有当时世界上的先进国家——苏美尔人的城市国家。美索不达米亚和印度河谷的被征服，结果使得埃及人一度在印度洋贸易中处于较为重要的地位，只是贸易路线发生了偏移，主要的贸易航线转向了南方，即主要是埃及到南印度和非洲东海岸，以及与希腊的克里特岛之间的贸易往来，波斯湾和印度河谷之间的贸易则出现了严重困难。

就印度来说，雅利安人引入的种姓制度及其婆罗门教显然不利

---

① Kearney, *The Indian Ocean in World History*, p. 11.

于印度创造性地发展海洋贸易。其中，婆罗门教，连同后来的佛教和现代印度教，均强调出世，其核心教义无不将人们的关注点从现实的生活斗争转向了精神领域，特别是鼓励人们逃离物质世界。例如，《薄伽梵歌》（Bhagavad Gita）中，大神克里希那（Krishna）就告诉英雄阿朱那（Arjuna）说，他无须担心世间的伤心事，因为他的那些已死去的人民通过轮回可以再生，或者通过转世成为另一种生命形态，从而演化出他们自己的命运（Karma），即业报。或许正是这种文化心理上的巨大转变，成为了印度未能主宰印度洋的一大缘由。

公元前6世纪中后期，古波斯帝国在冈比西斯统治下，一度控制了印度洋西部红海和波斯湾的贸易。及至大流士统治时期，波斯帝国为了控制埃及及其在印度洋上的贸易，与古希腊世界特别是与雅典发生激烈冲突。波斯与古希腊间的冲突长达两个世纪，直至最后因雅典和斯巴达之间爆发伯罗奔尼撒战争导致希腊世界的内部分裂与战乱，波斯才得以最终取得胜利。但很快，亚历山大大帝领导下的马其顿王国重新恢复了希腊的荣光，不仅击败了波斯，而且控制了埃及及其在印度洋上的贸易。亚历山大大帝之后的托勒密王国因为握有埃及，得以继续控制着印度洋西部的贸易。这一时期，对于印度来说，主要是近海贸易，即在印度西海岸与今天的斯里兰卡和马尔代夫之间进行贸易往来。

到了公元前322年，旃陀罗笈多·孔雀（Chandragupta Maurya）在北印度建立起了第一个统一的帝国，它与南印度的一些王国成为了托勒密王国贸易的对象。从印度海岸到波斯湾，以及从印度海岸经阿拉伯海前往亚丁和埃及红海港口的贸易路线上，都能看到印度商人的身影；印度同时还扮演着中国与地中海贸易的中间商角色；印度商人还向东经孟加拉湾与东南亚的苏门答腊、爪哇和巴厘岛开展贸易。但是，从公元前2世纪到公元2世纪，三大因素导致了印度海上贸易功能的弱化[①]：一是印度孔雀帝国的虚弱直至崩溃，随后建立起来的巽伽王朝无法完成北印度的统一大业，印度再次处于分裂状态之中，这严重影响了其向印度洋扩张贸易；第二，无论是孔雀帝国还是托勒密王朝，均未能掌控印度洋东部的孟加拉湾，因而也就无法开创新的贸易前景；第三，来自中亚地区的徐赛亚人（Scythians）的入侵及其建立的贵霜帝国只是短暂地统一了北印度地区。公元前 165 年到公元 319 年间，北印度实际上处于分裂状态。正因为如此，此际的中国和罗马帝国开始分别影响着印度洋东部和西部的贸易，并经由印度洋和中亚的丝绸之路进行着和平的贸易往来。公元 50 年到公元 110 年间成书的《厄立特里亚航海日记》（其英文译本名为《环航印度洋》（Circumnavigation of the Indian Ocean)），就记载了希腊大船经埃及前往印度次大陆的马拉巴尔海岸从事胡椒、蒌叶和丝绸贸易的情况。[②] 在奥古斯都统治时期，每年至少有 120 艘船只经曼德海峡前往印度。[③]

但随着中国汉王朝的衰败和西罗马帝国的没落，波斯人与拜占庭再次展开了印度洋上的贸易争夺战，而印度也得以重获印度洋贸易的机会。此际，恰逢印度笈多王朝（the Gupta Dynasty）时期。这一时期，印度依然未能控制印度洋，印度洋贸易对所有人开放，包括波斯人、希腊人等。印度主要的商品是纺织品，包括锦缎、刺绣、印花棉布，它向西经由红海与拜占庭和阿拉伯世界之间进行广泛的贸易，向东经孟加拉湾与东南亚地区和中国直接贸易往来，即沿着“海上丝绸之路”进行，从而促使柬埔寨、泰国、缅甸、印度尼西亚、中国等地贸易聚居地的兴起。从公元 1 世纪到 7 世纪，反映印

---

① Kearney, *The Indian Ocean in World History*, p. 39.

② 也有学者将该书称之为《红海环航记》。见郝鹭捷、冼先品：“从厄立特里亚航海记看古代西方海上贸易口岸”，《世界海运》2014 年第 4 期，第 62 页。

③ J. Thorley, The Development of Trade between the Roman Empire and the East under Augustus. The Classical Association, 1996 (16), pp. 211 – 213. 转引自郝鹭捷：“罗马帝国时期印度洋的海上贸易”，《世界海运》2013 年第 8 期，第 54 页。

度在印度洋东部地区影响力的重大历史事态主要包括：公元 1 世纪，考恩迪恩亚（Kaundinya）在柬埔寨建立起了第一个印度教徒的定居点，其后人曾担任过高棉王国的国王；公元 2 世纪，印度教文明传播到了泰国；公元 2 世纪晚期，一个信仰希瓦教或佛教的印度教王朝在占城（今越南南部）建立了起来；公元 400 年，印度教徒将婆罗洲（Borneo）拓展为殖民地；公元 684 年，印度教王国在爪哇和苏门答腊岛宣告建立。

到了公元 7 世纪前后，伊斯兰势力的兴起赋予了印度洋西部陆缘地带新的政治认同和意识形态的一元化。当阿拉伯势力强大起来后，很快就加入到了控制印度洋贸易的争斗之中。通过一系列的征服战争，阿拉伯帝国很快征服了印度洋沿岸广阔地区。635 年占领了大马士革，同年还征服了伊拉克；637 年占领耶路撒冷；640 年征服了埃及；642 年在伊朗境内的哈马丹战役中决定性地击败了伊朗国王沙·耶兹德扎德（Shah Yezdegerd）。大规模的征服战争后，阿拉伯人把眼光瞄向了印度洋。公元 636 年，巴林的穆斯林王国袭击了孟买附近的印度海岸；638 年越过波斯湾袭击伊朗；641 年哈里发欧默尔一世（Umar）派海军通过红海袭击了阿比西尼亚，以报复埃塞俄比亚人对阿拉伯海岸的袭击；642 年，埃及新政权重开了连接尼罗河和红海的古运河。然而，阿拉伯人对印度洋与地中海之间的贸易控制，促进了从麦加到大马士革驼队贸易的兴起，也导致了此后三个世纪从红海到埃及贸易的萎缩，但同时却促进了东向和南向的贸易。

710 年，阿拉伯人征服了信德（Sind），推进到了马拉巴尔海岸，并沿着海港城市建立了许多的商品社区。阿拉伯人和波斯人还发展了非洲贸易，在东非建立起了穆斯林贸易中心，从事象牙、黄金、铁器和奴隶贸易；8 世纪，阿巴斯王朝的阿拉伯商人利用在斯里兰卡建立起来的商业殖民点，拓展了东方贸易，他们经过马六甲海峡前往中国。

像早期的波斯商人一样，阿拉伯商人如今在印度洋和南中国海贸易中扮演着十分重要的角色。阿拉伯商人苏莱曼在其作品《东游记》中就记载了在中国和印度的见闻。另一部阿拉伯作品《道里邦国志》也记载道："操着阿拉伯语、波斯语、罗马语、法兰克语、斯拉夫语的商人经过陆路和海路，从东方行至西方。又从西方行至东方。航行在东方的海洋上，抵达伽尔和吉达，再至信德、印度和中国。"①

贸易的繁荣促使印度尼西亚的兴盛。在南苏门答腊岛，信仰小乘佛教的室利佛逝王国（the kingdom of Srivijaya）兴起，并从7世纪后期到13世纪，成长为海上贸易的主要力量。8世纪末9世纪初，爪哇的沙门达拉王国（the Buddhist Shailendra kingdom）加入室利佛逝王国。同样地，7—8世纪，位于东南印度的帕拉瓦王国（Indian kingdom of Pallava）也贸易兴盛，他们把肉桂、生姜、胡椒、咖喱粉、红椒、丁香卖给阿拉伯商人，并从东非购入塔塔粉。

总之，从公元7世纪中叶到11世纪，大马士革的倭马亚王朝、巴格达的阿巴斯王朝、开罗的法蒂玛王朝先后影响着印度洋上的贸易，从而开启了长达500年之久的所谓"阿拉伯黄金时代"（The Arab Golden Age）。期间，船体更大也更适合于航海的、用罗盘导航的阿拉伯单桅三角帆船，其坚固的船柁使之更加具有稳定性，它的两个船桅各悬挂一张斜大三角帆，这样当风鼓动船帆航行时船速会更快，机动性也更强。这无疑极大地增加了散货运输量，这些货物有制成品、小麦、大麦、木材、粮食、食盐和糖等。当然，在印度洋东部，十分活跃的还有中国商人的活动。哈里发曼苏尔（al-Mansur，754—775）曾夸口说，伊拉克和中国之间的贸易没有任何障

① （阿拉伯）伊本胡尔达兹比赫，宋岘译注：《道里邦国志》，北京：中华书局，2001年版，第164页。

碍，所有的船只都能来到巴格达。[1] 但是，一点一点地，阿拉伯人逐渐接管了东方的贸易，甚至连中国商品也要用阿拉伯船只运往印度。由于阿拉伯人在东亚海域的存在，印尼在15世纪晚期皈依了伊斯兰教。阿拉伯文学作品《一千零一夜》反映的正是这一时期阿巴斯王朝的盛世景象，而关于水手辛巴达（Sinbad the Sailor）的传说，折射了海上贸易的兴旺。相应地，印度在印度洋上的贸易影响再度急速下降。

到了公元11—12世纪，印度商人再度活跃起来。在南印度，朱罗王朝（Chola）的泰米尔商人经由锡兰（Ceylon）往东与马六甲海峡的室利佛逝王国开展贸易。在罗阇一世（Rajaraja the Great, 985—1018）统治时期达到鼎盛，一度统治了坦焦尔（Tanjore）、南马德拉斯。罗阇一世还征服了东南印度、北斯里兰卡和印度西南的马尔代夫。其子拉金德拉（Rajendra）接着征服了今天的喀拉拉邦和奥里萨邦，势力一度达到西孟加拉、苏门答腊和马来半岛。1016—1033年，他曾派遣使者前往中国。朱罗王朝拥有一支强大的海军，控制着印度东南的科罗曼德海岸和西南的马拉巴尔海岸。与马拉巴尔海岸的胡椒贸易不同，东南海岸贸易以棉布为主。在贸易争夺战中，尽管朱罗王朝出兵攻打过马六甲海峡，但该重要航道依然为室利佛逝王国所控制。

在北印度，公元1000年，伽色尼的马哈茂德（Mahmud of Ghazni）开始了征服印度的大规模军事行动，也预示着印度次大陆伊斯兰化进程的加速。此后三百多年里，印度出现了大规模的改宗，伊斯兰教在印度和马来西亚传播开来。结果，次大陆的政权纷争因为教派矛盾而更趋尖锐和激烈，其政策的内向化趋势已不可避免。换言之，内部的分裂决定了任何一位统治者都不得不将主要精力和资源用于巩固政权上。相应地，对印度洋事务的关注下降了。正是在

① Kearney, *The Indian Ocean in World History*, p. 66.

这样的背景下，近代欧洲的力量出现在了印度洋。同时期，中国在明王朝时也认真经略过印度洋，1405—1433 年郑和七次下西洋便是最有力的例证。但不幸的是，中国明清两代基本上奉行的是闭关锁国政策，海洋在统治者心目中不仅意味着危险，还意味着是陆地的附属物。总之，12—15 世纪，中国和地中海欧洲再度在印度洋贸易中复兴。这一时期，尽管印度洋周边地区如印度、东南亚和埃及依然是印度洋贸易的主要力量，但中国的商业影响使得印度洋贸易发展到了一个新的层次；而意大利人在印度洋西部贸易中崭露头角则预示着欧洲最终将控制印度洋贸易和印度洋治理权。

之后，当葡萄牙人从海上逐渐向印度洋渗透时，莫卧儿则在印度次大陆上建立起了陆上强国。

1504 年，中亚征服者帖木儿（Timur lenk）的孙子巴布尔（Zahiral-Din Muhammad Ba-bur）占领了阿富汗的喀布尔，以此为基地，巴布尔开始南侵印度次大陆。1526 年成功地占领了德里，从而宣告了莫卧儿帝国（the Mughal Empire）的诞生。到 1530 年巴布尔去世时，莫卧儿帝国已经控制了印度北部大部分地区。及至巴布尔的儿子胡马雍（Humayun）及其孙子阿克巴（Akbar）统治时期，莫卧儿王朝完全控制了北印度。1574 年阿克巴征服古吉拉特（ Gujarat），1576 年征服孟加拉，使得莫卧儿帝国拥有了通往阿拉伯海和孟加拉湾的通道。由于古吉拉特的坎贝港（port of Cambay）淤积严重，苏拉特港（Surat）成为了该地区的主要港口。东部，孟加拉地区的港口担负着与科罗曼德海岸、缅甸、泰国和其他东南亚国家间的贸易往来的任务。尽管阿克巴时期帝国经济繁荣，但葡萄牙人和亚洲海盗的活动制约了莫卧儿帝国的海上成就。更主要的是，帝国统治者更多地把精力放在了如何化解占人口多数的印度教臣民与少数派穆斯林统治精英之间的矛盾上。这方面，尽管阿克巴采取了许多有益的举措，包括迎娶一位拉其普特（Rajput）印度教公主为妻，但总体上看，弥合教派分裂的努力依然十分有限。在莫卧儿帝国解决这一国内重大政治问题之前，欧洲人已经进入印度洋并死死地钳制住了印度洋上的贸易。1658 年，奥朗则布（Aurengzeb）登基为莫卧儿帝国皇帝。作为一位十分虔诚的穆斯林，他下令捣毁所有的印度教寺庙，清除行政机构中的印度教职员，规定所有的非穆斯林必须缴纳特别税。当这些措施激起了拉其普特印度教王公们的反抗时，他举兵镇压。17 世纪 60 年代，奥朗则布征服了科罗曼德海岸北部的戈尔康达（Golconda），并利用默苏利帕德姆港（Masulipatnam）与苏门答腊岛进行贸易。他还雇佣孟买港的阿拉伯商船队去打击马拉巴尔海岸的海盗，但他禁止印度教的做法导致了贸易的萎缩，因为 1669 年印度教商人大规模撤离了帝国的主要港口苏拉特港。

此际，为反击英国人在印度的商业活动，奥朗则布鼓励法国在印度经商。法国东印度公司（Compagnie des Indes Orientales）在印度三个主要港口建立起了贸易点：一是孟买港以北的苏拉特港，二是马德拉斯港以南的本地治理（Pondicherry），三是距离加尔各答港 16 英里的金德纳格尔（Chandernagore）。英国的反应则是支持印度教徒与之对抗。到奥朗则布 88 岁退位时，莫卧儿帝国实际上分裂为许多的自治公国，一部分是印度教公国，一部分是穆斯林政权。至此，欧洲势力介入印度次大陆内部事务已不可避免，其在印度洋上的强势地位也将指日可待。

二、经典时代印度的海洋思想传统

毫无疑问，经典时代印度的海洋思想传统，是海洋实践的结果，也是印度洋地区政治经济发展的结果。期间，印度洋上包括印度在内的主要力量围绕着海上贸易展开的竞争与合作，成为了人们观察思考印度洋事态的主要标尺。

据成书于公元前 4 世纪孔雀王朝时期的《政事论》记载，航运大臣是当时33个部门领导之一，专门负责海运、船运等相关事宜。[①] 这表明，在公元前4世纪时，印度就已经拥有了发达的商业与航海系统。此外，在南方的安得拉地区，萨塔瓦哈拉王朝远在公元前2世纪就曾同古罗马人保持过海上往来。印度南方曾发现过这个时期古罗马的金币。从圣经《旧约》中提到的事情可以看出，地中海东部沿岸诸国与印度西部海岸有盛极一时的贸易往来。这些都表明，从很早开始，印度和外界之间就经由海路有了密切的商业关系。古印度人航海的触角不仅向西延伸到阿拉伯海和地中海沿岸国家，而且向东伸展到孟加拉湾和东南亚地区。有史料证明，早在公元一世纪，"在马来亚、苏门答腊、爪哇，甚至在安南，确实有过繁荣的印度人居留地，印度跟印度尼西亚也经常有往来。这就清清楚楚地表明，在那以前，人们已征服了孟加拉湾。"[②]

公元2世纪时，在印度南部大致相当于今天科佛里河与佩约尔河之间的地区建立起了朱罗王国。朱罗王国的国王们是印度统治者中最先认识海权的价值并采取海洋政策的人。他们不但有效地控制了孟加拉湾，并且在马来亚维持了帝国权力近一百年之久，因此使得孟加拉湾成为了朱罗王国的"内湖"。与室利佛逝帝国连续不断的战争，消耗了帝国的资源，无疑是朱罗王朝衰落的一部分原因，但值得注意的是，朱罗王朝较为成功地执行了一项海洋政策，在相当长的时期内在海外和锡兰岛上维持了征服的成果。到14世纪，印度洋地区的最后一个海洋国家是维查耶纳伽尔（Vijayanagar），其统治者曾被冠以"东、西、南海的统治者"的称号，版图扩展到马来亚、爪哇及其附近岛屿。

对此，潘尼迦指出，从公元前5世纪到公元6世纪，海上霸权

---

① Kautilya, *The Arthashastra* (London: Penguin Group, 1992), pp. 343 - 345.

② 潘尼迦著：《印度和印度洋》，第22页。

为印度的陆上强国所掌控。孔雀王朝和后来的安度罗王朝都是东部大海的霸主。他甚至认为，从5世纪到10世纪，马六甲海峡的控制权也操控在一个伟大的“印度航海国”手中，这就是以苏门答腊为根据地、历史上知名的室利佛逝。室利佛逝的国王们有一支强大的海军，他们的海军曾不断进攻占婆（今越南中南部）或安南（今越南）沿岸，被证明相当强大。在大约五百年的时间里，室利佛逝的国王们成为印度洋的主人。朱罗政权与室利佛逝的百年海战削弱了两者的势力，为穆斯林在印度洋上的霸权开辟了道路。但是直到14世纪室利佛逝帝国灭亡时，印度的海军力量才告瓦解。当然，潘尼迦不忘有意渲染一些古印度王国的海上军事扩张：“（印度）有些大陆上的强国，利用它们的海军力量来达到征服的目的，这方面的历史证据，我们也举得出来。7世纪上半叶在位的查拉健王朝的国王就曾率领规模很大的舰队去远征。潘地亚、朱罗和其他诸国也有过强大的海军，而马拉巴尔统治者的海军力量则统治过西岸沿海一带。”①

按照潘尼迦的观点，经典时代印度的海洋战略思想传统，就阿拉伯海而言，意味着着基于贸易目的的航行自由，而不是后达·伽马时代排他性的帝国殖民扩张活动。而孟加拉湾的情况则有所不同，这个海湾的霸权具是军事和政治双重性，是以各岛屿的广泛殖民地化为基础的，这种霸权只是随着13世纪朱罗政权的崩溃才告中断。当然，这中间也不断发生变化。②

首先是阿拉伯海对航海自由原则的运用。在分析印度洋地区的历史和印度在该地区的战略思想传统时，有学者发现，在前达·伽马时代里，印度洋的西部海区即阿拉伯海享有现代意义上的公海航行、贸易和商业自由，其结果不仅仅带来了大量的区域内贸易（从

① 潘尼迦著：《印度和印度洋》，第29页。
② 潘尼迦著：《印度和印度洋》，第24页。

东非沿岸的蒙巴萨岛到阿拉伯海和孟加拉湾所有的沿岸和腹地国家），也使得印度洋成为连接太平洋和地中海的重要水路。[①] 究其原因，地缘因素和沿岸国家内化的安全需求导致了这种航行自由原则的产生。

由南亚次大陆的西海岸、伊朗高原和阿拉伯半岛环绕而形成的阿拉伯海，自古以来就是海洋贸易集中的区域。特别是印度洋北部季节性规律变化的季风，足以保障一艘船径直越过阿拉伯海，从而极大地便利了货物的运输和印度洋海上贸易的繁荣。更为重要的是，无论是在印度西海岸还是在阿拉伯半岛与海湾地区，在经典时代，受限于航海技术与自然条件，阿拉伯海东西两岸的沿海国家，均没有能力将自己的影响力持续投送到阿拉伯海的对岸。特别是由于阿拉伯海上不具备具有整体战略意义的岛屿，所以对于该海区的控制只能来自于陆地。但是，无论是来自东方的南亚次大陆国家还是来自西方的阿拉伯国家，在当时的技术条件下，都不可能从陆地上完全控制阿拉伯海。结果是没有一个国家在阿拉伯海地区享有绝对的海上霸权地位，从而使得该海区海洋权势分布总体上保持着一种均势状态，而航海自由正是这种海上均势的副产品。换言之，在印度人眼中，阿拉伯海对于任何行驶于其上的人来说都是开放的交通要道。[②] 用一位研究者的话说，印度西部海岸的海洋活动绝大多数限定为与邻国之间的贸易往来，且总体上和平地进行着。[③]

另一方面，在经典时代，对于阿拉伯海沿岸国家，特别是印度次大陆国家而言，主要的安全威胁无不是来自于陆上邻国和国内宗

---

① K. R. Singh, "Indian and the Indian Ocean", *South Asia Survey*, Vol. 4, No. 1, 1997, p. 145.

② M. P. Awati, "Maritime India, Traditions and Travails", in *Maritime India*, ed. by K. K. Nayyar, p. 9.

③ Baldeo Sahai, *Indian Navy—A Perspective: From the Earliest Period to Modern Times* (New Delhi: Publication Division, Ministry of Information & Broadcasting, Government of India, 2006), p. 37.

教、民族问题，所以内化的安全关切导致这些国家“领土意识和关于保卫所居住领土的战略知觉的缺失”。[①] 相应地，在海洋方向，这些国家也缺少一种海洋安全视角。包括次大陆早期的海洋国家，统治者关心的更多的是通过贸易得到的财富而不是贸易本身，所以他们的海洋安全只是“近海安全”，统治者从来不认为远洋航行事关国家战略和安全，认为这只是商人和海员们应该考虑的问题。所以，经典时代阿拉伯海上的无政府状态，便成为了航行自由原则的根本保证。

当然，这一时期的航行自由与现代海洋秩序中强调的在世界领导者护持下自由贸易和“门户开放”有很大不同。尽管如此，印度洋的阿拉伯海区上的印度时代是贸易和航行自由的时代。像阿拉伯人自己的记载所证明的，他们在海洋上自由航行，跟印度海港通商，甚至运输他们的货物远到东方的中国。潘尼迦甚至认为，垄断或不许别人在海上自由航行的问题，在这一时期显然是不存在的。[②] 对此，阿卜杜尔·拉沙克曾说，在卡利卡特，每一只船，不论它从哪里来，到哪里去，只要进驻这个港口，就会受到一视同仁的待遇，绝不会受到一点留难。而且，在阿拉伯人取代印度人的印度洋霸主地位以后，也没有打算以强大的海军控制海上交往，而是将阿拉伯的造船与航海技术与印度的阿拉伯海航行自由的海洋传统结合在一起，在更广阔的空间推动海洋贸易的发展。[③]

其次是孟加拉湾地区的海上霸权统治。也就是说，与阿拉伯海航行自由的海洋秩序与海洋传统不同，在孟加拉湾，次大陆国家遵循着一种基于实力的海洋控制传统，也就是建立在实力基础上的海洋霸权秩序。当然，与近代西方海洋霸权不同的是，印度的这种海

① 关于这方面内容，详见 Jaswant Singh，*Defending India*（London：Macmillan Press Ltd，1999）有关印度战略文化的部分。

② 潘尼迦著：《印度和印度洋》，第31—32页。

③ A. R. Tandon，“India and the Indian Ocean”，in *Maritime India*，ed. by K. K. Nayyar，p. 28.

洋霸权秩序的建立主要通过武力征服和文化同化联合进行，一种印度特色的殖民主义。正如纽约大学的约尔·拉鲁斯教授（Joel Larus）在《前现代时期印度人的文化和政治军事行为方式》一书中指出的："殖民主义不是当代民族国家的发明创造，也不仅仅局限于强大的西方国家。印度人是最早的东南亚殖民者之一。在将近1500年的时间里，印度人扮演着被称为'殖民主义者'的角色。"①

在孟加拉湾，地缘因素的作用同样不可小视。可以说，与阿拉伯海不同的地缘环境和权势等级分布，是孟加拉湾产生另一种海洋思想传统的根本原因。虽然同阿拉伯海相似，孟加拉湾也是由印度次大陆的东部、马来半岛和印尼群岛环绕形成的海湾，但是从地图上不难看出，整个阿拉伯海呈现出喇叭口的形状，使得阿拉伯海成为一个北部封闭、南部开放的海区；但是对于面积相对较小的孟加拉湾来说，锡兰（斯里兰卡）和苏门答腊岛基本控制了该海湾的最南端，形成了一个相对封闭的海区，这就使得从陆地控制该海区成为可能。所以，从公元前5世纪到公元10世纪的时间里，孟加拉湾的海上控制权取决于位于南亚次大陆的陆上强国。②

在地缘因素的作用下，孟加拉湾地区的权势等级结构最终催生了海洋控制的海洋思想传统。与在和平条件下贸易欣欣向荣的印度西海岸不同，印度东海岸的历史就是一部争夺地区霸权的斗争史。③而在争夺过程中，东印度总会涌现出一些实力超群的地区中心国家，这些国家在一定时期内成为地区霸权国，控制着孟加拉湾的局势。在控制与反控制的斗争中，印度东海岸便形成了海洋控制

---

① Joel Larus, *Cultural and Political-Military Behaviour of the Hindus in Pre-modern India* (Calcutta: Minerva, 1979).

② Tandon, "India and the Indian Ocean", p. 26.

③ 至少在争夺海权方面，先有帕拉瓦、朱罗和潘迪亚三个王朝间的斗争，后有朱罗王朝和室利佛逝在该地区的海上博弈，参见［德］赫尔曼·库尔克，迪特玛尔·罗特蒙特著，王立新等译：《印度史》，北京：中国青年出版社，2008年版。

的思想传统——一方面为了护持自身的霸权，防止其他国家崛起为海洋秩序的挑战者；另一方面不断扩大影响力，谋求更广泛的控制。该地区，特别是由于马来半岛和印尼群岛缺少制衡霸权的力量，结果使得次大陆地区霸权国家能够相对迅速并轻易建立起对于孟加拉湾的控制地位。在此过程中，长期的殖民和文化同化也为印度东部那些强大的王国建立孟加拉湾霸权打下了相对较为坚实的基础。[①] 例如朱罗王朝称霸孟加拉湾的时候，努力通过控制具有战略重要性的沿海航线来提高它们的海上实力。它们占领了几乎整个印度东部海岸，以此为基础进一步攫取了马尔代夫、斯里兰卡的控制，甚至还可能控制了安达曼群岛。之后在与室利佛逝的争夺中，朱罗王朝又吞并了孟加拉湾和马来半岛，一度占据了绝对的海上优势。

在学术界，关于印度在孟加拉湾的海上霸权的性质，存在着一定的争议。当代的印度学者不同意潘尼迦关于印度的孟加拉湾霸权是军事性和政治性的观点。他们认为，印度在该地区取得的霸权是一种“温和式的”，不同于之后的西方殖民国家，印度的扩张活动主要是文化传播，而非军事行动，目的也不是政治压迫和经济掠夺，印度同东南业国家的贸易往来是在一种高度平等的条件下进行的。[②] 但是，不管这些印度国家采取何种手段，都是服务于控制孟加拉湾这一战略目的。可以说，在印度洋的印度时代里，孟加拉湾一直处于古印度的海权国家的控制之下，这种持续的控制逐渐演化成孟加拉湾海区的海洋秩序，成为印度海洋思想传统不可或缺的一部分，而出现在孟加拉湾海区的平等贸易可以理解为印度两种海洋传统交汇作用的结果。

---

① Sahai, *Indian Navy*, chapter II “Indian Navy in Southeast Asia”, pp. 26 – 36.

② Awati, “Maritime India, Traditions and Travails”, p. 15.

第二节　达·伽马时代印度海洋思想传统的湮灭与再建构

在印度洋的经典时代之后，是人们所熟知的达·伽马时代，即西方列强殖民时代。其中，葡萄牙人首开这方面的先河。如上所述，在欧洲人到来之前，印度洋总体上处于一种人员和贸易自由往来的状态，对于印度洋沿岸的各个民族而言，海洋是他们共有的财产。至少是在印度洋的阿拉伯海区，存在着典型的自由和宽容的传统。[①] 但是葡萄牙人的到来打破了印度洋上的平静，欧洲人对于贸易和航行的垄断，使得原先自由的海上航线突然变得封闭起来，印度洋成为葡萄牙人的私有财产。只有持有葡萄牙人颁发的"许可证"（cartazas），才能够在印度洋上畅通无阻地航行。正如一位葡萄牙历史学家所说："对于所有航海的人，确有一项共同的权利，在欧洲，我们承认别人要求我们的那些权利；但是这种权利不适用于欧洲以外的地方，所以作为海上霸主的葡萄牙人，对于一切未经许可就在海上航行的人，有权没收他们的货物。"[②] 葡萄牙人正是通过强大的海军力量，将一个崭新而且令人困扰的概念——"领海"（Mare Clausum）[③] 带到印度洋和波斯湾的航海界中。[④] 这时距离达·伽马在卡利卡特登陆仅仅六七年之隔，在这短暂的时间里，印度洋的海洋秩序被葡萄牙人彻底地改变了，印度洋上的霸权时代逐渐拉开帷幕。在印度洋上争夺霸权的时代，葡萄牙人、荷兰人、法国人、英国人

---

① Awati，"Maritime India，Traditions and Travails"，p. 15.

② 转引自潘尼迦著：《印度和印度洋》，第 36 页。

③ 领海（*Mare Clausum*），拉丁文意为"closed sea"，即"封闭的海洋"。

④ Awati，"Maritime India，Traditions and Travails"，pp. 16 - 17.

称雄一时。印度人作为一支力量也发挥了关键作用，涌现出诸如昆甲利三世、康荷吉·安格里等印度海军英雄。但是无论是马拉塔海权还是萨摩林海权，在取得短暂的辉煌之后，印度原先固有的海洋思想传统最终被欧洲的坚船利炮所摧毁。[①] 一战后，随着民族意识的增强和觉醒，印度海洋战略思想得以在新的时期重新建构并发展起来。

一、 西方及其制度规范在印度洋统治地位的确立

16 世纪是欧洲海洋强国的时代，在追逐国民财富、扩张势力范围、传播宗教信仰、建立殖民帝国等观念的强力驱动下，首先是葡萄牙人，然后是荷兰人、法国人和英国人，均开始了在印度洋地区的海外扩张行动，结果是欧洲强国的排他性统治的确立，这无疑从根本上改变了印度洋地区的政治风貌，也深刻地影响着印度的政治、经济和对外关系，特别是从根本上颠覆了印度固有的海洋战略思想传统。

为免除北非海盗对葡萄牙与英格兰和佛兰德斯之间贸易航线的劫掠，1415 年，葡萄牙国王若昂一世（João I）派遣一支探险队去打击海盗，并授命夺取摩洛哥港口休达（Ceuta），以便以此为基地保护直布罗陀海峡的安全。1415 年，年仅 19 岁的王子航海者亨利夺取了休达，并担任休达的总督，由此拉开了葡萄牙争夺海上强权的序幕。要使休达成为有效打击海盗的基地，就必须要有雄厚的财力支撑。航海者亨利认识到，如果能够与黄金海岸（the Gold Coast）建立起海上联系，他就能够确保有利可图的黄金贸易掌握在葡萄牙手中。为此，亨利王子在科英布拉大学（University of Coimbra）创

① 参见潘尼迦著：《印度和印度洋》，第 36—48，55—60 页；Awati，“Maritime India，Traditions and Travails”，pp. 16 – 18；G. A. Ballard，*Rulers of the Indian Ocean*（London：Duckworth，1927），pp. 39 – 58，80 – 145，224 – 244.

办了航海学院，储备这方面的知识和人才。1419 年，亨利王子在马德拉斯群岛建立起了葡萄牙殖民点，1432 年在亚速尔群岛建立起了殖民点。到 1460 年亨利王子去世时，葡萄牙人已经发现了几内亚湾，并垄断了黄金贸易。若昂二世（João II，1481—1495 年在位）时，葡萄牙继续进行航海探险拓殖。1486 年迪亚士绕过了好望角。1487 年，若昂二世派遣会讲阿拉伯语的佩罗·德·科比拉（Pero de Cobilha）作为密使经开罗前往亚丁和印度，获得了关于香料和埃及马木路克王朝军事实力的诸多信息。1493 年，在罗马教皇亚历山大六世（Alexander VI）的斡旋下，葡萄牙和西班牙同意以亚速尔群岛以西 370 里格（Leagues）[①] 为分界线，该线以东归属于葡萄牙，以西归属于西班牙；1494 年，通过商签《托德西利亚斯条约》（Treaty of Tordesillas），葡萄牙将分界线向西改到了 270 里格处的“教皇子午线”。

经过充分的准备，若昂二世下令进行印度洋探险。达·伽马的船队在绕过好望角后，于 1498 年发现了梅琳达和肯尼亚，并在一位阿拉伯航海家的帮助下抵达印度西海岸的贸易中心卡利卡特港。1499 年达·伽马返回里斯本。应当指出，达·伽马抵达印度的意义不仅在于其航海的成功，而且在于葡萄牙国王们把海洋当作私产的那种政策。这一政策的结果就是葡萄牙对印度洋长达一百多年的霸权统治。在建立霸权统治的过程中，葡萄牙人、第二任总督阿方索·德·阿布奎基（Afonso de Albuquerque）可谓贡献巨大。1504 年，阿布奎基在陆上的一次战役中大败卡利卡特国王，随后建立起葡萄牙要塞，控制了整个卡利卡特；1509 年 2 月，阿布奎基在迪乌（Diu）打败了埃及和波斯的联合舰队，开始称雄印度洋；1510 年夺取了果阿（Goa），建立起葡萄牙人在印度的第一个大本营；1511 年占领了马六甲（Malacca）；1513 年炮击了亚丁，并派兵控制了索科

① 里格，长度单位，1 里格等于 5572.7 米。

特拉岛，从而控制了红海；1515年重新占领霍尔木兹。在阿布奎基去世两年之后，即1517年，葡萄牙人占领了今天斯里兰卡的科伦坡。这样，葡萄牙凭借强大的海上力量，控制了进出印度洋的主要战略通道——马六甲海峡、红海、波斯湾、斯里兰卡、好望角等，成为了印度洋上的第一位西方霸主，从而正式开启了一个新的时代，即实行军事至上、殖民地化、排他性贸易的海洋治理模式，取代了早先相对而言多国家合作模式。

总之，阿布奎基的战略可以概括为以下几点：（1）对果阿直接统治，通过通婚将其殖民化；（2）在战略要地设立堡垒和根据地；（3）迫使具有战略重要性的沿海地区的统治者们与其建立附属性质的联盟。阿布奎基用这些简单的方法，帮助葡萄牙在印度洋建立起了绝对的控制权，且前后持续了一百年之久。应当指出，阿布奎基对印度洋关键要点实施控制、从而控制整个印度洋这一战略，成为了此后所有进入印度洋的西方海权国家的基本战略样式。结果，“从那时到今天，印度洋就支配了印度。”①

1521年，通过双重联姻，葡萄牙化解了强大的陆权国家哈布斯堡西班牙的巨大压力。是年，若昂三世（João III，1521—1557年在位）的姐姐伊莎贝尔（Isabel）嫁给了西班牙国王卡洛斯五世（Carlos V），而卡洛斯的姐姐卡特琳娜（Catalina）嫁给了若昂三世，葡萄牙从此以西班牙马首是瞻。尽管如此，在印度洋方向，葡萄牙仍保持着主导权。1529年的《萨拉格萨条约》（Treaty of Saragossa）规定，卡洛斯五世将盛产香料的摩鹿加群岛（the Moluccas）交予葡萄牙，并以摩鹿加群岛以东297.5里格为分界线，该线以西归属于西班牙所有，该线以东除了菲律宾外为葡萄牙所有；1535年，印度古吉拉特王国苏丹同意葡萄牙在迪乌港建立军事要塞，葡萄牙在次大陆的地位进一步强化；1542年，葡萄牙与日本建立起了商业联系；

① 潘尼迦著：《印度和印度洋》，第2页。

1557 年，葡萄牙从中国明王朝手中取得了澳门；到 16 世纪中叶，葡萄牙在非洲领有了莫桑比克。期间，在红海方向，一度面临着的奥斯曼土耳其帝国的海上压力，也因为哈布斯堡西班牙与波斯结盟发起土波战争（Turko-Iranian war）而得以缓解。

1580 年，西班牙腓力二世（Felipe II）继承葡萄牙王位，西葡两国合并。但 1588 年西班牙“无敌舰队”被英国海军打败后，英国和荷兰随之进入印度洋。实际上，在西班牙的大海军被打败以后，欧洲国家，特别是荷兰和英国看清了一个事实，即印度洋上葡萄牙人的霸权是可以争夺的。1591—1594 年，詹姆斯·兰开斯特（James Lancaster）船长率领的英国船队首次在印度洋探险；1595—1597 年科姆利斯·德·豪特曼（Cornelis de Houtman）率领的荷兰船队首次出现在印度洋上。1600 年，英国东印度公司宣告成立；1602 年荷属东印度公司也告成立。1604 年和 1609 年，势力衰落的西班牙分别与英国和荷兰达成和约。这样，为争夺东方贸易权，荷兰和英国开始挑战葡萄牙的印度洋霸权。

1605 年，荷兰人根据新发现的东方贸易航线，即经好望角到澳大利亚西海岸，然后向北到达爪哇，占领了印度尼西亚的安汶岛（Amboina）；1620—1621 年控制了摩鹿加群岛的班达（Banda）；1626 年，一支英荷联合舰队在波斯湾迎战葡萄牙舰队；1632 年莫卧儿王朝将葡萄牙人逐出了孟加拉。之后于 1635 年，荷兰人开始在孟加拉的胡格利（Hugli）进行贸易，并随之建立起了许多的贸易工坊（factory）。从此，孟加拉地区成为了荷兰生丝和上好织品的供应地；1638 年，荷属东印度公司帮助斯里兰卡国王进行反对葡萄牙的斗争，从而取得了垄断斯里兰卡肉桂和胡椒的出口权。随后，荷兰用武力将葡萄牙势力从该岛逐出；1641 年荷兰从葡萄牙手中夺取了马六甲，前进印度洋的东门就这样被打开了。

对于葡萄牙来说，尽管阿布奎基创立的帝国治理体系首开了欧洲的印度洋霸权的先河，但他的后人们却没有能力保护这个体系。

伴随着葡萄牙霸权的衰落，荷兰人开始经营利润丰厚的马来半岛商业贸易。1663 年荷兰从葡萄牙手中夺取了印度马拉巴尔海岸的科钦（Cochin），从而在印度取得了胡椒和鸦片贸易的主导权；1668 年荷兰占领了印度尼西亚的西里伯斯岛（Celebes Islands）的望加锡（Makassar），从而垄断了印尼的丁香贸易权。总之，1641 年荷兰人攻陷马六甲，1654 年科伦坡的陷落，1663 年科钦落入荷兰人的手里，意味着葡萄牙人独占印度洋贸易达一个世纪之久的历史的终止，荷兰人开始了其印度洋上的霸主时代。

与葡萄牙不同的是，荷兰人开辟出了一条新航线：从荷兰控制下的南非新港口城市开普敦出发，前往澳大利亚西海岸，然后到达爪哇，进而经马六甲海峡前出印度洋。在贸易方面，荷兰人在爪哇以西的巴达维亚（Batavia）建立起了一个荷兰贸易中心；在印度，荷兰人在科罗曼德海岸的佩塔普利（Petapuli）建立起了贸易机构。在其经营下，爪哇和苏门答腊取代了马拉巴尔海岸成为了世界香料市场的主要供应地。同样地，荷兰人在印度洋上也采用了葡萄牙早先实施的海上通行制度（maritime pass system），即只有获得了荷兰人的许可，才能从事相关贸易活动。

尽管在 1588 年打败了西班牙的“无敌舰队”，但 1588—1605 年间，英国却不得不花费大量的精力去处理爱尔兰问题。当他们想在印度洋上建立自己的贸易存在时，发现荷兰人已经捷足先登了，同时还伴随着法国的挑战。1613 年，莫卧儿皇帝贾汗季（Jahangir，1605—1627 年在位）同意了英国东印度公司在印度苏拉特港开展贸易，但要与葡萄牙、荷兰和法国一同竞争；1619 年英国在缅甸建立起了贸易商站，其中一处设在仰光；1622 年英国帮助波斯从葡萄牙手中重新夺回了霍尔木兹。作为回报，英国获得了在欧洲出售波斯的丝绸和地毯的贸易协定；在此鼓舞下，1650 年阿曼王国从葡萄牙手中夺回了阿曼湾的马斯喀特。1662 年英葡联盟后，葡萄牙将孟买交予英国，使得英国在印度洋上的实力大增。1668 年，英王查理一世将孟买交由英国东印度公司经营，并在港口的大象岛上建立起了英军要塞。[①] 1672—1674 年第三次英荷战争中，英法结盟共同对付荷兰，期间荷兰执政威廉三世（Willem III）取代了德・威特（de Witt）执掌联省共和国政权；1688 年英国发生“光荣革命”，荷兰执政威廉三世入主英格兰成为英国国王。这样，荷兰的权利和平地“禅让”到了大英帝国手中。自此，法国成为英国在印度洋上的强劲对手。[②]

为争夺霸权地位，英国和法国进行了长期的战争，早期主要是与法王路易十四的霸权争夺战，主要包括奥格斯堡同盟战争（the War of the League of Augsburg，1689—1697）、西班牙王位继承战争（The War of the Spanish Succession，1701—1713）、奥地利王位继承战争（The War of the Austrian Succession，1740—1748）、七年战争（the Seven Years War，1756—1763）等。随着法王路易十四霸权野心的被遏阻，英国逐渐成长为海上强国，并在印度洋地区和印度次大陆展开了一系列的对法军事行动。至 1763 年《巴黎条约》的签署，英国获得了对印度次大陆的控制权。1778 年，英国东印度公司总督沃伦・赫斯廷斯（Warren Hastings）占领了法国在印度的据点本地治理，以及塞舌尔岛上的马希（Mahe）。1795 年，英国占领了科钦。

法国大革命、特别是拿破仑战争期间，英国与法国的较量不仅仅是为了贸易，还包括国家荣誉。到 1803 年，法国失去了在印度的定居点，只保有马斯克林群岛。同年英军占领德里。1804 年，除了拉其普特、信德和旁遮普，整个印度实际上都处于英国的控制之下，

---

① 英国东印度公司十分重视从孟加拉到印度东南部的科罗曼德海岸的贸易。为此，1639 年英国控制了次大陆南部的马德拉斯；1696 年在次大陆东北部新建起了加尔各答。

② 1604 年法王路易十四成立了法属东印度公司（Compagnie des Indes Orientales），主要在印度的苏拉特港（孟买北面）、本地治理（马德拉斯港的南面）和金德纳格尔（距离加尔各答 16 英里）从事贸易活动。

从而确保了英国在印度洋上处于极其有利的地位。1805 年英国在特拉法加海战中大败法国舰队之后，逐渐确立起了对印度洋的控制权。总之，在与法国的争霸战争中，由于法国在大西洋上的海军力量不能持久，这就使得印度洋的霸权无可争辩地落入了英国人的手里。

在争夺印度次大陆的控制权的同时，英国加强了对出入印度洋的东部通道的控制：1786 年，英国东印度公司在马来西亚海岸的槟榔屿进行殖民，其在马六甲海峡的地位进一步增强；1795 年，当法国占领荷兰后，英国为安全起见，将荷兰控制下的好望角、马六甲和锡兰转为己有；① 1824 年控制了新加坡；1826 年，英国东印度公司将新加坡、马六甲、槟榔岛、韦尔斯利港（Port Wellesley）连成一片，称之为海峡殖民地（the Straits Settlements）。同时，由于拥有了澳大利亚和新西兰这两个新的殖民地，英国在印度洋东部的地位更加的牢固。②

此外，英国十分重视对出入红海的西部通道的控制：1839 年，英国在红海的入海口亚丁湾建立起了一个保护国，迫使奥斯曼土耳其的势力退回到了北也门。

在东非，拿破仑战败后，英国从法国手中夺取了塞舌尔和毛里求斯。在南非，根据 1815 年的《维也纳条约》，拿破仑入侵荷兰时被英国控制的好望角，按照有关条款被永久地交给了英国。

至此，英国完全控制了印度洋的东西两部分，以及主要战略要道像马六甲海峡、锡兰、波斯湾、红海、好望角等。由于进出印度洋的四个主要通道——马六甲海峡、红海、澳大利亚开阔的海面、南非的好望角均在英国的掌控之下，印度洋成为了大英帝国真正的内湖（British Lake），这种状况一直延续到 20 世纪 60 年代中后期。

---

① 拿破仑战争后，根据《维也纳条约》，荷属好望角和锡兰（斯里兰卡）归于英国；马六甲曾短暂地交还给荷兰，1824 年又回到英国东印度公司手中。

② 1768—1771 年，英国人詹姆斯·库克（James Cook）在南印度洋探险，宣布澳大利亚和新西兰为英国所有，英国首相小威廉·皮特随即将罪犯遣送到澳大利亚。

潘尼迦对于这一时期英国在印度洋上的霸权地位是这样描述的："至于印度洋，这就比别处更像是不列颠的一个内湖了。诺大的印度洋面，其他欧洲国家一点好处也沾不上手，就是在海洋附近的地方，亦复如此。"①

二、 殖民统治下印度海洋思想传统的湮灭

近代印度海洋思想传统的湮灭，根本上是因为西方的殖民统治，以及印度长期对海洋的忽视。在上述两者的交互作用下，达·伽马时代的印度不仅谈不上对印度洋的控制权，而且自身独立难保。特别是在英国的统治下，印度作为殖民对象已无心于海洋事务。

（一）莫卧儿帝国衰亡后印度历史主题的大转换

关于陆权与海权的关系，潘尼迦曾给出了这样的结论："我们有一个已经证明的历史事实，就是面对着有良好组织的陆上强权国家，海权国不能够长久守住陆上的帝国；但同样清楚的事实，就是当这样的陆上权力并不存在时，海权国家的根据地容易变成帝国的核心。"②印度的历史有力地证明了这一点。就印度历史而言，葡萄牙人用尽他们一切的海军力量，在一百年的时间内没能击破萨摩林王国的权力；荷兰人在此后的一百年内也未能成功。在论说这一点时，潘尼迦略带自豪地指出，当莫卧儿帝国还很强大的时候，英国人、荷兰人和法国人，除了做点买卖以外，什么也不能得到。那些称霸海上、独占海洋贸易的海权国家，一到陆上，便成了卑微的商人，即使是向印度各省当局写信时，他们也将自己描写成"尘土中最渺小的细粒，在接受命令时，便要以头额触地"。③ 但当印度中央权力

---

① 潘尼迦著：《印度和印度洋》，第69页。

② ［印度］潘尼迦著，吴之椿、欧阳采薇译：《印度简史》，北京：三联书店，1956年版，第224—225页。

③ ［印度］潘尼迦："现代印度的政治动力"，《世界知识》，1950年第12期，第8页。

削弱而一些省份成为内战战场的时候，此前隐藏着政治野心的外国势力，就能够露面并有效地影响事态的发展了。

直至18世纪，一度强大的莫卧儿帝国在奥朗则布皇帝之后开始走向衰败。其内部的纷争与战乱削弱了帝国的实力，使其再也无力对抗外部强敌的侵蚀。1757年，罗伯特·克莱武（Robert Clive）领导的一支英军在普拉西战役（Battle of Plassy）中打败了最后一位孟加拉土邦大公苏拉杰·达乌拉（Suraja Dowla）。之后，克莱武转而打击在印度的法军及其盟友，攻下了一个又一个法军要塞。1760年1月，在海德拉巴的文迪瓦什（Wandiwash）战役中，英军决定性地击败了法军将领拉利（Lally Tollendal）。1761年1月，最后一个法军要塞本地治理被夷为平地。支持法国的印度莫卧儿皇帝沙·阿南（Shah Alam，1759—1806在位）被迫置于英国人的保护之下。1763年签署的《巴黎条约》使得印度、加拿大被置于英国的掌控之中。1765年，英国东印度公司获得了负责民事和税收事项的迪万（diwani）头衔，开始负责孟加拉邦的税收征收。1773年，英国东印度公司因负责孟加拉邦、比哈尔邦和奥里萨邦的财政事务，及其理事会转变为皇家官员这一政治转型，使得公司成功变身为政府。1784年的《印度法》（The India Act）将英国东印度公司置于英国王权之下，英属印度进入双头治理时期，即公司和君主共同处理印度事务。公司任命的总督经国王批准，成为了政府大臣。在新的体制下，曾在美国约克镇向华盛顿领导的大陆军投降的查理斯·康沃利斯（Charles Cornwallis）勋爵被任命为第一任总督（1784—1795）。1804年英国人占领德里，尽管名义上保留了莫卧儿皇帝，但庞大的印度实际上处于英国人的控制之下。

在英国的侵蚀下，印度各邦经济生活、政治生活都受到外国影响，特别是沿海城市与外国关系密切，莫卧儿王朝中央政府日渐失去了对它们的有效控制。首先是孟加拉，随后是马德拉斯，之后是其他沿海地区一个又一个脱离了中央，到了19世纪的最初十年，全国性的政府实际上有名无实。随着莫卧儿帝国的崩溃，英国东印度公司得以从纯粹的商业组织转变为商业霸主和贡物收集者。它修筑要塞、供养士兵、铸造货币，与周围的印度统治者缔结条约，因为印度已经不存在能阻止其行使这种主权权利的中央政权了。1848年，印度最后一个独立王国即旁遮普王国被征服了。1857年印度民族大起义爆发后，英国维多利亚女皇于1858年自任为印度皇帝，开始了英国对印度的直接统治。从那时起一直到1947年，印度的国家主权，完全转移到了英国人的手中。

也就是从1858年起，印度的历史大主题发生了反转，即反对英帝国主义的斗争成为了头等大事。1905—1907年印度爆发第一次伟大的民族运动，将这一历史大主题首次推向高潮。印度人认识到，必须将海上强国英国从陆上根据地驱逐出去，以便“恢复大陆的、平衡的、非殖民地的经济，以代替为帝国利益所控制而有利于海上贸易利益的经济制度的一种企图”。[①]

（二）近代印度战略上对海洋的忽视

印度战略上对海洋的忽视，首先表现为对次大陆以外事务漠不关心的历史倾向。潘尼迦指出，从较早时期，印度就对本国疆界外的权势变化缺乏兴趣。“印度的外交理念局限于其地理界限内的国家。在这一区域内，在不同时代，印度发展出一套国际关系和外交往来体系。但是只要超出印度所关注的物理疆界外，我们就满足于保持一种自满的无知态度。”[②]

甚至在莫卧儿帝国最辉煌的时候，统治者们都没有觉察到海洋的极端重要性，遗忘了对于海洋的依赖。[③] 实际上，阿克巴皇帝（1542—1605年在位）由于自身的中亚细亚的传统，对海权没有认

① 潘尼迦：“现代印度的政治动力”，第9页。

② K M Panikkar's Annual Day address to the Indian School of International Studies on 13 February 1961，http：//acorn. nationalinterest. in/2009/10/16/k-m-panikkar-on-indias-strategic-omphaloskepsis/.

③ 转引自 Tandon，“India and the Indian Ocean”，p. 32.

识，而且直到征服古吉拉特以后他本人才实际上看到海洋。根本上，莫卧儿帝国是大陆性质的，除了在苏拉特有一个出海口和在孟加拉的一个较小的港口以外，阿克巴和他的继承人似乎从未想到过要建立一支海军以显示他们伟大的力量，从而为欧洲人通过海洋统治印度铺平了道路。[①] 所以，帝国当局眼见有关在海上朝圣的贸易被干涉，船只被掠夺，货物被没收，愤怒而无可奈何。印度前外长贾斯旺特·辛格（Jaswant Singh）在《印度的防务》一书中也强调指出，17 世纪和 18 世纪战略规划过程中的一个主要失误，就是没有能够正确评价印度洋及通往印度的海上航线的重要地位。这个失误导致了西方国家到达印度海岸，最初是进行贸易，后来就开始侵略。[②]

其次，印度分裂的政治局势也是其海洋传统终结的重要原因。无论是马拉塔海军还是之前的萨摩林海军，都不是被西方人击败的，而是输在自己人手中。因为缺乏统一的国家和民族意识，印度一些地方统治者总是将欧洲殖民者作为依靠的对象，用以对付其在大陆上的敌手，由此加速了印度海权的丧失。就像贾斯旺特·辛格所指出的，如果不是马拉塔海军被邻国阴谋所摧毁，那么欧洲贸易国家将永远不会在印度取得立足之地。[③] 战术层面上，缺乏广阔的海军视角困扰着早期印度国家的海军建设。无论是马拉塔海军还是萨摩林海军，其弱点在于它们的势力一向只限于所谓的领海范围之内。它们没有海洋政策，其舰艇无力在公海上同敌人周旋。由于实力关系，无论是当年的安格里还是昆甲利，实际上都没有能力同英荷角逐海上霸权。[④]

再次，即便是在英印时期，印度政府同样表现出了对印度洋的

① 库尔克、罗特蒙特著：《印度史》，第 253 页；Tandon，“India and the Indian Ocean”，p. 32.

② Singh，*Defending India*，p. 265.

③ Singh，*Defending India*，p. 266.

④ 潘尼迦著：《印度和印度洋》，第 60—61 页。

忽视。对此，潘尼迦深刻地指出，英印政府时期曾经为陆地边界怎样划得正确这个问题做出许多考虑。其中，寇松（George Nathaniel Curzon）勋爵最为重视，将其作为值得郑重研究的题目，给边界问题打下了科学基础。追随他的杜兰（Henry Mortimer Durand）、荣赫鹏（Francis Younghusband）等也都是地缘政治学的理论家。不过他们基本上都是大陆派。寇松本人也只把海洋当作一个边界，而不是把它当作一个重要的领土来考虑。印度洋自然引不起他和他的那个学派的兴趣。对海洋问题不感兴趣竟达到这种程度，以致印度甘愿放弃亚丁（这是控制印度洋海区的咽喉要地之一）的管理权。潘尼迦无可奈何地指出："如果印度本身对印度洋问题都不感兴趣，那么，其他国家地缘政治学家不予重视，也就不足为怪了。"[①]

（三）西方（英国）殖民统治的结果

印度海洋战略思想传统的湮灭，很大程度上是殖民统治者刻意为之的结果。殖民地时期的印度就像一条"百衲被"：由大约550个土邦组成，它们和一些英属印度省混合在一起。英印政府作为代表全印度的机构，各土邦的民众和英属印度的民众之间完全没有任何联系。英国在印度的地位不仅建立在军队和官僚机构的基础上，而且建立在印度土邦的基础上。对此，深谙印度土邦事务的潘尼迦指出："这些土邦大多数是军阀们的领地，而军阀们脱离中央后，他们的权利曾经得到英国的武装支持和保护。即使具有较为悠久的历史的封建王公，如最早的乌德普尔的拉日普德王国和科钦古邦的君主们，在英国人接管以前，也已经失掉了他们的独立，而仅仅是英国间接统治的代理人。"[②]

实际上，与政治独立的丧失紧密相关的，还有经济独立的丧失。在摧毁印度本地工业制度以后，英国人便一心一意开发贸易和大规

① 潘尼迦著：《印度和印度洋》，第13页。

② 潘尼迦："现代印度的政治动力"，第9页。

模的农场，如在阿萨姆种植茶叶，在西岸种咖啡，在贝哈尔种靛青等；对于发展任何工业则不感兴趣。直到帝国主义的后期，才开始资本输出，英属印度的工业，特别是麻纺和煤矿业才开始兴起，但所有贸易、银行、航运业和保险业的机构，完全操控在英国人手里。那些具有远见的印度民族资本家，早就看到了这种形势的危险性，随之便展开了初生的印度工业和英国资本间的竞争。英国人对于印度工业的成长具有强烈的反感，所以当印度成为纺织品的生产者，当印度民族资本主义投资棉业的时候，英国政府为了帮助本国纺织业，竟对印度纺织厂的产品课以重税。当印度民族资本开始向航运业、银行和其他贸易企业投资时，不仅遭遇到英国商业集团的反对，同时也遭到英印政府的反对。事实上，在英国资本于第一次世界大战后遭遇首次重大危机以前，印度的民族工业在印度工业生产中只占了微小的部分。除了棉纺织业外，印度的工业没有什么进展。实际上，在第一次世界大战结束以前，印度没有一家麻业工厂，没有一家航运业公司，而印度的合股银行，仍处于幼稚时期。正是这种经济独立的丧失，彻底葬送了印度发展海外贸易、关注海洋的海洋意识。

尤为重要的是，当英国获取了印度洋霸权地位以后，为了防止印度海权重新崛起威胁英国治下的印度洋海洋秩序，英国人开始刻意弱化印度的海洋意识和海洋战略传统。首先，为了保护自己的造船业，英国制定了特别的法律，规定对印贸易必须由英国制造的船只来承运。此外，随着欧洲国家于18世纪早期在印度沿海建立起贸易站点，印度的商业中心便渐渐地从腹地旧有区域，移向有外国人经商的新口岸。孟买、加尔各答、马德拉斯、本地治理和犍陀那伽等地成了新的经济生活的中心。印度经济生活也发生了根本变化。“章鱼从海上向印度的神经中枢满布了触角，慢慢地将印度的血液吸取到服务于外国人的商业和贸易的口岸上来。一批与外国资本相结合的附庸资本家的新买办阶级，在老虎钳一般的把持下，把持了印度的经济，随着经济动力向着加尔各答、马德拉斯、孟买等沿海城市的移动，那以大陆经济为基础的中央政府的势力，就完全崩溃了。”[①] 到了18世纪末，印度工业已不足道，它已经沦为英国货物的市场。

其次，一旦印度在英国的统治下实现了自身的统一，地理的恒定作用就开始显现了出来。英国统治时期，英属印度的威胁主要来自西北方向的陆地边境，所以在印度培养了一种局限于陆地的战略视角。有印度学者指处：“在表现印度历史时，殖民政府总是忽视印度的海洋传统，仅仅将目光聚焦在印度的陆地历史上。英国政府甚至在将印度收归王权之下后，解散了原先由东印度公司建立的当地海军，转而把印度的海上防务委托给皇家海军来负责。”[②]不仅如此，它们总是扭曲或拒绝承认印度开发利用海洋的历史和战略传统，声称虽然印度拥有优越的海洋战略地位，但是印度人作为大陆民族，却有着对海洋的天生恐惧。[③]

再次，垄断印度洋上的贸易。在霸权时代开始以前，印度洋贸易由次大陆诸多小的邦国共同进行，以快速帆船、印度商船等小型船只为基础。但是欧洲的坚船利炮打破了这个脆弱的基础，区域外大国势力介入印度洋彻底摧毁了印度的海洋传统和海洋意识。[④] 在葡萄牙控制印度洋时期，在印度洋上的商船只有获得了葡萄牙颁发的许可证才能航行，且所有商船都被葡萄牙强制性地引往它们的两个主要港口果阿和科钦。[⑤] 在英国的强力控制下，印度洋贸易模式被定型为长程三角贸易，即英国用自己的商品换取印度的鸦片，再把鸦片贩卖到中国换取茶叶等商品，然后把茶叶等商品运回欧洲出售。

---

① 潘尼迦：“现代印度的政治动力”，第8页。

② K. R. Singh，“The Changing Paradigm of India's Maritime Security”，*International Studies*，Vol. 40，Issue 3，2003，p. 230.

③ Awati，“Maritime India，Traditions and Travails”，p. 2.

④ Ballard，*Rulers of the Indian Ocean*，p. 244.

⑤ Kearney，*The Indian Ocean in World History*，p. 109.

这样，印度洋贸易被整合进了全球经济体系之中。结果，印度经济日益成为欧洲经济的附庸，即通过向欧洲提供原材料，来换取欧洲的制成品。换言之，海洋经济对于印度来说已经失去了其意义。

就像潘尼迦所说的那样，“从1784年德苏弗伦逝世到1941年新加坡失陷，在157年间，支配印度历史的制海权悄悄地完成了。由于印度洋成了英国的一个内湖，所以不发生海权的问题。当时，就像我们呼吸空气一样自然而正常，谁也不想去探索印度洋跟印度国防的关系。结果，重点全放在陆地边疆上了，于是印度的国防就只不过是在西北边疆维持一支强大的陆军罢了。”[①]

三、 一战后印度海洋意识的渐次复兴

第一次世界大战前夕印度洋上涌动的战争暗流，促进了印度海洋意识的重新觉醒；而20世纪30年代战争的威胁波及到印度沿岸已经成为不争的现实，英国统治者再也不能忽视印度需要一支海军这一安全关切了。[②] 这样，英国人极不情愿地让印度人回归了海洋，不仅在印度建立起一支独立的海军，也开始从英国的角度出发，重新构建、催生印度的海洋意识。这种在英国影响下重新建构起来的海洋意识，像一柄双刃剑，既促进了印度的海洋安全战略的制定和海军发展，也约束了印度走向强大海权国家的道路。除去英国有意识无意识的影响外，一战后的民族觉醒促使印度重新思考自己的海洋角色定位，尽管其作用在初期十分有限。

（一）主权国家观念下统一的海洋意识的形成

首先，英国人带给了印度统一的海洋意识，克服了印度原先海洋传统中两个最大的缺陷——分裂性和地区性。

---

① 潘尼迦著：《印度和印度洋》，第4页。

② Singh, “The Changing Paradigm of India's Maritime Security”, p. 230.

众所周知，在印度漫长的历史上，从未有过真正意义上的统一，也没有出现以印度为身份认同的大一统民族意识，有的只是文化和宗教意义上的松散的统一。也就是说，印度的统一是基于泛印度文化认同和共同的文化价值观念。而这一价值体系的核心是承认行为和规范的多样性与差异性，以及群体认同和自治的合法性。在没有统一的中央政治权威的情况下，是印度文明“历经诸多世纪的发展之后，其内聚力达到了如此显著的程度，以至于在一个洲际规模的社会里将各不相同的次体系吸纳在一起。”[①] 而这一文明的主要成分就是印度教。与一般意义上的宗教不同的是，印度教没有一个起指导作用、居于至高无上地位的神学思想体系，它允许各种成分在其内拥有自己的神学思想和崇拜方式。[②] 作为印度教社会组织形态的各种种姓也发展了自己的行为规范和传统。结果，印度得以在多种传统和信仰共存的不同教派中发展出一种多元特性的印度文明。[③] 但这种文明却没能催生出现代意义上的印度民族国家观念。

相反，英国的直接统治首先缔造了现代意义上的统一的国家观念。在过去，印度的领土统一实际上附着于宗教（印度教或伊斯兰教）的统一之上，每一个主导性的帝国，无论是孔雀王朝、贵霜帝国、笈多王朝还是莫卧儿帝国，都曾承担起实现领土统一的重任，但这一梦想却从未实现过。毫无疑问，印度的真正统一是英国百年统治的结果。“印度的统一是印度教徒的圣书里在公元前数百年所要求的，是阿育王或阿克巴所不能实现的，也是马拉塔人甚至不曾想象的，而事实上已经诞生了。民族国家的理论，是印度人的思想在

① Rajni Kothari, “Integration and Exclusion in Indian Politics,” *Economic and Political* 1988, pp. 22 – 23.

② Donald Eugene Smith, ed., *South Asian Politics and Religion* (New Jersey: Princeton University Press, 1966), chapter 1; Axel Michael, *Hinduism: Past and Present* (New Jersey: Princeton University Press, 2004); 朱明忠：“论印度教的特点及在印度社会发展中的作用”，《当代亚太》，2000 年第 7 期，第 53—67 页。

③ Y. K. Malik and V. B. Singh, *Hindu Nationalists in India: The Rise of the Bharatiya Janata Party* (Boulder, Colorado: Westview Press, 1994), p. 2.

十八世纪所接受的，因英国的武力得以实现。”[①] 在英国的统治下，一个自觉的统一程序已在进行中，目的不仅在于使英国能够有效地在土邦之内行使权力，而且在于将整个印度融为一个国家。铁路、邮政、电报、货币、盐务管理——这些都是获得这一统一的主要外表形式。主权至上地位理论，使中央对各土邦有超越一切的权力，同时也使英国皇帝有权支配各王公，英国女王号称印度女皇以及在德里所举行的三次大皇帝接见典礼，向世界证明了统一的成功。故英国统治最出色的成就就是印度的统一。

如前所述，印度拥有悠久的海洋思想传统，但是不可否认的是，因为缺乏统一的地理概念和国家意识，印度的海洋传统终归是分裂的、地区性的。不同的地区，不同的邦国，对于海洋有着独特的认识。英国的殖民统治摧毁了印度政治分裂的状态，带给印度确定的领土范围和统一的国家军队，把整个南亚次大陆整合在共同的战略框架之下。而在此基础上构建起来的印度海洋意识，无疑是统一形态的，它作用于整个印度洋。

正是由于日不落帝国是海上权势扩张的产物，所以印度洋和海洋航线第一次进入现代印度的战略思想之中。[②] 在殖民统治开始之前，印度洋上自由航行的状态更多的是因为印度洋沿岸国家，特别是印度缺少更广阔的海洋视角，没有兴趣也没有能力控制印度洋上的航行。英国构筑的海洋帝国终结了印度洋上的无政府状态。另一方面，英国对于海洋的垄断也破坏了印度洋上自给自足的经济模式，印度洋地区成为资本主义统治下的全球经济体系的一部分。[③] 在被卷入这个经济体系的过程中，印度同印度洋更加密不可分，印度的经济发展很大程度上依赖于印度洋海上航运。结果，在目睹了英国的海上霸权和反思自身海洋战略思想传统的过程中，印度的精英阶层

---

① 潘尼迦著：《印度简史》，第245页。

② Singh, *Defending India*, p. 19.

③ Tandon, “India and the Indian Ocean”, pp. 33 - 34.

产生了一种更加广阔的海洋意识和眼界。

无疑，英国培养的印度海洋思想是整个大英帝国海洋政策的一部分，是为英国的利益服务的。正如路易斯·蒙巴顿勋爵（Lord Louis Mountbatt）在一封信中所说："当我还在印度的时候，我一直尽自己最大的努力尝试建立一支海军，如果印度洋地区或世界范围内爆发战争的话，这支海军力量就可以供西方联盟驱使。"① 可见，英国重新构建起来的印度海洋战略意识，是为了在一个复杂的战略环境内保卫英国在印度洋和印度的利益。英国将这种"为帝国利益服务"的思想灌输到印度的海洋战略意识之中，使得印度在独立后花费了30年的时间才得以最终摆脱这个殖民遗产，去重新界定自己作为印度洋地区一个重要角色的海洋战略。②

（二）民族觉醒促使印度重新思考自己的海洋角色③

在与欧洲人的百年交往中，民族主义的兴起是亚洲国家最为重要的进步。事实上，对欧洲政治统治的抵抗为亚洲民族主义的兴起提供了动力，而这种民族主义的基础和力量存在于对本国文化不断增长的自豪感中。

对于印度而言，随着英国殖民统治的建立和巩固，印度出现了近代意义上的民族主义，其目标就是摆脱英国的统治，建立一个独立的主权国家。但正如一项研究所强调的，"在印度，新的民族运动本质上是一种精神运动，认为它纯粹只是一种经济或政治运动是完全误解了它。"④ 在争取印度独立的民族主义运动中，印度统一和印度性（Indianness）问题上的困惑导致了各种相互对立的反应。20世

---

① Letter from Lord Mountbatten to L. J. Callaghan, the Parliament Secretary dated 31 August 1951 (MBI/24, HMSO Copyright Office, Norwich). 转引自 Singh, *Defending India*, p. 116.

② Singh, "The Changing Paradigm of India's Maritime Security", p. 230.

③ 有关印度民族主义的论述，引自宋德星博士学位论文：《印度特制的大国地位追求——印度人民党政府的国际政治思想、基本战略及其主要实践（1998——2004）》，2005年6月，中国人民大学。

④ Madhu Limaye, *Indian National Movement: Its Ideological and Socio-Economic Dimensions* (New Delhi: Radiant Publishers, 1989), p. 121.

纪初，约翰·斯特拉奇（John Strachey）就宣称："至今没有、过去也不曾有过印度（国家），从不曾出现过一个拥有欧洲那种（主权国家）思想的印度国家，或任何形式的统一——地理、政治、社会或宗教上的统一；没有印度民族，没有我们耳熟能详的所谓'印度人民'。"[①] 结果，到了20世纪20年代，至少有三种不同的观点对这一刺痛作出了反应：印度教民族主义者断言印度的统一可以在源自印度教的共同文化中找到答案；圣雄甘地也将宗教作为印度人相互联系的源泉，但他却从不同宗教传统中凝练出自己的折中主义和多元主义思想；其他人——贾瓦哈拉尔·尼赫鲁（Jawaharlal Nehru）是他们最杰出的代言人——则远离宗教，在文化融合的历史经验和共谋发展的未来规划的基础上，发掘出印度统一的基石。[②] 但总体上，主要有两种占支配地位、彼此对立的民族主义观念：印度民族主义和印度教民族主义。

印度民族主义的倡导者主要是接受西方教育的印度精英分子，其方法是世俗主义和功利主义，这些民族主义者都力图与印度教文化和传统拉开距离。以尼赫鲁为典型代表，印度民族主义者认为，印度需要基于一种高于宗教信仰和宗教实践的理性思想和行为规范，在此之上建构民族主义思想体系。同时，这样一种思想体系必须体现一种科学精神，从而使每个人摆脱狭隘的种姓、教派和地区忠诚。[③] 鉴于19世纪西欧社会的经验，尼赫鲁及其同僚们相信，工业化将破除宗教的影响。随着工业化而来的经济发展，种族和宗教虔诚将为阶级认同所取代。尼赫鲁相信，如果印度这样的传统社会未来能将其发展建立在科学和技术的基础之上，那么世俗主义将成为

① 转引自 Sunil Khilnani, *The Idea of India* (New York: Farrar Straus & Giroux, 1995), p. 154. 印度人民党政府外长贾斯万特·辛格也认为印度的国家身份大部分都表现在文化及文明层次上。见 singh, Defending India, chapter 1.

② Khilnani, *The Idea of India*, p. 154.

③ Malik and Singh, Hindu Nationalists in India, p. 5; Jawaharalal Nehru, Discovery of India (New Delhi: Doubleday, 1947).

政治规范。[1] 实际上，由于国大党在争取自由的斗争中的巨大贡献，其奉行的印度民族主义学说，在独立后最终演变成为一种合法的国家意识形态。[2]

尽管尼赫鲁及其同僚们并没有完全抛弃印度教文化特质，但在印度教民族主义者看来，他们的目的是“把印度打上西方的烙印”。[3] 所以，某种意义上可以说，印度教民族主义的发展是基于与印度民族主义的对抗。根本上，印度教民族主义者并不认为印度教是一种西方意义上的“宗教”，而是一种文化，是印度文明和文化的基石。[4] 所以，对印度教精英来说，印度民族认同和印度教认同是难以区分的。早在19世纪，印度教民族主义的鼓吹者斯瓦米·维韦卡南达（Swami Vivekananda）就认为，印度教精神遗产是印度国家正在出现的民族认同的核心。他用不容置疑的口吻宣布：“印度国家生活的支柱、基础和根本是……它的精神力量”，即印度教。[5] 尽管独

---

① 在印度，成熟的民族主义思想意识形态最清晰地表现在尼赫鲁所著的《印度的发现》一书中。Nehru，Discovery of India，chapter 1.

② 1947年独立后，作为首任总理的尼赫鲁基于对印度历史的理解，采取了一种与众不同的国家治理模式：这一模式致力于维护文化和宗教差异，而不是强加一种统一的“印度性”（Indianness），并在实际推行这一模式的过程中实现和解。尼赫鲁充分认识到，在印度，宗教信仰根深蒂固且呈现多元化特征。正是基于这一点，他确信需要将宗教认同排除在政治生活之外。他的精力不是用来培植一种世俗主义理论，而是反对利用宗教实现政治目的，也就是他所说的教派主义危险。为此，尼赫鲁不仅致力于在角逐权力的群体间建立共识，而且强烈地反对为了政治利益而鼓动教派主义情绪。这一方式成为早期尼赫鲁式的印度民族主义的一个有机成分。Khilnani，*The Idea of India*，p. 178；Bhikhu Parekh and Thomas Pancham，eds.，*Political Discourse：Explorations in Indian and Western Political Thought*（New Delhi：Sage Publications，1987），p. 265.

③ 一些极端主义者甚至认为持印度民族主义意识形态的人如尼赫鲁，是伊斯兰化的印度人。参见 Girilal Jain，“A Turning Point in History，” *Manthan*，Vol. 13，No.，1－2，May-June 1991，p. 20，p. 23.

④ 印度教民族主义者反对这种观点，即印度文化是一种综合性的或合成的文化。他们相信印度仅有一种民族文化，那就是人们所熟知的印度教文化，其他所有的文化，如佛教文化、袄教文化、锡克教文化。这些文化本质上都是印度教亚文化，因为它们都起源于印度，都出自印度教。实际上，在印度教民族主义者的话语中，印度、印度教宗教和印度教文化的界限划分并不是很清晰。所以，印度教徒倾向于称印度教为“达摩”（Dharma），认为它不同于西方所说的“宗教”（religion）。有关这方面的论述主要见：Axel Michael，*Hinduism*，pp. 15－20；朱明忠：《恒河沐浴》，成都：四川民族出版社1994年版，第168页。

⑤ 转引自 Malik and Singh，*Hindu Nationalists in India*，p. 4.

立后印度占统治地位的意识形态是尼赫鲁式的印度民族主义，但印度教民族主义仍有广大的市场。他们对尼赫鲁式的印度民族主义最根本的批判是：它完全无视印度文化和文明的本质。根据印度教民族主义者的观点，在界定印度民族属性时，核心要素必须是印度文化和文明。所以，应当主要依凭印度教宗教传统、文化和文明来促进印度民族认同。[①] 而且他们相信，他们的宗教非常灵活和宽容，因而能够做到这一点。[②]

正是在民族主义意识的作用下，印度开始重新思考自己的海洋角色。也就是说，基于民族主义意识形态，此时的印度尽管依然处于英国的统治之下，但从独立国家的视角来思考和设想印度的海洋战略取向问题，已然成为了一项政治自觉。尽管在英属印度时期印度人无权也无法去规划本民族的海军事务，但关于印度与印度洋关系的新思考却不曾泯灭。这方面，最典型的代表当数具有强烈民族主义意识的学者兼政治家的潘尼迦。在1945年出版的《印度与印度洋》一书中，潘尼迦指出："印度洋，对于别的国家来说，不过是许多重要海区之一，但对印度说来，却是唯一最重要的海区。印度的生命线集中在这里，它的未来有赖于保持这个海区的自由。除非印度洋常享自由，除非印度两岸充分得到保障，否则，什么振兴工业，发展商业，稳定政局等等，一切都谈不上。……主宰着印度国防全盘战略的，是海洋。"为此，他得出结论说："印度来日的伟大，在于海洋。"[③] 至于印度的战略定位，潘尼迦认为：印度在未来不可能成为一个亚洲陆上强国，因为它只是同控制着世界心脏地区——中亚——的俄国有着很小的附属性利益诉求。所以，印度必须与"海

---

① 见 Chandan Mitra，"Fountainhead of Nationalism，" *Manthan*，Vol. 13，No. 1 – 2，May-June 1991，pp. 33 – 40.

② 印度人民党领袖、政府副总理 L. K. 阿德瓦尼就指出："印度的宗教传统明显地没有禁忌，或者说绝对的宽容"。见 L. K. Advani，"Backward March：The Bane of Minoritism，" *Statesman Weekly*，October 29，1988，p. 12.

③ 潘尼迦著：《印度和印度洋》，第82、第96页。

洋体制”结盟。[①] 需要指出的是，尽管潘尼迦的海权理论思想具有战略前瞻性，但事实是：印度的海军建设和海权发展在独立后相当长的时期内仍未真正提上议事日程。

（三）着手建设有限的海军力量

为保护在坎贝湾以及达布蒂河（the Tapti）、纳尔默达河（the Narmada）河口的英国东印度公司的船只和贸易，英国于1612年设立了印度海军，时称“伟大的东印度公司海军”（the Honourable East India Company's Marine）。[②] 及至1686年，随着英国贸易活动的重心向孟买转移，这支海上力量随之更名为“孟买海军”（Bombay Marine）。它不仅与葡萄牙、荷兰、法国的海军力量作战，而且与马拉塔人、信德人作战，还参加过1824年的缅甸战争。1830年，孟买海军再度更名为“女王陛下印度海军”（Her Majesty's Indian Navy）。1863年至1877年，英属印度海军被重组为两支，分别在孟买和加尔各答设立两支舰队，名为孟买海军（the Bombay Marine）和孟加拉海军（the Bengal Marine）。当然，对于印度海域的保护责任则归属于英国海军部（the Admiralty）。故此时印度海军被赋予的使命任务是：负责印度的海洋调查和运输军队和政府的商品，维护在亚丁湾、安达曼群岛（布莱尔港）、缅甸和波斯湾各站点的船只（station ship），维护在伊洛瓦底江和底格里斯河的炮艇，维护用于军事目的的小艇（light craft），以及维护印度和缅甸海岸附近和红海南部的灯塔船和灯塔。

1877年至1892年，英属印度海军再度更名为“女王陛下印度海军”；1892年被称之为“皇家印度海军”（the Royal Indian Marine,

① Karunakar Gupta, *Indian Foreign Policy*: *In Defence of National Interest* (Calcutta: The World Press, 1956), p. II.

② “The Genesis of Indian Navy”, http://www.bharat-rakshak.com/NAVY/History/Maritime-Heritage/28-Genesis.html; Arun Prakash, “At Sea about Naval History”. http://www.bharat-rakshak.com/NAVY/History/Maritime-Heritage/17-At-Sea-With-Naval-History.pdf

RIM)。1892年至一战前，皇家印度海军没有执行过任何重大任务，其主要职责是负责海洋调查、灯塔的维护和部队运输。一战中，皇家印度海军曾负责运输部队、装备、弹药和物资前往埃及、伊拉克和东非，其舰船“哈丁”号（RIM ship Hardinge）曾巡航苏伊士运河并成功击退了土耳其的进攻，另有三艘舰船在红海巡航，一些小型舰只在伊拉克内水执行任务。一战后，随着海军保卫印度的任务再度回归到皇家海军（Royal Navy）手中，皇家印度海军再次负责执行非战斗任务，其规模和经费均急速衰减，仅能承担小型海岸警备任务，且很少有人愿意参加皇家印度海军，足见皇家印度海军地位之低。这期间，印度航运业也有了一定的发展。英属印度于1927年设立了印度商船局（the Indian Mercantile Marine Department）。20世纪30年代初，成立了许多小的船运公司，它们设法从外国船运公司手中获得了沿岸贸易份额，但就进出口总吨位而言，基本上可以忽略不计。1928年11月11日，皇家海军军旗（the White Ensign）第一次在皇家印度海军升起。期间，第一个以军官身份加入皇家印度海军的印度人是工程师D. N. 穆克吉（D. N. Mukerji），他于1928年1月6日被委任为海军中尉。

1934年10月2日，新的皇家印度海军（thc Royal Indian Navy，RIN）成立，司令部设在孟买。尽管海军司令部设在孟买，但指挥和控制权却在新德里。为防止在首都和海军司令部之间的信息不畅，1939年10月在新德里设立了海军联络办公室（Naval Liaison Office）。1941年3月，海军司令部由孟买迁至新德里。

1939年，查特菲尔德委员会（Chatfield committee）建议赋予皇家印度海军以更多的保卫印度海防的职责，皇家印度海军的现代化改造也随之进行。二战爆发前夕，皇家印度海军共有8艘战舰。1940年，皇家印度海军参加了红海、亚丁湾和波斯湾的军事行动；“朱木拿”号（The Jumna）和“萨特累季”号（the Sutlej）参加了1941年的大西洋战役；盟军在苏丹展开的军事行动中，皇家印度海军也发挥了重要作用。及至1942年，皇家印度海军的规模已是战前的6倍。1945年8月，皇家印度海军拥有7艘单桅战船、4艘护卫舰、4艘轻巡洋舰、14艘扫雷艇、16艘拖网渔船、2艘补给船、30艘辅助船、150艘各类登陆船只、200艘港口小艇、一些汽艇和港口防御汽艇，海军兵力超过25000人。

1944年，英属印度政府作出决定，准备分两阶段建设和平时期的皇家印度海军。第一阶段从1945年到1947年，计划淘汰旧的舰船，代之以护卫舰和现代轻型战舰，包括8艘驱逐舰和为巡洋舰培训船员；第二阶段计划为皇家印度海军编配1500名军官和15000名水兵，逐渐取代在皇家印度海军中服役的皇家海军人员，舰船包括航母、巡洋舰和潜艇，目的是通过打造一支海上主导力量，使之成为维护英联邦利益的前锋。尽管规划十分完美，但以下原因使得英属印度海军日渐衰败：一是战后大规模的人员遣散使得海军规模急速减小。到1947年初，共有2000名军官、18000名水兵被遣散；二是1946年2月发生的海军兵变的消极影响；三是1947年8月英属印度的分治，使得皇家印度海军一分为二，印度拥有了其中的三分之二。此间，特别是陆上防务优先的思想依然主宰着独立后的印度决策者们，而国防费用投入的严重不足则直接影响了印度海军①的发展。

表1　印度海军历史沿革表②

名称	时间
伟大的东印度公司海军 （the Honourable East India Company's Marine）	1612—1686

① 1950年1月26日，随着印度共和国的成立，皇家印度海军更名为印度海军（the Indian Navy，IN）

② “The Genesis of Indian Nany”. http：//www. bharat - rakshak. com/NAVY/History/Maritime - Heritage/28 - Genesis. html.

续表

名称	时间
孟买海军 （Bombay Marine）	1686—1830
女王陛下印度海军 （Her Majesty's Indian Navy）	1830—1863
孟买和孟加拉海军 （Bombay and Bengal Marine）	1863—1877
女王陛下印度海军 （Her Majesty's Indian Marine）	1877—1892
皇家印度海军 （Royal Indian Marine）	1892—1934
皇家印度海军 （Royal Indian Navy）	1934—1950
印度海军 （Indian Navy）	1950—Present

总之，在英国殖民统治时期，印度接连三次改变了身份属性：在 18 世纪末 19 世纪初，印度被视为掠夺的目标和许多英国人发财的地方；19 世纪末，印度变成英国在海外的财产——“英皇皇冠上的明珠”；最后，在第二次世界大战初，印度被看作大英帝国大战略的一个组成部分。但这些转变始终都未能给印度提供一个重新发展海上力量的可能。由于英国牢牢控制了印度洋，其强大的海上力量可以慑止该地区其他国家海军的入侵或敌意。从这个意义上讲，印度海军力量的发展壮大不仅没有了必要，同时也是英国所不允许的。结果，印度的防务重点只能从属于英国的安全战略。虽然在两次世界大战期间，由于世界海军竞争成为国际政治中的重要因素，于是英国着手加强皇家印度海军。但作为一支战斗的武装队，它更像是一种象征，因为在印度洋里，难以想象有谁真能在那时向英国的海上霸权发起挑战。皇家印度海军的直接目标，不过是在印度建立一

支部队，承担海岸巡逻任务，同时在印度创造一个海军传统而已。换言之，印度真正的海洋战略思想的形成，有赖于独立后印度的海洋实践和海上战略需求。

第三节 现当代印度对海权的思考

独立后，印度始终把追求地区领导者和世界大国地位作为其对外战略目标，而控制印度洋正是该战略目标的重要内容之一。尼赫鲁曾在《印度的发现》一书中表示："印度以它现在所处的地位，是不能在世界上扮演二等角色的，要么做一个有声有色的大国，要么就销声匿迹。"[①] 尼赫鲁的这一思想奠定了以后历届政府大国地位追求的战略取向。在此过程中，印度逐渐认识到，要重振印度民族的雄威，必须充分利用其所濒临的印度洋这一得天独厚的有利条件。但现实往往极其复杂。尽管印度产生了像潘尼迦这样伟大的海权理论家，但独立后的印度却未能如其所设想的那样，全身心地投入到发展海权的伟大事业中去。印度对于海权的思考，依然是国际格局、地缘政治、内外政策与海上事态共同作用的结果，体现出了鲜明的阶段性变化特征。当然，就其思想传统而言，重视印度洋这一主线始终没变。

一、 关于印度与海洋体制结盟的现代海权思想

独立后，鼓吹印度优先发展海权的印度民族主义者中，最具影

① ［印度］贾瓦哈拉尔·尼赫鲁著、齐文译：《印度的发现》，北京：世界知识出版社，1956年版，第57页。

响力的当数潘尼迦。在其诸多著述中，潘尼迦关于海权的代表性著作主要有：《印度与印度洋——略论海权对印度历史的影响》、《亚洲和西方统治》、《印度简史》以及《东南亚的未来》等。其中特别是《印度与印度洋》一书为潘尼迦带来了“现代印度海权理论奠基人”的美誉。在该书中，他明确地提出了“印度洋将是未来的主要问题之一”这一命题。据此，他鼓吹印度一方面要增强农业和工业基础，另一方面要增强海军力量。在谈及该书的写作动机时，潘尼迦表示：“西方历史学家告诉我们，海权起源于西方，印度从未有过海上威力。这一说法被大家接受。我能很轻易证明这是错误的说法，如果印度没有强大的航海传统，印度文化就不可能传播到印度尼西亚群岛那么远的地方。我在为撰写《马拉巴尔和葡萄牙人》一书搜集材料时就已经了解这一事实。所以我毫不犹豫地给出了自己的主张：印度洋的领导权可以追溯到印度古代王朝时期。”[①]

在 1946 年出版的《印英条约的基础》一书中，潘尼迦运用了麦金德的地缘政治概念，进一步阐述了有关独立后印度防御的思想主张。他指出，印度在地理上占据着半岛和大陆的双重地位。如果她想成长为一个主要的亚洲大陆国家，印度是没有前途的，因为以陆地而论，她对控制着心脏地带的苏联来说不过是个无足轻重的附属品。印度不可避免地要与海洋世界结盟。所以，“基本的事实是，印度是个主要兴趣在于海洋的海洋国家。她的确属于边缘地带国家，与大陆的联系相对来说无足轻重。从欧亚大陆观点看，她只是个毗连的地区，为不可逾越的高山所隔开；另一方面，从海空观点看，她则是具有重要战略意义的中心之一。从海洋角度看，她控制着印度洋；从航空角度看，她被称作‘航空岛’。她是海洋各地区的天然航空转运中心。故而印度对于海洋国家体系来说是非常宝贵的；相

① K. M. Panikkar, *An Autobiography* (Oxford: Oxford University Press, 1977), pp. 183 - 184.

反，对于大陆国家体系来说，她并不重要。”①

1953 年 11 月，潘尼迦出版了《亚洲和西方统治》一书。在书中，他明确地指出，1498 年欧洲人达·伽马到达印度西海岸，不单对于印度而且对于全亚洲来说都具有重要的意义。因为在此后的 50 年中，欧洲的权力在亚洲的海洋上（包括印度洋和太平洋）巩固起来了，这一进程在 19 世纪达到了顶点，直到 1948 年方才中止，此时距达·伽马的到达整整有 450 年之久。西方的影响起初很有限，但随着时代的推进，竟扩展到这样巨大的程度，以至于到了 19 世纪的下半期，亚洲大陆几乎没有一个国家能够逃脱西方强国的控制。

在上述作品中，潘尼迦特别着重批判了印度防卫政策中存在的忽视海洋的倾向。他强调：“考察一下印度防务的各种因素，我们就会知道，从 16 世纪起，印度洋就成为争夺制海权的战场，印度的前途不取决于陆地的边境，而取决于从三面环绕印度的广阔海洋。”②“尽管从海上征服一个有基础的陆上强国不大可能，可是，印度的经济生活将要完全听命于控制海洋的国家，这个事实是不能忽视的。还有，印度的安全也要长期受到威胁。因为如果陆上防御要塞被一个掌握海权的强国占据并处在它的海军炮火的掩护之下，它就不是轻易可以从陆上攻下的。莫卧儿帝国费尽了力气，也没有消灭掉几个小小的受到海军保护的居留地。印度有两千英里以上开阔的海岸线，如果印度洋不再是一个受保护的海洋，那么，印度的安全显然极为可虑。”③

二战后，英国虽说从印度撤走了，但在印度洋上仍然拥有压倒性优势。亚丁、新加坡构成了英国在这个地区海权的支柱。但随着殖民地国家的独立和国际形势的变化，新兴各国必将会越来越重要，

① K. M. Panikkar, *The Basis of an Indo-British Treaty* (New Delhi: Oxford University Press, 1946), p. 5.

② 潘尼迦著:《印度和印度洋》，第 1—2 页。

③ 潘尼迦著:《印度和印度洋》，第 9 页。

印度对于自己的伟大前程更是满怀信心。就发展海权而言，潘尼迦对新独立的印度、巴基斯坦、缅甸和锡兰（今天的斯里兰卡）四国发展潜力进行了比较。他认为：缅甸由于缺乏大规模工业化所必须的钢、铁、煤等基本资源，不可能成为一个海权国；锡兰的国防，无论海陆，都没法跟印度分开，它要单独发展成为一个海权国是做不到的；对于巴基斯坦，潘尼迦尖锐地指出，东西两部分遥遥相隔这一事实，会逼得巴基斯坦不得不建设一支强大的海军，因为东西巴之间唯一安全可靠的交通只有海道。但是这些因素本身，却又使其到头来无法成为强大的海权国。也就是说，巴基斯坦将不得不维持两支可以自给自足、独立作战、互不依赖的海军，这不能不严重影响到它日后在海上的前程。

相反，印巴分治并没有影响印度在印度洋上的重大利益关切。道理很简单：要是不能在印度洋自由通航，印度就不可能有工业的发展和商业的增长，也不可能保持稳定的政治架构。基于上述理由，潘尼迦得出结论：印度洋必须真正是印度的。

关于印度的海权发展路线图问题，潘尼迦更是作出了详细的规划：首先，它应该发展一切类型的海战训练机构。没有足够的训练有素的人员，任何海军，无论大小，都不成器，而现代海军所要求的训练，其类别、范围之繁巨，决定了高水平的训练机构至关紧要。第二步就是要装备一些轻型舰艇、快速舰、驱逐舰、轻巡洋舰和辅助舰船。一支小型海军要顶用，这一切都是必不可少的。如果印度海军组织的比较好，这些舰船配备充分，那么战时加以扩充就不难了。第三，印度必须尽速发展一支商船队，它既能提供必要的技术储备力量，又可以在战时改为军用。第四，印度必须不惜一切代价发展自己的造船工业，倘若一个国家什么船都得到国外买，还成什么海权国呢。同时，与海军有关的一些地面机构，例如船坞、修理厂等，也都得随之建设起来。第五，对印度这样海岸线特别长的国家尤其重要的是，应该建设一支海军航空部队，作为海军的一个组成部分。航空部队的作用不宜与空军的作用相混。空军是独立的军种，其作战目标取决于其他因素。海军航空部队则在于通过进行沿岸巡逻、肃清海上敌踪、空中掩护海军等行动，发挥其在海战中的重要作用。一句话，它的主要职责是扫清海道上空，配合海军作战。第六，必须成立一个独立的海军部，只有这样，才能使海军问题的各个方面得到兼顾，才能使政治领袖们对发展海军给予足够的重视，也才能将建设一支强大海军所必需的种种因素统一起来。[1]

尽管在潘尼迦眼中印度洋如此重要，不过独立后的印度依然继承了英国过去所面临的防务问题，且主要采取了和英属印度同样的防务战略，即印度的注意力集中在陆上，而不在海洋。独立初期，尼赫鲁总理等印度政治家们虽意识到了印度洋的重要性，但由于受到印度传统的安全战略思维、英国在印度殖民统治的战略遗产、印度面临的现实安全威胁以及国力相对虚弱等因素的影响，没有把安全防务的侧重点放在海洋方面，而是将次大陆内部的防务问题作为首要任务。结果是，一方面，印度领袖们把英国人从次大陆上赶走，最终在本国土地上获得了政治自由；另一方面，印度洋当时还在英国人的控制之下，而印度还不具备独自掌控海上安全事务的能力，因而尚未完全摆脱英国的控制与影响，这一状况一直延续到英国从苏伊士运河以东地区撤离为止。

之后，随着海权的发展，印度经历了一个重新发现潘尼迦的过程。特别是在新世纪，这一发掘更加的明显。2007 年，《自由使用海洋：印度海上军事战略》文件，就多次引用并充分肯定了潘尼迦的海权观点。[2] 潘尼迦曾对葡萄牙人阿布奎基赞赏有加，认为他设计了一套行之有效的控制印度洋的战略。潘尼迦的这一认识在 2007 年《印度海上军事战略》中得到了重申。这份印度政府关于海洋安全问

① 潘尼迦著：《印度和印度洋》，第 95—96 页。

② Government of India, *Freedom to Use the Seas: India's Maritime Military Strategy* (New Delhi: Integrated Headquarters Ministry of Defence (Navy), 2007).

题的官方文件指出："葡萄牙总督阿布奎基早在16世纪初就提出，控制从非洲之角延伸到好望角和马六甲海峡的咽喉要塞，是防止敌对强国进入印度洋所必须的。即便在今天，发生在印度洋周边的一切仍会影响我们的国家安全，攸关我们的利益。由于我们的任务区非常广大，必需要对主要利益区域和次要利益区域进行区分，以便聚精会神于前者。"[①] 如今的印度海军，正在朝着潘尼迦当年的设想稳步迈进。

二、关于"印度洋和平区"的政策主张

在帝国主义时代，印度洋地缘政治的一大特征就是西方主要列强对印度洋地区实行排他性的帝国治理，结果是印度洋地区国家的殖民化和西方对之直接的政治经济军事控制。在大英帝国统治南亚次大陆时期，其海军大战略简而言之就是独占印度洋霸权地位。为此，皇家海军在亚洲拥有三个主要的海军基地，它们分别是：斯里兰卡的亭可马里、新加坡和海湾地区的巴林岛。但是，第二次世界大战结束后，欧洲列强的帝国统治逐渐宣告瓦解，美国和苏联作为超级大国取而代之主导了战后的国际政治，从而使得印度洋地区的战略态势也随之发生根本变化，即超级大国的竞逐成为了印度洋地区的战略主题。到20世纪60年代中后期，随着国力的衰落，英国势力逐渐从印度洋地区收缩已不可避免。在此情势下，英国政府正式宣布将在1971年以前撤出苏伊士运河以东地区的所有军事力量。

事实上，印度洋地区的战略形势并非单纯出现"权力真空"那么简单。英国从印度洋地区的撤出与美国、苏联两个超级大国的进入几乎是同步发生的。毫无疑问，超级大国在印度洋地区的竞逐对印度的安全造成了极大的威胁，结果使得印度的海洋安全战略不得

---

① Government of India, *Freedom to Use the Seas*, p. 59.

不依照当时的国际战略情势进行相应的调整。众所周知，就在英国逐步撤离印度洋的过程中，印度通过1971年的第三次印巴战争成功地肢解了地区对手巴基斯坦，从而奠定了自己在南亚次大陆的霸主地位。这样，经过20多年的发展，到20世纪70年代初，印度开始有能力在次大陆巩固支配地位的同时，将目光投向广阔的印度洋，以期继承大英帝国在印度洋留下的“权力真空”。[①] 据此，印度国内防务专家一方面宣扬印度洋对于印度安全的重要性，同时又对超级大国在印度洋上的争夺表示不满，认为超级大国在印度洋的竞逐，以及集中于印度洋周边地区的尖锐的冷战和角斗，对印度的安全构成了重大威胁。

期间，最令印度印象深刻的重大事态，当数美国对第三次印巴战争的干预。1971年12月14日，正值第三次印巴战争达到高潮之际，美国“企业”号航母特遣舰队进入孟加拉湾。尼克松总统宣布，由于苏联派遣了额外的军舰加入其印度洋舰队，其中包括导弹巡洋舰和一艘导弹驱逐舰，因此美国不得不派出第74航母特遣舰队（Task Force 74）去疏散在东巴基斯坦的美国公民，而舰队指挥官接到的来自上级的命令是要求他直接指挥作战，以维护美国在印度洋地区的利益。12月15日，美国务院宣布已经做好从达卡疏散182名美国公民的准备。尽管美方淡化说这次行动与“企业”号进入孟加拉湾是一次巧合，第74航母特遣舰队在孟加拉湾也未采取任何敌对行动，但实际上这是一次强制外交行动，被视作是美国对巴基斯坦的支持。当然，苏联和印度接收到的信息不尽相同。苏联将其视为反苏运动的最新尝试，指责美国的“炮舰外交”和对印度的粗暴勒

---

① 印度洋上“权力真空”的概念最早由一个隶属于印度国际事务委员会（Indian Council of World Affairs）的研究小组开始进行讨论，之后西方国家将这个概念用于印度洋周边新独立的非洲和亚洲国家，这些国家的特点是经济上极端贫穷和政治上极度不稳定，所以不能有效进行自身防卫。关于这方面的论述，参见 K. P. Misra，“International Politics in the Indian Ocean”，*Orbis*，Vol. 14，Issue 4，Winter，1975，pp. 1100 – 1108；K. P. Misra，“Vacuum of Power in the Indian Ocean”，*Indian Journal of Politics*，Vol. VI，No. 2，August 1977，pp. 105 – 110。

索；而印度将其视作是对印度的直接威胁。《印度快报》的编辑弗兰克·莫赖斯（Frank Moraes）就写道："尼克松总统是过时的维多利亚式的政治家，他尝试给弱小的国家施压，强迫它们按照自己的方式去思考、行事。"① 足见这一事态对印度影响之大。

在警惕美国的同时，印度也拒绝了苏联在印度洋沿岸建立安全机制的企图。印度这样做的理由主要是：其一，如果美国和苏联海军退出该地区，则为印度在南亚建立霸权，进而将霸权扩展至印度洋清除了外部障碍。第二，尽管已经抛弃了尼赫鲁的乌托邦式的外交政策，但是英迪拉·甘地（Indira Gandhi）政府依然致力于不结盟政策。事实上，在印度发展其军事和政治力量的同时，不结盟的观念也能作为印度权势增长的一种佐证，因为政府可以理直气壮地宣布：印度仅仅依靠自身实力就足以保卫国家安全。

尽管印度对美国和苏联都抱有戒备心理，但鉴于印度当时的海上实力还远不能与美、苏等区域外大国抗衡，故而将印度洋打造成"和平之洋"，便成为印度海洋安全战略的权宜之计。诺曼·帕尔默就此指出："它们（印度）希望印度洋成为和平区，摆脱大国之间的争夺和紧张状态。如果不能做到这点，它们希望大国在印度洋维持一个'低姿态'。假若它变成大国之间争夺的地区，它们希望这样至少可使印度洋不致受到一个大国的统治或几个大国的联合统治。"②

1970 年，在赞比亚的卢萨卡举行的不结盟运动领导人峰会，首次提出了关于印度洋和平区的倡议。1971 年 12 月 16 日，在两个印度洋沿岸国家斯里兰卡和坦桑尼亚的动议下，第 26 届联合国大会通过了第 2832 号决议，宣布印度洋为"和平区"。决议承认所有国家

---

① Laurence Stern, "Indians irate over US stand on war", *New York Times*, 16 December 1971, p A1. 转引自 Marcus B. Zinger, "The development of Indian naval strategy since 1971," *Contemporary South Asia*, Vol. 2, Issue 3, Nov. 1993. http://web.a.ebscohost.com.ezproxy.dyu.edu.tw:2048/ehost/detail/detail? sid = fb13341f-301e-4dad-8935-795656b15a63% 40sessionmgr4004&vid = 0&hid = 4201&bdata = Jmxhbmc9emgtdHcmc2l0ZT1laG9zdC1saXZl#db = aph&AN = 9707182939.

② A. J. 科特雷尔、R. M. 伯勒尔编：《印度洋》，第 321—322 页。

的船舶都有自由和不受阻碍地利用该区域的权利，同时呼吁“大国与印度洋沿岸国家磋商，以便停止它们在印度洋上的进一步的军事扩张，撤离所有的基地、军事设施、核武器、大规模杀伤性武器和任何形式的大国竞逐意义的军事存在”。[①] 1974 年联合国大会呼吁大国保持克制，不增加它们在印度洋地区的军事存在。1979 年 7 月，印度洋沿岸国家和陆锁国召开了关于印度洋问题的国际会议；1979 年 12 月 11 日，联合国大会通过第 34/80B 号决议，决定于 1981 年在斯里兰卡首都科伦坡召开一次关于印度洋的国际会议。1983 年 3 月，在印度首都新德里召开的第七次不结盟首脑会议上，再次提出了关于建设印度洋和平区的倡议，并呼吁最迟于 1984 年或 1985 年召开一次关于印度洋和平区问题的国际会议。

宣布印度洋地区为和平区以阻止超级大国的介入，是印度的印度洋政策的一个重要方面。换言之，印度渴望通过外交上的努力，将印度洋宣布为“和平地带”，借国际舆论压力将超级大国赶出这片区域，至少是要抑制其军事存在的规模。在 1972 年 11 月 30 日向议会解释印度洋政策时，时任外交部长斯瓦兰・辛格（Swaran Singh）称：“印度的政策就是要使印度洋摆脱大国竞争的影响，摆脱外国军事基地与核武器的影响。”他指出，印度正通过联合国和不结盟运动会议，努力创造一种反对外部大国势力在印度洋上存在的共识。[②] 印度 1976—1977 年的国防报告也指出：“直到外部大国的军事对抗和在此背景下建立的军事基地从印度洋地区消失，这一地区才能够恢复持续的和平与安全。”报告同时认为，大国之间在该地区持续的对抗和紧张局势，以及诸如迪戈加西亚这类的外国军事基地，“对于印度来说，就像其他印度洋沿岸国家和内陆国家一样，是其战略关注

① Year Book of UN, 1971, Vol. 25, Office of Public Information, UN, New York, pp. 34 - 36. 转引自 Bukar Bukarambe, “Zone of Peace or Strategic Primacy: Politics of Security in the Indian Ocean”, *Bulletin of Peace Proposals*, Vol. 16, No. 1, 1985, p. 51.

② Misra, *Indian Ocean and India's Security*, p. 29.

的焦点”。[①]

为此，印度一方面在外交场合支持印度洋和平区倡议，一方面强调超级大国竞逐的巨大危害性。1980 年在新德里举行的英联邦政府首脑会议上，印度总理英·甘地就指出：“历史上，海洋将征服者带到了印度。今天，我们发现印度洋充满着危险。印度洋疯狂的快速军事化使得我们 3500 英里的海岸线更加脆弱。有哪种理论足以去证明对我们安全环境的威胁的正当性，或者足以让我们容忍外国军事基地和远洋舰队的存在呢?”[②] 1982 年 5 月 28 日，在联合国印度洋专门委员会会议上，印度代表 T. P. 斯雷尼瓦斯安（T. P. Sreenivasan）不满地表示，委员会已经成为了一些国家宣传战争和争辩的舞台了。他说：“我们所需要的，是大国和使用印度洋的其他海洋国家的政治意愿，以有助于委员会建设性地开展工作。”[③]

然而，由于冷战期间超级大国在印度洋的竞逐，联合国的这类决议不可能得到实施；不仅如此，一些印度洋沿岸国家或国家集团还支持超级大国的介入，以制衡其他沿岸强国和域外大国的霸权野心。[④] 结果，在 1973 年阿以冲突、美伊危机、苏联入侵阿富汗、两伊战争、海湾战争等事件中，西方大量的战舰、核潜艇、导弹被部署到了印度洋。

作为建设印度洋“和平区”的组成部分之一，有的印度洋国家还提议使印度洋成为“无核区”（nuclear-free zone），这一举措的目的在于限制该地区的核武化，包括针对那些已经跨过“核门槛”的国家，如印度、巴基斯坦、南非和以色列。关于消除部署在印度洋地区的核武器问题，实际上涉及两个方面：无核化（denucleariza-

---

① Government of India, *Anuual Report*, *1976—77* (New Delhi: Ministry of Defence, 1977), p. 2.

② Chandra Kumar, "The Indian Ocean: Arc of Crisis or Zone of Peace?" *International Affairs*, Vol. 60, No. 2, Spring 1984, p. 239.

③ Kumar, "The Indian Ocean", p. 243.

④ 这方面的论述见 Bukarambe, "Zone of Peace or Strategic Primacy", pp. 53 – 56.

tion）和不扩散（non-proliferation）。作为印度洋沿岸国家，斯里兰卡就主张建设印度洋无核区。其常驻联合国代表 H. S. 阿梅拉辛格（H. S. Amerasinghe）称，要实现这一目标，首先需要地区国家实行无核政策，永久放弃核武选择，以及不在其领土、领水和领空部署核武器；其次需要核国家承担义务，不在和平区部署核武器。他强调指出：第一条较之第二条来说更加的重要，实行起来也更加的困难。[①] 显然，这一政策主张与印度致力于发展核武能力的既定政策方针严重冲突。实际上，印度就反对巴基斯坦提出的南亚无核区的倡议。[②]

到了20世纪80年代中后期，随着国家实力的增强，特别是鉴于印度洋其他国家对于印度战略防范心理的显著增强，印度发现早先的关于建设印度洋和平区的主张，日益成为了遏制自身海权发展的制度性障碍。于是，印度不再鼓吹所谓的"印度洋和平区"概念了，转而代之的是印度版门罗主义思想，即渴望通过外交和武力干预的方式，将印度洋圈定为自己的势力范围。以至于有印度学者指出，印度洋和平区这种旧的思维模式、"不结盟"战略传统以及强调说教与注重"道德"维度的外交方式，是印度一直以来孱弱的政策原因。现在那个旧的印度已经属于历史了，"印度已经开始从过去强调辩论的力量（power of argument）转而注重力量的辩论（the argument of power）"。[③]

三、印度版"门罗主义"思想及其在印度洋地区的运用

在积极鼓吹建设印度洋和平区的同时，为了争取更大的海权，

---

① UN Doc. A/AC. 159/L. 3，16 April 1973. 转引自 P. R. Chari，"The Indian Ocean：Strategic Issues"，*International Studies*，Vol. 60，No. 2，Spring，1984，p. 173.

② Chari，"The Indian Ocean：Strategic Issues"，p. 173.

③ C. Raja Mohan，*Crossing the Rubicon：The Shaping of India's New Foreign Policy*（New Delhi：Viking，2003），p. XXII.

印度寄希望于将19世纪美国的门罗主义政策用之于印度洋地区，至少是将之用于南亚地区。印度总理尼赫鲁在1961年的演讲中，就借用门罗主义的政策逻辑，说明了使用武力将葡萄牙从果阿驱逐出去的重要性。他说："即使是美国，在成为强国之后的一段时间里，都在担心欧洲列强涉足美洲的土地，这就致使门罗总统发表了著名的门罗宣言：欧洲各国的任何干涉都将被视为对美国内政的干涉。因此我认为，葡萄牙如果继续占领果阿邦，就是干涉印度当今的内政了。我便要站出来说一句，现在任何干涉都将被视为对印度内政的干涉……或许我们还不够强大，不能制止这种干涉。但是不论哪个国家想要以何种方式干涉印度，都是我们不能忍受的，都是要用实力去反抗的。这就是我所主张的门罗主义扩展化。"①

尽管尼赫鲁式的门罗主义很少有超越领土以外的诉求，但他的继任者们却日益把印度视作地区安全的保护人。这一理论宣称，整个南亚地区是一个单一的战略实体，印度、且只能是印度才是这一战略实体安全与稳定的保证人，在地区安全决策上拥有最大限度的独断权，因而在必要时它有权对四邻小国采取干涉主义的政策。②

正是基于印度版门罗主义理念，印度的安全政策不仅仅包括了更具活力的外交，还包括了有限的军事行动，主要表现在以下三个方面：首先，从1983年到1990年，印度的政治和军事压力更多地被用于结束斯里兰卡的内战上。印度在此进行了一场艰难且毫无结果的反叛乱军事行动，这场反叛乱军事行动之所以持续如此之久，主要是因为印度领导人担心美国会把靠近印度一侧的斯里兰卡的亭可马里作为一个新的战略立足点。其政治军事方面所做的努力旨在

---

① Jawaharlal Nehru, *India's Foreign Policy: Selected Speeches, September 1946—April 1961* (Delhi: Government of India, 1961), pp. 113 - 115.

② Iftekharuzzaman, "India Doctrine: Relevance for Bangladesh", in M. G. Kabir and Shaukat Hassan, eds., *Issues and Challenges Facing Bangladesh Foreign Policy* (Dhaka: Bangladesh Society of International Studies, 1989), pp. 18 -43. 转引自 Iftekharuzzaman, ed., Souh Asia's Security: Primacy of Internal Domension (New Delhi: Vikas Publishing House, 1995), p. 17.

表明：任何妄图危害印度利益的外部势力都休想在这一地区得逞。其次是在1986年，印度派遣“戈达瓦里”级导弹护卫舰（INS Godavari）去也门营救那里的印度人员。虽然这一任务本身并没有特别重要的意义，但这是印度首次派遣军舰在南亚以外的地区执行人道主义任务，这一事实本身说明了它的海上军事能力已经见长，也说明了印度政府对海军力量的自信。再次，1988年9月印度派遣海军，在24小时内就挫败了发生在马尔代夫的政变图谋，帮助马尔代夫穆蒙·阿卜杜拉·加尧姆（Maumoon Abdul Gayoom）政权恢复了对局势的控制。正如一名外交官所说的那样，此次行动说明了印度致力于巩固其地区霸权地位，并准备随时对区外大国的干预做出反应。[①]

到了20世纪90年代，印度推出了“古杰拉尔主义”（Gujralism）地区睦邻外交政策。1996年9月23日，时任印度外长的因德尔·库马尔·古杰拉尔（Inder Kumar Gujral）在伦敦皇家国际事务研究所首次对这一政策做了完整的表述，强调联合阵线政府所采取的邻国外交政策有五个基本原则：1. 印度将向尼泊尔、孟加拉国、不丹、马尔代夫和斯里兰卡等国提供自己力所能及的真诚帮助而不要求对方给印度以相应的回报；2. 南亚各国不应让自己的领土用作危害他国利益的活动；3. 南亚各国互不干涉别国的内部事务；4. 南亚各国之间相互尊重领土完整和主权；5. 南亚各国之间的争端应该通过双边谈判求得和平解决。[②]对于“古杰拉尔主义”，有学者认为，“从本质上来说，‘古杰拉尔主义’与尼赫鲁的‘印度中心论’和英·甘地的‘英迪拉主义’是一脉相承的，目的都是防止外部势力介入南亚，只是‘古杰拉尔主义’的手段更加隐蔽，更容易博取邻

---

① Devin T. Hagerty, “India's Regional Security Doctrine”, *Asian Survey*, Vol. 31, No. 4, April 1991, pp. 351 – 363.

② 转引自叶正佳：“印度对南亚邻国政策的调整和‘古杰拉尔主义’”，《国际问题研究》，1997年第4期，第17页。

国的信任。”[1]

进入 21 世纪，印度战略家们认为，印度要想在任何条件下都享有使用海洋的自由，印度海军就要能够遂行各种任务，无论是传统的人道主义救灾援助，还是诸如保卫海上通道安全之类的护卫任务。其中尤为重要的是，印度必须秉持泛印度洋视角和“拓展的邻居”战略观念，来规划其海洋安全战略。在 2007 年颁布的《自由使用海洋：印度海上军事战略》中，印度海军参谋长苏雷什·梅赫塔（Sureesh Mehta）在序言中这样写道：“印度的主要国家利益……是确保有一个安全稳定的环境，用以保障经济可持续发展以及人民大众社会生活水平的提高。反过来，这也会使得印度得到其他国家应有的尊重，这就是‘天定命运’”。[2]

显然，缔造和维护这样的安全环境，有赖于印度海军，更有赖于他国对印度海上实力的尊重。所谓“海洋天定命运”的思想，便成为了新时期印度版门罗主义的话语逻辑，也是其行动逻辑。

① 黄正多：“古杰拉尔主义及其对印度外交的影响”，《南亚研究季刊》，2005 年第 4 期，第 60 页。

② Government of India，*Freedom to Use the Seas*，pp. III—V.

第三章　印度海洋决策体制与机制

国家安全政策从制定到实施，是一个由战略指导、目标追求、力量运用及效果评估构成的复杂过程。独立以来，印度在继承英属印度殖民当局决策体制的基础上，根据国际、国内形势的变化，结合国家利益追求，不断地对其决策机制进行调整优化，使之更加合理和高效。其中，就海洋决策体制机制而言，既依托于国家决策体制，又具有海洋决策自身的特性和要求。总体上看，印度的海洋决策主要包括了两大功能领域，一是涉及武装力量建设和运用的安全战略决策体制，二是涵括航运、贸易和科考等活动的海洋民事决策机制。它们既各自运转又相互作用，从而确保了印度海洋战略的顺利缔造与实施。

第一节　印度国家安全决策体制概览

作为议会民主制国家，印度海洋决策体制深受国家安全决策模式的影响。可以说，正是在国家安全决策体制下，印度的海洋决策才得以展开。因此，梳理印度国家安全决策体制，特别是明了在该体制下印度政府总理及其领导下的内阁委员会和国家安全委员会的巨大作用，是我们全面系统把握印度海洋决策体制机制不可或缺的重要一环。

一、 印度国家安全决策基本模式与决策主体

作为一个民主国家，印度实行联邦制和三权分立制。议会作为立法机关，分为联邦院（Rajya Sabha，上院）和人民院（Lok Sabha，下院）。在印度，议会可以对行政机关施加某种程度的控制，因为按照宪法规定，包括总理在内的内阁成员和部长会议成员都必须是议员，且应在担任行政职务的6个月内取得议员资格。[1] 内阁作为整体向议会人民院负责。[2] 行政权力方面，根据印度宪法第53条第1款的规定，行政权力主要属于印度总统。但是，总统要根据领导内阁会议的总理的建议或支持采取行动。总理作为政府首脑，领导内阁委员会，是内阁会议主席，且是议会主要政党的领袖。他（她）有权选用或解除其他内阁成员，在政府内给其他成员分配职务，向议会提出立法意见等。换言之，联邦内阁（Union Cabinet）才是印度最高决策主体，其成员包括总理和内阁部长级成员。

总体而言，印度的国家安全决策体系中有三个相对稳定的角色：总理和政府机构、军方、情报界。按照印度的宪法，总理及其所代表的文官集团拥有国家安全的最高决策权力，他/她也有权提出任何创设国家安全机制的建议。从现实来看，印度国家安全的主要措施基本上都是由总理或他（她）所授权的文官来实施的；军队是国家安全的保卫者，也是对外安全事务的最有力工具，军方高层领导人必然出现在国家安全决策的相关会议之中；情报是国家安全评估的最直接来源，因而情报体系往往需要确保来源的多样性和时效性，

---

① http：//en. wikisource. org/wiki/Constitution_ of_ India/Part_ XVIII.

② “Government of India” . http：//en. wikipedia. org/wiki/Government_ of_ India.

前者有利于不同途径的情报之间进行相互比对，后者则对于国家应急反应尤为重要，有助于防止决策层出现误判。

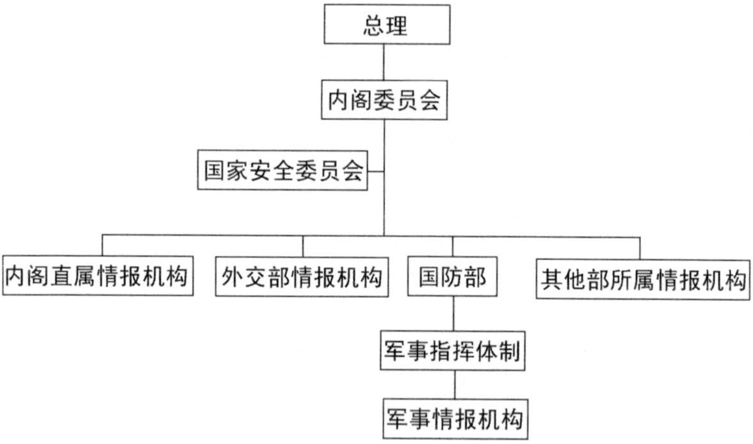

图 1　印度国家安全决策机制示意图

二、 政府总理和内阁秘书处

如前所述，总理在印度国家政治生活中具有十分重要的地位和决策权力，这不仅仅是因为国家体制运转和宪法规定的结果，也为政治实践所强化。实际上，印度首任总理尼赫鲁在这方面贡献巨大，某种意义上可以说形塑了印度总理无可抗辩的决策权力，并为其后的政府总理们所秉持。由于历史原因，尼赫鲁总理的外交安全政策思想和权威，无论是在独立前还是独立后都无人能与之抗衡。因被国大党元老们授权专攻外交事务，在独立前的二十多年里，尼赫鲁就负责国大党有关政策的制定；独立后，他制定了新生印度的许多外交和安全政策，而不仅仅是重申和管理外交与安全事务。究其原因，有以下五个主要方面：尼赫鲁在国内政治中的杰出领导作用；充分利用其正式或非正式权威；其作为总理和外长的双重身份；所扮演的连接过去和现在的纽带作用；广泛运用诸多重要概念（如非暴力）来阐释国际关系的技能。[①]

在外交和安全事务方面，尼赫鲁也寻求并采纳其核心圈子成员的意见，他们包括：路易斯·蒙巴顿勋爵，英国驻印度末代总督，也是印度首任总督；尚卡尔·巴杰帕伊（Sir Girja Shankar Bajpai），1947—1952年任外交秘书；K. M. 潘尼迦（K. M. Panikka），一位多才多艺的知识分子，1950—1953年任驻华大使；卡拉姆·阿扎德（Maulana Abul Kalam Azad），穆斯林学者、国大党领袖；萨瓦帕蒂·拉达克里希南（Sarvepalli Radhakrishnan），哲学家，1950—1953年任驻苏联大使，后任印度副总统和总统；克里希纳·梅农（V. K. Krishna Menon），尼赫鲁的反复无常和饱受争议的顾问与代理人；妹妹潘迪特夫人（Mrs. Vijaya Lakshmi Pandit），曾任驻莫斯科和华盛顿大使、马斯哈斯特拉邦部长；女儿英迪拉·甘地（Mrs. Indira Gandhi）夫人，其在国大党内有很高地位。但最终，尼赫鲁有着自己的关于国际国内事务的看法，且很大程度上直接负责印度外交政策的制定甚至是实施。[②]

可见，独立后的印度海军如果想要得到大的发展，首先必须赢得总理的支持。但实际情况是：新生印度不可能把国防置于首要地位，发展经济成为国家工作的重中之重。1950年3月1日，在写给首席部长们的一封信中，尼赫鲁强调："你们仍将记得总统在国会开幕那天的讲话。倾向就是减少军事预算。仔细考虑后，我们认为必须尽一切努力来削减这方面的预算。长远来看，不可能将中央预算的50%花在防务上。如此过高过多的花费将使一切发展处于停顿。"尼赫鲁的讲话实际上解释了发展和防务之间的关系，在独立后印度很长时期内这均是一个严肃的政治话题。尼赫鲁甚至认为，在其他

---

① Paul F. Power, "Indian Foreign Policy: The Age of Nehru", *The Review of Politics*, Vol. 26, No. 2, April 1964, pp. 259 - 260.

② Power, "Indian Foreign Policy: The Age of Nehru", p. 260.

国家都在大幅度增加军费的情况下，印度可以成为一个特例。因为在他看来，国防力量除非得到国家生产机器的持续保障，否则不可能维持下去。[①] 可以想象，在这样的大环境下，印度海军的发展渴求只能是一种奢望。

不仅尼赫鲁总理时期如此，英·甘地总理时期对海军建设也没有太多的投入。真正支持海军发展和扩张的是尼赫鲁总理的外孙拉吉夫·甘地（Rajiv Gandhi）总理，因为到了20世纪80年代中后期，印度已经基本巩固了它在南亚地区的压倒性优势地位，且有实力向海洋方面扩展影响力。由于有来自政府首脑的支持，印度海军和涉海事务部门在此后一个时期有了较大的发展，尽管期间也有过反复。

此外，总理领导下的内阁秘书处（The Cabinet Secretariat）在国家决策中的作用也十分明显。1946年9月，印度过渡政府宣告成立，行政会议秘书处被指定为内阁秘书处。独立后，该机构发展成为印度政府各部之间的一个协调机关，因而具有十分重要的作用。内阁秘书处在总理的直接领导之下，其领导人是内阁秘书（the Cabinet Secretary）。根据1961年的《印度政府（职能分配）条例》（Government of India（Allocation of Business）Rules），内阁秘书处被列为民事机构的首位，其职能主要包括：[②]

——内阁和内阁委员会的辅助秘书；

——负责1961年《印度政府条例》的执行；确保政府各部间事务的顺利处理，且严格遵照政府条例；

——内阁秘书协助政府决策，而不是通过常设和临时的秘书委员会来确保部际间的协调、消除部际间的分歧并促成共识；

---

① Singh, *From Blueprint to Bluewater*. 另外可参见 http://www.indiannavy.nic.in/book/blueprint-bluewater。

② Cabinet Secretariat, Government of India, *Functions*. http://cabsec.nic.in/about_functions.php.

——通过提供反映各部局活动的月份活动报表，确保总统、副总统、总理、副总理、各部部长知晓所有部局的重大活动；

——负责处置国内重大危机事态并协调各部局的行动。

尽管印度政府各部局各自负责本部门的工作，确保迅速执行政府的政策、规划和项目，但往往会产生部局间工作协调问题。这时，它们便会寻求内阁秘书处的帮助。内阁秘书处便通过秘书委员会（Committees of Secretaries）会议来协调部局间的事务。作为民事机构的领头羊，内阁秘书处决策机制有助于打破制约瓶颈，确保部局间的相互理解和支持。[①]

三、 内阁委员会

印度总理在组阁后，一系列内阁委员会（Cabinet Committee）也随之成立，这些委员会由内阁秘书处具体组织，旨在“促进部与部之间的协调”，以“解决分歧”、“解决困难”、“克服拖延”、“协调行政措施”、“协调政策（制定）”。[②] 它们包括了：内阁任命委员会（Appointments Com. of the Cabinet）、内阁协调委员会（Cabinet Com. on Accommodation）、内阁经济事务委员会（Cabinet Com. on Economic Affairs）、内阁议会事务委员会（Cabinet Com. on Parliamentary Affairs）、内阁政治事务委员会（Cabinet Com. on Politic Affairs）、内阁价格委员会（Cabinet Com. on Prices）、内阁安全委员会（Cabinet Com. on Security）、内阁世界贸易组织事务委员会（Cabinet Com. on WTO Matters）、内阁投资委员会（Cabinet Com. on Investment）、内阁印度相关问题专门授权委员会（Cabinet Com. on Unique

---

① Cabinet Secretariat, Government of India, *Functions*. http://cabsec.nic.in/about_functions.php.

② Cabinet Secretariat, Government of India, *Functions*. http://cabsec.nic.in/about_functions.php.

Identification Authority of India related Issues），以及内阁技能开发委员会（Cabinet Com. on Skill Development）等。

从严格意义上讲，上述机构都有可能参与到有关国家安全的决策或讨论之中，但如果就狭义的职能划分而言，在政府中扮演着国家安全决策角色的主要是两个委员会：内阁政治事务委员会与内阁安全委员会。前者在国大党执政期间曾拥有最高的国防暨安全上的决策权，而后者则是在瓦杰帕伊（Atal Vajpayee）的印度人民党政府上台后成立的，并替代同期被废止的内阁政治事务委员会，在国家安全事务的分析与处理上拥有最高权力。

内阁政治事务委员会在20世纪50年代名为“内阁国防委员会”，60年代又改为“内阁紧急事务委员会”，70年代再次改为“内阁政治事务委员会”，为印度最高国防决策机构和最高行政权力机关，负责制定国家的内政、外交、国防、经济政策，处理重大问题，成员有总理以及国防、外交、内政和财政等主要内阁部长。1998—2004年印度人民党执政的六年间曾一度被废止，在2004年国大党上台后不久，曼莫汉·辛格（Manmohan Singh）总理在保留内阁安全委员会职能不变的情况下，又恢复了内阁政治事务委员会，[①]主要用以处理国内改革、重要的社会民生议题等，如2011年处理与反腐人士哈扎里的对话，[②] 2012年对全球燃油涨价及可能引起的国内不满进行了长时间研究。[③] 当然，严格地讲，这些都属于非传统安全方面的内容。

内阁安全委员会由总理直接担任主席，成员包括了国防部长、

① “Manmohan govt. may revive CCPA”, The Times of India, May 27 2004, http://articles. timesofindia. indiatimes. com/2004-05-27/india/28331245_1_ccpa-finance-minister-security-concerns.

② “CCPA, Congress Core Group meets on Hazare issue”, The Times of India, Aug 24 2011, http://articles. timesofindia. indiatimes. com/2011-08-24/india/29922223_1_team-hazare-lokpal-issue-congress-core-group.

③ “CCPA meeting postponed”, INDIA, Sep 11 2012, http://www. dnaindia. com/india/report-ccpa-meeting-postponed-1739517.

财政部长、内政部长和外交部长。[①] 这一机构主要负责的事务包括了：(1) 印度的国防经费，具体来讲，该委员会有权审核一切与国防、安全相关的国家支出，如国防研发、国防生产、国防采购等方面的支出；(2) 国家安全事务处理，不仅仅是国家间的传统安全事务（如重要的部队调动等），国内的安全事务如恐怖袭击和民族分裂问题也是该委员会的主要职能之一，并在研究决策时拥有最高决定权；(3) 与国家安全相关的重要人事任命。

四、 国家安全委员会

印度国家安全委员会（National Security Council）是一个综合研究国家政治、经济、能源及战略安全的顶层设计机构，建于瓦杰帕伊政府时期（1998 年 11 月 19 日，1999 年正式运作），内阁总理任该委员会主席。除专职的国家安全顾问外，政府方面的国防部长、外交部长、内政部长、财政部长以及计划委员会[②]副主席都是印度国家安全委员会的常务成员。另外，国家安全委员会也会依照需要而邀请特定部门的负责人前来与会。

印度国家安全委员会是一个三级结构：第一层级为战略政策小组（Strategic Policy Group），第二层级为联合情报委员会（Joint Intelligence Committee），第三层级是国家安全顾问委员会（National Security Advisory Board）。

战略政策小组是国家安全委员会三级结构中的第一级，它是国家安全委员会决策的核心，这一机构包括了如下成员：内阁秘书、陆海空三军的参谋长、直接税中央委员会（Central Board of Direct

---

① "Composition of the Cabinet Committee (as on 02. 12. 2013)", Cabinet Secretariat Website, http://cabsec. nic. in/showpdf. php? type = council_ cabinet_ committees.

② 印度计划委员会（Planning Commission）是印度政府设计国家发展"五年计划"的一个机构，2014 年莫迪上台后对之进行了改组。

Taxes）主席、情报局局长、外交部长、内政部长、国防部长、国防工业秘书长、财政部长、国税部部长、印度储备银行（the Reserve Bank of India）行长、印度调查分析局（the Research and Analysis Wing）局长、原子能部部长、国防部长科技顾问、空间部部长、联合情报委员会主席。这一小组定期出版一份《战略防御评估》（Strategic Defence Review），这是一份对于国家短期、长期安全威胁的评估，其内容也将作为国家安全评估的政策基础。

联合情报委员会的主要职责是分析由情报局、调查分析局及陆海空情报机构所提供的情资信息，该委员会有自己独立的秘书处，受内阁秘书处管辖。

国家安全顾问委员会由非政府的印度专业人士构成，成员主要由精通对外安全、战略分析、外交事务、国防事务、武装力量、科学技术及经济方面的专业人员构成。该委员会每月至少召开一次会议，另会酌情增开临时会议，向国家安全会议直接上交一份长期的国家安全预测与分析报告，同时根据要求对当下事态给出评估及具体建议。

五、 国防部

印度国防部（Ministry of Defence）是印度国防行政权力机关和国防职能（对内与对外的安全事务）机构，全部由文职人员组成，具有全面的国防执行权，即军事行政权和军令权。国防部的决策内容主要来自内阁会议的决定，但国防部长仍是地位显要的内阁成员，印度的内阁委员会中至少有六个委员会需要国防部长出席。国防部的首要职责是接受政府有关国防与安全事务的政策指示，并在执行中负责协调指导各军种总部、军种协作组织、生产与研发机构等，它统一管理陆海空军和后备力量的行政，负责国防力量建设，提高战备动员程度。

印度国防部的官僚体系由三个层级构成，第一级为部长小组，国防部部长小组由国防部长牵头，由一名国防国务部长（Minister of State for Defence）与特定的文职人员协助部长决策；第二级为国防秘书及其高级顾问，国防部长的工作需要一定的文官、科学及军事专家进行顾问，国防秘书，同时也是国防局局长就担任这一顾问团体的负责人，他主要负责协调国防部下面四个局（二级部）的工作，确保国防部的整体工作通畅；第三级是三军的参谋长，主要用以代表各军种接受国防部的指示。

国防部的编制之下共有五类机构，第一类为本部常设机关，设有国防局（Department of Defence）、国防生产局（Department of Defence Production）、退役军人福利局（Department of Ex Serviceman Welfare）以及国防研究与开发组织（Defence Research and Development Organisation）；第二类军种组织（Inter-Services Organisation），下辖军事工程处（Military Engineer Services）、国家候补军官团（National Cadet Corps）、武装部队卫生处（Armed Forces Medical Services）、国防学校（National Defence Academy）、再安置总署（Directorate General Resettlement）、质量监管总署（Directorate General Quality Assurance）、国防学院（National Defence College）、武装部队电影及摄影署（Armed Forces Films and Photo Division）、国防资产总署（Directorate General Defence Estates）、武装部队卫生学院（Armed Forces Medical College）、公众关系署（Directorate of Public Relations）、国防部历史部（History Division, MoD）、食堂储备局（Canteen Stores Department）、国防管理学院（College of Defence Management）、陆军采购组（Army Purchase Organisation）、国防军事参谋学院（Defence Services Staff College）、军事运动管理委员会（Services Sports Control Board）、国防部图书馆（Ministry of Defence Library）；第三类为综合防务参谋部（Integrated Defence Staff），由一名综合防务参谋长任主官，于2001年10月成立，该部门主要工作方向是政策、条令、作

战和采购之间的协调；第四类为参谋长委员会（Chiefs of Staff Committee），是一个由军种参谋长参与并讨论国防事务的论坛机构，可向国防部直接提出专业建议，其成员包含了陆军参谋长、海军参谋长、空军参谋长和综合防务参谋长，委员会主席按照军龄长短轮流担任；第五类是财务署（Finance Division），该署主任由主管财政的国防秘书长担任，掌管着涉及国防预算的提案权，并负责国防经费的审计与会计工作，由一名国防账目总管（Controller General of Defence Account）协助工作。

显然，印度国防部在行政管理和军兵种建设方面拥有广泛权力，因而其态度和政策立场直接关乎印度海上力量的发展。

第二节　印度国家海洋决策体制与主要机构

像其他海洋国家一样，尽管对海洋事务的管理由来已久，但印度海洋决策仍政出多头。由于涉海部门多、利益分配多元、海区差异大、职能任务分割，使得印度海洋决策体制不可避免地分散化，其海洋决策中国家级协调机制的缺失，使得政策的系统性和连贯性不同程度地受到损伤。有鉴于此，优化国家海洋决策体制机制，使之更好地服务于国家利益和海洋战略，便成为当今印度的一项紧迫课题。

一、印度海洋决策体制

印度对海洋的管理由来已久，至少可以追溯到孔雀王朝时期，当时的孔雀帝国设置了专门负责港口管理的官职。在之后漫长的历史长河中，由于大一统中央王朝的缺失，地区性政权对于海洋事务的决策与管理便成为了人们了解印度海洋方面机构设置的主要途径。直到英属印度时期，印度的海洋决策体制机制才逐渐明晰起来，并实现了集中归口管理。

独立后，印度尽管实现了决策自主，但就海洋事务而言，英国的影响依然深远。例如，第一位出任海军参谋长的印度人是海军中将拉姆·达斯·卡塔里（Ram Dass Katari），时间是 1958 年 4 月 22 日，此时距离印度独立已经过去了 11 年之久。而在这之前，出任印度海军最高指挥官的均是英国人。故在独立后十年甚至之后一段时间里，印度的海洋战略主要是在英国海军军官的负责下制定的，并在英联邦的印度洋战略范畴内予以实施。[①] 甚至英国对于印度海军配备什么型号的舰只都拥有决定权，因为印度海军多数舰只都从英国订购。只是到了 1956 年第二次印巴战争时期，印度才逐渐脱离与英国和英联邦的战略联系。[②]

20 世纪 60 年代中期之后，印度开始从一个更广泛的架构来审视自己的海军和海洋战略，原因有三：一是政治领袖们对于印度海洋战略的非军事维度更加的敏感，尽管他们也开始重视海军力量本身；二是鉴于英国无法满足印度海军日渐增长的采购需求，印度开始向苏联采购包括潜艇、驱逐舰、护卫舰、导弹艇、两栖作战船和海上侦察飞机等装备；三是超级大国日益增长的在印度洋的力量存在，促使印度更加地关注印度洋事态的发展变化。

到了 20 世纪 70 年代，印度洋沿岸石油和天然气的开采有了很大进展。实际上，早在国际印度洋考察活动结束之际，印度便于 1966 年成立了国家海洋学研究所（National Institute of Oceanography），以实施一系列有关物理、化学、生物和地质海洋学方面的多学科研究。1973 年起，有关第三次联合国海洋法会议的谈判正式开

① Singh，"The Change Paradigm of India's Maritime Security"，p. 231.
② Singh，"The Change Paradigm of India's Maritime Security"，p. 231.

始。鉴此，印度的一个部际委员会宣告成立，以便为印度代表团参加《联合国海洋法公约》的谈判活动准备一份指令。在代表团离开前，该指令最终获得了印度内阁的批准。

1979 年，印度开始考虑建立一个处理所有海洋事务的新的制度机构的可能性。这么做的理由有两个。首先，在 1976 年 8 月，印度颁布了《海洋区域法》（the Maritime Zones Act），规定以领海基线为起算线，印度拥有 12 海里领海，24 海里毗连区，以及 200 海里专属经济区。据此估算，印度大约拥有 200 多万平方公里的海域（相当于三分之二的陆地面积）可供其优先进行资源开发和利用。此际，第三次联合国海洋法会议行将结束，世界许多国家开始着手成立新的涉海机构，以便更好地适应国内外环境的变化，更好地服务于国家利益需求。例如，挪威便成立了专门的海洋部，美国则建立了国家海洋和大气局，其他各国也开始考虑设置相关的海洋机构。

在这种情形下，印度于 1979 年至 1980 年对国家涉海机构进行检视，结果发现，印度有大量的与海洋事务相关的部门。与海洋事务直接关联的重要部门包括：

——海运和港口部（船运，港口）

——农业和渔业部（渔业）

——石油部（近海石油和天然气）

——国防部（海军，海警）

——矿业部（矿物开采）

——能源部（能源）

——外交部（对外关系，第三次联合国海洋法会议的磋商）

非直接相关或发挥配合作用的部门有：

——教育部（高校，技术机构）

——科学技术部（海洋学）

——航天部（遥感）

——财政部（财政事务）

——规划部（经济规划）

——内务部（岛屿开发）

——内阁事务部（全面协调）

以上部门仅仅是中央层面的。另外还有 9 个沿海邦，以及其他 16 个邦，它们在渔港和对外贸易方面也有着直接的利益关系。在印度联邦体制中，邦在国家海洋议题上起到了非常重要的作用，尤其是那些沿海邦，通过对沿海地区的管理直接影响着陆海之间的关系。

尽管面临着多头决策的困扰，但印度的国情决定了不可能建立一个海洋"超级政府机构"，即一个囊括所有海洋事务的机构。换言之，由于海上事务的多样性，想要建立一个单独的行政部门，使其拥有广泛的权限和相应的广泛专业技术，以便让科学部门、行政部门、技术部门的涉海活动、心态和文化，与外交部门乃至法律部门的相协调，几乎是不可能的。另外，这个"超级政府机构"还可能割裂某些领域陆地事务和海洋事务（比如通讯、食品和能源）间的联系，而这些领域无法简单地归为"海洋"事务或"陆地"事务。当然，一些机构在根深蒂固的官僚集权思想的作祟下，也抵制这一变革。

就海洋决策而言，印度面临着亟待解决的问题是如何从纵横两个维度进行融合与协调。纵向包括中央、各邦和地方政权；横向则涉及相关部门、具体事务和战略规划的融合与协调。像所有沿海国家一样，人们逐渐增长的期望以及快速的科技进步，造成了印度政府制定和执行政策的能力与国家实际需求之间的不平衡，特别是快速发展的海洋科技使人们利用海区的机会倍增。这方面，专属经济区作为一个有着多种用途的区域，它的划设极大地增强和扩展了国家在专属经济区内对资源的开采利用和对经济活动的司法管辖作用，而这有赖于协调、灵活、专业的政策。所有这些都呼唤新的国家海洋决策机制的出现。

二、 从海洋发展局到地球科学部

如前所述，在大规模的机构重组或建立一个超级政府机构已经被排除的情况下，以下准则被视为是设计一个合适的组织机构的基本参数：

——通过更加连贯地界定国家的首要任务，促使政策协调更为有效。

——通过减少成本、纷争和浪费，提高部门效率。

——必须提高任务绩效。

考虑以上原则，并把科学技术在未来的发展放在重要位置后，印度于 1981 年 7 月成立了国家海洋发展局（Department of Ocean Development，DOD），该部门在内阁秘书的领导下直接向总理负责，具有以下职责和功能：[①]

（1）负责与海洋相关且没有明确赋予其他部局的事务。

（2）协调政策，实施监管措施，发展与海洋相关的事务。具体包括：

——研究（包含基础研究）并探索与海洋相关的事务。

——技术研发。

——对可用的生物和非生物资源进行测绘。

——维护、养护并保卫海洋。

——发展可行的技术和人力资源。

——开展合作，包括技术和相关法律的合作。

（3）设立海洋委员会。

（4）成立泛印度科学协会（the Pan Indian Science Association）。

① Krishan Saigal，"National lustitutions of Governance in Maritime Attairs of Inda". http：//archive. unu. edu/unupress/unupbooks/uu/soe/uu/soeof. htm.

(5) 设立海洋科技机构或董事会。

(6) 负责南极洲的科学考察。

1982 年，印度总理向议会提交了一份名为“海洋政策声明”(Ocean Policy Statement) 的文件，代表印度海洋发展局提出了印度的基本政策主张，主要包括：

——面对巨大、复杂且充满不确定性的海洋环境，促进海洋事业协调、集中和精细的发展。

——充分开展对印度海洋空间的科学探索，包括资源和海图。

——为探索海洋资源掌握并发展海洋技术。这既要有能力发展本土技术，也要有能力谈判收购别国技术。

——发展适当的公共基础设施。

——建设高效的管理和控制系统。

——依据国家法律法规实行充分的监管。

——保护海洋环境。

为了支持上述政策，印度海洋发展局被要求建立一个集中的数据系统，这个系统自带收集、校对和传播信息的功能。人员培训也被视作是需要高度重视的任务之一。

总之，印度海洋发展局自成立以来，采取了一系列的重要举措来发展海洋事业，主要包括：

——1982 年出台了《海洋政策声明》。

——用 4 个月的时间建立了一支南极洲考察队，并前往南极考察；1982 年在南极建立了永久性科考站；签署《南极公约》并于 1983 年成为南极条约组织协商国；1988 年在南极洲建立了第二个科考站；2012 年在南极洲建立了第三个科考站。

——1981 年加速推进多金属结核 (polymetallic nodules) 深海勘探计划；1982 年成为国际社会认可的印度洋“先驱投资者”(pioneer investor)；1987 年通过筹备委员会注册成为先驱投资者 (首个注册国家)。

——1982 年开始研究并开发波能和热能转换；1990 年开发了 150 千瓦的波能样品（成为继挪威之后第二个拥有此项技术的国家）。

——1990 年开始为第三代深海采矿集成系统（机器人和“智能”系统）提供研发资金，之后进行了试验。

——对专属经济区的生物资源进行联合测绘，避免资源的重复与浪费。

——建立尖端小组监督和控制污染，监管范围包括中央和各邦的所有机构。

——建立海洋科技董事会，将高科技如生物技术、空间应用技术、电子工业、新型材料、新能源等运用到海洋领域，并与海洋科技紧密联系。

——对安达曼和尼科巴两个群岛，以及拉克沙群岛进行全面开发。

——建立信息网络系统，将印度海域的数据和信息相互连接，并形成全面的预测和分析模型，供海洋用户使用，这些用户主要包括：

（1）航程作业达 25 千米的渔民。

（2）参与港口、灯塔和海洋平台建设的人员。

（3）气象预报人员。

（4）从事结构设计的海洋工程师。

应该说，印度国家海洋发展局作为一个协调和决策机构，其工作开展的十分成功。它负责制定了印度国家海洋政策，加速推进深海钻井项目的开发，在波能、海洋热能储存等方面掌握了核心技术，将用户和信息发布两者紧密联系在一起，形成了更为完善的国家海洋信息服务机制，协调调查并整合资源，建立国家性质的协同机构等等。2006 年 2 月，印度政府将海洋发展局升格为海洋发展部（Ministry of Ocean Development）；同年 7 月 12 日，重组海洋发展部，并以之为主体创立地球科学部（Ministry of Earth Sciences），来负责印度：海洋事务管理工作。[①]

三、 印度国家航运部[②]

在海洋事务管理方面，印度国家航运部（Ministry of Shipping）的地位和作用十分重要。作为联邦政府的一个部局，航运部根据相关法律规定和职能划分，[③] 直接领导着国家的港口建设和海外航运等与海洋经济密不可分的行业领域，并对邦一级的涉海事务予以指导。

就机构设置而言，航运部可谓历史悠久。早在独立前的 1942 年 7 月，英属印度政府就将当时的交通部（Ministry of Communications）一分为二，分别设立了邮政局（Department of Posts）和军事交通局（Department of War Transport）。军事交通局的职能主要包括：负责主要港口和铁路建设的优先排序、公路和水运的使用、石油配给和天然气生产，以及保障战时运输需要、沿海运输、主要港口的管理和建设等。之后，出口规划也属于其职能之一。

1957 年，军事交通局更名为运输和交通部（Ministry of Transport & Communications），下设有交通运输局（Department of Transport）。根据 1966 年 1 月 25 日的总统指令，原运输和交通部更名为运输、船运和旅游局（Department of Transport，Shipping & Tourism），被置

① 有关印度地球科学部在海洋事务领域的主要工作，参见第五章第二节的相关内容。

② Ministry of Shipping，Government of India，*Annual Report*，*2013—2014*. http：//shipping. nic. in/showfile. php？ lid = 1676.

③ 印度航运部依据的主要国家法律有：《印度港口法》（The Indian Ports Act，1908）、《印度船舶法》（The Inland Vessels Act，1917）、《港口工人（雇佣管理）法》（The Dock Workers（Regulation of Employment） Act，1948）、《商船法》（The Merchant Shipping Act，1958）、《大型港务局法》（The Major Port Trusts Act，1963）、《海员福利基金法》（The Seamen's Provident Fund Act，1966）、《印度内陆水道管理法》（The Inland Waterways Authority of India Act，1985）、《商品多式联运法》（The Multimodal Transportation of Goods Act，1993）等法律。见 Ministry of Shipping，Government of India，Business Allocation. http：//shipping. nic. in/index1. php？ lang = 1&level = 1&sublinkid = 43&lid = 53.

于交通运输和航空部（Ministry of Transport and Aviation）的管辖之下；1967 年 3 月 13，原交通运输和航空部一分为二，即分为航运和交通运输部（Ministry of Shipping and Transport）、旅游与民航部（Ministry of Tourism and Civil Aviation）。

1985 年 9 月 25 日，再次进行机构重组，之前的航运和交通运输部变成了陆上交通运输局（Department of Surface Transport），隶属于交通运输部（Ministry of Transport）；1986 年 10 月 22 日，陆上交通运输局再度更名为陆上交通运输部（Ministry of Surface Transport）；1999 年 10 月 15 日，陆上交通运输部又设立了航运局（Department of Shipping）和公路与高速公路局（Department of Road Transport and Highways）；2000 年 11 月 17 日，陆上交通运输部再次分为公路与高速公路部（Ministry of Road Transport and Highways）和航运部（Ministry of Shipping）；2004 年 9 月 2 日，公路与高速公路部、航运部再度合并，更名为航运、公路和高速公路部（Ministry of Shipping, Road Transport and Highways），下设航运局（Department of Shipping）和公路与高速公路局（Department of Road Transport & Highways）。①

新世纪以来，海上运输日益成为一个国家经济发展的重要基础，影响着经济发展的速度、结构和发展模式。鉴于此，2009 年，印度设立新的航运部（Ministry of Shipping），除负责运输和港口业务外，还包括造船和船舶修理、主要港口和内河运输事务，以及负责制定相关政策和计划。后一方面，包括制定《海洋议题：2010—2020》（Maritime Agenda：2010—2020）、《国家海洋发展规划》（the National Maritime Development Programme）等文件。

目前，印度航运部设有航运部联邦部长、航运部部长、航运部秘书长等领导职务。航运部秘书长下设分管船舶的联合秘书、分管

---

① Ministry of Shipping, Government of India, *Organization History*. http://shipmin.nic.in/index1.php? lang = 1&level = 1&sublinkid = 42&lid = 52.

港口的联合秘书、分管租船的总监、港口发展顾问，以及局长、副秘书长、次长、其他的秘书和技术官员等。航运部的行政管理工作由一位分管的联合秘书长负责，他由一位分管行管的主任、分管行管的次长相协助，来监督机关、总务部门的工作。财务方面，由一位协理秘书长兼财政顾问帮助制定和监督有关财经方面的政策；会计事务由一位会计主管负责，职能包括核算、支付、预算、内部资金流转和现金管理。运输调研工作设有一名顾问，负责为航运部各部门提供所需的数据，以支持航运部所关注的各种运输方式的政策规划、运输方面的合作、经济和统计分析。

航运部的附属或下属机构主要有：船运总局、安达曼和拉克沙群岛港务局、灯塔和灯船总指挥部、小港测量组织；独立机关有：主要港口的税务局、港务局、港口劳工委员会、印度内陆水运局、海员福利基金组织、印度海事大学等；社会团体包括海员福利基金会、印度港口协会；与其有着业务往来的单位有：印度航运公司、科钦造船有限公司（Cochin Shipyard Ltd）[①]、中央内河运输有限责任公司、印度疏浚公司、胡格利码头和港口工程有限公司、恩诺尔港口有限公司等。

作为临海国家，印度航运部在国民经济中的地位十分显著。目前，印度有 13 个大型港口（major ports）和 176 个非大型港口（non-major ports）。其中，13 个大港口由印度国家航运部管理，其他的 176 个港口由 9 个沿海邦和 3 个联邦领地管理。[②] 造船业方面，印度共有 27 个造船厂，其中 6 个为国家所有，2 个为邦政府所有，其余 19 个为私营企业。其中，印度科钦造船有限公司是印度最大的造船厂，可建造 11 万载重公吨位的船只，可修理 12.5 万载重公吨位

① CSL 网站数据，http：//cochinshipyard.com/performance.html.

② Ministry of Shipping，Government of India，*Maritime Agenda：2010—2020*. pp. 1 – 2. http：//shipping.nic.in/showfile.php？lid = 261.

的船只。[①]

四、 2008年孟买恐怖袭击事件后海洋安全决策体制的优化

实际上，印度海岸安全防护包括了三层网络，第一层是印度海军，负责在远海进行巡航和监视；第二层是海岸警卫队，负责专属经济区的巡视；第三层是领水，有海关、邦警察局的联合巡逻。但问题在于：在海岸安全事务方面，除了人员训练不够外，相关队伍装备落后、资源短缺、机构协调不畅，特别是人员严重不够。例如，海岸警卫队中的2973人担负着印度整个西海岸地区3300公里长的海岸线和大约100万平方公里的专属经济区的巡逻监视任务，足见其难度之大。[②]

2008年孟买"11·26"恐怖袭击事件发生后，印度政府立即采取多项措施来加强印度沿海和海上安全，重点是克服海岸安全机制方面存在的问题与不足。主要包括：[③]

（1）赋予海岸警卫队保卫印度沿海地区的权力，其范围从海岸到高潮线；

（2）印度海军负责整个海上安全；

（3）责成沿海邦和联邦领地加速推进海岸安全计划（Coastal Security Scheme），包括建设海岸警察局（Caostal Police Station）、检查站、前哨站、兵站，以及招募和训练相关管理与技术人员；

（4）沿海邦和联邦领地立即启动联合巡逻，包括从地方雇用渔

---

① Ministry of Shipping, Government of India, *Annual Report: 2013—2014*, p. 36. http://shipping.nic.in/showfile.php? lid = 1676.

② Pushpita Das, *Coastal Security Arrangment: A Case Study of Gujarat and Maharashtra Coasts* (New Delhi: Institute for Defence and Analysis, 2009), IDSA Occasional Paper, No. 6, Nov. 2009, p. 21.

③ "Plan to beef up coastal Security following Mumbai Attack", Press Information Bureau, February 18, 2009. http://pib.nic.in/release/release.asp? relid = 47646.

船，内务部负责解决相关经费问题；

（5）沿海邦和联邦领地应在海岸警卫队的帮助下查找分析其海岸脆弱性之问题所在；

（6）航运部对所有船舶进行登记注册，确保其安装航海通讯设备；

（7）农业部、畜牧乳业和渔业局负责对渔民进行身份识别登记，印度总登记官将根据国家多用途身份识别卡计划，对沿海所有村庄的人员发放身份识别卡。

印度国防部也宣布将采取一系列措施加强海军和海岸警卫队建设。为此，海军成立了一支特种部队——海上卫队（Sagar Prahari Bal），规模为1000人，负责保卫印度东西海岸的海军资产和基地的安全；而海岸警卫队除了在海岸安全事务方面加强与中央和邦一级的沟通外，还将增设9个海岸警卫队警局。为实现对海岸的实时监控，印度政府计划在整个海岸建立数字化海岸雷达链和综合性自动识别系统。[①] 其中，综合性自动识别系统包括两个海岸控制中心，分别设在孟买和维萨卡帕特南（Visakhapatnam）；四个地区控制中心分别是贾姆纳格尔（Jamnagar）、科钦、金奈（Chennai）和加尔各答，以及85个沿海站点和1个位于孟买的国家数据中心。[②]

在印度，有15个甚至更多的部门涉及海洋事务，从海军、海岸警卫队、海关、情报单位、港务局，到内政部、航运部、渔业部、邦政府，它们经常是基于各自的目的开展工作。尽管在“11·26”孟买恐怖袭击事件后，印度采取了一系列强化海岸安全的措施，从新生的海岸雷达系统，到邦海警局的设立。但专家们还是感到，印度的港口与海岸安全远非固若金汤。正因为如此，印度人民党的纳

① “New Unit to Set Up in Gandhinagar to oversee Coast Guard Operation”, *Indian Express*, Gandhinagar, April, 2009.

② “Automated Identification System”, Press Information Bureau. http://pib.nic.in/release/release.asp? relid=51398.

伦德拉·莫迪（Narendra Modi）政府上台后感到迫切需要一个像国家海洋局这样的专职联邦主体来消除部门间的壁垒。①

实际上，建立最高级别的联邦海事主体单位，并不是什么新鲜主意。这方面，较早的动议是2001年。在关于改革政府安全体制的报告中，当时的瓦杰帕伊政府强调有必要设立一个最高机构来管理海洋事务，以便在海军、海岸警卫队、中央和邦各部之间加强制度化联系。2008年11月26日孟买恐怖袭击事件发生后，有关这方面的动议更加的强烈，当时印度国家安全委员会也将设立一个由一名海洋安全顾问负责的海洋安全顾问委员会（maritime security advisory board，MSAB）列入了议事日程。2009年8月，曼莫汉·辛格政府建立起了一个加强海洋和海岸安全的国家委员会（national committee on strengthening maritime and coastal security，NCSMCS），以防范海洋威胁，该委员会由内阁秘书任主席。尽管该委员会做了许多有益的工作，在不同涉海主体间进行协调，但自成立至今，其功能作用并不明显。总之，由于多方原因，当时的曼莫汉·辛格政府未能创设新的最高级别的专职联邦涉海主体单位。② 所以，莫迪政府上台后，决心建立一个新的国家海事管理局（National Maritime Authority，NMA），以确保决策的连贯性，以及确保不同涉海单位间在维护海岸安全上进行高效的合作。

第三节　印度海上武装力量指挥架构

从指挥架构来说，印度海上力量，包括印度海军和海岸警卫队，

---

① http：//en. wikipedia. org/wiki/Maritime_ domain_ awareness.

② http：//en. wikipedia. org/wiki/Maritime_ domain_ awareness.

像印度陆军和空军一样，隶属于印度国防部指挥。就海上力量运用而言，由于印度海军和海岸警卫队的职能任务在不同历史时期均有明显的发展变化，其海上武装力量架构因而也处于不断的调整优化之中。

一、印度海军指挥体制与指挥架构

印度的军队指挥体制由各职能系统和若干层次构成。职能系统有作战指挥系统、训练组织系统、军械物资系统、供应勤务系统、情报侦察系统、人事管理系统等。指挥层次分为最高决策机构、军种司令部、军区（地区）司令部以及各级部队。各层次的主官是该层次所辖诸职能系统的领导指挥核心。

印军的作战指挥体制分决策与执行两大部分。战争决策层包括三军最高统帅——总统以及决策机构——以总理为主席的内阁政治事务委员会。该委员会有关战争方面的决议呈总统核准后通过国防部监督三军执行。印度现役部队分为陆、海、空三个军种，实行三军分立体制，武装部队的行政管理和作战指挥由国防部和陆海空三个军种司令部负责，军队的行政管理事务更多地由国防部负责，作战指挥和训练则由各军种司令部主管。三军平时无统一的作战指挥机构，由内阁总理通过内阁秘书处协同国防部对三军实行统一领导；战时通常授权主要军种参谋长实施统一指挥。军种司令部为各军种最高作战指挥与行政管理机构，最高领导人为军种参谋长，各由2—3名副参谋长协助工作。军种司令部通过其所属的地区司令部对部队实施指挥与控制。

印军作战指挥的执行程序有平时和战时之分。平时，作战指挥由陆海空三军按建制自成体系，独立实施；战时，在战区内实施三军联合作战。在战区内实施联合作战时，成立参战军种间的联合作战司令部（军区或集团军级）和联合作战中心（军或师级）。

联合作战司令部和联合作战中心的组成原则是以主要参战军种为主，各参战军种联合组成。实际上，由于印军以陆军为主体，陆军兵力占了其三军总兵力的近八成，因而其联合司令部和联合作战中心在组成上一般是以陆军为主，而海空军参加三军整体协同作战。联合作战指挥机构的任务不是全权指挥参战部队，而是组织各参战军种的作战协同。各军种作战行动本身仍由军种建制指挥体制实施。

印军的这种三军独立平行、军种自成体系的体制，实际上在无形中提高了海空军的地位，有利于印度向海空军发展的政策倾斜。同时，三军自成体系，分工明确，头绪简单，便于各自的训练、管理和指挥，避免了相互间的矛盾。但这一体制的一个重大弊端是缺乏统一的作战指挥机构。在现代战争条件下，军队将难以发挥整体战斗力以达成战争之目的。

就印度海军而言，主要由水面舰艇部队、潜艇部队、海军航空兵和海军特种部队组成，其指挥层次主要分为四级：海军司令部、地区海军司令部、舰队（或基地）和舰艇中队。海军司令部是海军的最高指挥机构，负责海军的作战、训练和行政管理，最高指挥官为海军参谋长，上将军衔。司令部下设第一参谋局、第二参谋局、人事局和物资局；地区海军司令部是地区性海军作战指挥机构，在海军司令部的领导下对所属各舰艇部队实施直接管理和控制；舰队是海军舰队的最高建制，舰队司令部机关的主要机构为作战参谋处；中队是海军舰艇和航空兵部队最基本的编组形式，平时（即军政系统）以舰种或机种分别编组，战时（即军令指挥系统）或执行特定任务时则视情况组成特混编队。

就海军指挥架构而言，最高指挥官为海军参谋长，他有五个副手（他们旗下又有助手），分别是：（1）副参谋长（Vice Chief of Naval Staff），下设作战计划和采购总监、负责态势感知和计划制定的海军参谋长助理、海军“海鸟项目”（Seabird Project）[①] 总经理；（2）海军代理参谋长（Deputy Chief of Naval Staff），下设负责海军飞行部队的海军参谋长助理、负责作战行动的海军参谋长助理、海军航空兵指挥官；（3）人事总监（Chief of Personnel），下设医疗局长、职业规划总监助理、人力资源开发总监助理；（4）物资总监（Chief of Materia），下设负责造船厂和修理厂的总监助理；（5）后勤总监（Chief of Logistics）。

就编成看，印度海军共编成东、西两个海军舰队；另将印度半岛东、西、南三面海域以及安达曼—尼科巴群岛附近海域分别划归东部、西部、南部和远东四个地区海军司令部管辖。印度海军总部设在新德里，四个地区海军司令部的基本情况如下：

西部海军司令部设在西部沿海城市孟买，辖区为印度西部、西北部沿海及阿拉伯海，下辖西部舰队，拥有航母一艘及占海军半数以上的导弹驱逐舰、护卫舰及潜艇。其中，果阿作为印度海军航空兵司令部所在地，负责印度所有的海军航空兵训练事务，其组建于1986年。在新德里的海军司令部，设有一名负责海军航空事务的总监，其职责是为各飞行单位制定战役行动、组织、管理、作战或训练标准等方面的基本原则。[②]

东部海军司令部设在东部安得拉邦（Andhra Pradesh）沿海城市维萨卡帕特南，辖区为印度东部沿海及孟加拉湾（包括保克海峡和马纳尔湾），下辖的东部舰队是印度海上力量较为强大的舰队，现有舰船50多艘，且仍在增加。主要任务是在该海域反击入侵，保卫印度领土、港口、海湾、石油平台和其他海洋资产和印度专属经济区的资源安全，它还协助印度海岸警卫队进行打击非法捕捞、搜索与

---

① “海鸟项目”（Project Seabird）是指印度海军在卡丹巴（Kadamba）新建巨型海军基地项目。2005年5月该项目第一阶段建设宣告完成。2011年开始的第二阶段建设一旦完成，该军事基地届时将能够同时停泊27艘大型军舰。

② http：//www. bharat-rakshak. com/NAVY/Today/Commands/4-Western-Naval-Command. html.

营救等活动，显示印度海军在其行动责任区域的持久存在。该司令部组建于1971年7月，印度第一艘航母就归属于东部海军司令部。该司令部还是印度海军潜艇司令部的所在地，包括潜艇基地和潜艇训练学校，一名准将负责所有的潜艇训练事务。在新德里的海军司令部，设立了一名负责潜艇事务的海军参谋长助理（Assistant Chief of Naval Staff（Submarines）），以监督所有关于潜艇的工作，同时协调印度海军所有与潜艇事务有关的工作。[①]

南部海军司令部设在西南部沿海城市科钦，它于1976年宣告成立，行使印度海军训练司令部职能，全面负责海军训练工作的组织与实施，对海军各院校、各地区司令部培训中心进行业务督导。[②]

远东海军司令部即安达曼和尼科巴海军司令部驻于安达曼群岛的布莱尔港，于2001年10月8日组建。目的是为了加强对印度洋安达曼群岛驻军力量的指挥与管理，扩大对印度洋地区的控制。安达曼和尼科巴海军司令部由一位三星海军将官指挥，并直接向新德里的三军联合司令部参谋长（Chief of Integrated Service Command）负责。就职能而言，该司令部主要负责监视和反击发生在孟加拉湾及其邻近海域的外国军事活动和恐怖主义活动。由572个岛屿组成的安达曼和尼科巴群岛，距离印度大陆1300公里，但距离马六甲海峡这一战略要冲仅有160公里。曾任印度海军参谋长的尼马尔·维尔马（Nirmal Verma）认为，这赋予了印度“极为重要的地缘战略优势”。[③] 故印度加强安达曼和尼科巴海军司令部建设，被视为是对中国海军进入印度洋地区的警觉与回应。[④]

地区海军司令部的高级军官岗位包括：西部海军司令部有海军

---

① http：//www. bharat-rakshak. com/NAVY/Today/Commands/65-Eastern-Naval-Command. html.

② http：//www. bharat-rakshak. com/NAVY/Today/Commands/66-Southern-Naval-Command. html.

③ Nirmal Verma，“CNS Address on the Occasion of Commissioning of INS Baaz”，31 July

④ Shyam Saran，“India's Foreign Policy and the Andaman & Nicobar Islands”，5 Sept. 2009，http：//www. maritimeindia. org/sites/all/files/pdf/Shyam_ Saran_ Address. pdf4.

司令、参谋长、西部舰队指挥官、马哈拉斯特拉地区舰队指挥官、海军工程局局长、造船厂主管（Admiral Superintendent DY）；东部海军司令部有海军司令、参谋长、东部舰队指挥官、潜艇部队指挥官、海军工程局局长、造船厂主管；南部海军司令部有海军司令、参谋长、海军训练指挥官。目前，印度海军员额为58350人，含7000人的海军航空兵部队和1200人的海军陆战队。2008年11月26日孟买恐怖袭击事件发生后，又增加了一支1000人的“海上卫队”（Sagar Prahari Bal），用于保护重要的海上设施。

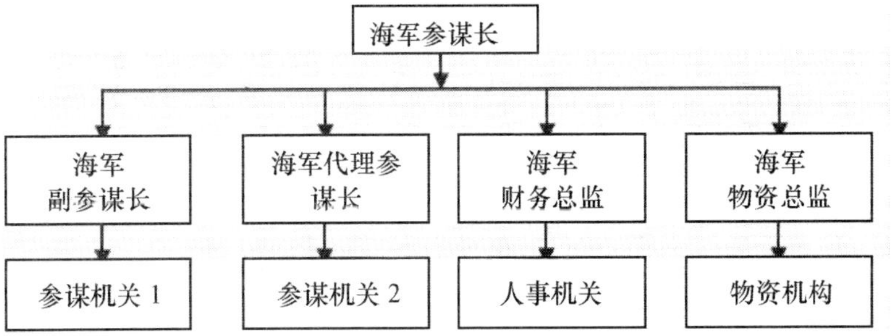

图2 印度海军联合指挥部示意图①

二、 印度海岸警卫队

设立印度海岸警卫队的构想最早源自于为印度海军提供非军事航运服务。但随着维护正常的海上经济秩序和航运秩序的需求不断上升，特别是非传统安全威胁的日益增多，海事执法任务日显紧迫。在这样的大背景下，印度海岸警卫队作为一支重要的海上力量得以不断成长壮大，并在维护海上安全和海洋利益的过程中发挥着十分重要的作用。

---

① http：//indiannavy. nic. in/naval-commands/ihq-mod-n.

（一）印度海岸警卫队的成立

20世纪60年代，海上货物走私严重威胁着印度的国内经济。印度海关总署在反走私工作中经常呼吁印度海军的援助。尽管印度海军为印度消费税和关税中央委员会委派了5艘巡逻艇，但这远不足以制止海上走私行为。为了扩大缉私成果，13艘单桅帆船被临时征召以支持原有舰船，尽管这些单桅帆船存在着一些固有的缺陷。然而，这样的力量规模也仅能最低限度地遏制大规模走私活动。就印度来说，海上反走私行动中存在的问题主要包括：

——海岸线过长，缺少有效力量覆盖；

——大量的捕鱼作业临近海岸，增加了识别非法运输船的难度，尤其是在印度还没有有效的登记捕鱼船只的信息系统的情况下；

——必须在印度领海内阻截非法船只；

——走私者使用了高速运输船。

在海上走私猖獗的背景下，内阁秘书处根据总理的指示，于1970年1月23日成立了一个研究小组，小组主席由纳格·乔杜里（Nag Chaudhari）博士和空军上将O. P. 梅勒（O. P. Mehra）、退役海军司令R. D. 卡达里（R. D. Katari）以及其他几名成员构成，其任务是调查并汇报：

（1）国内能立即满足缉私任务需要的装备数量和性能；

（2）国际市场上能够满足印度缉私行动需求的可用装备及其供应情况；

（3）与缉私行动相匹配的气垫船、直升机及其他类型的飞机等情况。

纳格·乔杜里委员会于1971年8月提交的报告中指出，迫切需要在上述三个层面的基础上构建印度的反走私能力，且其装备主要由印度本土建造。在拥有新的高速海面舰艇之前，气垫船因其快速拦截能力成为了印度用来立即增强其有限的缉私能力的一项选择。在一段时期，采用侦察机也有同样的增强缉私能力的作用。

1973年5月3日，国防生产部（the Ministry of Defence Production）部长V. C. 舒克拉（V C Shukla）主持了一场会议，目的是为了让海关更快地获得合适的船只。会议认为，有两种类型的巡逻艇能够满足要求——一种是大型巡逻艇，最高速度为30节，装备了轻武器，可搭乘16人；另外一种是有着更快速度的小型船只，同样装备轻武器，可搭乘12人。在部际联席会议（国防生产部部长和财政部部长都出席了此次会议）上，与会者一致认为，为满足纳格·乔杜里委员会的要求，中型船也应该纳入计划之中。1973年11月22日，在同国防生产部召开的后续会议中，海关表示它们部门需要20艘经过改进的SDB Mark-II型船。

至此，印度尤其是印度海军总部已经意识到需要有一支海岸警卫队来执行各种海上非军事任务。1974年8月31日，国防秘书向内阁秘书提出建议，清楚地表明了组建海岸警卫队这类国家组织的必要性。国防秘书的意见，实质性地揭示了印度用以维护海上生命和财产安全，以及在司法管辖权限内进行海上执法的国家机构，没能跟上印度周边海域海上活动大幅增长的现实情势。国防秘书还进一步建议通过整合或建立一个类似海岸警卫队这样的中央机构，监督现有机构的效能发挥，并让各机构的活动密切协调。鉴此，印度官方开始严肃考虑这个问题。在这一背景下，海军参谋长也开始加强了对海军的部际协调，以避免重复劳动，确保国家目标通过综合性的方式得以达成。同时认为要避免让海军去承担执法任务，因为这将不可避免地分散其作战职能，妨碍海军的日常训练。

紧接着是《维护国内安全法》的修正案的通过。该修正案规定走私和外汇违法行为适用于预防性拘留，从而推动了对走私的共同打击。在这一背景下，1974年9月，内阁秘书处主席领衔下的秘书委员会任命了一个委员会，来检查印度缉私和其他海上活动的缺陷，并提出保护印度海洋资源的措施和创建海岸警卫队的建议。该委员会由内政部的特别事务次长拉斯塔姆（K. F. Rustamji）先生担任主席，成员有海军副参谋长、海军中将卡马塔（V. A. Kamath）以及海关中央委员会主席贾斯吉特·辛格（Jasjit Singh）等。拉斯塔姆委员会在其1975年7月31日的报告中强烈建议成立一个类似于海岸警卫队的组织，以便在和平时期实现对海域治安的管理。该委员会的观点在印度近海地区发现石油以后显得更加重要。该委员会还提议海岸警卫队应模仿海军的建制，归由国防部管理。拉斯塔姆委员会的建议在1976年1月7日被内阁秘书处采纳。该决定随后由总理审阅并最终交给了国防部。

国防部由此向内阁政治事务委员会提交了一份文件，在以下方面寻求政府认同：

（1）采取必要步骤建立海岸警卫机构；

（2）指定国防部海军中将级别的特别任务官员（OSD）负责，并配备核心指挥所，指派人员准备海岸警卫机构的详细计划；

（3）创建一个临时性的海岸警卫部队，由海军指派两艘护卫舰、内政部移交5艘巡逻艇组成。

1977年1月7日，内阁通过了在海军内部成立临时海岸警卫机构以执行特定海岸警卫任务的提议。内阁政治事务委员会认为应基于国家税收和银行局的评估，为海岸警卫队的预算拨款列一个单独的户头，并应为海岸警卫队的发展起草详细计划。

1977年2月1日，根据内阁1977年1月7日的决议，临时海岸警卫队在海军指挥部旗下成立。该武装拥有从海军接收过来的2艘护卫舰（舰名Kirpan和Kuthar）和5艘从内政部接收的巡逻艇（艇名Pamban、Puri、Pulicat、Panaji和Panvel）。这些装备被用于海岸警卫队在沿海和岛屿周边领海执行任务，目的是以有限的力量来保持对海区的监视和对印度专属经济区范围内的海上活动的评估。1978年8月18日，印度议会通过了《海岸警卫队法》（Coast Guard Act—1978），该法于1978年8月19日生效，海岸警卫队作为该法的结晶正式宣告诞生。

（二）印度海岸警卫队机构设置

目前，印度海岸警卫队是一支由5440人组成的小型部队，含633名官员、4580名招募人员（其中包括83名海军军官和145名来自其他国防机构的代表）以及其他人员，负责保护印度海域的国家利益。当前，大约百分之七十的海岸警卫队人员或是在海上服务，或是在前线分遣队操纵65艘船只和44架飞机。[①]

指挥架构上，除去位于新德里的总部外，印度海岸警卫队分为5个地区总部，它们是：[②]

位于孟买的海岸警卫队西区总部，负责从达曼（Daman）一直到科摩林角（Kanyakumari）的所有海岸线，包括古吉拉特邦、马哈拉斯特拉邦（Maharashtra）、卡纳塔克邦（Karnataka）、喀拉拉邦（Kerala）、果阿邦（Goa）、达曼和地乌及拉克沙群岛联邦领地（the Union Territories of Daman and Diu and Lakshadweep），都属于海岸警卫队西区指挥官的管辖范围。

位于钦奈的海岸警卫队东区总部，负责从普瓦尔（Puvar）到伊齐恰普拉姆（Ichchapuram）的整个海岸线，包括泰米尔纳德邦（Tamil Nadu）、安得拉邦（Andhra Pradesh）、奥里萨邦（Orissa）、西孟加拉邦（West Bengal）和本地治理联邦领地（the Union Territory of Pondicherry）。它下辖3个海岸警卫队地区指挥部、6个海岸警卫队驻地、1个机场。

位于加尔各答的海岸警卫队东北区总部，下辖2个海岸警卫队地区指挥部、2个海岸警卫队驻地。

位于古吉拉特邦甘地纳加尔（Gandhinagar）的海岸警卫队西北区总部，负责从赛特瓦拉贝特（Sethwara Bet）到欧迈尔贾姆（Umargam）的整个海岸，下辖1个海岸警卫队地区指挥部、7个海

---

① http：//www. indiancoastguard. nic. in/Indiancoastguard/history/morehistory. html.

② http：//www. indiancoastguard. nic. in/Indiancoastguard/CG% 20Act% 201978/CG% 20General %20%20Rule%201986. pdf.

岸警卫队驻地、2 个空军中队。

位于布莱尔港的海岸警卫队安达曼和尼科巴地区总部，负责安达曼和尼科巴群岛联邦领地的周边海岸地区。

（三）印度海岸警卫队发展规划

随着对海洋和海床经济效益认识的深入，一些沿海国家对其周边的广阔海区声索管辖权。《联合国海洋法公约》第三次会议解决了这些争议并为国际海床区域制订了相关法律。为了顺应世界形势，印度政府于 1976 年 8 月 25 日颁布了《海洋区域法》，该法案于 1977 年 1 月 15 日生效，从而给印度带来了 200 多万平方公里的专属经济区。维持这片广阔海区秩序、执行国家法律并维护国家利益，显然是一项重大任务，这就需要一支专门的执法队伍——海岸警卫队，来实施有效的行政管辖。印度海岸警卫队建设以美国、英国等发达国家为蓝本，交由海军进行训练，发挥多重职能。

海岸警卫队第一份总体发展规划于 1978 年 7 月 5 日提交给内阁政治事务委员会批准。该规划主要包括：

（1）海岸警卫队的组织架构和角色分配

（2）服役的条款和条件

（3）新设机构的法律依据

（4）确定海岸警卫在哪些区域需要依靠印度海军和其它中央政府机构的支持

（5）预算

依据职能任务和总体规划，印度海岸警卫队先后实施了一系列执法维权活动，其执法依据主要有：

——1978 年海岸警卫队法（Coast Guard Act—1978）

该法由印度议会于 1978 年 8 月 18 日通过，1978 年 8 月 19 日生效。该法规定，印度海岸警卫队在印度海域为维护印度的海洋利益和其他国家利益时，应采取相应措施履行职责。这些措施有：

（1）确保安全，保护所有印度海域人工岛屿、海上终端、设施

和其他建筑与设备

（2）为渔民提供保护，包括遇险时提供协助

（3）采取必要措施维护、保护海洋环境，防止并控制海洋污染

（4）协助海关和其他政府机关进行反走私行动

（5）在印度海域强制执行目前已颁布的法律条款

（6）其他事务，包括采取措施确保海上生命财产安全，按规定收集科学数据

——海岸警卫队发展规划（CGDP）

1978 年，为了实现平衡发展和稳定增长，海岸警卫队顾问委员会起草了《1978—1990 年海岸警卫队发展规划》（CGDP），也称《卡马斯规划》（Kamth Play）。1987 年，鉴于时局的变化，委员会对《卡马斯规划》进行了修改，形成了一个时限为 15 年（1985—2000）的新的远景规划，细节如下：

表 1　印度海岸警卫队装备发展计划表

部队类型	通过数量
远海巡逻舰	6
高级近海巡逻舰/近海巡逻舰	24
救援及污染控制船	6
FPVs/IPV/SDBs	36
拦截船	36
沿海侦察机（Dornier）	36
中程侦察机	9
救援直升机（ALH）	12
轻型直升机（Chetaks）	36
拦截机	8
气垫船	6
中型巡逻舰	6

《1985—1990 年海岸警卫队发展规划》由于资源短缺而无法正式批准通过。结果，争取的方案以零零星星方式最终获得通过。《1990—1995 年海岸警卫队发展规划》由于严重的资源短缺，搁浅了两年，且为与国家规划保持一致，改期为 1992—1997 年。该项计划争取的资金是 228.692 亿卢比，但是最终只获批了 122.3 亿卢比。预算的削减导致了规划中的投送力量水平的大幅降低。《1997—2002 年海岸警卫队发展规划》原定的资金是 327.7 亿卢比，但是只获批了 185 亿卢比。《2002—2007 年海岸警卫队发展规划》总共获批了 431.701 亿卢比的费用。《2007—2012 年海岸警卫队发展规划》获批费用为 700 亿卢比。不过在 2008 年 11 月 26 日孟买恐怖袭击事件之后，国防部指示海岸警卫队总部修改了计划。修改之后的《2007—2012 年海岸警卫队发展规划》获批了 793 亿卢比。《2012—2017 年海岸警卫队发展规划》经政府批准，获得了 1646.4 亿卢比的资金支持。

为了防止“11·26”事件的再次发生，印度海军、海岸警卫队以及印度空军目前正在进行每年一次、为期五天的古吉拉特防卫演习（Defence of Gujarat Exercise）。例如，2014 年，在孟买恐怖袭击六周年之际，来自印度海军、空军、海岸警卫队以及国家各部门的 30 多艘船只、潜艇和飞机参加了此次演习。演习期间，印度还会对近海石油生产区域的防御情况进行测试。[①]

可以说，自 2008 年以来，印度沿海和海上安全由于成功地通过技术、机构以及程序的创新，总体上得到了增强。不仅如此，印度海岸警卫队的作用也日显重要，获得的资金支持渐次增多，因而也迎来了一次较大的发展机遇。

---

① http://www.indiannavy.nic.in/press-release/initiatives-strengthen-coastal-security.

表 2　2014 年 4 月 1 日至 12 月 31 日印度海岸警卫队业绩表①

排序	主要成绩	
1	查获走私金额	9 千万卢比
2	抓捕非法捕捞拖网渔船	55 艘 419 人
3	抓捕非法走私船只	3 艘 20 人
4	搜索与营救任务	115 项
5	搜索与营救次数	202 次
6	生命救助	243 人
7	紧急医疗运送	24 次
8	石油泄露事故应急处置	3 次

① Ministry of Defence, Government of India, *Annual Report*, *2014—2015*, p. 50. http://mod. nic. in/writereaddata/AR1415. pdf. 2015. 12. 30

第四章　印度海洋安全认知与海洋安全战略

至少是自20世纪80年代印度对其邻国斯里兰卡和马尔代夫采取军事干预行动以来，印度洋及印度的海洋安全战略就越来越为人们所关注；而印度随后于90年代初推出的“东向政策”，则让人们认识到其海洋安全战略囊括了经济要素在内的广泛利益追求，其视野甚至开始超越印度洋区域本身。应该说，印度在印度洋地区采取战略进取态势不仅是印度海上力量增长的结果，更是印度崛起和更宏大的全球均势重组这两类几乎同时发生的事态之使然。在研判印度的海洋安全认知与海洋安全战略时，一个核心问题是：印度海上力量建设的动机是什么，其海上安全努力仅仅是强劲的经济增长的副产品呢？还是印度谋求世界强国地位这一强烈意愿的驱动？显然，除了国际格局重大变更这一体系层次外，包括南亚在内的印度洋区域地缘政治构造及与之紧密相关的政治事态的发展，成为了印度思考基本的海洋安全战略的出发点，并在很大程度上决定了印度海洋安全战略的传承与变革趋势。概言之，基于陆海复合型国家身份属性之上的海洋安全认知逻辑，加之新时期作为崛起中大国之海洋关切的强劲牵引，以及较为有利的战略机遇，催生了新时期印度的海洋安全战略，其目的在于通过积极主动地塑造印度洋区域事态，保护印度巨大而多样的海洋利益，进而为印度的崛起和世界大国地位追求服务。

第一节　印度作为陆海复合型国家的二元化安全观

就新兴大国而言，印度既是半岛国家，又是陆海兼备的地区大国。正是其特有的地缘属性，使得印度的国家安全观呈现出明显的二元分野，即主张陆上安全的思想和强调海洋安全的观念同时并存。但在历史的长河中，陆上安全的主导性影响是其首要特征，并深深地影响着印度国家安全决策。同时应当看到，20 世纪 70 年代以来，特别是新世纪以来，印度对海洋安全的重视日益强化，可以说，这既是时势的使然，也是战略调整的结果。

一、 陆海复合型国家的战略定位与基本战略选择

在战略研究中，地缘政治本身代表着一种把政治权势和地理空间联系到一起的思想传统。也就是说，国家间争夺权势的动态斗争，以及国际政治中某些因素的变化，都会赋予相对固定的地理条件以特殊意义，并反过来最终影响到有关国家的权势变化。所以，实力中心在相对稳定的地理条件下形成的动态转移，构成了地缘政治的主要视角。据此，英国地缘政治理论家麦金德曾这样评述道：在欧亚腹地的中心是一个广袤的地带，海上人的势力难以深入到这里，而陆上人则不断以此为中心，打击欧亚大陆面向海洋的诸多边缘地带。[1] 根据这一理论逻辑，以上述广袤的枢纽地带为轴心，欧亚大陆外围的边缘地区组成了一个巨大的内新月形地带，其中有德国、奥

---

① ［英］杰弗里·帕克著，李亦明等译：《二十世纪西方地理政治思想》，北京：解放军出版社，1992 年，第 17 页。

地利、土耳其、印度和中国；[①] 而在欧亚大陆之外的破碎地带、非洲、南北美洲以及大洋洲，共同组成一个与内新月地带同轴、但是更加支离破碎的外新月形地带。[②]

无疑，处于心脏地带、内新月形地带、外新月形地带的国家分别属于完全不同的国家类型，从而拥有完全不同的战略判断和战略认知。也就是说，心脏地带国家是典型的陆权国家，位于内新月形地带的国家大多是陆海复合型国家，而位于外新月形地带的国家则都是海权国家。从全球和世界历史的视角来看，控制欧亚大陆心脏地带的国家和地处外新月形地带的国家之间，存在着传统的陆权与海权的交锋；而所谓的内新月形地带作为陆海权交锋的“中间地带”，无疑代表着陆海权地缘政治斗争的延伸。

显然，在上述三类国家中，更具地缘战略价值的，当属位于内新月形地带的陆海复合型国家。根据一项研究，陆海复合型国家多处在陆海势力的夹击之下，面临两个方向的战略压力和吸引，资源、力量因此配置分散。它们一般具有以下特点[③]：（1）民族（国家）的基本倾向是决定这类国家发展方向和前途的重要因素。如果说海洋民族和大陆民族的特点是内在生成的、无可改变的话，陆海复合型国家走何种道路则是可以选择的。故此，不同的民族特性使陆海复合型国家有了不同的命运，即它们既可以选择走陆权或海权国家道路，也可以选择走陆海双料强国道路。（2）陆海复合型国家通常面临着战略方向选择上的两难。历史表明，一个国家无论多么强大，都很难长期做到双料强国，因为战略集中是国家在竞争中生存和取胜的前提。（3）双重易受伤害性，因为地缘政治特点决定了它们在海上和陆上都易受到攻击。（4）服务于战略目标的国家资源分配分

---

① 麦金德：《历史的地理枢纽》，第61页。

② 帕克：《二十世纪西方地理政治思想》，第19页。

③ 有关这方面的论述，见邵永灵、时殷弘：“近代欧洲陆海复合国家的命运与当代中国的选择”，《世界经济与政治》，2000年第10期，第50页。

散化。出于国家防御的基本需要，它们必须努力在海陆两个方面的发展上保持一定平衡，有限的资源因此被分散使用。

显然，印度作为陆海复合型国家，在思考和制定安全战略时，尽管同时注意到了陆上和海上两大方向，但它主要推行的还是典型的陆上“势力范围”政策，籍以保障国家安全。

就历史和地缘政治而论，印度的安全主要有赖于一个强大的、能够同时有效地控制南亚次大陆和临近的中亚地区的大一统国家。如果具备了这样的条件，安全的进一步要求便在于：（1）东部有一个友好的和稳定的东南亚；（2）西北部有一个同样友好和稳定的伊朗高原（主要是伊朗）。对印度来说，东南亚的战略重要性主要在于：（1）东南亚的马来半岛犹如一堵高墙，直接护卫着孟加拉湾，因而直接关乎印度国家的东部安全；（2）东南亚的马六甲海峡对印度来说尤其意义重大，它不仅扼印度拓展太平洋贸易的咽喉，也是其他海洋强国进入印度洋、进而影响甚至控制印度洋的重要战略通道，故在印度看来，最低程度必须确保这一海峡控制在对印度友好的国家手中；（3）东南亚同时处于中国陆疆和海疆的南部边陲，故而在印度眼里，它和东南亚国家在确保相互安全与稳定这点上有着战略利益的一致性。毫无疑问，西南亚对印度来说同样具有极其重要的战略意义。这一地区从中亚的帕米尔一直延伸到地中海，包括阿拉伯海沿海国家。因此，它不仅直接影响着陆上事态，而且影响着强国的海洋政策。这一地区的至关紧要性还在于它控制着印度通往欧洲和俄罗斯的重要商道；其潜在的战略意义还在于巴基斯坦作为穆斯林国家在这一地区的战略影响力，这无疑也是印度的一大战以关切。

上述地缘政治图景实际上清晰地展示了印度对于安全追求的基本路径：由于中亚、波斯湾地区和东南亚的防御历史上就与印度次大陆的安全不可分割，结果对印度来说，首先是要确保其对于上述大周边地区陆上事态的有效影响甚至是控制；其次则是对于印度洋海域的实效控制，因为“印度次大陆的海岸线是世界上最长的一条航道，它和印度大陆边境一样长，但更易遭受袭击”。[①]

二、 传统的陆地导向的安全战略思想

地理上，以印度为核心的南亚地区被描述为辽阔的中亚细亚的腹地。结果，印度河流域不同于因有险阻屏障而相对封闭的恒河流域，其西部洞开的门户使它得以经由阿富汗而在中亚舞台上发挥影响力，同时也使得其自身的安全与中亚、特别是阿富汗密不可分。其中，兴都库什山脉虽然地理上把印度次大陆和中亚分开，但一些山口又把印度次大陆和中亚联系在一起。正因为如此，阿富汗历史上就成为兴都库什山脉后大一统的强权势力进军印度次大陆的门户。一些伟大的征服者，如亚历山大大帝、成吉思汗（Genghis Khan）、帖木儿、巴布尔等，无不是经由这些山口进军印度次大陆的。一位学者对此做了这样形象的比喻：“中亚可以比作一个水库，它的水源自暗流，水库里的水不时地、且是说不清是什么时候会溢出来，以至泛滥到它的临近地区。”[②]

正因为这种强烈的“陆地导向的战略”（strategic land orientation）[③]，在很长一段历史时期里，印度把陆上防务置于头等重要地位。用英国政治家寇松的话说：“印度象一座要塞，两边有辽阔的海洋作壕沟，在其他方面有大山作壕沟。在那些有时并非不能逾越、而且易于突破的城墙外面，延伸着一条阔窄不等的斜坡。我们不想占领这个斜坡，然而也不能坐视它被敌人占领。让它留在我们的同

① 转引自科特雷尔、伯勒尔编：《印度洋》，第303页。

② F. H. 欣斯利主编，中国社会科学院世界历史研究所组译：《新编剑桥世界近代史——物质进步与世界范围问题（1870—1898）》（第11卷），北京：中国社会科学出版社1999年版，第546页。

③ George K. Tanham, *Indian Strategic Thought: An Interpretive Essay* (Rand: National Defense Research Institute, 1992), p. 3.

盟者和朋友手中也行，但是如果我们的对手偷偷爬上斜坡，呆在城墙脚下，我们就得进行干预，因为任其下去，就会越来越危险，可能有一天会威胁到我们的安全……谁要是在印度只把守城堡，而不往远处看，那他就是一个目光短浅的指挥官。”① 对此，潘尼迦也曾指出：“在关于保卫印度问题的讨论中，向来有一种忽视海洋的偏向。……印度的安全纯系西北边疆的问题，是建立一支足够强大的陆军，来抵抗越过兴都库什山的侵略的问题。”②

如果说历史上的陆地导向的安全取向表现为一种“前进政策”，即试图把中亚阿富汗地区、中国西藏和新疆地区、喜马拉雅山的山地小国、缅甸等具有重要战略价值的地区或国家纳入到英属印度整体防务架构之中，那么，1947 年的印巴分治则彻底粉碎了南亚作为单一地缘战略区域的战略整体性，结果使得印度的陆地导向的战略倾向被深深定格为缔造和维护南亚次大陆霸权地位这一急剧缩小的战略追求上。打开地图，南亚地区一个最直观也最重要的特征就是印度中心特性。这首先意指南亚地区在地理上以印度为中心展开，即南亚的巴基斯坦、孟加拉国、尼泊尔、不丹、斯里兰卡和马尔代夫相互之间没有直接的领土边界，而它们又无一不与印度接壤或相邻；其次也指历史与政治发展方面印度所占据的核心地位，即南亚的政治历史基本上围绕印度展开，其他南亚国家与印度的历史文化联系久远且难以割断。

南亚地缘上的这种印度中心特性，产生了广泛深远的国际关系影响：首先，它决定了地区问题的双边性质，且唯有印度与所有这些双边问题有染。其次，“地区核心国家”的定位，使得印度理所当然地宣扬其所谓的“地区核心国家”地位是其“自然权利”，尽管这一主张有着明显的殖民主义的色彩和浓厚的帝国思想。所谓“自

---

① 转引自［英］内维尔·马克斯维尔著：《印度对华战争》，北京：三联书店 1971 年版，第 11—12 页。

② 潘尼迦著：《印度与印度洋》，第 1 页。

然权利”，不过是印度政府在南亚地区推行的印度版“门罗主义”的代名词。所以，自尼赫鲁以来，尽管各时期理由各不相同，印度始终反对南亚出现“均势”政治，即坚决反对任何其他南亚国家（主要是巴基斯坦）与印度平起平坐。

总之，印度独立运动的领袖们对印度洋局势极少关心，他们当时致力于把英国人从次大陆赶走，并在本国土地上获得政治上的自由。[①] 独立以后，他们继承了英国过去所面临的防务问题，而且主要采取了和英国同样的防务战略，即他们的注意力主要集中在陆上，而不在海洋边境上；主要的防务问题是在次大陆内部——印度和巴基斯坦之间，以及中印之间的问题。[②] 在陆地导向的安全战略观的影响下，海洋被有意识无意识地忽视了。直到 20 世纪 70 年代，这种状况才逐渐地得以改变。

三、 印度海洋安全认知逻辑

如前所述，1498 年达·伽马抵达印度西海岸预示着西方在亚洲霸权的开始。这方面，葡萄牙首开先河，其他欧洲列强紧随其后。一句话，致力于建立海外殖民帝国的政策导致了西方列强间的角逐和征服，结果也造就了西方在亚洲建立起领土帝国——英国在印度及其他地区，荷兰在印度尼西亚，法国在印度支那，并一直持续到第二次世界大战后。[③] 其中，就印度来说，1700 年代后期开始，形势发生了迅速且戏剧性的变化。英国征服孟加拉邦使得它的商人较之土著商人拥有了决定性的优势。紧接着对印度的征服和取消东印

---

① 森·格普塔指出：“印度战略思想中对印度洋相对忽视的情况可以追溯到英国统治前的历史和社会科学因素。”转引自科特雷尔、伯勒尔编：《印度洋》，第 304，323 页。

② 科特雷尔、伯勒尔编：《印度洋》，第 304—305 页。

③ G. V. Scammell， “After Da Gama：Europe and Asia since 1498”，*Modern Asian Studies*，Vol. 34，No. 3，Jul.，2000，p. 519.

度公司的商业垄断特权，使次大陆成为鼓吹自由贸易的英国的理想的商品市场。[①]

理论上，西方列强的入侵和征服应当催生出印度强烈的海洋安全意识和海上危机感。但实际上，在英国直接统治下，印度的海洋观念并未出现令人振奋的变化。相反，英国在次大陆及其邻近地区建立起来的领土帝国，进一步强化了陆地导向的安全战略取向，印度洋由于成为了英帝国的内湖而被自然地忽视了。也就是说，分治前的印度领土帝国由于被纳入到了最强大的海权国家体系之中，其陆海分野并不明显，全球战略意义上的陆上帝国与海上帝国的联合问题在国家体制上被成功地化解了。[②]

1947 年英国撤离南亚次大陆，同时印度和巴基斯坦实现分治。这一政治事态与美苏两极冷战和原子时代的到来几乎同步。结果，摆在新生印度面前的一项紧迫的战略问题就是国家道路选择问题，即新生印度是与海权国家（英国及后来的美国）为伍，还是与控制着中亚的苏联联合，拟或是独立自行？显然，在这方面，印度出现了不同的声音。以潘尼迦为首的的海权派主张与西方海权体系结盟，而总理尼赫鲁则主张走第三条道路——不结盟，一种倾向于与陆权国家苏联建立更为友好关系的政策。可以说，印度关于海洋安全的认知逻辑就是在这种大背景下逐渐衍生，成为印度主导性的安全观之一。

无疑，西方海权体系结盟的思想有其历史惯性，因为印度就是从英属印度脱胎而来。其次，这种思想也有一定的战略理论基础。鉴于原子时代的到来，潘尼迦认为，要想在原子战争中取胜，有赖于拥有广袤的国土来分散工业，配置武装力量，这方面美国、苏联、中国和印度优势明显。他指出：“自成吉思汗不成功的尝试之后，第

① Scammell，“After Da Gama：Europe and Asia since 1498”，p. 524.

② 历史上，哈布斯堡西班牙兼并葡萄牙属于同类性质，即海权与陆权的制度性联合。

一次出现了欧亚心脏地带被置于单一强国控制之下的局面。麦金德很早以前就天才地指出，控制着从喀尔巴阡到太平洋广阔领土的大强国，将拥有坚不可摧的实力，无法渗透的广袤国土，随意选择打击方向的战略地位……相较于如此组织起来的心脏地带，早先的欧洲列强变成了微不足道的国家……实际上，唯有地缘政治思想家们所说的边缘地带置身其外。”①

为反击高度组织化的苏联，潘尼迦建议英国与位于边缘地带的印度联合，即拥有广阔国土面积的印度，与拥有高度发达的工业、军事和科技能力的英国结合，其防区涵括缅甸、泰国、马来西亚、印度支那、阿富汗、波斯和印度；基于共同防务需求，印度将享有使用其他国家空军基地的互惠权利；同样基于防务目的，巴基斯坦和印度将整合；印度的政策还必须包括防止红海和东非海岸落入强国手中；致力于维护波斯湾的独立，因为阻止任何强国通过施加海上压力来主宰波斯湾的企图，对于印度来说至关重要。②

在《东南亚的未来》一书中，潘尼迦鼓吹建立一个三位一体的联邦（Triune Commonwealth），即巴基斯坦、印度和缅甸组成一个单一的防区，团结一致，并通过与英国的合作来增强实力，使之成为东南亚和平与安全的主要支柱。这个防区意味着过去老的印度帝国的重生：亚丁和波斯湾作为前哨被纳入其轨道；东向扩张则建立在与泰国的紧密合作的基础上，因为泰国过于弱小，其独立易于遭到海上入侵的威胁；高度重视新加坡的特殊作用，主张其防务责任由印度、印度尼西亚和大英帝国共同承担。③

显然，在政府层面，以潘尼迦为首的海权派的反苏亲英政策主张没有获得认同；关于印度在地区防务体系中承担“领导”作用的

---

① Panikkar, *The Basis of an Indo-British Treaty*, p. 3.

② A. Appadorai, Indian's Foreign Policy, *International Affairs* (*Royal Institute of International Affairs*), Vol. 25, No. 1, 1949, p. 45.

③ K. M. Panikkar, *The Future of South-East Asia* (New York: Macmillan, 1943), p. 40.

观点，同样也不可行。1948 年 6 月 1 日，尼赫鲁在乌塔卡蒙德（Ootacamund）发表讲话时指出：“人们含糊地谈到印度在亚洲的领导权。我反对这样的说法。我想问题不在于关于这国或那国的领导权，也不在于推拉其他国家，而是所有的亚洲国家，不论大小，都秉持合作的态度。……让我们放弃这种惹麻烦的想法，只谈论国家间的合作，无论是什么样的国家。”①

应当指出，在尼赫鲁眼中，关于印度洋对于印度的繁荣与安全的重要性，丝毫没有被低估。印度对外贸易的很大一部分经过印度洋，它的工业发展、与其他国家的商业往来和交通，很大程度上依赖于印度洋。所以，与印度洋所有国家保持友好关系的意义不言自明。换言之，对印度洋国家的安全威胁，也就是对印度的威胁。1941 年至 1942 年日军征服缅甸、泰国和马来西亚，对于印度来说就是明证。② 但是，与潘尼迦不同的是，尼赫鲁有着自己关于印度外交政策和发展道路选择的独立思考，其核心就是战略自主。

众所周知，作为刚刚摆脱英国殖民统治的文明古国，印度以一种激烈的种族教派仇杀和国家间战争（第一次印巴战争）方式立国，这就决定了印度必然把独立自主视为核心国家利益。也就是说，对外，印度必须致力于维护国家的独立、生存与安全；对内必须致力于民族团结、经济发展和民主法治，以便将印度建设成为一个伟大的国家。用尼赫鲁的话说，就是做一个“有声有色的大国”。但印度的独立恰逢战后冷战体制的不断强化。二战后，国际政治的一大特点就是权势的极化，即美国为首的资本主义阵营和苏联为首的社会主义阵营之间的两极对抗。为避免卷入大国对抗的漩涡，缓解两极格局带来的不利影响和战略压力，尼赫鲁鼓吹并实行不结盟政策。就战略而言，不结盟本质上就是独立自主政策，目的旨在在国际政

① *The Statesman*, 2 June 1948.

② Appadorai, *Indian's Foreign Policy*, p. 45.

治中找寻一条不同于美国和苏联的道路，这条道路既要确保印度的外交政策不受制于超级大国，同时又不至于被孤立，此外还要彰显印度作为发展中大国坚持国际正义的道德形象，即外交政策不完全是基于私利（国家利益）。据此，在反对帝国主义、殖民主义、白人种族主义、军事集团，在鼓吹消除核武器、经济贫困、民族恐惧的基础上，印度发起并带领着不结盟运动这一亚非拉国家组织。这样，不结盟外交政策便与不结盟运动有机结合了起来。

拒绝结盟从根本上否定了独立后印度与海洋体系或大陆体系间的结盟关系；而印度与巴基斯坦之间的战争、与中国的边境武装冲突，加之阿富汗局势的长期不稳定，使得印度不得不把陆上安全置于首要地位。实际上，冷战时期，来自印度洋上的安全威胁远非陆上安全威胁那么紧迫。正因为如此，很长时期里，印度的海洋安全认知被笼罩在陆上安全关切的阴影之下。但正如印度学者米什拉（R. N. Misra）所说："如果没有恰当地考察海洋维度，任何对于印度国家安全问题进行的认真的研究都将是不完整的。"[1] 根本上，历史、地理、发展和权势四大因素，造就了印度特有的海洋安全认知逻辑，这种认知逻辑在冷战时期并没有湮灭，相反从20世纪80年代中后期开始，日益被强化。及至冷战结束后，重视海洋、发展海权已成为了印度上下的共识。概括起来，其海洋安全认知逻辑主要包括以下四个方面：

首先，印度关于海洋安全的历史逻辑，是其历史悠久的海洋思想传统和殖民统治战略遗产相结合的产物。由于历史原因，印度对于印度洋的态度，主要是在自由航行和海洋控制两种截然相反的观念之间寻求平衡，即印度一方面借着自由航行的名义反对外部大国在印度洋上的势力存在，另一方面则积极发展自身的海上力量，欲将印度洋变为"印度之洋"。其中，控制海洋的观念由于受到欧洲殖

① Misra, *Indian Ocean and India's Security*, p. VII.

民统治战略遗产的影响被进一步深化。[①]

其次，印度关于海洋安全的地理逻辑，直接得益于其半岛国家地位。在印度洋地区，印度作为一个几乎包含整个南亚次大陆的滨海大国，拥有7516.6千米的海岸线（包括安达曼—尼科巴群岛的1762千米海岸线和拉克沙群岛的132千米海岸线），[②] 200多万平方公里的专属经济区，其沿海各型港口达180多个。此外，在阿拉伯海和孟加拉湾还分布着1197个大小岛屿。[③] 所以，同相对封闭的陆地边境相比，印度的海上安全环境更为复杂。可见，地理环境将印度同印度洋紧紧联系在一起，为印度海洋战略思想传统的形成打下了基础。而可能比地理本身更重要的，是有意识和经常无意识地从地理中归纳出印度安全战略这一态度和思维方式。1958年，尼赫鲁总理在一艘船上发表了这样一番讲话："从这艘船上，我瞭望印度，思考这个国家和它的地理位置。它三面环海，第四面是高山。实际上，我们国家可以说恰好处于大海的波涛之中。在这种环境里，我沉思我们与大海的紧密联系。……无论是谁控制了印度洋，首先将导致印度的海上贸易受人摆布，其次便是印度的独立不保。"[④] 这一安全思考可以说典型地反映了地缘因素的巨大影响。

第三，印度关于海洋安全的发展逻辑，在于其在印度洋地区巨大的经济利益。如前所述，印度洋是世界上唯一以其中一个沿岸国

---

① 实际上，欧洲殖民者不仅带来了"领海"的概念，也彻底打破了印度旧有的海洋传统，他们用欧洲式的海权思想重新塑造了印度的海洋意识，其中特别是葡萄牙关于控制印度洋战略要点的思想和英国的海洋霸权思想，对于印度现代海洋意识的影响尤为深远。所以，长期海洋实践和西方殖民统治影响下的印度海洋思维，可以总结为一种印度传统外表下的现实主义海权观。

② 参见 Government of India（GOI），*India 2002*：*A Reference Manual*（New Delhi：Ministry of Information and Broadcasting，Publications Division，2003），p. 356.

③ Government of India，*Indian Maritime Doctrine*（New Delhi：Integrated Headquarters，Ministry of Defence（Navy），2004），p. 68.

④ Kousar J. Azam ed.，*India's Defence Policy for the 1990s*（New Delhi：Sterling Publishers，1992），p. 70.

家名称命名的大洋。所以，提到印度洋，就不能不提到印度；同样地，提到印度的发展，就不能不提到印度洋。作为印度洋沿岸国家，印度在孟加拉湾和阿拉伯海拥有广阔的大陆架；印度1197个岛屿更是具有十分巨大的经济潜力；它在印度洋的专属经济区达200多万平方千米，其中储藏着丰富的石油、天然气、矿物及其他生物与非生物资源。作为沿海国家，印度的许多经济与工业活动都在距海岸线约200千米以内的区域开展。随着经济改革和全球化的深入发展，印度95%的海外贸易依靠海路、70%的能源资源通过海洋运输。于是，保护海洋商贸与海洋航运安全便成为了印度海洋经济安全的重要组成部分。

最后，印度关于海洋安全的权势逻辑，则体现出了印度一以贯之的大国梦想。早在1945年，潘尼迦就在《印度与印度洋》一书中指出，印度洋对于别的国家来说，不过是许多重要海区之一，但对印度说来，却是唯一最重要的海区，因为印度来日的伟大，在于印度洋。[①] 所以，在印度的眼里，印度洋是如此的特殊，以至于他们乐于相信现代海权理论奠基人马汉（A . T. Mahan）的一项未经考证的预言："谁掌握了印度洋，谁就控制了亚洲。印度洋是'七个大洋'的关键。二十一世纪将在印度洋上决定世界的命运。"[②] 对于马汉的这一预言，人们尽管可以将信将疑，但对印度来说，这无疑是一个真命题，因为这完全符合印度关于海洋安全的一贯逻辑，即无论是历史的、地理的、发展的还是权势的逻辑，印度都有充足的理由相信：印度的安全、繁盛与来日的伟大，均有赖于印度洋。

---

① 潘尼迦著：《印度和印度洋》，第82、第96页。

② 关于这段话，吉多霍罗萨在《欧洲》中引用过，该书于一九七〇年十一月收入《地图集》中重版。引自科特雷尔、伯勒尔编：《印度洋》，第108页。

第二节 新时期印度海权关切的内在动力

印度关于海权的内在关切，主要包括海洋权势政治、海洋发展需求和海洋治理机制三大方面。可以说，正是海洋强国欲求、海洋经济可持续发展的巨大动能和有利于印度国家利益拓展的海洋秩序塑造这三股动力，促使了印度由陆向海的战略转型，并在很大程度上牵引着印度海洋战略的发展。

一、 印度关于海洋强国的权势政治关切

如前文所述，印度对威胁的判断受两大地缘政治现实的影响：来自陆上的压力和来自海上的压力。在古代和中世纪，对印度的入侵更多地来自陆上，主要是西北部，印度的海疆基本上是安全的，尽管也有相互竞争的权力中心之间的角逐。只是到了 16 世纪及之后，印度面临的海上威胁日趋严重。随着欧洲列强、特别是英国势力进入印度洋，包括印度在内的印度洋地区开始进入海上殖民新时期，印度成为了西方海洋强国的属地，国家独立不复存在。在英属印度时期，由于英国人控制了海洋，印度面临着的威胁主要是来自北部陆疆，特别是俄罗斯的威胁。结果，英属印度的战略和防务安排几乎完全集中于印度次大陆的陆上边界。

独立后，由于南亚地缘政治环境的戏剧性变化，也由于发展和保持了与苏联之间的友好关系，印度不再直接面临来自中亚的威胁，因为有巴基斯坦和阿富汗这两个近邻的缓冲作用。海疆上，独立后印度洋的安全保护问题实际上被委托给了英国，直至 20 世纪 70 年代英国最终撤离印度洋。在 1968 年 1 月英国宣布从苏伊士运河以东

撤离到1975年间，印度洋处于一个过渡时期，有能力填补权力真空的美国和苏联随即开始了印度洋上的较量。美苏海上较量无疑使印度洋的安全环境复杂化了，并直接影响了印度的安全。例如，在1971年印巴战争中，美国核动力航母“企业”号开进孟加拉湾，被印度视为是美国的一次“炮舰外交”，目的旨在向其示威和施压。在这一背景下，第三次印巴战争后，随着印度陆上威胁的明显缓解，这个有着深厚海洋战略思想传统的陆地国家开始在印度洋上追求其大国梦想。印度前总理拉吉夫·甘地（Rajiv Gandhi）在执政后不久便直言不讳地宣称：“印度应在控制与其邻近的五大海峡的基础上，继而控制从地中海到太平洋之间的广大地区。”[①] 正是在这样的战略思想的牵引下，印度分别于1987年和1988年对其海上邻国斯里兰卡和马尔代夫进行军事干预，以彰显其作为印度洋大国的地区影响力。但毋庸质疑，整个冷战时期，印度的海洋关切还相当的零碎，更谈不上在国家战略层面上予以系统的考量和谋划。

冷战结束以来，尽管印度内部问题重重，但印度的战略精英们自信，他们的国家注定要在新世纪初期扮演一个关键性的经济和军事角色。不仅如此，在冷战后新的国际权势分布格局中，印度获得了在南亚的所谓“地区核心国家”地位。可以说，苏联的瓦解和俄国在南亚势力的由此大减，巴基斯坦的羸弱、内部政治与社会分裂和相对混乱，“9·11”事件后美印反恐合作关系的凸现，中国强劲崛起背景下美国政府乃至整个西方大为增长的对印度的战略期望和“价值观”作用期盼：所有这些都便利和促进了印度作为大国的崛起。

在看到印度自身实力优势的同时，印度也敏锐地把握住了冷战后、特别是新世纪以来印度成长为海洋强国的战略机遇。在环印度

---

① Dick Sherwood, *Maritime Power in the China Seas: Capabilities and Rationale* (Canberra: the Australian Defense Studies Center, 1994). 转引自郑励：“印度的海洋战略及印美在印度洋的合作与矛盾”，《南亚研究季刊》，2005年第1期，第117页。

洋国家中，从国土面积、人口、资源、经济规模、科技能力和军事实力诸方面来看，印度都是优势极为明显的大国，这为印度扩张在印度洋的影响力和利益存在夯实了坚实的基础；不仅如此，在崛起为世界性强国与发展海洋安全战略关系方面，印度目前正处于较为有利的国际环境之中。这方面，首先是美国仍然扮演着亚洲安全“守护者”的角色，其政策重心主要聚焦于东亚地区，尽管它也明确地提出了“印太”战略；其次是中国刚开始致力于实现在印度洋地区的利益和力量存在，其经略印度洋还缺乏起码的战略指导和战略支撑。所有这些都有助于印度抓住所谓的“战略假期”（strategic holiday），去发现、分析并解读其海洋政策，完善其海洋安全战略，以便使之更加适合于印度的国家利益与需要。[①]

二、 印度关于海洋经济的发展关切

毫无疑问，崛起的印度在其政治、经济、军事权势向外辐射的过程中，把眼光更多地投向了印度洋。究其动因，除去前述的包括安全和大国追求在内的权势政治考量外，很大程度为海洋经济所驱动。

这方面，首先是关于印度洋战略经济价值的判断。如今，印度洋在世界经济生活中越来越重要，可以说它已经重新恢复了历史上的荣耀，即“东西方交汇的、充满生机的世界竞技舞台”，[②] 主要表现为：全球能源供应的1/5经过印度洋，绝大部分是从西面的波斯湾地区运往东面的印度、中国和日本；相反，超级船舶运输的制造

---

① James R. Holmes, Andrew C. Winner and Toshi Yoshihara, *Indian Naval Strategy in the Twenty-first Century* (New York: Routledge, 2009), p. 9.

② 引自 Emrys Chew, “A Merlion at the Edge of an Afrasian Sea: Singapore's Strategic Involvement in the Indian Ocean”, *Working Paper No. 164* (Singapore: S. Rajaratnam School of International Studies, 2008), p. II.

品则从东亚发往中东、非洲和欧洲。2003 年到 2012 年，上述贸易量翻了三倍。[①] 也就是说，强调印度洋战略经济价值的极端重要性，是因为其与全球贸易的紧密关联性。[②]

不仅如此，海洋资源——从渔业资源到深海矿藏再到海洋旅游业——日益成为印度洋沿岸国家和岛国的国民经济的重要组成部分；良好的海洋环境也成为一国支撑其海洋经济可持续发展的重要条件。除太平洋之外，印度洋是最富含海洋矿藏的大洋，包括石油和天然气、多金属硫化物、富钴结壳和其他矿物质。其中，海湾地区就占了世界石油供应总量的 30% 以上，其近海油气田产量的 90% 通过海陆被运往石油消费国；[③] 非生物资源方面，在印度洋大约 1500 万平方公里的水域里，富含多金属结核，这些多金属结核极具经济价值，除了富含锰和铁外，它还含有镍、铜、钴、铅、钼、镉、钒、钛和其他金属物；[④] 就渔业而言，目前印度洋大约占据了全球年鱼产量的 10% 以上。其中，西印度洋占有整个印度洋上市鱼产量的 50%。在这里，西印度洋地区 11 个沿海国家的 1.07 亿人口中，超过 47% 的人口居住在沿海 100 公里以内的地区，海洋渔业对于这些国家的国民经济和生活十分重要，特别是对于像马尔代夫、毛里求斯、塞舌尔这样的小岛国而言，其对海洋渔业的依赖更加的明显。[⑤]

像其他沿海国家一样，印度也高度重视海上油气、矿藏、渔业等资源的开发，保护其专属经济区内的生物和非生物资源的多样性。在矿藏开采方面，早在 1982 年，印度就成为了继美国、苏联和日本之后第四个、也是发展中国家首个获准在印度洋进行矿藏开采的

---

① "Special Report on Strategic Trade Routes", *Financial Times*, December 10, 2007.

② 全球贸易的四分之一以上是在沿海国家间进行的。Laipson and Pandya, eds., *The Indian Ocean*, p. 68.

③ Laipson and Pandya, eds., *The Indian Ocean*, p. 30.

④ "Forty Years of Research and Development in Maritime Fisheries in India", A Souvenir issued at the National Symposium on Research and Development in Marine Fisheries held at Mandapam Camp, 16 – 18 September 1987, Central Marine Fisheries Research Institute, Cochin, p. 26.

⑤ Laipson and Pandya, eds., *The Indian Ocean*, p. 4.

“优先投资方”。[①] 印度已经着手对其专属经济区的矿产资源进行基础性勘测，对多金属结核、天然气水合物（gas hydrates）、热液硫化物（hydrothermal sulphide minerals）等进行了探测。其中，印度对印度洋中脊附近的海洋地理参数进行了七次勘测，每次30—35天，以期识别热液硫化物矿藏。所收集的数据包括：对65000平方公里的海域进行了海洋生物医学和环境科学测量；进行了17000公里长的地磁测量和9115公里长的重力测量。[②] 在渔业方面，印度目前是世界第三鱼产品大国，世界第二内陆水产养殖大国，鱼年产量达785万吨，其中海产达332万吨，占总量的42.3%，渔业产值占GDP的1%。[③]

为利用海洋资源，印度正在研发有关自动装置、遥控装置、采矿设备、钻探设备、测试设备等技术。通过运用遥控设备和土壤测试仪，印度成功地对中印度洋6000米深处的海底环境和海床特征进行了评估。“萨加尔·尼迪”（Sagar Nidhi）号海洋地理调查船成功获取了有关中印度洋海床的图像和传感数据；第一艘自主式水下航行器（Autonomous Underwater Profiling Drifter）在阿拉伯海岸的科钦近海进行了测试，获得了1600米水深的剖面图；低温热脱盐厂（low temperature thermal desalination plants）已经在拉克沙群岛建成，其从海里提取淡水，运行成本每公升仅约为19派萨（paise）。[④]

需要指出的是，除去印度洋地区，印度的战略关切也延伸到了南极大陆。有印度学者认为：“因为这片冰封的大陆蕴涵丰富的生物和非生物资源……对于印度这样一个人口和经济都飞速增长的国家

---

① “Forty Years of Research and Development in Maritime Fisheries in India”, A Souvenir issued at the National Symposium on Research and Development in Marine Fisheries held at Mandapam Camp, 16 - 18 September 1987, Central Marine Fisheries Research Institute, Cochin, p. 26.

② Ministry of Earth Sciences, Government of India, *Annual Report*, *2013—2014*, p. 6.

③ Sathiadhas, Narayanakumar and Aswathy, eds., *Marine Fish Marketing in India*, p. V.

④ Ministry of Earth Sciences, Government of India, *Annual Report*, *2013—2014*, p. 6. 派萨为印度等地的货币单位，1卢比等于100派萨。

来说，是不会在南极资源竞争中处于落后地位的。印度政府已经充分意识到南极的重要性，并持续对这一地区表示关注。南极应该构成印度海洋安全战略中长期不变的因素之一。”①

其次，冷战后，在世界大洋中，印度洋提供了太平洋和大西洋之间最便捷、最经济的航线。据统计，印度洋承载着全球一半以上的集装箱货轮运输、近三分之一的散装货轮运输。② 更为重要的是，占石油制品运输总量70%的货物通过印度洋由中东运往太平洋地区，途经诸如曼德海峡、霍尔木兹海峡和马六甲海峡等对全球贸易有着重大影响的海上航道。③ 另外，从中东通过苏伊士运河航线或好望角航线前往欧洲的货船和油轮也是络绎不绝，西欧进口石油的35%以上来自中东地区。④ 所以，在印度眼里，“从波斯湾经马六甲海峡再到日本海的海洋之弧相当于一条‘新丝绸之路’……这条海洋之弧上的贸易总额达到1.8万亿美元。”⑤

在海上贸易方面，根据世界贸易组织的报告，印度在2002年就已经位列中国之后，成为世界上商品出口量增长第二快的国家。⑥ 此外，印度的商业运输船队的规模也十分庞大。至2013年，其商船队总吨位达1037.6万吨。结果，在上述“新丝绸之路”航路上，印度进出口贸易货物总量的90%与总价值的77%都是通过海洋运输实现的。⑦ 其中，超过40%的印度贸易经由马六甲海峡。⑧

再次，随着经济的快速增长，印度已成为继中国、美国、日本之后的第四大能源需求国。众所周知，印度对能源资源的需求不断

---

① Singh, “Maritime Strategy for India”, pp. 191 – 192.

② Tandon, “India and the Indian Ocean”, p. 24.

③ Kaplan, “Center Stage for the Twenty-first Century”, pp. 19 – 20.

④ 陈建民：《当代中东》，北京：北京大学出版社，2002年版，第4页。

⑤ Government of India, *Indian Maritime Doctrine*, p. 67; Berlin, “India in the Indian Ocean”, p. 65.

⑥ Tandon, “India and the Indian Ocean”, p. 48.

⑦ Sugandha, *Evolution of Maritime Strategy and National Security of India*, p. 175.

⑧ Laipson and Pandya, eds., *The Indian Ocean*, p. 75.

增长主要是由于其经济的飞速发展。目前，煤炭是印度的主要消费燃料。但随着制造业的发展，其能源更新换代的必要性（和其他需求）会导致对石油天然气的需求猛增。在过去的十年中，印度的石油消费每年增长超过6%，这是世界平均水平的两倍。尽管十年前其石油需求量是4000万吨（mt），但现在已经增长到1.35亿吨，预计未来20年将增长到3.70亿吨。然而，印度国内石油生产停滞不前，石油严重依赖进口，到2030年其石油进口可能会增加到90%以上。天然气方面，尽管2002年新发现了天然气田，但印度自身的天然气资源依然不足以满足其迅速发展的需求。它在2004年开始进口天然气，其进口依赖度预计将在2030年增长近40%。[①]

像其他国家一样，对印度来说，能源安全包括两个部分：一方面是开采、运输和接收国内能源资源的相关海上和滨海区域的基础设施和其他资产的安全；另一方面是进口这些资源的船舶安全和国际航道安全。

当前，印度每日原油消费量约为250万桶。然而国内每日生产量仅为78万桶，印度几乎每天都需要一艘超级油轮（一种30万吨载重量的超大型油轮，可运送200万桶原油）运送原油。考虑到印度6%的增长率，2020年日原油需求量将是现在的两倍，达到500万桶。同时鉴于印度国内原油生产停滞不前，那时每日原油需求量将需要两艘超级油轮来进口。此外，液化天然气的进口运输也将大幅度增加。[②]

这一发展趋势决定了开往印度的大型油轮将越来越多，而与之相伴随的是，海盗、恐怖袭击或其他突发事故发生在一艘驶往印度的大型油轮上的可能性也将成正比增长。特别是这些船舶为了抵达

---

① "Findings of Recent IEA work 2005", OECD/IEA, 2005, p. 73. http://www.iea.org/textbase/nppdf/free/2005/findings.pdf.

② Gurpreet S. Khurana, "The Maritime Dimension of India's Energy Security", *Strategic Analysis*, Vol. 31, No. 4, July 2007, p. 590.

印度，都必须穿越海盗活动猖獗的海区，无论是通过亚丁湾索马里海域，还是通过东南亚的海峡，其面临的危险不言而喻。在经济利润的驱动下，运输石油和天然气的油轮体积越来越大，但其脆弱性也随之日益增长，这些都是印度能源安全必须予以重视的问题。正因为如此，一套系统、完整的海洋战略，无疑有助于崛起的印度更好地开发、利用海洋资源，维护其在印度洋上的航运安全并有效应对各种威胁。所以，印度强调指出，印度的海洋战略就是要在经济繁荣和海军力量建设方面形成鲜明的联系，从而保护印度巨大而多样的海洋利益。①

三、 印度关于海洋治理的国际制度关切

就发展海洋经济、维护海洋环境、确保海上安全而言，良好的海洋秩序不可或缺。换言之，国际社会就印度洋进行海洋治理，不仅对于国家利益追求至关重要，而且也是形势发展的必然结果。今天，任何一国都无力独自承担维护海洋安全与海洋权益的重任。

国际社会对于印度洋的治理，主要表现为致力于创设印度洋地区的地区性国际组织。这方面，非洲联盟（African Union）、南亚区域合作联盟（South Asian Association for Regional Cooperation, SAARC）、东南亚国家联盟（Association of South East Asian Nations, ASEAN）、海湾合作委员会（Gulf Cooperation Council，GCC）等国际组织尽管成立的背景、目标与宗旨各异，成员国间的差别巨大甚至互相猜忌，但都聚焦于正式的国与国之间的关系，同时也就共同的海洋关切进行政府间合作。在印度洋地区，1992—1995 年成立的军控与地区安全工作小组（the Arms Control and Regional Security Working Group）作为马德里和会的 5 个工作小组之一，一度涵括了中东

① Government of India, *Freedom to use the Seas*, p. 10.

和北非的 14 个国家，主要就海洋安全的非军事合作事宜进行协商和合作，内容包括搜索与营救、防止海上突发事件等。[①]

与上述多边组织较为脆弱的印度洋治理功能相比，一些专门组织的作用更为突出和强大。其中，环印度洋区域合作联盟作为印度洋沿岸 18 个国家所组成的政府间国际组织，最初于 1995 年 3 月在毛里求斯成立，并于 1997 年六七月间正式开始运作。该联盟是环印度洋地区目前唯一的经济合作组织，目标是促进该地区和成员国经济持续增长和平衡发展；宗旨是遵循尊重国家主权、领土完整、政治独立、不干涉内部事务、和平共处、平等互利与协商一致等原则，不卷入双边有争议的问题，致力于推动区域内贸易和投资自由化，促进地区经贸往来和科技交流，扩大人力资源开发、基础设施建设等方面的合作，加强成员国在国际经济事务中的协调。目前，该联盟成员国面积总和占世界陆地总面积的 17%；人口近 20 亿，约占世界总人口的 31%；国内生产总值占世界总量的 7%；贸易额占世界贸易总额的 10%。[②]

功能性质更加明显的多边机构还有：1981 年，在科威特的发起下，科威特、巴林、伊朗、伊拉克、阿曼、卡塔尔、沙特阿拉伯、阿拉伯联合酋长国等八个国家成立了“海洋环境保护地区组织”（Regional Organization for the Protection of the Marine Environment, ROPME），目的旨在保护海域的水质、保护海洋环境和海洋生态，以及减少成员国因发展而导致的污染；[③] 1997 年，孟印缅斯泰经济合作组织（BIMSTEC）在泰国成立，旨在促进次区域在贸易、投资、科技、其他相关领域的合作，同时也架起南盟与东盟之间联系的桥

① Emily B. Landau, “ACRS: What Worked, What Didn't, and What Could Be Relevant for the Region Today”, http//: www. unidir. org/pdf/articles/pdf-art2727. pdf. April 17, 2009.

② http: //zh. wikipedia. org/wiki/% E7% 8E% AF% E5% 8D% B0% E5% BA% A6% E6% B4% 8B% E5% 8C% BA% E5% 9F% 9F% E5% 90% 88% E4% BD% 9C% E8% 81% 94% E7% 9B% 9F.

③ The official site of the Regional Organization for the Protection of the Marine Environment in Kuwait. www. ropme. com/default. asp.

梁；鉴于每年超过九万艘船只通过马六甲海峡，且船只数量仍在不断上涨，面对各种海上安全威胁，2004 年，新加坡、马来西亚、印度尼西亚三国签署了马六甲海峡三边联合巡逻的协定（the Trilateral Coordinated Patrols for Malacca Straits），三国对马六甲海峡进行 24 小时全天候的联合巡逻；2004 年成立的西南印度洋渔业委员会（Southwest Indian Ocean Fisheries Commission，SWIOFC）则在海洋渔业保护方面与联合国粮农组织开展了紧密的合作；成立于 2005 年 7 月的海湾港口安全与控制组织（根据利雅得谅解备忘录，总部设在阿曼）成员包括了巴林、科威特、阿曼、卡塔尔、沙特阿拉伯和阿拉伯联合酋长国，目的旨在监视外国船舶靠港情况，并为此实行信息共享；2008 年 5 月，南亚地区港口安全合作组织（South Asia Regional Port Security Cooperative，SARPSCO）在马尔代夫成立，该组织包括孟加拉国、科摩罗、印度、马达加斯加、马尔代夫、毛里求斯、阿曼、巴基斯坦和斯里兰卡九国，旨在促进印度洋地区港口与海洋安全。

印度洋地区已有合作机制及其成功运作，很大程度上揭示了借助机制建构将国家利益与国际社会利益有机协调尽管困难重重，但却是不可或缺的必由之路。新时期，印度也认识到，作为印度洋地区的大国，自身的安全有赖于印度洋地区的安全，自身的发展繁荣有赖于印度洋地区的发展繁荣。也就是说，印度需要一种超越南亚的更加广阔的印度洋视野，来审视自己的前途，并努力在地区秩序中实现强国地位追求。像所有沿海国家一样，印度的海洋安全关切主要包括两大方面：一是维护国家领土领海和邻近海域免遭海上威胁；二是确保传统的自由进出海洋的自由。为此，通过国际机制确保自由使用海洋和维护国家主权，从而在国家利益和国际社会利益之间实现平衡，便成为印度海洋战略的有机组成部分。

在 2001 年访问美国时，时任印度外长贾斯旺特·辛格表示："一直以来，印度人都不知道自己的真正面积。有多少人知道印度尼西亚距离印度最南端的岛屿只有 65 英里？……又有谁知道，科威特在 1938 年以前的法定货币是（印度）卢比？所以，当我们谈论印尼或波斯湾的时候，就是因为我们的利益和影响范围已经到达了那里。”[①] 他认为，需要给印度的海洋战略一个“泛印度洋视角”（a Pan-Indian Ocean perspective）。[②] 2004 年印度公布的《印度海洋学说》也指出：“21 世纪前四分之一的时间内，印度海洋视野必须将从波斯湾到马六甲海峡的这片海域视为印度利益的合法范围。”[③] 不仅如此，该学说同时强调，后冷战时期，世界发展的中心已经由“大西洋 - 太平洋”地区转移到“太平洋 - 印度洋”地区。从波斯湾经由马六甲海峡到日本海的海洋之弧相当于一条“新的丝绸之路”（New Silk Route）。[④]

显然，基于“泛印度洋视角”之下的印度海洋关切，不可避免地要涉及到海洋机制建设。特别是在全球化时代，尤其需要根据形势的发展变化，提出关于海洋合作的理论范式，创设新的海洋合作机制，包括双边、多边甚至是全球合作机制。

在双边层次上，印度已经与越南、奥地利、斯里兰卡、荷兰、南非、波兰、巴基斯坦、丹麦、芬兰、德国、美国、土耳其、新加坡、俄罗斯、伊朗、中国、摩洛哥、IBSA（印度、巴西、南非）签署了双边或三边商业或海运协定。[⑤] 在南亚地区，印度与斯里兰卡成功地进行了渔业合作，每年均召开斯里兰卡和印度间关于渔业的会议，以及斯里兰卡——马尔代夫渔业分委员会的工作组会议；此外，印度还与斯里兰卡举行专家小组会议，以商讨斯里兰卡对于印度塞

① *Times of India*, 13 April 2001.

② Singh, “The changing paradigm of india’s maritime security,” p. 239.

③ Government of India, *Indian Maritime Doctrine*, pp. 65 - 68.

④ Government of India, *Indian Maritime Doctrine*, p. 67.

⑤ Ministry of Shipping, Government of India, Annual Report: 2013—2014, p. 58. http://shipping.nic.in/showfile.php?lid=1676.

述沙姆德伦疏浚项目（the Sethusamudran Dredging Project）的合理关切。[①]

在次区域层面，印度通过实施“东向政策”，与东盟间的合作关系卓有成效。与此同时，在西面，印度于2005年启动了所谓的“西向政策”。这年，时任总理的曼莫汉·辛格指出：“海湾地区，就像东南亚和南亚一样，都是我们天然的经济腹地的一部分……我们已经对东南亚成功地推行了‘东向’政策，现在我们必须进一步走进海湾地区的西部邻居。”[②] 2006年，沙特国王访问印度并签署了《德里宣言》，在保证稳定并持续增加原油供应方面与印度达成了共识；同年，印度和海湾合作委员会正式启动了自由贸易协定谈判。有印度学者指出：“随着印度对进口石油和天然气依赖的持续增长，海湾地区的稳定对于印度的经济繁荣越来越重要。六个海湾合作委员会国家中大约居住着370万印度人，他们每年向印度国内寄回约80亿美元的财富……现在是时候来制定一项新的、更加主动的‘西向’政策，来应对印度在西边所面对的挑战。”[③]

2014年11月，在缅甸首都内比都（Naypyidaw）举行的东亚峰会上，印度总理莫迪称：“自从六个月前进入（总理）办公室，我的政府已经以一种强烈的优先意识和速度，将我们的‘向东看’政策转变为‘东方行动’政策。”[④] 此前，2014年9月，在访美前夕，

---

① 2005年7月2日，印度政府启动塞述沙姆德伦疏浚项目，目的旨在疏浚印度和斯里兰卡之间的保克海峡（Palk Strait），促进印度东西海岸港口间的直接运输未来。例如，一旦该项目完工，印度的杜蒂戈林港（Tuticorin）到加尔各答的距离将由原先绕道斯里兰卡的1371海里缩短为1031海里。对于该项目，斯里兰卡政府表达了自己的关切，主要涉及海洋环境保护和保克海峡的经济合作事宜。

② “PM Launches ‘Look West’ Policy to Boost Cooperation with Gulf”, Prime Minister Office, Press Release, July 27, 2005. Http://pmindia. nic. in/prelease/pcontent. asp? id = 278.

③ G. Parthasarathy, “India's Stakes in the Persian Gulf”, *Tribune*, September 8, 2005.

④ “Look East’ policy now turned into ‘Act East’ policy: Modi”, *The Hindu*, November 13, 2014. http://www. thehindu. com/news/national/look-east-policy-now-turned-into-act-east-policy-modi/article6595186. ece? utm_ source = RSS_ Feed&utm_ medium = RSS&utm_ campaign = RSS_ Syndication.

莫迪称，现在是讨论“西联”政策（Link West）的时候了。[①] 可见，印度放眼印度洋北部弧形战略地带的对外战略不仅一贯，而且随着形势的变化更加具有战略前瞻性和整体色彩。

在印度洋地区层面，鉴于接触与合作对于维护印度洋地区安全稳定的重要性，印度海军决定采取行动，推动建设一个地区性海军论坛——印度洋海军论坛，旨在使印度洋沿岸国家的海军能够坐在一起，就共同的海洋利益关切与问题展开讨论。作为21世纪极其重要的海上安全倡议之一，印度渴望借助印度洋海军论坛在印度洋地区发挥所谓的“谦逊的支点”（unobtrusive fulcrum）和平衡者（balancer）的作用。[②]

实际上，在印度洋地区，域外大国美国海军的作用在“9·11”事件后不断强化，并在相当程度上引领着印度洋地区的海军合作。这方面，美国主导下的“联合海上力量”（The Combined Maritime Forces，CMF）作用尤为明显。该力量共有20个成员伙伴，由美国领导，隶属于驻扎在巴林的美军中央司令部和第5舰队指挥，行动区域覆盖了印度洋大约250万平方英里的面积，包括苏伊士——红海海盆、三个主要的海湾——阿拉伯湾、阿曼湾和波斯湾，以及从肯尼亚和坦桑尼亚（包括塞舌尔）边界起以东、从巴基斯坦和印度边界起以南这样一个广阔的海域。[③]

显然，作为印度洋地区的大国，印度不愿意任由美国主导印度洋事务。尽管印度参加了环印度洋区域合作联盟，但该组织主要致力于发挥和拓展海洋经贸功能，且印度与澳大利亚、南非间的矛盾

---

① “India needs policy to look east, link west: Narendra Modi”, http://www.mumbaimirror.com/news/india/India-needs-policy-to-look-east-link-west-Narendra-Modi/articleshow/43419438.cms.

② P. K. Ghosh, “Indian Ocean Naval Symposium: Uniting the Maritime Indian Ocean Region”, *Strategic Analysis*, Vol. 36, No. 3, May - June 2012, p. 353.

③ P. V. Rao, “Indian Ocean maritime security cooperation: the employment of navies and other maritime forces”, *Journal of the Indian Ocean Region*, Vol. 6, No. 1, June 2010, p. 130.

和斗争激烈。[①] 为此，当2008年印度国家海洋基金会（National Maritime Foundation）在规划其第三个成立周年纪念活动时，便决定活动不仅要更加的宏大，而且要与印度海军切题——印度海军如何在印度洋地区发挥更突出的作用。正是在这一理念的推动下，首先是印度海军，随后是国防部，在早期的些许犹豫之后，决定推动创设印度洋海军论坛，并认为将会从中收获巨大的利得。[②] 2008年2月14日，出席第一次会议的印度总理曼莫汉·辛格在致辞中称："我希望论坛能够弥合我们之间存在着的显著的差异，强化共性，从而使我们团结起来。"[③] 可见，随着印度洋安全形势的发展变化，印度希望为其海军找到一个恰当的定位，从而在印度洋地区这个更大的平台上发挥支撑印度大国地位的作用。

据此，论坛的首要目标被概括为：第一，推动对于与印度洋地区有关、影响印度洋海上安全的各种问题和所关切事务的共同理解；第二，强化印度洋地区所有民族国家的能力，以应对目前和预想中的对于海洋安全和稳定的种种挑战；第三，建立和增进各种跨国海洋磋商合作机制，以阐释和减缓该地区的各种海洋安全关切；第四，在（海洋）学说（doctrine）、战略、程序、组织与后勤制度、运作步骤等方面发展互通性（interoperability），以便在整个印度洋地区提供迅速、灵敏、有效的人道主义救援与灾难救济（HADR）。[④]

尽管印度渴望借助印度洋海军论坛这一制度化平台，打造自己的海军强国地位，但印度洋海军论坛并未如印度所愿任由其主导和控制。论坛主席（主办国）每两年由来自南亚、西亚、东非、东南

---

① V. S. Sheth, "Indian Ocean in the Globalizing World", *Alternatives: Turkish Journal of International Relations*, Vol. 1, No. 4, Winter 2002, pp. 287 – 288.

② Ghosh, "Indian Ocean Naval Symposium", p. 353.

③ M. Singh, Inaugural Address to the Indian Ocean Naval Symposium, New Delhi, 14 February 2008. New Delhi: Prime Minister's Office.

④ IONS, *Charter of Business*, *Version 1. 1*, 28 March 2014, p. 3. http://ions. gov. in/sites/default/files/IONS_ Charter_ Version_ 28_ March_ 2014_ 0. pdf.

亚与澳大利亚这四个地区的沿岸国家轮流担任这一规定，一定程度上说明了论坛难以为印度所把持。[①] 当然，作为印度在印度洋地区层面创设的首个制度化机制，其作用同样明显。作为印度洋地区国家海军职能部门和海军首脑制度性讨论与磋商的平台，印度洋海军论坛对于印度海军发挥外交角色的作用助力巨大。

第三节　新时期印度的海洋安全战略

新时期，无论是基于规模条件还是衡量大国地位的关键性指标数据，印度作为新兴大国的崛起已无可争议。助成印度崛起的关键性因素，除了其一以贯之的大国地位追求、特别是战略现实主义的治国方略外，还在于冷战的结束给印度提供了难得的战略机遇。[②] 正是在崛起进程中，印度在经济繁荣和海洋安全这两者之间内生出一种不同于以往的、更加鲜明的内在联系，其国内对此也有了普遍的共识，并最终在国家决策层面上得到了有力的反映。换言之，基于陆海复合型国家身份属性之上的海洋安全认知逻辑，加之新时期海洋关切的强劲牵引，印度提出了以“控海”和“拒海”为核心信条的新时期海洋安全战略，其目的在于通过积极主动地塑造印度洋区域事态，来保护印度巨大而多样的海洋利益，进而为印度的世纪性崛起服务。

---

① 关于印度洋海军论坛的未来发展方向问题，参见 Ghosh，“Indian Ocean Naval Symposium”，pp. 355 – 356.

② 见宋德星、时殷弘：“世界政治中印度和平崛起的现实与前景”，《南亚研究》，2010 年第 1 期，第 15—24 页。

一、 印度的海上安全环境判断与主要竞争对手的厘定

冷战结束以来，印度洋地区并不平静。该地区先后爆发了海湾战争、伊拉克战争和阿富汗战争等大规模局部战争；伊朗核问题尽管取得了阶段性重大进展，但其地区消极影响仍不可忽视；“基地”组织分支和“伊斯兰国”活动猖獗，恐怖主义威胁有增无减；索马里海域的海盗和武装抢掠行为严重影响了印度洋地区的海上安全。尽管有多国海军在东非海岸的联合巡航，但索马里海盗的影响范围依然很大，占据了约 250 万平方英里的海域面积。尤为重要的是，这类安全威胁主要集中于作为全球东—西—东贸易带组成部分的印度洋北部最为重要的战略和商业弧形地带，包括最重要的波斯湾原油产地。正因为如此，印度洋上的安全问题远远超越了地区范畴。

上述安全环境和地缘战略形势的发展变化，决定了在印度洋地区至少有两大任务对于印度国家安全和世纪性崛起而言至关重要：一是如何处理好地区问题，特别是南亚地区问题；二是如何经营好印度、中国、美国这一战略三角关系，因为这不仅是印度外交安全战略的重中之重，也是未来塑造印度洋安全秩序的关键所在。据此，就海上竞争对手而言，印度认为至少包括了巴基斯坦、中国、美国，同时它也注意到了澳大利亚和日本日益增长的地区存在与影响力。

显然，印度视巴基斯坦为最直接的现实威胁，是未来最有可能与印度发生战争的国家，因而也是印度海军最有可能的交战国。当然，从海军实力上讲，尽管印度海军被分开部署在孟加拉湾和阿拉伯海，但数量上仍拥有对巴海军的绝对优势。在阿拉伯海域，印度海军的潜艇数量超过巴基斯坦潜艇数量的 50%，另外印度还拥有航空母舰，战时印度海军航空兵能够对巴基斯坦海军出入港和作战造成巨大的威胁。随着印度经济的快速增长和海军现代化步伐的加快，印度与巴基斯坦之间的海上实力差距还将进一步拉大。故对于印度

海军来说，任何印巴之间的海上冲突都将是速决的，其结果似乎注定是巴基斯坦海军的失败。

毫无疑问，巴基斯坦并不具备在海上挑战印度的能力，因为其经济实力不足以支撑冗长且耗费巨大的海军建设，且在失去美国的长期稳定的军事援助后，其武器现代化程度有所降低。但印度也认识到，巴基斯坦对印度更大的威胁是其核武器。目前，巴基斯坦已经拥有可以运载核武器的弹道导弹和具备装载核武器的美制 F—16 战斗机。这些战机是该地区最先进的飞机之一，由经验丰富的飞行员驾驶，这将对印度陆基和海基目标构成严重的威胁。

在印度看来，中印之间的博弈有三条战线：第一条是陆上边界领土争端。关于这一问题双方尽管达成了一些共识，几十年来未因此发生过军事冲突，但也未取得实质性进展。第二条战线是核竞赛。这方面，中国对印度拥有一定的导弹核优势。第三条则位于海洋，也是冲突最易升级的地区。就所谓的中国海上威胁而言，印度战略界和军方主要关注三大问题：其一是所谓的中国的印度洋“珍珠链战略”；其二是中巴军事合作问题；其三是中国寻求在印度洋上的“力量存在”问题。[①]

在区外大国中，美国作为唯一的超级大国，不仅其在印度洋的主导地位不容挑战，且军事优势明显。虽然美国没有在印度洋常态化部署航母战斗群，但其可以在数日内向该地区部署庞大军力，正如西南亚危机期间美国所做的那样。此外，美国在印度洋上的迪戈加西亚军事基地，为美国海军提供了驻泊和补给之地，同时也是美国实施陆基远距离空中监视和作战行动的前哨阵地，该基地在印度洋的作战支持能力超过任何舰队。迪戈加西亚军事基地港口内的仓库储存着包括装甲车在内的武器装备，其数量足以装备一支陆战师，

---

① 有关这方面的论述，详见结语部分。

并能实现快速部署。[1] 事实上美国的霸权如此显著，使得印度及其他任何国家都难以对美国舰队或迪戈加西亚基地造成严重毁伤。正是因为有迪戈加西亚基地的强大支持和在巴林的指挥中枢，美国得以在相当程度上控制着印度洋。

虽然美国是印度海军最具威胁的潜在对手，但美国也最不可能成为印度的敌人。当前，美国没有任何意愿或理由对印度采取敌视态度，印度向美国挑起战争的可能性也微乎其微。但美国舰队和基地在印度洋的存在，不可避免地要对两国关系造成一定的负面影响。

作为印度洋东南角的中等大国，澳大利亚拥有一支令人印象深刻的远征力量。堪培拉所奉行的安全战略称，要在尽可能远离澳大利亚海岸的地方击败入侵者，因此理论上其防务范畴已深入印度的后院。此外，澳大利亚东有海权霸主美国，北望复兴巨龙中国，西面是冉冉之星印度，它的加入必将营造出一种更加微妙的四边关系。

另一方面，地处远东的日本虽然传统上甚少关注遥远的印度洋事务，如今却也公开宣示了其在这一区域的存在与利益。除了能源安全考量之外，东京还忧心忡忡于近年来中国势头难挡的上升趋势。在此背景下，印度的海洋野心恰恰为它提供了一个对中国实施战略包夹的机会。

毫无疑问，对印度来说，在印度洋地区发生的任何事情，都将对其国家安全产生直接或间接的影响。而影响其海上安全环境的因素，除去主要力量谋求在印度洋上的利益存在和力量存在甚至是霸权外，还包括：西面，海湾产油区存在引发全球能源危机的可能；东面，东盟国家经济的持续增长，以及中国在该地区影响力的日益上扬，将直接影响印度洋地区的海洋安全环境；南面，印度洋地区绝大多数发展中国家都位于这里，因而可能成为引发区外力量干涉

① 海湾战争期间，迪戈加西亚基地发挥的作用不可估量。战争期间，第一支甚至第二支陆战师的装备，便是由迪戈加西亚基地运抵巴林，并迅速派上了用场，运输距离不足2000英里。美军空袭开始以后，B－52轰炸机从迪戈加西亚基地起飞执行了大量任务。

的主要场所；由于同印度洋地区所有关键性海域相连，所以印度必然是亚洲战略弧形地带各种关切的焦点。[①] 未来，在印度谋求印度洋主导权的过程中，美国是绕不过的主要外部障碍。但在印度眼中，中国似乎最有可能成为对手，并且很可能与巴基斯坦联手。印度认为，中巴一旦在陆地、海洋和核领域联手对抗印度，将对印度国家安全构成严重威胁。[②]

二、印度海洋学说与海上军事战略的出台

按照重量和体积计算，世界贸易的 90%；按照价值计算，世界贸易的 80%，均由海上贸易进行。[③] 就商船港口吞吐量而论，尽管印度洋地区在全球位列第五，但印度洋却无可争辩地居于世界海上贸易航道的中心。[④] 正因为如此，印度时任外长普拉纳布·穆克吉（Pranab Mukherjee）指出："在聚焦于内部和陆地近千年之后，我们再度将目光投向外部和海洋，这对于一个寻求再造自身的国家来说是一个自然的方向，这不仅是作为一个陆地强国的再造，且更是作为一个海洋强国，因而也是作为一个世界舞台上的重要国家的再造。"[⑤]

在再造印度强国地位的过程中，印度海军找到并特别强调了自己的位置。2004 年至 2006 年出任印度海军参谋长、随后于 2008—

---

① 参见 Government of India, *Indian Maritime Doctrine*, p. 41.

② R Rai, "Will Indian and Chinese Maritime Interests Clash in the Indian Ocean in the years Ahead?", India Defence consultants, 29 July 2005, http://www.indiadefence.com/maritimeclash.html.

③ Sam J. Tangredi, *Globalization and Maritime Power* (Washington D. C.: National Defense University press, 2002), p. XXVI.

④ Amit A. Pandya, Rupert Herbert-Burns, Junko Kobayashi, eds., *Maritime Commerce and Security* (The Indian Ocean, Washington, D. C.: Stimson, 2011), p. 18.

⑤ Pranab Mukherjee, "Speech for the Admiral A. K. Chatterjee Memorial Lecture", *Kolkata*, June 30, 2007. Cited from David Brewster, "An Indian Sphere of Influence in the Indian Ocean?", *Security Challenges*, Vol. 6, No. 3, Spring 2010, p. 2.

2012 年出任印度国家海洋基金会主席的阿伦·普拉卡什（Arun Prakash）海军上将曾指出，通过合适的战略来挖掘印度的地理优势，对于印度来说有机遇但也面临着挑战。① 无疑，其地理优势在于印度拥有长达 7516.6 公里的海岸线。除此之外，印度作为洲际大国，占据了南亚次大陆的绝大部分，不仅地处北印度洋的中心，东西分别环绕着孟加拉湾和阿拉伯海，而且前出南印度洋。可以说，在印度洋所有沿岸国家中，印度的地理位置无人能及。

尽管拥有如此优越的地理条件，但印度海军将领们明显感到沮丧，原因之一就是他们所批评的印度在其多数历史时期是"海洋盲人"（maritime-blind）。② 普拉卡什海军上将将印度这种向陆情结与多数印度民众的历史健忘症相联系，认为这是印度作为"海洋盲人"的原因之一，"在于我们作为一个民族无视阅读和撰写历史。"③

实际上，自独立以来，一批关心海洋、关注印度海军的人士已经在思考和研究有关印度外交和国家安全政策中海权的作用这一大课题。1988 年，印度出台了《印度海洋战略（1989—2014）》（A Maritime Strategy for India，1989—2014），用以指导印度的海军建设。④ 及至冷战后，印度战略研究界和海军部门已乐于鼓吹"海军前进战略"（naval forward strategy）了，即向东前进至南中国海和太平洋边缘；向南前进至好望角；向西前进到苏伊士运河。1998 年，印度海军发布了它的第一份《战略防御评估（海洋维度）——海军愿景》（Strategic Defence Review：The Maritime Dimension – A Naval Vi-

---

① Arun Prakash, "The Rationale and Implications of India's Growing Maritime Power", in Michael Kugelman ed., *India's Contemporary Security Challenges* (Washington D. C.: Woodrow Wilson International Center for Scholars, 2011), p. 80.

② Chitrapu Uday Bhaskar, " Crucial Maritime Space", The Hindu, September 16, 2008. Http: //www. thehindu. com/thehindu/br/2008/09/16/stories/2008091650061500. htm.

③ Arun Prakash, "Historical Blunder", *Force*, July 2007. 另外见 Arun Prakash, "Indian maritime Strategy", *Indian Defence Review*, Vol. 137, No. 568, April-June 2007, pp. 157—176; Arun Prakash, "Maritime Challenge", *Indian Defense Review*, Vol. 21, No. 1, January 2006, pp. 49—52.

④ 见 Rahul Roy—Chaudhury, *Sea Power and Indian Security* (London: Brasseys, 1995).

sion）的文件。[①] 六年后，即 2004 年 4 月 25 日，印度海军首次公布了指导性文件《印度海洋学说》，[②] 一份包括了插图和索引、长达 148 页的官方文件。该文件明确指出，这是一份战略分析，而不是战役和战术层次的分析，有关战术和海军力量架构方面的内容，会出台专门的文件。故该学说按照时任印度海军参谋长马达文德拉·辛格（Madhvendra Singh）的话说，将分发给海军军官、公职人员、政治家、分析家和那些关心海洋事务的专业人员，目的是为了能够影响政府的决策。[③]

2007 年，印度海军又发布了长达 85 页、图文并茂的官方文件《自由使用海洋：印度海上军事战略》。[④] 文件序言称，印度海上军事战略支持“在任何环境下为了国家之目的自由使用海洋”，指出发表该文件的唯一目的，主要是为了让印度人民，在某种程度上让国际社会对印度海上军事力量的各方面有着更详细的理解，强调该文件应当与 2004 年发表的《印度海洋学说》和《联合理论——印度陆军》（Joint Doctrine - Indian Armed Forces）一起阅读，以便加深对印度战略思想演进的全面理解。[⑤] 该文件在描述战略理论框架和印度海军史的基础上，分别论说了印度洋地区的地缘战略环境、印度海上贸易与能源安全情况、印度海洋利益与海军角色、和平与冲突时期印度海军运用战略，以及该战略指导下的印度海军力量架构。可以说，该文件既是对 2004 年文件的进一步细化，又是指导未来印度海军建设的纲领性文件。

《印度海洋学说》和《印度海上军事战略》均强调指出，印度

---

① Indian Navy, *Strategic Defence Review: The Maritime Dimension-A Naval View*, 20 May 1998, p. 34. 还可参见 S. Gangadharan, “Indian Navy: the Power of Design,” *Strategic Affairs*, 16 September 2000. http://www.stratmag.com/issueSept-15/page02.htm.

② Government of India, *Indian Maritime Doctrine*.

③ Government of India, *Indian Maritime Doctrine*.

④ Government of India, *Freedom to Use the Seas*.

⑤ Government of India, *Freedom to Use the Seas*, pp. III—V.

洋地区周边的安全环境远不能令人满意。在阿拉伯海——孟加拉湾范围内，地区内及地区外力量始终不断持续增长，导弹和大规模杀伤性武器在印度洋地区内的扩散、宗教极端主义的蔓延、对恐怖主义道义和物质上的支持，均对印度洋海上安全构成了严重威胁。阿富汗战争及伊拉克战争后，美国和西方国家在印度洋上不断加强的力量存在，对整个印度洋地区安全形势产生了深远的影响。

自然，这两份官方文件叙述的重点放在了海军的作用，以及它如何进行力量使用、显示存在和服务印度海上利益上。印度的海上利益在《印度海洋学说》的第六章和《印度海上军事战略》的第五章中均有详细的阐释。依据重要程度，印度将海洋利益分为首要利益区域（Primary Areas）与次要利益区域（Secondary Areas）。印度所谓的首要利益区域包括：（1）阿拉伯海和孟加拉湾，主要涵括了印度的专属经济区、岛屿和岛屿延伸；（2）进出印度洋的战略支点，主要包括马六甲海峡、霍尔木兹海峡、曼德海峡和好望角；（3）印度洋上的岛屿国家；（4）作为印度石油供给主要来源地的波斯湾；（5）印度洋地区的主要国际海上通道（ISLs）。所谓的次要利益区域则包括：（1）南印度洋地区；（2）红海；（3）南中国海；（4）太平洋东部地区。[①] 在现有资源和实力条件下，印度现行的海洋安全战略主要关注核心利益区域。只有当次要利益区域与首要利益区域直接联系在一起，或次要利益区域对未来海上力量的部署产生影响时，次要利益区域才有被关注的必要。[②]

基于维护国家海洋利益的考量，两个文件均对新时期印度海军角色和任务进行了明确的规定，具体地讲，就是军事角色（military

---

① Government of India, *Indian Maritime Doctrine*, pp. 65 – 68; Government of India, *Freedom to Use the Seas*, pp. 59 – 60.

② 关于利益区的划分，参见 Government of India, *Freedom to Use the Seas*, pp. 59 – 60. 关于印度的海洋利益，印度认为主要包括：经济安全、贸易、油气资源、近海资产、专属经济区的远海资产、海底资源和军事关切。见 Government of India, *Indian Maritime Doctrine*, pp. 63 – 72.

role）、外交角色（diplomatic role）、维稳角色（constabulary role）和人道主义角色（benign role）。[①]

印度强调，所有国家的海军本质上扮演的都是军事角色。事实上，海军存在的理由是确保没有敌对的海上力量可以损害自己的国家安全和利益。海军的军事角色的特点是在海上或从海上使用或威胁使用武力。这包括在进攻作战中对敌人的武装力量、领土和贸易使用海上力量，在防御行动中保护自己的力量、领土和贸易。军事角色的执行是通过完成特定的军事目标、使命和任务来体现的。[②] 具体地，印度海军的军事角色分为平时任务和战时任务，平时任务就是对区域内国家进行常规和战略威慑、在阿拉伯海和孟加拉湾以及在进出印度洋的战略支点行使海上控制、在平时或战争期间为海上交通线（SLOC）上的商船队和海上贸易、为印度的海岸线和岛屿及近岸设施提供安全保护；战时任务则包括在敌人的领土、领水或领空进行战斗、在相关区域实施登陆时进行力量投送、应对低烈度海上军事威胁（LIMO）、提供第二次核打击以及同陆军、空军协同作战保卫并促进印度的国家利益。

表1 印度海军的军事角色[③]

目标	使命	任务
慑止战争或干预	第二次核打击能力	监视
在战争中取得决定性的军事胜利	MDA	海上打击
保护印度的领土完整、印度公民和离岸资产免受来自海上的威胁	海洋控制	反潜作战
影响陆地事务	海洋拒止	对地作战
保卫印度商业船队、海洋和海上贸易	封锁	对空作战

① 参见 Government of India, *Indian Maritime Doctrine*, p. 91; Government of India, *Freedom to Use the Seas*, pp. 71 – 96. 另外还可参见 Indian Navy, "Role of Indian Navy".

② Indian Navy, "Role of Indian Navy".

③ Indian Navy, "Role of Indian Navy".

续表

目标	使命	任务
保卫印度国家利益和海上安全	力量投射	两栖作战
	远征行动	信息战
	驱使	电子战
	摧毁	特别行动
	封锁海上运输线	水雷战
	保护海上运输线	登船侦察搜索
	特别行动	港口防御
	保护近海外资	
	向海防御	
	海军装运合作与指导	

海军外交角色是使用海军支持外交政策目标以建立“友谊的桥梁”，即一方面加强国际合作，另一方面展示威慑潜在对手的能力和意图。海军外交角色的最大目的是积极塑造有利的海洋安全环境来促进国家利益，确保与外交政策和国家安全目标相一致。① 具体包括发展健康的海洋伙伴关系、能够协助联合国维和部队、有能力同多国部队一起遂行军事行动。

表 2　印度海军的外交角色②

目标	使命	任务
加强政治关系和国家间善意	建设性的海洋接触	海外部署
加强与友好国家的防务关系	海上支援和支持	国旗显示/港口访问
展示可信的防御姿态和能力	显示存在	接待外国军舰访问
加强印度洋地区的海上安全	支持和平行动	技术和后勤援助
促进地区和全球稳定		国外培训

① Indian Navy, “Role of Indian Navy”.

② Indian Navy, “Role of Indian Navy”.

续表

目标	使命	任务
		海上巡逻
		双边/多边演习
		海外和防区外援助任务
		非战争疏散行动（NEO）
		强制和平、缔造和平、维持和平与建设和平
		印度洋海军论坛下的活动

海上犯罪活动的增多促使印度海军扮演警察角色执行维稳任务。在维稳角色方面，海军部队被用来执行国内法律或维护经国际授权建立起来的国际机制。据此，武力只用于自卫或在担当这个角色时作为最后的手段，这方面的任务范围从低强度的海上行动（Low Intensity Maritime Operations）到维护良好的海上秩序，还包括维护印度海岸安全。[①] 在担负这一任务时，需要在印度的专属经济区保卫印度的国家利益、对附近毗邻地区实施常规监视、在利益核心区宣示存在并进行巡逻。

表3　印度海军的维稳角色[②]

目标	使命	任务
沿海防御	反海盗	反渗透
专属经济区安全	监管	反海盗
良好的海上秩序		反非法捕捞
		反毒品走私

人道主义任务包括人道主义援助、救灾、搜索和救援（SAR）、

① Indian Navy, "Role of Indian Navy".
② Indian Navy, "Role of Indian Navy".

军火处理、潜水援助、海难救助作业和水文调查等。海上力量因其行动速度快，在危机早期阶段提供急救物资、救助和救援方面作用非常大。海军特有的机动、抵达和持续能力，及其海上补给能力，使得其特别适合于发挥人道主义的作用。

表4　印度海军的人道主义角色[①]

目标	使命	任务
促进国民安全	高可用性灾难恢复（HADR）	提供救助物资和物品
投射国家软实力	援助民事当局	医疗救助
	搜索和救援（SAR）	潜水救助
		辅助水文调查等

三、　印度海洋安全战略的核心信条

20世纪60年代末，英国宣布将从苏伊士运河以东地区撤离。该决定引起了印度对于印度洋上出现“权力真空”的恐惧，并引发了印度关于如何填补英国撤出后留下的“权力真空”的争议。一种观点认为印度应该去填补这个权力真空，另一种观点则表示反对。例如，1968年3月，海军参谋长查特吉（A. K. Chatterji）以一种带有些许夸张的语气宣称：“印度海军在英国舰队撤出苏伊士运河以东后，将完全掌握印度洋地区事务。”[②] 而施瓦兰·辛格将军于1968年4月10日在印度议会的一次讲话中则说，印度不准备填补这个“想象中的”真空，但认为该地区的国家应该挖掘自己的国防潜力，以防止其他国家进入。[③]

可见，控制印度洋的思想早在20世纪60年代末就已萌生，只

① Indian Navy，“Role of Indian Navy”.

② 转引自 Raju G. C. Tomas，*Indian Security Policy*（Princeton：Princeton University Press，1986），pp. 152－153.

③ 转引自辛格著：《南亚海军》，第62—63页。

是随着美苏海上力量的进入，印度的海上雄心未能得逞。但到了80年代，印度海军实践再次表明了其控制印度洋、至少是控制印度周边海域的思想日益增强。1981年，印度海军执行“分水桩”（Starling）[①] 行动，在与孟加拉国领水划界纠纷中担负运输与巡逻任务；1987－1990年，印度海军参与出兵斯里兰卡“维和”行动；1988年，印度海军执行“仙人掌”（Cactus）行动，成功镇压了马尔代夫发生的政变。这些行动充分表明了印度已从近海防御向海洋“区域控制”的转变。

冷战结束后，印度洋地区最为突出的特征，首先在于域外大国如美国、欧盟、日本等在该区域的地缘战略利益和商业利益的显著增长，表现为对波斯湾地区石油资源的持续依赖，对印度洋重要战略通道和战略支点的持续关切，对地区国家动荡不定的社会政治环境持续的军事干预；其次是印度和中国的崛起正在有力地影响甚至牵引着印度洋地区的战略态势发展变化。换言之，印度因素和中国因素的作用正在明显地增强；第三，印度洋地区是当今世界政治中最不稳定也最易引发冲突的地区。据德国海德堡国际冲突研究中心（Heidelberg Institute for International Conflict Research）发布的年度报告，2013年，在印度洋地区共计发生了150多起政治冲突，占世界总数（414起）的三分之一。[②]

在这样的战略环境下，印度的战略家们若要依照阿尔弗雷德·塞耶·马汉的论断，将海洋作为广阔的公共疆域，他们就必须慎重地审视孟加拉湾、阿拉伯海这两片与印度直接毗连的海域，以及在此之外更加辽阔的远洋地区。所以，印度的海军战略家们在展望印

---

① 20世纪70年代早期，孟加拉湾海域新出现一个岛礁新摩尔（New Moore），距印度海岸线4965米，距孟加拉海岸线7040米。印度依据12海里领海原则宣布该岛为印度领土，随即与孟加拉国产生领土纠纷。G. M. Hiranandani, *Transition to Eminence, the Indian Navy 1976—1990* (New Delhi: Lancer Publishers, 1999), p. 136.

② Heidelberg Institute for International Conflict Research, *Conflict Barometer 2013* (Heidelberg, Germany: HIIK, 2013). http://www.hiik.de/en/konfliktbarometer/pdf/ConflictBarometer_2013.pdf

度海军力量前景的著作中，竭力鼓吹建设以次大陆为中心的分层同心环力量架构。

正是鉴于印度洋安全环境的复杂性，特别是基于印度洋力量态势的新变化、自身战略利益追求的多元化，印度认识到海上力量建设的极端重要性。实际上，早在冷战结束初期，印度就强调了其海军应承担的五大任务：[①]

（1）保卫印度本土以及印度的附属岛屿；

（2）保卫印度专属水域、专属经济区和离岸资产；

（3）保护印度的海上航道安全，维护海上贸易和通联；

（4）保护印度免受“炮舰外交”侵害；

（5）保护印度在临近水域的利益。

其中，就第一项和第二项任务而言，实力不断增强的印度海军和海岸警卫队各司其职，进行着守护；印度海军的第五项任务是保卫其在临近水域的利益，这毫无疑问是印度成长为地区性大国的自然结果。

第三项任务保护印度海上航道安全无疑是一项更为艰巨的任务。印度的大部分贸易是在南亚以外的地区进行的，结果必然是印度的海上航道由印度洋渐次扩展至大西洋和太平洋。因此，完成保护航道的任务需要印度海军具备有效的作战能力，至少要能保护从马六甲海峡到非洲海岸之间关键海上通道的畅通。此外，还需要有反潜作战能力，因为潜艇构成了商业运输的一大威胁。

第四项任务——保护印度免受“炮舰外交”侵害，明显是针对美国以及区域外其他试图在印度洋运用海军力量的国家。对印度来说，“炮舰外交”可追溯至印度被殖民时期，晚近美国海军航母“企业”号于1971年第三次印巴战争期间驶入孟加拉湾，也被印度

---

① Lieutenant Sanjay J. Singh, “The Indian navy is no threat”, *US Naval Institute Proceedings*, Vol. 3, No 3, March 1991, p. 75. 转引自 Marcus B. Zinger, The development of Indian naval strategy since 1971, *Contemporary South Asia*, Vol. 2, Issue 3, Nov. 1993.

视为是“炮舰外交”的典型表现。[1] 据此推定，任何存在于印度洋的大型舰队都可被视为具有推行“炮舰外交”的可能性，美军在迪戈加西亚岛的永久性海军基地也可以划入“炮舰外交”的范畴。不仅如此，保护印度免受“炮舰外交”的侵害，最容易产生受困感和被包围感，即将其他大国任何军事力量的存在都视作是威胁。换言之，要达成这一任务，某种程度上意味着印度需要将这片海域经略成印度的内湖。结果，加强印度海军建设也就至关重要，因为只有利用海军才能赶走任何试图进入这片海域的敌对势力或者说是潜在的敌对势力。

显然，要完成上述任务，印度不仅需要一支世界级的强大海军，而且需要积极进取的海洋学说与战略信条。为此，印度特别强调了海洋控制与海洋威慑两大核心战略信条。

首先，海洋控制包括了“控海”（sea control）和“拒海”（sea denial）两大方面。

所谓控海，是指在特定时间内，能根据自己的需要使用特定的海域，以及如果需要，同时不让对手使用该海域。基本上，所有的海洋战略家都认为，完全支配海洋几乎是不可能的事情，因而必须根据某一行动的实际需要，在时间和空间上加以限制；拒海则是指在特定时间内不让敌人使用特定海域，同时自己也不需要在这段特定时间内使用这一海域。控海与拒海并不矛盾，在特定海域实施拒海，可能必须在另一海域实施控海。[2]

在上述战略信条的指引下，印度推行着一种可称之为“围栏”

---

① Admiral S. N. Kohli, “The Geographical and Strategic Considerations that Necessitated the Expansion and Modernization of Indian Navy”, *Indian Defense Review*, January 1989, p. 37.

② 参见 Ashley J. Tellis, “Securing the Barrack: The Logic, Structure and Objectives of India's Naval Expansion” (part II), *Naval War College Review*, Volume XLIII, Number 4, Autumn 1990, pp. 45 –49. 有关“控海”和“拒海”的概念，印度 1988 年出台的《印度海洋战略（1989—2004）》就已经提出了这一概念。在印度政府有关海洋学说和海上军事战略的两份官方文件中亦有反映，见：Government of India, *Indian Maritime Doctrine*, p. 101; Government of India, *Freedom to Use the Seas*, p. 74.

战略（ring fence strategy）[1] 的海洋安全战略，这个“围栏”由以南亚次大陆为中心向外延伸的三个同心半圆形战略区组成，并沿孟买—亭可马里—科科岛轴心分为东部和西部两个部分：第一是完全控制区（Zone of Positive Control）——印度海岸向外延伸500公里内的海域；其次是中等控制区（Zone of Medium Control）——500至1000公里范围内的海域；第三是软控制区（Zone of Soft Control）——包括印度洋剩余的所有部分。

自然而然，印度最关注的是离得最近的完全控制区，其中最重要的是从海岸向外延伸200海里的专属经济区。除去专属经济区，印度海军要能够保卫从海岸向外延伸500公里范围内海域的安全。在这个海域内，印度必须在海上具有强大的力量投送能力，以及拥有可以控制空中和水下空间的能力，以便实施有效的控海和拒海。

在第二个战略区，即中等控制区内，发展拒海能力被认为是有效的防卫手段。因为出于保护印度核心经济设施的目的，印度决心不让敌人的海上力量接近完全控制区，且同这些敌对的海上力量的战斗应该在离岸500到1000公里的地区进行。在中等控制区内，印度海军的主要目标就是使侵入该地区的敌对势力看不到获得好处的机会，并为经过的印度商船提供保护。为此，航母战斗群在防卫这一区域的时候能够扮演关键性角色。

---

① “围栏”战略是由研究亚洲安全与战略问题的专家特里斯（Shley J. Tellis）于1990年提出的。见 Tellis，“Securing the Barrack”（part I），p. 45；还有学者用“海洋曼荼罗”（maritime mandala）来指代印度的海洋安全战略。见 Vijay Sakhuja，*Asian Maritime Power in the 21st Century- Strategic Transactions China*，*India and Southeast Asia*（New Delhi：Pentagon Press，2012），p. 278. 此外，亦有学者借用“门罗主义”（the Monroe Doctrine）概念来描述印度的海洋安全战略。见 James R. Holmes & Toshi Yoshihara，“India's ‘Monroe Doctrine’ and Asia's Maritime Future”，*Strategic Analysis*，Vol. 32，No. 6，2008；James R. Holmes，Andrew C. Winner and Toshi Yoshihara，*Indian Naval Strategy in the Twenty-first Century*，p. 171. 实际上，无论是“围栏”战略概念，“海洋曼荼罗”战略概念，还是“门罗主义”海洋安全战略概念，均具有同质性，即意指印度渴望把印度洋变成“印度之洋（Inida's ocean）”。而印度政府相关文件提出的涵括了整个印度洋的核心利益区域和次要利益区域的思想，正是这种战略倾向的当代反映。关于利益区域的划分，见 Government of India，*Freedom to Use the Seas*，pp. 59 – 60. 在此，特选用特里斯的“围栏”概念，用以统括新时期印度的海洋安全战略。

1000 公里之外的印度洋海域构成了印度的软控制区。任何域外大国大规模向该地区渗透都被视为印度的安全隐患而倍受关切。这一地区被赋予如此重要的地位，是因为印度认为，如果该地区安全不保，那么印度就面临遭受强制外交的可能性。据此，通过远程海上侦察机在外围海域监视大国海军活动，就成为印度海军一项迫切的任务；而获取核动力潜艇则是印度海军另一项关键需求，虽然一两艘战略核潜艇对于改变印度洋上战略态势的作用不大，但是核潜艇具有隐蔽、迅速、下潜时间长的特点，因而能够提供一种有限的威慑能力。可见，印度海军的海洋控制战略信条的核心是“马汉式的”，它主要集中在“控制关键地点、重要岛屿和要害航线三个部分”。①

其次，海洋威慑是印度区域威慑战略思想的自然延伸。

关于海军的战略威慑问题，早在 20 世纪 90 年代，印度著名防务专家 K. 苏布拉马尼亚姆（K. Subramanyam）就鼓吹印度应拥有足够的潜艇，包括装备有远程导弹的核动力潜艇，以此增加区域外大国对印度采取威慑外交的代价。② 进入新世纪后，印度强调，海军首要的军事目标就是威慑任何旨在反对本国的军事冒险，包括干涉印度事务与危害印度国家利益的颠覆性战略行动，认为发展一定的“核门槛”能力是必要的，因为这将使干涉的代价足够之高。③ 在 2004 年的《印度海洋学说》和 2007 年的《印度海上军事战略》中，印度明确提出了海基核威慑的必要性，认为核印度关于“不首先使用核武器”的政策已经表明，印度将核力量作为最后的报复手段使用，意在核威慑；海基核力量作为印度三位一体核力量的组成部分，

---

① David Scott, “India's ‘Grand Strategy’ for the Indian Ocean: Mahanian Visions,” *Asia-Pacific Review*, Vol. 13, No. 2, 2006, p. 113.

② K. Subrahmanyam, “Naval Security Doctrine for India”, *Strategic Analysis*, Vol. 12, No. 11, February 1990, p. 1144.

③ Government of India, *Indian Maritime Doctrine*, p. 61.

使印度拥有了可靠的第二次核打击能力，从而使得印度“不首先使用核武器”的政策具有了可靠性。故对于核力量较小的国家来说，发展核潜艇是优先选择。同时强调需要发展足够的常规力量，确保核门槛处于足够高的高位上。①

此外，印度还强调以遏阻和惩罚为手段的常规威慑的重要性，认为潜在对手不会被空洞的威胁和言辞所阻吓，唯有无法匹敌的能力才能让对手屈服。故常规威慑有赖于保持一支强大的海军力量，拥有可信的军事能力，能够对潜在挑衅者施加难以承受的打击，使其不敢对印度的国家利益进行任何挑衅或干涉。当面对一个更加强大的对手时，常规威慑同样可以实现，其方法在于发展伙伴关系，以便利用伙伴国的海军力量，或者是塑造一种团结的局面。尽管印度海军因为国家政策原因，不会组建正式的同盟，但却可以去找寻海上伙伴，或者与友好国家合作，来达成常规威慑。②

新时期，印度特别强调指出，印度海军是其海洋主权和多样化海上行动的促进者（enabler）和保护者（guarantor），主要借助海军的四大角色作用——军事、外交、维稳和人道角色——来实现其促进者和保护者的职责。同时，印度海上军事战略承认，21 世纪印度海军的主要任务之一还包括运用海上力量来支持国家的外交政策。为实现这一目标，印度强调其海军必须发展远洋投射的能力，在首要利益区域和次要利益区域显示存在，借助海上能力促进伙伴关系，通过联合或双边演习以及国际海事援助建立信任。③ 一句话，“印度正在创造一种涵盖了贸易协定、直接投资、军事演习、资金援助、能源合作和基础设施建设等一系列手段的新的混合式外交”，以期确

① Government of India, *Freedom to Use the Seas*, p. 76.

② Government of India, *Freedom to Use the Seas*, pp. 76 - 77.

③ Ministry of Defence, Government of India, *Annual Report, 2014—2015*, p. 32. http://mod.nic.in/writereaddata/AR1415.pdf. 2015.12.30

保自身利益的最大化。[1]

总之，新时期印度的海洋安全战略强调以强大、平衡的海军为基础，通过积极的政治、外交、军事手段，主动塑造印度洋地区事态，力图形成掌控印度洋的局面，继而在此基础上向与印度洋毗邻的地区辐射其影响力。[2] 为此，针对印度洋沿岸的中小国家，印度强调实施区域控制即“控海”，妄图将印度洋变为“印度之洋”，其主要目的在于保卫印度海洋安全的同时，获取印度洋事务的主导权；针对那些印度实力还不足以抗衡的域外海军力量，印度强调以威慑作为应对手段，即在没有条件达到“控海”的情况下，选择“拒海”作为其战略手段，来遏止外部大国的海上干涉与海上威胁。这方面，印度一直试图在其（面对巴基斯坦时）所扮演的“控海”角色和（面对域外大国时）所扮演的“拒海”角色之间寻求一种平衡。

---

① Amand Giridharadas, “Newly Assertive India Seeks a Bigger Place in Asia”, *International Herald Tribune*, May 12, 2005.

② Government of India, *Freedom to Use the Seas*, pp. 37 – 40.

第五章　印度海洋经济科技与海洋发展战略

独立以来，在很长时期里，印度海洋经济对于国民经济的贡献尽管所占比重不断上升，但却远非重要。冷战后，随着经济自由化改革的启动，特别是海外贸易的快速发展，海外能源需求和依赖度的快速上升，印度海洋经济开发的步伐显著加快，印度的海洋科技研发也不断地取得新进步，相应地其对于海洋经济重要性的认识也不断升华。特别是随着国际社会索马里护航行动的展开，美国、欧盟、中国等域外力量在印度洋影响力的增大，相关国家围绕印度洋资源和海洋权益的争夺日趋激烈，印度深感海上形势严峻，并以前所未有的力度实施海洋开发，以支撑其实力的快速崛起。在此过程中，海洋发展战略作为印度海洋战略的有机组成部分，得以在各个层面上实施。可以说，除去海洋安全因素外，印度海洋经济、海洋科技、海洋环境保护等事业，很大程度上决定着其海洋发展关切、海洋国土意识的生成与海洋秩序的追求，而印度的海洋国策主张则是其海洋发展战略的全面体现。

第一节　印度的海洋经济

印度经济长期以来深受尼赫鲁式的混合型计划经济体制的影响。由于印度采取的是“内向型”的工业化战略以及从“不结盟”到“亲苏”的对外战略选择，从而减少了对全球经济的参与。结果，在冷战后期，印度经济一度面临着被边缘化的危险。自20世纪90年代启动以自由化、市场化、私有化和全球化为取向的经济改革以来，印度经济得以快速增长，并从国际贸易的边缘重新向中心位置靠拢。在此过程中，海洋以及海洋经济的重要性日益提升。

一、印度经济社会生活中的海洋

自20世纪90年代初推行自由化改革以来，印度经济的整体表现向好，保持了令人羡慕的高速增长。尽管国际社会和印度政府对于印度经济增长的潜力充满信心，对其保持较快经济增速充满期待，但自2008年开始，由于受到内外部经济环境的影响，印度经济增速并未能如政府所预想的那样，保持理想中的持续快速稳定的增长。其中，印度第“十一五”计划（2007—2008财年至2011—2012年财年）期间，经济平均增长率为8%，低于政府确定的9%的“十一五”计划目标，所幸高于第十个五年计划7.6%的经济增长率。这也是印度编制五年经济发展计划以来最高的经济增长率。“十二五”计划（2012—2013财年至2016—2017财年）的第一年，由于受到全球经济环境不佳的影响，加之印度诸多国内因素的制约，印度经济发展速度出现下滑。[①] 2014 年印度人民党莫迪政府上台后，狠抓经济建设，同时改变 GDP 统计方法，印度经济再度呈现向好的局面。2013 年，印度国内生产总值增速达 6.9%；2014 年，印度国内生产总值增速达 7.4%；[②] 2015 年，主要得益于石油和大宗商品价格的急剧下滑，印度 2015 财年（截至 2016 年 3 月底）GDP 增速达到 7.6% 左右，跃升为世界第七大经济体。[③]

可以说，目前印度经济正处于发展的关键阶段。尽管面临着巨大的挑战，但印度政府认识到，对于拥有 12.5 亿人口的印度来说，必须保持经济较快发展。为此，印度政府确定了“十二五”年均经济增长率 8% 的发展目标，并为完成这一目标采取了一系列的措施。这是因为：第一，GDP 的快速增长将催生总收入和生产更大的扩张。如果这一增长过程具有足够的包容性，将为大部分人提供就业，增加其收入，因而将直接提高印度人民的生活标准。这对于当今印度来说尤其具有重要的现实意义。第二，保持包容性的较快经济增速将增加政府税收，有利于关键的融资计划的实施，包括向贫穷和底层群体直接提供福利，帮助其就业等。[④] 可见，较快的包容性增长不仅仅是印度经济生活的必须，某种程度上也是政治生活的必需。因为只有经济快速增长，人民生活水平稳步提高，印度政治社会生活

① Planning Commission, Government of India: *Twelfth Five Year Plan (2012 - 2017): Faster, More Inclusive and Sustainable Growth, Volume I* (New Delhi: Sage Publications India, 2013), p. III.

② 2015 年 1 月 30 日，印度政府宣布调整 GDP 统计方式，修正了 2013—2014 财年的 GDP 增长数字，将原来 4.7% 的增长率大幅上调至 6.9%，将 2012—2013 财年的 GDP 增长数字从原来的 4.5% 上修至 5.1%。http://finance.sina.com.cn/world/gjjj/20150601/023622311924.shtml。参见："State of the Indian Economy: An Opportunity for Revival", Feb. 2015, p.7. http://www2.deloitte.com/in/en/pages/tax/articles/state-of-the-indian-economy-2015.html；薛皎："印度一季度经济增速 7.5%，2015 年超越中国不是梦?"，《第一财经日报》，2015 年 6 月 1 日。

③ "印度预计 2015 财年经济增长 7.4%"，《国际在线》，2015 年 2 月 10 日。http://gb.cri.cn/42071/2015/02/10/3245s4869701.htm；"印度 2015 年第四季度 GDP 增长 7.3% 傲居全球"，《凤凰网》，2016 年 2 月 9 日。http://v.ifeng.com/news/finance/201602/01d957e4-ec2c-4f3b-9ddb-e94f2162cf85.shtml

④ Planning Commission, Government of India: *Twelfth Five Year Plan (2012 - 2017)*, Volume I, p. 3.

才能维持足够的稳定，其世纪崛起这一宏大目标才有实现的可能。

正是在这种情形下，海洋经济作为印度国民经济的有机组成部分和新的增长点，对于印度经济的包容性增长来说就显得十分重要。

如前所述，印度作为半岛型国家，在地理上占据了印度洋的中心位置。无论是从海岸线、岛屿、海洋管辖区，还是从海洋经济而言，都称得上是印度洋地区的海洋大国。正因为如此，海洋在印度国家经济和国民生活中具有十分重要的地位。

表 1　印度海洋基本数据统计表①

海岸线长度	**7516.6 千米**
大陆海岸线	5422.6 千米
拉克沙群岛	132 千米
安达曼和尼科巴群岛	1962 千米
岛屿（个）	**1197**
安达曼和尼科巴群岛	572
拉克沙群岛	27
印度西海岸	447
印度东海岸	151
海洋管辖区	**依据《联合国海洋法公约》（1995 年 1 月 29 日）划定**
领海	45450 平方海里/ 155889 平方公里
专属经济区	587600 平方海里/2013410 平方公里
大陆架	约 53 万平方公里（正在划界中）
深海矿区	15 万平方公里；1987 年成为“先驱投资者”
南极站	南更戈德里站，建于 1983 年；梅特里站，建于 1989 年；印度站，建于 2012 年

① 根据印度政府发布的相关文件整理制作。参见：Government of India，*Freedom to Use the Seas*，p. 57；Ministry of Shipping，Government of India，*Annual Report*：*2013—2014*，p. 88. http：//shipping. nic. in/showfile. php？ lid = 1676；Ministry of Shipping，Government of India，*Maritime Agenda*：*2010—2020*，p45. http：//shipping. nic. in/showfile. php？ lid = 261.

续表

沿海邦 西部海岸 东部海岸	**9个** 古吉拉特邦、马哈拉施特拉邦、果阿邦、卡纳塔克邦、喀拉拉邦 西孟加拉邦、奥里萨邦、安得拉邦、泰米尔纳德邦
联邦领地（群岛） 西部 东部	**2个** 拉克沙群岛 安达曼和尼科巴群岛
海上邻国 南亚海上邻国 东南亚海上邻国	**7个** 巴基斯坦、孟加拉国、马尔代夫、斯里兰卡 缅甸、泰国、印度尼西亚

对于印度的经济发展来说，首先也最重要的是能源供应和能源安全问题。按照印度政府的测算，“十二五”计划年均8%的经济增长率，意味着所有的能源资源的利用率必须保持6%的增速。不幸的是，印度国内能源供应的增幅远不能满足这方面的需求。[①] 结果，印度对于能源进口的依赖度日渐增大。它不仅严重依赖石油进口，而且严重依赖天然气和煤炭进口，且这方面的对外依赖度随着经济的发展越来越高。在石油进口方面，印度石油进口总值占所有商品进口总值的占比，从2003—2004财年和2004—2005财年的27%，上涨到2007—2008财年的31.7%，2012—2013财年的34%；[②] 煤炭进口方面，预计在2016—2017年度，印度需要进口1.85亿吨煤炭才能满足国内基本需求。[③] 无疑，能源安全不仅仅指稳定的价格供应（因为进口能源价格的提升将直接影响印度国民经济的增长速度），

① Planning Commission, Government of India: *Twelfth Five Year Plan* (*2012 - 2017*), Volume I, p. 33.

② Planning Commission, Government of India: *Twelfth Five Year Plan* (*2012—2017*), Volume I, p. 51.

③ Planning Commission, Government of India: *Twelfth Five Year Plan* (*2012—2017*), Volume I, p. 33.

而且包括海上能源运输安全。

其次，海洋对于印度经济的意义，还指包括石油和天然气、矿藏在内的海洋资源的开发利用。早在1970年代初，印度就在孟加拉湾的公海发现了石油和天然气，预估在流入孟加拉湾的戈达瓦里河（the Godavari）、克里希纳河（the Krishna）、保克湾（Palk Bay）盆地的油气田储量丰富，在安达曼近海也发现了天然气田。在海洋矿藏开采方面，除去200多万平方公里专属经济区的矿藏开采权外，作为“优先投资方”，印度还在中印度洋获得了15万平方公里海域多金属结核的开采权。

再次，海外贸易方面，尽管印度整体贸易增长了，但商品贸易的逆差却不断加大，从2004—2005财年占国内生产总值的4.7%，扩大为2006—2007财年的6.5%，随后两年进一步增至7.1%和9.5%。之后略有下降，但在2011 2012财年达到了9.9%。幸运的是，这么大的商品贸易逆差，为服务贸易和高水平的侨汇所抵消。①作为世界上侨汇收入最高的国家，印度于2012年共收到海外非定居印度人的侨汇710亿美元，从而有力缓解了印度外汇储备的不足。②

第四，在印度国民经济社会生活中，很大一块就是印度沿海邦的经济社会发展与海洋紧密相关。

就沿海邦而言，印度西部的古吉拉特邦可谓是一面旗帜。古吉拉特邦面积196030平方公里；根据2011年的人口普查数据，人口

---

① Planning Commission, Government of India: *Twelfth Five Year Plan (2012—2017)*, Volume I, p. 51. 例如，在海湾合作委员会的多数国家的私人劳务市场中，南亚和东南亚外派劳务人员占据了其90%以上的私营工作岗位。其中，外派人员已占阿拉伯联合酋长国总人口的81%，卡塔尔的75%，科威特的67%。正因为如此，侨汇经济对南亚和东南亚地区的经济发展日显重要。见 Amit Pandya and Rupert Herbert-Burns with Junko Kobayashi, *Maritime Commerce and Security: The Indian Ocean* (Washington, DC: Stimson, 2011); Ellen Laipson and Amit Pandya eds., *On the Move: Migration Challenges in the Indian Ocean Littoral* (Washington, DC: Stimson, 2010).

② 世界银行统计数据表明，2012年全球侨汇总额达4140亿美元。“Remittances: Kerala drives dollar flows to India”. Yahoo! Finance. 5 November 2013. https://in.finance.yahoo.com/news/remittances-kerala-drives-dollar-flows-to-india-053414379.html

为6038万。[①] 该邦西部和西南部紧邻阿拉伯海，海岸线长1600公里，占印度全国海岸线的24%。作为印度海岸线最长的邦，它拥有41个港口，其中大型港口1个，中型港口11个，小型港口29个。可以说，古吉拉特邦正是凭借沿海区位优势和开放的自由化经济政策，成为了印度国内经济发展较快较好的邦之一。首先，古吉拉特邦的工业化程度较高，是印度重要的工业中心之一，工业企业主要有石油、化工、纺织、水泥、炼油、化学肥料、机床及电气工程；其次，石化工业发达。印度信实工业公司（Reliance Industries）在古吉拉特邦贾姆纳格尔开设的炼油厂，是世界上最大的炼油厂之一；全印度三个液态天然气接收终端（liquefied natural gas（LNG）terminal）中，[②] 它占有两个；它还在全邦建成了天然气供气管线，供气管线长达2200公里。再次，经济保持了较快的平稳增长。2001年10月，纳伦德拉·莫迪当选为古吉拉特邦的首席部长，他担任该职一直到2014年出任印度政府总理为止，成为目前为止该邦任职最长的首席部长。在他的带领下，古吉拉特邦的经济长期保持了两位数的增长速度，2011年7月的《经济学家》杂志曾把古吉拉特邦比喻为中国的“广东省”。[③]

印度西部其他的沿海邦中，马哈拉施特拉邦（Maharashtra）面积307713平方公里，人口达1.1亿，其首府孟买是印度的金融首都。该邦的地理特征之一是西高止山脉将德干高原与康坎沿海平原（Konkan coastal plains）地区分割开来，其沿阿拉伯海的海岸线长达720公里。该邦的孟买港和贾瓦哈拉尔·尼赫鲁港是由印度中央政

---

① http://www.gujaratindia.com/state-profile/demography.htm

② 液化天然气接收终端是指接收海运LNG的大型终端设施，它接收通过LNG船从基本负荷型LNG工厂运来的液化天然气，将其储存和气化后分配给用户，或通过低温槽车把LNG从接收终端再运送到卫星接收站，接收终端的气化能力很大，储罐能力也很大，主要由专用码头、LNG卸船装置、输送管道、储罐、气化设备、蒸发气处理装置、安全保护系统、冷能发电系统等组成。见曹文胜等：“液化天然气接收终端及其相关技术”，《天然气工业》2006年第1期，第1页。

③ “Gujarat's Economy：India's Guangdong”. *The Economist*, July 2011.

府直接监管的两个大港。作为吸引外国投资最多的印度地区，其出口总额占全国的32%；[①] 卡纳塔克邦（Karnataka）面积为191976平方公里，人口6113万，其格纳拉沿海地区面向阿拉伯海，海岸线长350公里，重要港口有2个，分别是新芒格洛尔港（New Mangalore Port）和卡尔瓦尔港（Karwar）；[②] 果阿邦（Goa）面积3702平方公里，人口145.7万。由于葡萄牙人在此盘踞了450年之久，直到1961年由印度政府武力收回，故而该邦具有浓厚的政治象征意义。作为印度面积最小的邦，它是康坎海岸的一部分，海岸线长101公里。莫尔穆高港（Marmagao Port）作为该邦主要港口，可处理矿藏、石油、煤炭、国际集装箱等航运业务，其铁矿石出口货运量占印度铁矿石出口总量的39%。此外，渔业为该邦四万人口提供了就业机会；喀拉拉邦（Kelara）面积38863平方公里，人口3338万。该邦位于印度马拉巴尔海岸的西南部地区，海岸线长595千米，历史上以香料出口而闻名于世。该邦经济主要依靠海外劳务输出，外劳人员主要集中于海湾国家，侨汇收入占该邦总产值的1/5以上。2012年，该邦侨汇收入达110.3亿美元，占全国710亿美元侨汇收入的15.5%。[③] 此外，渔业占据了该邦总产值的3%，110万人口从事渔业工作。传统工业方面，该邦占有全球白椰壳纤维产品的60%，这方面的大中小型企业近一百五十万家，从业人口达303万人。[④]

---

① "List of ports in Maharashtra". Regional Port Offices, Maharashtra Maritime Board. Retrieved 1 February 2014. http://www.mahammb.com/regional-port-offices.htm

② http://en.wikipedia.org/wiki/Karavali

③ "Remittances: Kerala drives dollar flows to India". Yahoo! Finance. 5 November 2013. https://in.finance.yahoo.com/news/remittances-kerala-drives-dollar-flows-to-india-053414379.html

④ N. Rajeevan, "A Study on the Position of Small and Medium Enterprises in Kerala vis a vis the National Scenario". *International Journal of Research in Commerce, Economics and Management*, Vol. 2, No. 3, March 2012.

表 2　马哈拉施特拉邦涉海情况统计表①

海岸线长	720 公里
港口数量	50 个
登陆点	196 个
锚固定点	272 个
沿海村庄	385 个
登记渔船数量	19499 艘
渔民数量	83659 人

在印度东部沿海诸邦中，西孟加拉邦（West Bengal）面积 88752 平方公里，人口 9100 万。地理上，西孟加拉邦北部是喜马拉雅山区，南部是冲积平原。另外，孟加拉湾沿岸构成该邦南部的海岸线。加尔各答和哈尔迪亚港（Haldia）是该邦最大的港口，其中加尔各答是印度东部和印度东北部主要的商业和金融中心，拥有加尔各答证券交易所——印度第二大交易所，也是该地区唯一拥有国际机场的城市。作为印度东部最大的商港，加尔各答货运处理量居印度第三。该港过去以出口黄麻为主，曾有黄麻港之称。此外，该邦还是印度最大的皮革制成品产地，全国大约 70% 的皮革制品来自这里，皮革制品主要销往欧洲国家。能源方面，有印度最大的石油公司印度石油公司（Indian Oil Cooperation）。另据印度煤炭部 2012—2013 财年公布的数据，目前印度煤炭储量（包含证实储量和概实储量）总计约 2935 亿吨，其中西孟加拉邦占 10%。

奥里萨邦（Orissa）面积 155707 平方公里，人口 4194 万。该邦沿孟加拉湾有着 485 公里的海岸线，② 主要港口有帕拉迪普港（Paradip Port）。为发展经济，印度政府已经决定在奥里萨邦沿海地

① J. K. Dhar, "Safer MaritimeNavigationonIndianCoast", p. 6. http://www.docin.com/p-431989243.html.

② "Coastal Security", Odisha Police. 1 February 2015. http://odishapolice.gov.in/?q=node/163.

区建立经济特区。安得拉邦（Andhra Pradesh）面积为160205平方公里，人口4938.6万。该邦海岸线长972公里，仅次于古吉拉特邦，位居印度第二位。该邦的维萨卡帕特南港是全国性的大型港口。在全邦13个县中，9个县拥有海岸线，故工业制造和出口中心云集。泰米尔纳德邦（Tamil Nadu）面积为130058平方公里，人口7215万，其最南端科摩林角也是印度国土的最南端。金奈、恩诺尔、杜蒂戈林是该邦三大港口，此外还有7个小港。

随着印度经济的发展，特别是2005年5月《经济特区法》的通过和莫迪政府提出所谓的“东向行动”和“西向联动”政策，印度沿海邦的地位和作用将更加的凸显。在可见的未来，海洋经济对于印度民众生活的影响将越来越大，利用海洋、发展海洋经济也将越来越成为印度各级政府的政策基点之一。

二、 印度海洋经济的核心产业

在印度海洋经济中，除去海洋矿产资源的开采、海洋波能的实验性利用、海洋旅游等产业外，海洋渔业捕捞、海洋航运与海上贸易、油气资源海洋运输可以说是核心支柱产业，很大程度上反映了印度海洋经济的面貌。

（一）海洋渔业捕捞

鱼类是海洋中的可再生资源，是人们特别是沿海居民的食粮和生计来源之一，故在海洋经济中，人们最熟知的就是渔业。相比于太平洋和大西洋，印度洋的渔业资源并不算发达，但仍然是印度洋沿岸国家海洋经济的支柱产业之一。根据联合国粮农组织的海洋捕捞统计数据，印度洋地区的渔业产量一直呈现稳步增长的态势，从1950年代的86.1万吨，增长为2010年的1130万吨。

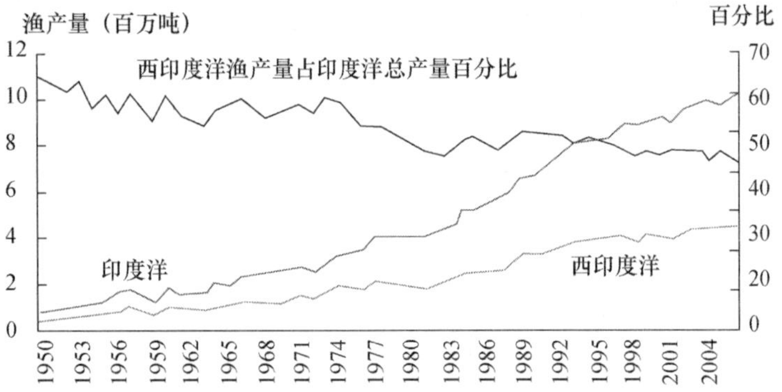

图 1　印度洋渔产量统计图（百万吨）[①]

2010 年印度洋的海洋渔业捕捞量达到了 1130 万吨，占全球 7740 万吨渔业捕捞量的 14.6% 。据估算，印度洋地区大约有 1500 万人口依赖于渔业，且绝大部分是贫穷人口。[②] 其中，西印度洋地区的 11 个东非国家 1.07 亿人口中，大约 47% 生活在沿海 100 公里范围以内。西印度洋地区的马尔代夫、毛里求斯、塞舌尔等岛国，尤其依赖于渔业；[③] 南亚岛国斯里兰卡，142500 名渔民从事渔业，那些从事渔业工作的人们生活在 1333 个渔村，使用 703 个渔港。[④] 2004 年 12 月印度洋大海啸中，斯里兰卡有 7500 人死亡，5600 人失踪，5000 个渔民家庭被毁。[⑤] 可见，海洋和海洋渔业对于斯里兰卡影响之大。除了从事海洋捕捞外，一些印度洋国家同时还养殖鱼类、贝壳类和其他的水产品 。基本上，印度洋沿海地区的水产养殖，主要是在海湾、珊瑚礁、河口、泻湖、红树林、砂质沙滩、海草床和

① Ellen Laipson and Amit Pandya, eds., The Indian Ocean: Resource and Governance Challenges (Washington D. C.: Stimson, 2009), p. 5.

② Laipson and Pandya, eds., *The Indian Ocean*, p. 69.

③ Laipson and Pandya, *The Indian Ocean*, p. 4.

④ Laipson and Pandya, eds., *The Indian Ocean*, p. 45.

⑤ Timothy Doyle and Melissa Risely, eds., *Crucible for Survival: Environmental Security and Justice in the Indian Ocean Region* (New Brunswick: Rutgers University Press, 2008), pp. 55 - 56.

湿地等海岸附近水域进行，是印度洋沿岸国家渔业捕捞的主要对象。其中，印度、印度尼西亚、孟加拉国、泰国、缅甸和埃及等6个印度洋地区国家的水产养殖量，2010年进入了世界的前十位，共养殖了1130万吨的渔产品。[①] 而更加有利可图的远海渔场的渔业捕捞，则主要为欧洲、日本等国家的渔民所占据。

毫无疑问，作为印度洋地区的人口大国和经济大国，印度的渔业产量可谓首屈一指。其渔业总产量居世界第三位，内陆淡水鱼产量居世界第二位；渔业产值占国民生产总值的1%，占印度农业生产总值的4.72%。截止2010年，印度渔业总产量为785万吨，其中，332万吨来自海洋渔业。[②] 海洋渔业为印度沿海几百万渔民提供了直接的生活支撑，另有150万人从事与海洋渔业有关的活动。[③] 在印度海洋渔业市场中，仅有15%的产品出口国外，其余则进入国内市场体系之中。[④]

表3　印度渔业基本数据统计表[⑤]

类别	数据
码头	1332（个）
渔村	3202（个）
渔民家庭	756212（产）
渔民人口	3519116（个）

① 全球大约38%的水产养殖是在海水或淡盐水中进行的。水产养殖的大部分依托于海岸生态系统，如河流三角洲和河流入海口。相应地，淡水鱼捕捞也是在沿海水域进行。孟加拉国和印度有大约80%的鱼是在印度洋沿岸的桑德尔本（Sundarbans）红树林沼泽区，即恒河—布拉马普特拉河—梅格纳河三角洲（Ganges-Brahmaputra-Meghna river delta）红树林沼泽区捕捞的。

② R. Sathiadhas, R. Narayanakumar and N. Aswathy, eds., *Marine Fish Marketing in India* (Kochi, Kelara: Central Marine Fisheries Research Institute, 2012), Forward. P. V.

③ Sathiadhas, Narayanakumar and Aswathy, eds., *Marine Fish Marketing in India*, p. 1.

④ Sathiadhas, Narayanakumar and Aswathy, eds., *Marine Fish Marketing in India*, p. 3.

⑤ Fishery Resources Assessment Division, Central Marine FisheriesResearch Institute (Indian Council of Agricultural Research: "Marine Fisheries Profile: India". http://eprints.cmfri.org.in/5480/1/1.India_ profile.pdf; Sathiadhas, Narayanakumar and Aswathy, eds., *Marine Fish Marketing in India*, P. V.

续表

类别	数据
男性 女性	1806805（个） 1712311（个）
家庭规模	4.65（人/户）
教育程度 正规教育 未受教育	 1988159（个） 1530957（个）
不同程度活动的渔民 所有时间都活动 部分时间活动 偶尔活动	 717999（个） 117628（个） 53901（个）
渔船 机械化船只 电动化船只 非电动化船只	 58911（只） 75591（只） 104270（只）
既无渔船又无设备的家庭	323121（户）
2010 年总产量	785 万（吨）

表 4　印度鱼类产品产量统计表①

时间 / 平均产量（吨） / 种类	1961—1970	1971—1980	1981—1990	1991—2000	2001—2005
马鲛鱼	52.04	81.60	95.35	190.47	113.59
长头沙丁鱼	208.42	152.43	176.85	162.63	346.43
板鳃鱼	36.14	55.29	56.95	65.73	55.50
鲳鱼	21.19	30.24	42.93	40.57	40.22
金枪鱼	3.73	13.28	29.90	42.91	41.06
章鱼	0.61	7.86	31.96	101.58	106.47

① Fishery Resources Assessment Division, Central Marine FisheriesResearch Institute (Indian Council of Agricultural Research: "Marine Fisheries Profile: India". http://eprints.cmfri.org.in/5480/1/1.India_ profile.pdf.

续表

种类 \ 平均产量（吨） \ 时间	1961—1970	1971—1980	1981—1990	1991—2000	2001—2005
对虾	57.89	110.89	132.64	194.87	187.81
龙头鱼	81.44	86.75	104.00	106.34	114.32
鲈鱼	10.96	29.53	77.36	149.23	186.00
石首鱼	28.87	82.48	101.92	169.86	120.41
带鱼	28.33	57.32	65.28	121.27	153.38
马鲅	10.96	21.56	33.90	43.85	46.12
鲹鱼	22.80	28.72	85.54	148.08	128.94
鲶鱼	23.76	51.77	53.77	44.13	51.55

表5 印度水产养殖场统计表①

邦	0—2 公顷		2—5 公顷		5—10 公顷		大于 10 公顷	
	数量（个）	占比	数量（个）	占比	数量（个）	占比	数量（个）	占比
古吉拉特邦	22	15.60	103	73.05	10	7.09	6	4.26
马哈拉施特拉邦	74	54.00	36	26.00	13	10.00	13	10.00
卡纳塔克邦	393	61.69	94	14.76	48	7.54	102	16.01
果阿邦	41	24.55	19	11.36	97	58.08	10	5.99
喀拉拉邦	1297	50.00	699	27.00	234	9.00	3620	14.00
泰米尔纳德邦	352	42.00	349	41.00	107	13.00	36	4.00
安得拉邦	29738	96.19	2190	3.02	336	0.46	238	0.33
奥里萨邦	7580	97.88	100	1.29	51	0.66	13	0.17
西孟加拉邦	4327	55.00	1778	29.00	1077	13.00	646	8.00

① K. Gopakumar, "Indian Aquaculture", *Journal of Applied Aquaculture*, Vol. 13, Issue 1 - 2, 2003, p. 7.

（二）海洋航运与海上贸易

世界贸易中，海上贸易历来占有十分重要的地位。据统计，1970—2011年间，世界海上贸易年均增长率为3%，从1970年的26亿吨，上升到2011年的87亿吨。按照这一增速，至2035年，海上贸易将翻番。海上贸易中，原材料贸易占主导地位，其中油轮贸易占了总吨位的1/3，其他的干散货贸易（dry cargo）包括集装箱干货贸易占了40%；余下的28%为五大宗干货（dry bulk）贸易，包括铁矿石、煤、谷物、铝土和磷矿。①

在海上贸易中，航运业不仅重要，而且是反映世界贸易的晴雨表。截止2010年1月，全球登记的商船达102194艘，总载重吨位127.6万吨。② 近年来，受到美国和欧盟经济紧缩的影响，世界贸易和航运业呈现出小幅下滑的趋势，但印太地区发展中国家的海外贸易和航运业的发展势头却依然不减。

冷战结束以来，印度海外贸易稳定增长。按照体积计算，约90%的印度贸易量；按照价值计算，约70%的印度贸易，均通过海洋运输完成。③ 特别是印度的主要港口，承担了印度海洋货运量的75%，故主要港口的可持续增长和发展，对于印度经济来说十分重要。不仅如此，在主要港口设立经济特区以促进外向型经济的发展，成为新时期印度确保经济可持续快速增长的一项重要举措。沿海经济特区建设，反过来进一步促进了印度的对外贸易和航运业的兴旺。

在印度政府公布的2010至2011年度总结报告中，航运部首次

---

① Vincent F. Valentine, Hassiba Benamara & Jan Hoffmann, "transport and international seaborne trade", *Maritime Policy & Management*, Vol. 40, No. 3, 2013, p. 228.

② "Review of Maritime Transport 2010," United Nations Conference on Trade and Development. http://www.unctad.org/en/docs/rmt2010_en.pdf.

③ Ministry of Shipping, Government of India, *Annual Report: 2013—2014*. http://shipping.nic.in/showfile.php?lid=1676.

提及了具体的航运发展情况，[①] 主要包括：

（1）主要港口的吞吐量从2009年3月31日的5.7477亿吨提升至2010年3月31日的6.1673亿吨。

（2）耗资140.7亿卢比的恩诺尔港（Ennore Port）集装箱码头的扩建协定于2010年6月正式签署。钦奈港以PPP模式融资的巨型集装箱码头扩建工程已获得政府批准，该工程耗资368.6亿卢比，扩建完毕后可容纳四百万只标准集装箱（20英尺箱）。

（3）帕拉迪普港的深水泊位建设协定已经正式签署，该工程耗资59.735亿卢比。该港另一项工程，耗资47.901亿卢比的输煤系统建设协定也已经签署。

（4）维萨卡帕特南港务局提出的对两个泊位（分别为EU—I与EU—1A）进行建设与扩建的计划已经获得批准。

（5）科钦造船有限公司（CSL）净利润达到史上最高值，相较于2008—2009年的16亿卢比，2009—2010年利润为22.3亿卢比。该公司声称，2009至2010年，其普通股的股息达到10%，优先股的股息达到7%。该港口与塞浦路斯船务有限公司于2010年9月3日签署了关于建造作业平台补给船的合同。而在2010年10月20日，印度海军与该公司签署了一份建造20艘快速巡逻艇的合同。在2010年里，该公司向其在欧美的买家交付了七艘作业平台补给船。

（6）印度轮船公司（SCI）在第十一个五年计划期间对其62艘船只进行了部分改造，并计划通过国内或者国际借贷或者借助股票筹措资金，填补开支。

（7）2009至2010年主要港口的13项PPP模式融资项目宣告完成，大约融资26537.7亿卢比，港口吞吐量扩大了6565万吨/年。另外，6项PPP模式融资项目在2010年12月上马。这些私有性质的投资将促使外国资本对港区进行直接投资（FDI），使港口获利于建

① http://www.marinebuzz.com/2010/12/30/indian-ports-and-shipping-year-end-review-2010/.

设，也有助于吞吐量的提升。①

表6　印度船运吨位发展情况统计表

年份	近海		远洋		总计	
	船只数量	总吨位	船只数量	总吨位	船只数量	总吨位
1947. 8. 15	48	119000	11	73000	59	192000
1951. 4. 1	71	205699	23	166679	94	372378
1961. 4. 1	97	313694	75	544139	172	859833
1971. 4. 1	66	230822	184	2213749	250	2444571
1981. 4. 1	59	249633	331	5494887	390	5740520
1982. 4. 1	64	287412	339	5653422	403	5940834
1983. 4. 1	69	340904	333	5664004	402	6040908
1984. 4. 1	72	337264	335	5790299	407	6127563
1985. 4. 1	99	342336	329	5976193	428	6318529
1986. 4. 1	100	301896	262	5454491	362	5756337
1987. 4. 1	120	413632	254	5346961	374	5760593
1988. 4. 1	129	443331	237	5099875	366	5543206
1989. 4. 1	146	455244	243	5247461	389	5702705
1990. 4. 1	152	512467	256	5465991	408	5978258
1991. 4. 1	163	523733	255	5515587	418	6039320
1992. 4. 1	169	561316	243	5345663	412	5906979
1993. 4. 1	187	640115	250	5633142	440	6276618
1994. 4. 1	204	644140	238	5635246	442	6279386
1995. 4. 1	214	693267	237	5861882	451	6555419
1996. 4. 1	226	708362	254	6391891	480	7100253
1997. 4. 1	233	693331	248	6221749	481	6915080
1997. 4. 1	234	642838	244	6200318	478	6843156
1999. 4. 1	250	656174	240	6212021	490	6868195

① 以上数据见：R. S. Vasan，“India's Maritime Core Interests”，Strategic Analysis，Vol. 36，No. 3，2012，pp. 418 -419.

续表

年份	近海		远洋		总计	
	船只数量	总吨位	船只数量	总吨位	船只数量	总吨位
2000.4.1	273	681605	240	6231361	513	6912966
2001.4.1	316	697242	230	6119357	546	6816599
2002.4.1	336	733658	224	6087279	560	6820937
2003.4.1	425	805262	191	5372297	616	6177559
2004.4.1	436	807808	203	6136398	639	6944206
2005.4.1	458	810591	228	7202364	686	8012955
2006.4.1	496	817449	243	7646971	739	8464420
2007.4.1	530	842032	257	7753153	787	8595185
2008.4.1	585	904484	282	8086107	867	8990591
2009.4.1	627	962922	298	8320217	925	9283139
2010.4.1	678	999430	327	8689133	1003	9688563
2011.4.1	722	1024674	349	9425631	1071	10450305
2011.4.1	764	1062383	371	9968368	1135	11030751
2013.4.1	806	1063944	358	9160044	1164	10223988
2013.12.1	830	1132686	364	9243704	1194	10376390

新时期，作为金砖国家集团中的一员，印度提出了确保经济持续快速包容性增长的发展战略，这也就决定了对外贸易的重要性。其“十二五”计划明确要求，整个“十二五”期间，印度的商品出口要占到 GDP 的 16.0%，在 2016—2017 年度出口额要达到 5700 亿美元；商品进口占到 GDP 的 25%。[①] 就远景目标而言，印度政府决

① Planning Commission, Government of India: *Twelfth Five Year Plan (2012 - 2017)*, Volume I, pp. 51 - 53.

心在2020年的时候，使印度成为世界贸易的主要方，扮演与其经济增长和人口规模相称的国际贸易领导者的角色。为此，印度每五年发布一份《外贸政策》（Foreign Trade Policy）文件，对需要注意的国内和国际经济运行环境的变化进行评估，对对外贸易予以指导，并在双边、多边和地区三个层次上大力发展对外贸易往来。① 在这样的宏观经济背景下，作为承担和反映对外贸易的港口和航运业，其地位和作用日显重要。

其中，港口作为连通国际贸易的重要基础设施，为印度各级政府所重视。印度政府的“十二五”计划明确做出了扩建印度主要港口、提升港口功能的战略部署，并决定在西孟加拉邦和安得拉邦新建两个公私合营的大型港口。② 计划到2020年时，印度港口吞吐能力达到32亿吨，货运处理能力达到25亿吨；③ 航运方面，截至2014年3月31日，印度商船队共拥有1213艘船只，总吨位达1049万吨。其中，367艘船只从事海外贸易，其余从事近海贸易。尽管如此，还是出现了航运业在印度海外贸易中的占比持续下降的趋势，从1999—2000年度的31.5%，下降到2004—2005年度的13.7%，2010—2011年度的7.95%。④ 鉴此，印度政府计划在“十二五”计划期间，将其船舶总吨位提升到1240万吨，以支撑其不断扩大的海外贸易规模。⑤

---

① Planning Commission, Government of India: *Twelfth Five Year Plan (2012 - 2017)*, Volume I, pp. 64 - 66.

② Planning Commission, Government of India: *Twelfth Five Year Plan (2012 - 2017)*, Volume I, p. 17.

③ Ministry of Shipping, Government of India, *Updated Strategy Document aligned with the 21st Plat Priorities*, P. 432. http://shipping.nic.in/showfile.php? lid = 1585

④ Planning Commission, Government of India: Twelfth Five Year Plan (2012 - 2017): Faster, More Inclusive and Sustainable Growth, Volume II. New Delhi: Sage Publications India, 2013, p. 226.

⑤ Planning Commission, Government of India: Twelfth Five Year Plan (2012 - 2017), Volume II. p. 227.

表7　印度2012—2013年度海外贸易情况统计表（单位：千吨）①

货物类型	印度国内航线		国外航线		总计
分装货物（Break Bulk）					
载货量	1582	5.11%	29353	94.89%	30935
卸货量	3053	7.53%	37482	92.47%	40535
总量	4635	6.49%	66835	93.51%	71470
集装箱（Container）					
载货量	1313	1.88%	68689	98.12%	70002
卸货量	966	1.38%	69170	98.62%	70136
总量	2279	1.63%	137859	98.37%	140138
干散货（Dry Bulk）					
载货量	1423	3.42%	40227	96.58%	41650
卸货量	20807	9.52%	197667	90.48%	218474
总量	22230	8.55%	237894	91.45%	260124
载货量	2775	4.30%	61812	95.70%	64587
卸货量	38308	16.27%	197131	83.73%	235439
总量	41083	13.69%	258943	86.31%	300026
总和（Grand Total）					
载货量	7093	3.42%	200081	96.58%	207174
卸货量	63134	11.18%	501450	88.82%	564584
总计	70227	9.10%	701531	90.90%	771758

表8　2010—2020年印度港口贸易总额测算表（单位：十亿美元）②

年份	总额
2010—2011	530.80
2011—2012	619.20
2012—2013	722.30
2013—2014	842.60

---

① Ministry of Shipping, Government of India, *Annual Report*: *2013—2014*, p. 88.

② 以2009—2010年度进出港总金额4550亿美元为基准，根据前几年数据得出年复合增长率为16.66%，推算出2010—2020年间印度港口贸易总额。参见：Ministry of Shipping, Government of India, *Maritime Agenda*: *2010—2020*, p. 45. http://shipping.nic.in/showfile.php? lid=261.

续表

年份	总额
2014—2015	982.90
2015—2016	1146.60
2016—2017	1337.60
2017—2018	1560.40
2018—2019	1620.30
2019—2020	2123.50

总之，作为一个新兴的发展经济体，印度的航运业不仅十分发达，而且前景看好。根据印度国家航运部制定的《海洋议题：2010—2020》的设想，到2020年，印度主要港口的贸易量复合年均增长率将达到8.03%，即从2009—2010年的5.6109亿吨，增长为2019—2020年的12.1482亿吨；同时，其他港口贸易量复合年均增长率预期达到15.96%，即从2009—2010年的2.888亿吨，增长为2019—2020年的12.6959亿吨。届时，印度全国港口贸易量将达到24.8441亿吨。[①]

（三）海外油气资源运输

作为发展中国家和新兴经济体，尽管印度人均能源消费低于世界平均水平，[②] 但却增长迅速，且随着经济的快速增长而进一步提高。实际上，能源供应的不足将严重拖累印度的经济增长。就印度能源消费结构而言，煤炭大约占了全国能源消费的50%，石油占了32%，天然气占了15%，水力发电占了2%，核能占了1%。其中，印度的石油严重依赖进口；天然气方面，已探明储量为7630亿立方米，产量为每天8600万立方米，而每天的需求量为1.15亿立方米。尽管目前天然气的需求量仅占世界平均水平的8%，但到了2025年，

① Ministry of Shipping, Government of India, *Maritime Agenda: 2010—2020*. p. 135. http://shipping.nic.in/showfile.php?lid=261

② Ministry of Petroleum & naturalGas, Government of India, *Strategic Plan for 2011—17*, p. 6.

占比将增至20%；煤炭方面，已探明储量为2139亿吨，但煤炭开采使用的环境污染大；印度水力发电潜力巨大，估计为84000兆瓦，但不幸的是，主要的水力发电项目充满了争议，且电力输送和分配方面的糟糕状况导致了目前高达月30%的电力缺口，而电力短缺可能导致国家收入减少了1%—3%；尽管印度拥有丰富的铀矿和二氧化钍，但核能所占的比例依然很小。上述能源消费基本格局决定了印度对海外能源的严重依赖。

表9　印度主要能源供应情况统计表：基准情景（JP）①

	1990	2000	2010	2020
煤炭	3850	7145	10508	15516
国内产量	3850	7145	10508	15167
进口额	——	——	——	349
石油	2416	4245	7553	10723
国内产量	1410	1592	1774	1955
进口额	1006	2653	5759	8768
天然气	480	1002	1909	3478
国内产量	480	1000	667	533
进口额			1242	2945
水力发电	249	324	625	917
核能	24	31	25	12

① Basic Statistics on Indian Petroleum and Natural Gas, New Delhi: MoPNG, Government of India, 2002.

表 10　印度原油和天然气产量统计表①

	2011—2012	2012—2013	2013—2014
原油产量（百万吨）	38.09	37.862	37.788
原油产量的增速（%）	1.08	-0.60	-0.20
天然气产量（亿立方米）	47.559	40.679	35.407
天然气产量的增速（%）	-8.92	-14.47	-12.96

表 11　一次性商业能源总需求表②

年份	人口（百万）	GDP（1 千万卢比，按 1993—1994 年价格计）	一次性能源供应（百万吨油当量）总的 GDP（8%的下浮）	
			弹性	不变
2011—2012	1197	2621137	537	508
2016—2017	1275	3851310	718	684
2021—2022	1347	5858837	961	901
2026—2027	1411	8314688	1248	1234
2031—2032	1468	12217005	1620	1633

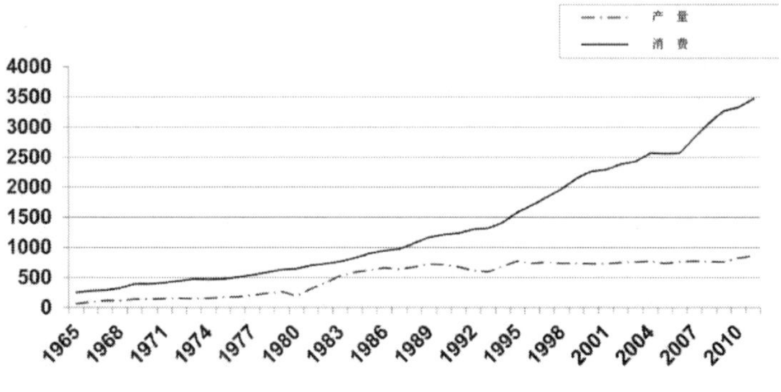

图 2　印度年均石油生产和消费图（1000 桶/每日）③

① Ministry of Petroleum & Natural Gas, Government of India, *Annual Report* (*2013—2014*), http://petroleum.nic.in/docs/Annual_ Report/AR13-14.pdf.

② Ministry of Shipping, Government of India, *Maritime Agenda*: *2010—2020*, p. 49.

③ Niclas D. Weimar, "Sino-Indian power preponderance in maritime Asia: a (re-) source of conflict in the Indian Ocean and South China Sea", *Global Change*, *Peace & Security*, Vol. 25, No. 1, 2013, p. 10.

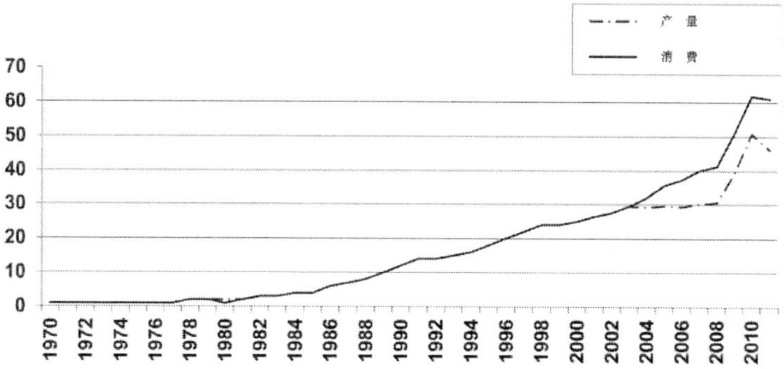

图3　印度年均天然气生产和消费图（亿立方米）①

1994年《联合国海洋法公约》生效，规定一国可对距其领海基线200海里的海域拥有经济专属权。由于印度海岸线长达7516.6千米，且拥有广大的岛屿领土，故而印度占有的专属经济区面积高达200多万平方千米。正因为如此，印度国内生产的石油和天然气大约有三分之二来自海上油气田。鉴于政府鼓励开发甚至与外国公司合作开采油气田，这些离岸海域未来潜在的价值会越来越高，其安全防护问题也随之而来。

如前所述，就能源供需而言，石油约占印度所需能源的32%，且严重依赖进口，而进口的石油中又有90%来自于距印度海岸只有600海里的波斯湾地区，足见波斯湾航线对于印度能源进口的重要性。此外，不断增加的装载液态天然气的船只经由非洲南部海域驶向印度，而印度也从卡塔尔、马来西亚和印度尼西亚继续进口液态天然气。② 在燃煤方面，单单从莫桑比克进口煤炭已不能满足印度国内市场的需求，印度已经开始从南非、印度尼西亚和澳大利亚等印

① Weimar, "Sino-Indian power preponderance in maritime Asia: a (re-) source of conflict in the Indian Ocean and South China Sea", p. 11.

② 这方面的数据见 Kaplan, "Center Stage for the Twenty-first Century", p. 20.

度洋国家进口煤碳。印度一些安全分析人士甚至认为，在未来20多年内，能源安全将成为印度的核心战略关切，为此印度必须为解决能源安全问题做好战争准备。① 所以，对印度洋的利用以及确保印度洋海上航线的畅通，对于印度的发展利益至关重要。②

为满足国内不断增长的能源需求，印度提出了所谓的“石油外交战略”（oil diplomacy strategy），强调通过政府间协议，确保稳定的石油和天然气供应，维护国家的能源安全。③ 为此，印度正在沙特阿拉伯、越南、澳大利亚、缅甸、孟加拉国、伊朗、伊拉克、卡塔尔、哈萨克斯坦、叙利亚、埃及、利比亚、阿尔及利亚、塞内加尔、尼日利亚、苏丹、安哥拉、西非等国家寻找油田。如今，印度政府控股的石油企业已在20多个国家投资了130亿美元，并鼓励企业继续扩大海外油气业务。④ 到2016—2017年，印度海外油气生产预计将达到1280万吨。⑤ 其中，很大一部分油气资源要通过大型油轮运往印度本土。就像一位印度学者所说，如果没有四万艘油轮将石油运往印度来推动其经济发展，印度国民生产总值的增长就难以为继。另有七万艘船只在印度的注视下，每年运送着价值达两万亿美元的货物往来于印度洋上。⑥

表12　印度海外油气产量统计表（百万吨油当量）⑦

年份	2011—2012	2012—2013	2013—2014	2014—2015	2015—2016	2016—2017
产量	8.4	8.9	9.5	9.8	11.3	12.8

① Donald L. Berlin, "India in the Indian Ocean", *Naval War College Review*, Vol. 59, No. 2, Spring 2006, p. 65.

② Tandon, "India and the Indian Ocean", p. 23.

③ Ministry of Petroleum & naturalGas, Government of India, *Strategic Plan for 2011—17*, p. 21.

④ Ministry of Petroleum & naturalGas, Government of India, *Strategic Plan for 2011—17*, p. 9.

⑤ Ministry of Petroleum & naturalGas, Government of India, *Strategic Plan for 2011—17*, p. 16.

⑥ R. S. Vasan, "India's Maritime Core Interests", *Strategic Analysis*, Vol. 36, No. 3, 2012, p. 418.

⑦ Ministry of Petroleum & naturalGas, Government of India, *Strategic Plan for 2011—17*, p. 16.

第二节　印度海洋科技与海洋环境保护

作为滨海国家，印度历来重视海洋科技研发，并将之纳入海洋发展战略之中予以统筹。在走向海洋大国的过程中，随着海洋经济的发展和海洋开发活动的增多，海洋污染问题不仅突出，而且严重影响了印度海洋经济的可持续发展，于是海洋环境保护也就成为了印度政府实施海洋发展战略时必须予以高度重视并大力加以解决的一项紧迫课题。当然，作为发展中国家，印度在上述两大方面既取得了显著的成就，同时又面临着诸多严峻的挑战。

一、　印度主要的海洋科研机构与研发项目

在印度的海洋战略中，海洋科技发挥着十分重要但却往往不为人知的作用。实际上，印度政府高度重视发展海洋科技能力。2011年3月，印度海军参谋长就指出，建造一支均衡发展的海上力量，以满足国家多样化的任务需求，必须将印度自身的研发能力和造船工业整合进去，认为“发展强有力的研发基地，使之满足我们的武器系统和敏感装备需求，必须是国家关注的领域。”[①] 无疑，印度有相当多的机构从事海洋科研工作，如位于金奈的国家海洋技术所（National Institute of Ocean Technology）和沿海及海洋区域管理一体化平台（Integrated Coastal and Marine Area Management），位于果阿的南极和海洋研究国家中心（National Centre for Antarctic and Ocean

① http：//indiannavy. nic. in/cns-speeches/address-dssc-wellington-maritime-strategy-emerging-india.

Research），位于海德拉巴的印度国家海洋和信息服务中心（Indian National Centre for Ocean and Information Services），在科钦的海洋生物资源和生态研究中心（Centre for Marine Living Resources and Ecology）等等。客观来说，这些部门长期的努力为印度实有和潜在的制海能力的发展作出了卓越的贡献。

2006年，印度政府宣布成立地球科学部（Ministry of Earth Science）和地球系统科学组织，取代之前的海洋发展局，以便开展一系列海洋方面的科学研究，其项目规划主要有：海洋观察系统（Ocean Observation System）；海洋科学与服务项目；海洋测绘和矿产资源勘察；海洋技术研发；海洋科考船建造；海洋地理科学研究等。[①]其中，海洋观察系统旨在对环绕印度的海区获取实时数据，研发范围广阔的海洋大气模型，以满足不断增长的服务需求；海洋科学与服务项目作为综合性服务平台，主要向印度和印度洋地区国家提供海洋信息服务、海洋生物资源评估、印度沿海海水质量周期检测、沿海海区管理、海啸预警系统的运行等；海洋勘测和矿产资源项目主要目的是为利用海洋非生物资源而对印度专属经济区和印度洋深海地区进行持续勘测，包括勘测天然气水合物、多金属结核、热液硫化物和钴壳（cobalt crust）等。此外，还强调从事与热液有关的研究活动；海洋技术研发项目有四大核心任务，分别为：海洋能源技术、深海开采技术、沿海环境工程技术和海洋装置技术。这方面，印度国家海洋技术所发挥了十分重要的作用。[②]

印度国家海洋技术所成立于1993年11月，作为一个自治社团，如今隶属于印度地球科学部。其创建目的在于发展本国的可信赖的技术能力，以解决与印度专属经济区生物和非生物资源有关的各种

① Planning Commission，Government of India：Twelfth Five Year Plan（2012 - 2017），Volume I，p. 253.

② Planning Commission，Government of India：Twelfth Five Year Plan（2012 - 2017），Volume I，p. 256.

各样的工程问题。宗旨是：发展世界级的技术及将之应用于海洋资源的可持续利用；提供具有竞争力的、可增值的技术服务，以及为组织海洋活动提供方案；在印度发展智识基础和制度能力，以便管理海洋资源和维护海洋环境。[①]

在海洋科学技术研究方面，国家海洋技术所涉猎广泛，包括了从海洋提取可再生能源和淡水、海洋建筑、深海技术、海洋声学和建模、海洋声呐系统、海洋电子学、海洋生物技术、沿海和海洋环境工程、海洋观测系统、船舶管理系统等领域，其中较为成功的项目主要有：[②]

印度在本地治理成功实施了海滩恢复计划并为当地政府所赞扬；实施了近海热能转换计划（Offshore Thermal Energy Conversion（OTEC）project）；在拉克沙群岛建立了低温热脱盐工厂；开展的海浪—建筑互动研究（Wave structure interaction studies）旨在评估建筑物的波浪载荷，以便为未来的海洋建筑的设计打下基础；展开了固定和移动式海上风力发电机的可行性研究。此外，印度已经成功掌握了适用于低水流流速的海洋洋流涡轮机技术，包括开展计算流体动力学的研究、小规模的模型检测和实地测验，为未来按比例放大铺平了道路。这方面，一台直叶片水流涡轮机，借助永磁发电机和涡轮机，能从每秒 1.2 米的水流流速中产生出 100 瓦的电量，其开发前景诱人。

为开采位于中印度洋海盆中的多金属锰结核，以及研发与海洋矿藏开采有关的各种子系统，印度实施了深海研究项目，包括深海多金属结核开采系统（Deep Sea-bed Poly-metallic Nodule Mining Systems）；深海驱动系统模型分析；深海波能系统研究；研发将压碎了

---

① National Institute of Ocean Technology, Ministry of Earth Science, Government of India, *Annual Report* (*2013—2014*), p. 1.

② National Institute of Ocean Technology, Ministry of Earth Science, Government of India, *Annual Report* (*2013—2014*).

的多金属结核泥浆从5000—6000米深海处抽到母舰上的挠性立管系统（Flexible Riser System）；旨在减轻采矿机水下重量的轻量材料的研究，这方面印度已经成功研制出了复合泡沫塑料，通过了600个大气压的高压氧舱试验，没有出现材料变形和吸水现象，产生的抗张强度（tensile strength）达24兆帕斯卡，抗压强度为55—58兆帕斯卡[①]，泡沫密度为每平方米680公斤；研制出了纤维增强塑料（FRP）强化复合夹芯板，以用作海上建筑的桥梁和通道。

2013年4月15日至5月23日，印度开展了深海远程遥控深潜器ROSUB—6000的海试工作，下潜深度分别为1512米、2000米、2750米、2823米、1310米。远程遥控潜水器上的摄像机从2814米水深处拍摄的视频图像，被发送到位于金奈的国家海洋技术所，彼此距离大约为4200公里。获得的实时水下视频数据流表明深海远程遥控深潜器试验获得成功；通过与美国合作，印度成功地研发了自动提取岩心系统（Autonomous Coring System），能够在最大限度为3000米的大洋盆地，利用钢缆技术，搜集100米长的地核；为测量和监控水下机器主要系统的临界参数，以便为母舰上的操作人员提前发出预警，印度开展了载具健康综合管理系统的研制。

印度科技人员研发的全自动环境噪音测量系统已经在印度沿海浅水区域进行应用，该系统能够在海里连续工作三个月，其搜集的环境噪音数据通过GPRS调制解调器进行传输，位于金奈的国家海洋技术所负责接收数据。鉴于该系统的军民两用性质，印度国防部对此表现出了浓厚的兴趣；[②] 矢量传感器阵列（Vector Sensor Arrays）则能够提供垂直方向和方位角方向的信息，其空间滤波能力能够用来定位来源、评估声场方向性以及抵达时间和光谱含量，从而在海床性能评估方面有着较好的应用前景。此外，在有关藏匿对象声呐

① 1帕斯卡等于10大气压力。

② National Institute of Ocean Technology, Ministry of Earth Science, Government of India, *Annual Report (2013—2014)*, p. 32.

扫描技术（BURIED OBJECT SCANNING SONAR）、漏油检测器（oil spill detector）等方面，印度也取得了不小的进步。

海啸浮标系统旨在通过传输实时数据来捕捉海洋事态。印度的海啸浮标系统一直发挥着作用。这方面，印度洋三起海啸事件均被国家海洋技术研究所的 ITB12 和 ITB03 浮标系统所捕捉。ITB12 BPR 浮标系统2013 年4 月16 日捕捉到了引发海啸的水位变化情况；2013 年9 月24 日捕捉到了发生在巴基斯坦西南部的7. 9 级和7. 7 级地震。ITB03 BPR 也捕捉到了 2014 年 3 月 21 日 13：50 引发海啸事件的地震。

除了国家海洋技术所外，印度航运部、印度计划委员会、海洋发展局（现地球科学部）、水资源部等部局的技术代表成立了专门的研究委员会（Research Committee），作为制度化机制，鼓励并推动有关海洋技术研发工作。其中，港口方面的研发项目主要有：印度沿海地区的基础数据采集、港口的腐蚀与淤积、控制和减轻污染、沿海建筑物设计、新建筑材料及其在港口和港湾的应用、包括浮动挡浪板在内的海上构件研发等领域；造船和航运方面的研发项目主要有：船上的能源节约、船舶噪音和振动控制、海洋通信系统的研发等。[①] 上述科研机构及其涉海科技项目的研制，一方面有助于印度海洋事业、特别是海洋经济的发展，另一方面也提升了印度在世界海洋事务特别是在印度洋地区的地位与影响力。

二、 印度南极和南冰洋科学考察

在印度，对于极地地区有着特殊的情感和战略考量。早在英属印度时期，著名的民族运动领导人和学者巴尔·甘加达尔·提拉克（Bal Gangadhar Tilak）就认为雅利安人起源于北极地区，其后一支

① Ministry of Shipping，Government of India，*Innovation Strategy Document*，March 2014，p. 3.

抵达欧洲，一支来到了南亚地区。[①] 正是在英印时期，印度人开始了南极地区的考察。在20世纪50年代中期，印度开始表达其对南极地区的科学和战略关切，观察家们将印度的这一行动称之为“知识与权力的联动”（knowledge-power interface），视之为印度作为后殖民国家的一项关键性的国际举措。实际上，在印度看来，南极海与印度洋有着天然的联系。由此推之，印度作为印度洋地区国家，在南极亦有着不同于一般国家的天然权力。正是意识到南极地区的战略、经济和科学价值，[②] 印度地球科学部及其下属的南极和海洋研究国家中心，推出了一系列的南极和南冰洋科考计划，开展了大气、生物、大地、化学、医药等方面的研究工作。

关于南极问题，印度多次在联合国大会上提出自己的提案，表达本国的关切。1956年2月，印度常驻联合国大使亚瑟·拉尔（Arthur Lall）向联合国大会提交了一份备忘录，建议审查将整个南极大陆中立化，其资源为全世界所有的可行性，并担忧南极洲成为美苏角逐场所，特别是有可能成为其核试验场地。[③] 拉尔备忘录尽管最终被撤销，但却是印度关于南极问题的首份官方文件，反映了印度在南极问题上的基本价值取向。[④] 此后，印度与国际社会一道，确保了南极作为“人类共同财产”的国际法地位，也在一定程度上确保了南极条约体系的民主化。[⑤] 特别是1981年成立的印度海洋发展局，

---

① Uttam Sinha, “The Arctic: Challenges, Prospects and Opportunities for India”, *Debate, Indian Foreign Affairs Journal*, Vol. 8, No. 1, January - March 2013, p. 23.

② Indian National Science, *Pursuit and Promotion of Science-The Indian Experience* (New Delhi: Indian National Science, 2001), p. 351.

③ Arthur Lall, *The Emergence of Modern India* (New York: Columbia University Press, 1981), pp. 139 - 140.

④ Ministry of Earth Sciences, *Ocean Policy Statement*, http: //dod. nic. in/dodpol. htm.

⑤ 1958年，美国邀请7个主张拥有南极领土主权的国家——澳大利亚、新西兰、阿根廷、智利、法国、英国、挪威，和其他4个在南极开展科研工作的国家——苏联、日本、南非、比利时，外加美国，共计12个国家，商讨并起草《南极条约》。1959年生效，12个创始成员国获得了南极磋商国地位。条约规定，磋商国地位向其他国家开放，条件是获得这一地位的国家必须要在南极地区开展实质性的科学研究工作。

高度重视海洋科学研究，其中的一项科研计划就是“南极科学考察和极地科学”计划。据此，印度于当年组织实施了第一次南极科学考察；总理英迪拉·甘地对此表现出了特殊的兴趣，并将极地研究与核和原子能研究、空间技术研究视为关键领域，给予政策和资金上的支持。[①] 在展示了对于南极地区持续的利益存在和科考能力后，1983 年 8 月 1 日，印度批准了《南极条约》；同年 9 月 12 日，印度成为南极条约的第 15 个磋商国，开始有资格参加南极磋商会议；1983 年 10 月 1 日，印度成为南极研究科学委员会（Scientific Committee on Antarctic Research）成员；1986 年成为保护南极海洋生物资源大会（Convention on Conservation of Antarctic Marine Living Resources）的成员方；1987 年，印度批准《南极条约环境保护协定》（Protocol on Environmental Protection），承诺将保护南极环境；1999 年成为南极后勤常设委员会（Standing Committee on Antarctic Logistics）的成员。此外，印度还是极地科学亚洲论坛（Asian Forum for Polar Sciences）的创始成员国。[②]

为实施其极地科学计划，印度于 1983 年建立了第一个南极考察站——南更戈德里站（Dakshin Gangotri）。1989 年建立了第二个南极考察站——梅特里站（Maitri）。第一个考察站现在主要用作补给基地和转运营地，第二个考察站担负常年的科研任务。2012 年，印度在南极地区建立了第三个考察站——印度站（Bharati）。截止 2010 年 10 月 14 日，印度对南极地区共进行了 30 次科学考察，印度全国大约 70 多家机构参与了南极项目，一次科学考察大约要花费 310 万美元，其后勤支持则由印度军方提供。[③] 截止 2007 年，印度共出版了 300 多份关于南极研究的出版物。

---

① Uttam Kumar Sinha & Arvind Gupta, “The Arctic and India: Strategic Awareness and Scientific Engagement”, *Strategic Analysis*, Vol. 38, No. 6, 2014, p. 877.

② http://dod.nic.in/antarc1.html.

③ http://en.wikipedia.org/wiki/Indian_Antarctic_Program.

南冰洋（The Southern Ocean）又称南极海，是围绕南极洲的海洋，是太平洋、大西洋和印度洋的南部海域。其海水循环、水团性质、对气候变化的反应等诸多方面，仍不为人们所熟知。处于极地锋面和南极沿海地区之间的南冰洋南极带，是海洋生态系统的主干所在，对全球碳化循环（carbon cycle）作用极大。海冰构造、海洋环流模式、不同水团的构造使得南极带本身就是一个充满变化的地区。

为加强对南冰洋的研究，截止 2013 年 12 月，印度国家南极和海洋研究中心对南冰洋先后组织了八次科学考察，时间分别是 2004 年 1—3 月，2006 年 1—4 月，2009 年 1—4 月，2010 年 1—5 月，2011 年 1—3 月，2011 年 12 月—2012 年 2 月，2012 年和 2013 年 12 月，并获得了成功。①

印度的南冰洋研究项目主要是关于南冰洋对于地区和全球气候变异的作用与反应问题。2004 年至 2011 年的南冰洋科学考察试图通过搜集东经 48 度和东经 57 度 30 分的水道测量数据，来弄懂南冰洋与印度洋之间不同界面的时空变化；最后两年的科学考察主要关注的是亚热带面和极地锋面，目的是对亚热带面和极地锋面的印度洋部分的食物链动力学和生物地球化学展开详细研究。这方面，印度科学考察取得的主要成果有：北极地锋面和南极地锋面的识别、南半球夏季极地锋面的年内移动情况、极地锋面内叶绿素 A（chlorophyll a）的差异分布情况，但对于南极带的生物地球化学、食物链动力学、物理进程是如何作用的，却不太清楚。为此，2013 年 12 月，印度组织了第 8 次南冰洋科学考察，科考主题包括：大气科学、水层力学、生物地球化学、食物链动力学、古气候学等。②

除了对南极和南冰洋进行科学考察外，印度还对北极和喜马拉

---

① http：//npdc. ncaor. gov. in/southern_ ocean_ expedition_ home. action.

② National Polar Data Centre，Ministry of Earth Science，Government of India，*Science Play*.

雅山进行了科学考察和探险活动。

三、 印度的海洋污染治理与海洋环境保护

随着印度经济的高速增长，工业化水平的不断提高，海洋开发活动的大力推进，海洋污染问题也日益凸显，并严重影响了海洋经济的可持续发展。在这种情况下，海洋环境保护被提上了议事日程。

（一）印度洋生态系统的恶化趋势

就像印度前总理曼莫汉·辛格2008年所指出的那样，在印度洋地区，沿岸国家占世界陆地总面积的25%，其能源资源占了全世界的40%，但同时也占了全世界自然灾难总数的70%。[①] 这方面，气候变化、环境恶化、特别是海洋环境的破坏，成为一大诱因。

近7500万平方公里的印度洋，包括了九大海洋生态系统：阿古拉斯海流（the Agulhas Current）、索马里近岸流（Somali Coastal Current）、红海（Red Sea）、阿拉伯海（Arabian Sea）、孟加拉湾（Bay of Bengal）、泰国湾（Gulf of Thailand）、中西澳大利亚大陆架（West Central Australian Shelf）、西北澳大利亚大陆架（Northwest Australian Shelf）、西南澳大利亚大陆架（Southwest Australian Shelf）。在这一庞大水体中，生活着35000多种海洋生物。印度洋66000千米的海岸线包括了246个大的河流入海口，40000平方千米的红树林。东非、斯里兰卡和印度尼西亚的海岸是地球上海草多样性最丰富的海域。此外，印度洋还拥有地球上30%的珊瑚礁，在世界已知的全部793个珊瑚物种中，719个在印度洋。[②]

然而，环印度洋地区水产养殖、道路、建筑物和基础设施的建设，特别是城市和工业的扩张，正在破坏印度洋的红树林、珊瑚礁、

---

① M. Singh, Inaugural Address to the Indian Ocean Naval Symposium, New Delhi, 14 February 2008. New Delhi: Prime Minister's Office.

② Michel and Sticklor, eds., *Indian Ocean Rising*, p. 113.

湿地和其他物种的栖息地。1980—2005 年，环印度洋亚洲海岸线丧失了 190 万公顷的红树林，同时环印度洋非洲海岸丧失了 50 万公顷的红树林。污染、破坏性渔业捕捞、珊瑚开采和珊瑚白化（coral bleaching）已经破坏或严重危及印度洋 12070 平方公里珊瑚礁中的三分之二，以及红海 3175 平方公里珊瑚礁中的五分之一。[①]

生活污水、农田径流、工业废水大量倾注入印度洋，直接导致了富氧化（eutrophication）和低氧（hypoxia）以及有毒物质的滋生，从而危及沿海动植物种群。根据一项估计，每年大约有 40 万亿公升的生活污水和 4 万亿公升的工业废水流入印度洋沿海水域。[②]

如今，印度洋洋面上方一至三公里处已经形成了稠密的棕色污染雾霾层。印度洋沿岸各国已经在“印度洋实验”项目中注意到了这一问题，马克思·普朗克学会（Max-Planck-Gesellschaft zur Forderung der Wissenschaften e. V.，简称 MPG）的报告也强调了这一点。报告称，北印度洋的大部分处于这一雾霾层下，包括阿拉伯海、孟加拉湾，以及南纬 5 度以北的赤道印度洋。实验结果显示，这种由大量灰尘、酸性物质、悬浮微粒和其他颗粒构成的雾霾，已经严重影响了本地区的天气系统，包括本地区的降水和季风模式。这一污染层还让地球表面接收的太阳能减少了 10% 到 15%，使印度西北地区、巴基斯坦、阿富汗、中国西部和中亚西部的降水量减少了 20% 到 40%。雾霾所覆盖的地区人口高达 50 亿。这里飞速发展的经济也使得污染排放量居高不下。研究表明，焚烧森林和农业废弃物、剧增的汽车化石燃料使用量、工业生产、大量的低效率灶具、木柴的

---

① Don Hinrichsen, *The Atlas of Coasts and Oceans: Ecosystems, Threatened Resources, Marine Conservation* (Chicago: University of Chicago Press, 2011), pp. 46 – 49.

② Mohideen Wafar et al., "State of Knowledge of Coastal and Marine Biodiversity of Indian Ocean Countries," *PLoS One*, Vol. 6, No. 1, 2011, pp. 9, 1; UNEP Regional Seas Programme, Global Synthesis: A report from the Regional Seas Conventions and Action Plans for the Marine Biodiversity Assessment and Outlook Series (Nairobi: UNEP, 2010), p. 10.

使用、牛粪和“生物燃料”是导致雾霾形成的原因。[①] 令人感到惊讶的是，“印度洋实验”的报告恰巧在约翰内斯堡地球峰会召开几天前发布。这样做很可能是为了提醒人们，这一地区的发展中国家也要为环境污染负责，它们也要为改善环境发挥更大的作用。总之，雾霾的产生使得探索一条既能实现经济增长、又不损害健康和环境等长远利益的发展道路变得迫在眉睫。在此过程中，印度洋沿岸国家还需要采取行动，防止印度洋成为西方发达国家的核废料、工业垃圾处理场，以保护印度洋使其免受污染。[②]

（二）印度的海洋环境污染问题

如前所述，印度洋沿岸地区拥有大量的城市人口，工业设施云集，特别是过度的经济活动给包括印度洋在内的环境造成了巨大的压力。以印度为例，人口大量地集中于沿海地区，经济重地遍布于沿海地区，广阔的海岸线在国家生活中发挥着至关紧要的作用。正因为如此，城镇化趋势、城市管治质量、环境和气候变化带来的挑战，正在深刻地影响着印度沿海地区各邦。[③]

对于印度沿海地区而言，日益增长的航运规模，特别是大型船只运载的大量的有害物质，如原油和化学品，对印度次大陆周边海域的环境造成了极大的危害。在印度海域，“奇塔”号（Chita）和“拳神”号（Khaleja）在孟买附近海域发生的相互碰撞，不仅造成巨额的商业损失，而且造成了环境恶化；同样地，在孟买海域发生的“拉克”号（MV Rak）沉船事故，以及季风期一些船只的搁浅，均造成了不同程度的海洋环境灾难。

对于印度沿海的珊瑚礁来说，最大的危害之一就是人类的扩张

① Anand Mathur, “Growing importance of the Indian Ocean in Post-Cold War Era and its implication for India”, Strategic Analysis, Vol. 26, No. 4, 2002, p. 560.

② Mathur, “Growing importance of the Indian Ocean in Post-Cold War Era and its implication for India”, P. 560.

③ Yogendra Kumar, “Maritime Challenges before India in the 21st Century”. http://www.mea.gov.in/distinguished-lectures-detail.htm? 149.

和活动，如被工业污染的河水、废液排放、近海和近岸采矿活动、航运活动等。例如，在30多公里长的杜蒂戈林海岸（Tuticorin Coast），大约10%的珊瑚礁已经被毁坏且无复苏的希望，50%的珊瑚礁正处于危险之中。[①] 在南印度卡纳塔克邦的南卡纳达地区（Dakshina Kannada district），就有30多家工业公司，包括门格洛尔石化有限责任公司，使得该地区成为了名副其实的工业区。这些工业活动，特别是未经处理的污水，已经严重破坏了当地的生活环境和沿海地区生态系统。[②]

表13 印度海域珊瑚礁情况统计表[③]

地区	珊瑚礁面积（平方千米）	占总面积的百分比（%）
安达曼和尼科巴群岛	813.1	68
古吉拉特邦海岸	148.4	12
泰米尔纳德邦海岸	65	5
拉克沙群岛海岸	140	11
其他地区	50	4
合计	1216	100

（三）印度海洋环境保护

海洋作为承载人类生产与生活的重要系统之一，为地球提供了一半以上的氧气，成为全球气候系统的驱动者。特别是其强大的吸纳与缓冲功能，使得海洋在气候变化过程中发挥着极其重要的作用。据估计，1750—2011年间，人类活动累积的放射物中，28%为海洋

---

① N. Jayaraju, B. C. Sundara Raja Reddy & K. R. Reddy, "Heavy Metal Pollution in Reef Corals of Tuticorin Coast, Southeast Coast of India", *Soil and Sediment Contamination: An International Journal*, Vol. 18, No. 4, 2009, p. 447.

② Sanjay Chaturvedi, "Common Security? Geopolitics, Development, South Asia and the Indian Ocean," *Third World Quarterly*, Vol. 19, No. 4, 1998, p. 713.

③ Jayaraju, Sundara Raja Reddy & K. R. Reddy, "Heavy Metal Pollution in Reef Corals of Tuticorin Coast, Southeast Coast of India", p. 446.

所吸收，故其在减少地球二氧化碳排放过程中扮演着关键性角色。例如，1993—2003年间，全球总热量中的93.4%为海洋吸收。① 尽管海洋如此重要，但人们的主要关注点依然是陆地，包括气温的升高、极地和冰川的融化、降雨模式的变化等这类可见的对于陆地生活有着直接影响的现象。

近年来，随着环境问题越来越突出，海洋环境保护也越来越为国际社会所重视，渐渐地被纳入到议事日程之中。关于海洋环境问题，主要包括以下几个方面：（1）海洋变暖（ocean warming）问题。就气候系统的能量而言，海洋占了90%以上。其中，0—75米的海洋上层，每十年气温升高0.11°C。（2）海平面上升（sea level rise）问题。1901—2010年间，全球平均海平面上升超过了0.9米。（3）海洋酸化（Ocean acidification）问题。海洋表层海水的PH值自工业化开始以来下降了0.1，这是意义重大的酸性增长，氢离子浓度也相应地增长了26%。这一海洋酸化趋势是自然变异的30倍。（4）海洋降氧化（ocean de-oxygenation）问题。海洋降氧化指的是海洋中氧气的流失。对海洋的长期监测发现海洋中的氧浓度在逐渐地下降，低氧区域无论是数量、面积还是强度都在增长。②

上述海洋问题直接导致了海洋生产力的下降、物种栖息地的变化、低氧区增多、珊瑚礁生态系统面临危险、沿海居民生产生活深受其害等一系列问题。根据一项研究，“到21世纪中叶及之后，全球海洋物种的重新分布和敏感区域海洋生物多样性的减少，将使得渔业产量的可持续供给和其他海洋生态系统面临着挑战。”③

① T. F. Stocker, et al. eds., *Climate Change 2013: The Physical Science Basis* (Cambridge: Cambridge University Press, 2013), p. 12. 转引自 Kapil Narula, “Climate Change and Oceans - Growing Threat and Implications for India”, *Maritime Affairs: Journal of the National Maritime Foundation of India*, Vol. 10, No. 2, 2014, pp. 97 - 98.

② 以上内容参见：Narula, “Climate Change and Oceans - Growing Threat and Implications for India”, pp. 99 - 102.

③ C. B. Field, et al. eds., *Climate Change 2014: Impacts, Adaptation, and Vulnerability. Part A: Global and Sectoral Aspects* (Cambridge: Cambridge University Press, 2014), p. 17.

其中，对于南亚地区和印度而言，海洋环境的变化已经导致了该地区极端气候和热浪的增多；人们的生活、粮食安全、健康面临着威胁。2000—2008年间，南亚因气候灾害遭受的经济损失就占了全球经济损失的30%，这对南亚弱势群体的经济增长和发展构成了严重挑战。对此，印度气候变化评估网络（Indian Network for Climate Change Assessment）对印度四个气候敏感区域进行了监测，它们是：喜马拉雅山地区、东北地区、西高止山地区和沿海地区，以便评估气候变化对粮食、水、自然生态系统和生物多样性、人类健康的影响，其中包括评估印度沿海地区飓风强度的增大、风暴潮的增多、海平面上升对其三角洲地区和沿海城市所构成的威胁和挑战。[①] 研究发现，这方面，加尔各答和孟买对于海平面上升的影响最为脆弱；而海平面上升和风暴潮导致沿海地区遭受海水入侵，直接影响了农业产量和地下水质。

为维护海洋环境，除了表示将减少人均二氧化碳的排放量和国内生产总值的排放浓度外，印度政府加大了海洋环境检测与保护的力度，包括增加资金投入、重视技术手段、加强行政执法管辖、进行宣传教育等。特别是鉴于印度涉海部门众多，包括海军、海岸警卫队、海关、海事警察、港口控制部门、航运部门和其他的利益攸关方，印度政府加大了部门之间以及中央和地方政府之间的协调与合作。其中，主要的涉海环保项目有：

——鉴于2004年印度洋大海啸的灾难性后果，2007年10月，印度建立了海啸预警系统。这方面，印度海啸早期预警中心（Indian Tsunami Early Warning Centre）在2013年4月至2014年3月期间，共检测到了6.0级以上的地震65次。

——建立了东阿拉伯海地区海洋建模系统，其覆盖范围广阔，

---

① Narula, "Climate Change and Oceans - Growing Threat and Implications for India", pp. 106 - 107.

东西宽度从东经 64 度到东经 74 度，南北长度从北纬 8 度到北纬 25 度。

——海洋和海岸生态系统（marine and coastal ecosystems）。通过搜集物理、化学和生物数据，来分析海洋生态系统的季节和年度变化。目前，印度已经按照 1：25000 的比例尺绘制了所有地区的珊瑚礁图；每两周发布一次关于珊瑚礁健康情况的公报；有关印度专属经济区的环境和生产状况的模型已集结成图集；对毒藻花进行了监测；通过 21 个监测点对海洋污染进行监测，以评估印度沿岸海域的健康状态。[①]

——认识到沿海水域质量检测对于渔业和其他的人类生活的重要性，印度在距离海岸线 5 公里内，对所选地点的海水和沉积物的 25 个环境参数进行数据采样分析，包括物理、化学、生物和微生物等特性分析，覆盖了所有的沿海邦和联邦领地（UTs）。这方面，2013 年的海水水质监测情况如下：卡纳塔克邦，对芒格洛尔港（Mangalore）进行的监测显示，溶解氧（dissolved oxygen）（3 - 5 mg/l）和营养素水平（nitrate：5 12 μmol/l）均正常，但是较高的致病菌率（SFLO：NG—5100 CFU/ml）意味着生活污水和河流排污导致了污染；拉克沙群岛：在卡瓦拉蒂岛，溶解氧和营养素均达到了正常值，但致病菌处于高水平（SFLO：420—13600 CFU/ml）表明生活垃圾导致污染；西孟加拉邦：在 Sandheads 的监测表明，溶解氧处于高水平（7—9 mg/l）、营养素处于中等水平（nitrate：1—5 μmol/l）表明水质好，但是致病菌处于高位（SFLO：250 - 15000 CFU/ ml）意味着生活污水导致了污染；安达曼和尼科巴群岛：布莱尔港和万朵尔港的水质在 5 月和 8 月的检测中均处于正常水平，检测到的致病菌水平也较低（SFLO：NG—120 CFU/ml）。[②]

---

① Ministry of Earth Sciences, Government of India, *Annual Report*, *2013—2014*, p. 5.

② Ministry of Earth Sciences, Government of India, *Annual Report*, *2013—2014*, p. 35.

——卫星监测。尽管轨道卫星能够清晰地提供全面、实时的海上监测图像，但很明显的是，只有少数国家拥有这样的技术。在这个领域，印度空间研究组织（ISRO）尤其活跃，其遥感卫星（IRS）已经脱颖而出。[①] 1999年5月，印度成功地发射了IRS P4遥感卫星，专门用于海洋监视。这是印度第一颗海洋卫星，又称海洋卫星一号（Oceansat—1）。其携带的海洋水色监视仪（OCM）——用来测量生物成分如叶绿素和评估初级生产力、多频率扫描微波辐射计（MSMR）——用来测量海面温度，使其具有较强的海洋监测能力。紧随其后的是2001年推出的海洋卫星二号（Oceansat—2），其携带了包括风散射仪和雷达高度计在内的一套完整的海洋载荷。目前，印度民用（商业）地球成像卫星通过统一的覆盖和提供一系列可靠、可重复的测量，彻底改变了早前传统的飞机测量法，成为了海洋监测的关键工具。这种遥感卫星，约半小时内即可从上到下跨越印度洋，且跨越印度专属经济区所需时间不到一分钟。

此外，印度政府已批准建立了印度海洋事故调查室，该部门用于调查海洋事故，例如搁浅事故、沉船事故、船舱泄露事故、海员死亡或重伤事故等。该部门被授权可以在国内外指派专家或代表进行事故调查、发布调查报告，并参与国内外与事故有关的研讨活动。

上述技术手段的研发，有关项目的实施，相关机构的设置，说明了印度对于海洋环境保护的重视。但另一方面，如何在海洋环境

① 1988年3月17日，印度第一颗实用遥感卫星IRS—1A使用苏联"东方"号运载火箭在拜科努尔发射成功，进入倾角99.08度，高度904千米的太阳同步轨道；1991年8月29日，第二颗遥感卫星IRS—1B发射升空，其轨道和IRS—1A相同；1994年，印度空间研究组织使用印度大型火箭PSLV首次成功发射了IRS—P2遥感卫星；1995年12月28日，印度使用俄罗斯的"闪电"号火箭发射了第二代遥感卫星IRS—1C；1996年3月21日，印度使用PSLV火箭发射了IRS P3卫星；1997年9月27日，印度使用PSLV火箭发射了姐妹星IRS—1D，其规格和IRS—1C基本一致；1999年5月27日，印度发射了IRS P4遥感卫星；2003年印度空间研究组织发射了资源卫星一号，又称IRS P6卫星；2005年5月5日发射了绘图卫星Cartosat—1卫星，又称IRS P5卫星；2007年1月10日发射Cartosat—2卫星；2008年4月28日发射Cartosat—2A；2010年7月12日发射Cartosat—2B。Cartosat—2系列三星高照，形成了相当强大的监视能力；2012年4月26日5时47分，印度用极轨卫星运载火箭—XL成功发射了首颗国产雷达成像卫星——雷达成像卫星—1。

保护与发展海洋经济之间实现平衡，如何确保国内环境治理与国际环境外交之间有机互动，特别是在防止海洋污染方面取得实质性的进步，对于印度来说依然是一项紧迫的任务。

第三节 印度海洋发展战略

印度海洋发展战略作为印度海洋战略的有机组成部分，体现出了印度鲜明的海洋经济发展关切、海洋国土意识和旨在反映印度海上利益追求的海洋秩序观，[①] 涵括了印度对海洋发展利益的定位与法律保护、海洋资源利用、海洋科技研发与国际合作、海洋监控与保护等核心内容。鉴于第四章第二节已经对印度关于海洋经济的发展关切作了较为充分的论述，本节将主要讨论印度的海洋国土意识和海洋基本国策主张。

一、 印度海洋国土意识与海洋监管

作为战后新独立的国家，印度国家主权观念、特别是领土意识特别的强烈。其中，就海洋主权而言，随着《联合国海洋法公约》的生效，印度海洋国土意识不断地被强化。相应地，旨在确保海洋经济健康发展的海洋国土监管和海洋秩序维护问题也日益得到各级的重视。

（一）印度海洋国土意识的培育

有关海洋国土意识的培育，《联合国海洋法公约》可谓功不可

① 本节所探讨的海洋秩序，专指低级政治领域的海洋秩序，主要涉及的是海洋经济方面的情况。有关高级政治领域的海洋认知，见第四章。

没。经过长时间的争论和探讨，联合国海洋法会议终于在 1982 年达成了一部新的国际海洋法公约。大约过了 12 年，即 1994 年 11 月 16 日，在 65 个国家都批准了这项公约之后，《联合国海洋法公约》正式生效。《联合国海洋法公约》为沿海国和岛国提供了广阔的海洋扩展区域，包括 12 海里的领海，24 海里毗连区，200 海里的专属经济区以及 200—350 海里的大陆架。这方面，据估计，拥有 500 公里海岸线的国家，就将拥有多达 185000 平方公里的专属经济区。根据《联合国海洋法公约》，沿海国家在这些海洋区域拥有不同程度的权利和义务。其中，就专属经济区而言，沿海国拥有该海域所有自然资源和在海域进行某些经济活动的主权权利，以及海洋科学研究和环境保护的管辖权。

针对国际海洋法会议导致的海洋权利与义务的新变化，印度议会在 1976 年 5 月修改宪法，承认了专属经济区这一概念。其宪法第十二部分第三章第 297 条规定："印度领海或大陆架或专属经济区范围内，所有的土地、矿产及其他具有潜在价值的东西都应该归属于印度，由印度控制。"三个月后，即 1976 年 8 月，"海洋区域法"生效（第五部分"毗连区"及第七部分"专属经济区"于 1977 年 1 月生效）。这项法律规定了印度的领海、毗连区、专属经济区和大陆架的法律地位。1982 年 12 月，印度签署了《联合国海洋法公约》，并于 1995 年 6 月予以批准（包括第十四部分）。这样，印度完成了有关的海洋立法工作。

根据《联合国海洋法公约》，印度专属经济区的面积约占 202 万—220 万平方公里，覆盖西部和东部海岸，以及阿拉伯海的拉克沙群岛和孟加拉湾的安达曼—尼科巴群岛。其中的 18 万平方公里的面积差，主要是由于缺乏国家公布的领海基线，以及一系列的小海道测量差异所致。此外，基于将大陆架拓展到 350 海里的法律条款，印度专属经济区的规模还将进一步扩大，预计将额外为印度提供一个大约 150 万平方公里的专属经济区，前提是如果其大陆架超过了

200 海里或者有 100 海里超过了 2500 米的等深线的话。

在专属经济区内，印度拥有以下权利和权限：以勘探和开发、养护和管理海底、底土和水域的自然资源为目的的主权权利；建立人工岛屿、设施和结构的权利及其管辖权；对其他经济性开发和勘探活动的专属权利，如利用海水、海流和风力生产电能；保护海洋环境的权利，包括控制污染。其他国家只有事先经过印度政府的许可，才能利用其专属经济区内的资源。

前述有关法律规定、政策实施和涉海活动，无疑有助于印度海洋国土意识的培育与生成。

（二）海岸警卫队的行政管辖和海上监管

鉴于海洋国土的急剧拓展和海洋环境的复杂性，组建一个单独的机构来负责海洋管理日显必要。基于这一目的，印度政府于 1977 年 2 月 1 日成立了临时海岸警卫队，将之作为海军的一部分。1978 年 8 月 19 日，根据《海岸警卫队法》，一个正式的海岸警卫队作为国家武装力量宣告成立了。

根据《海岸警卫队法》第 14 条的规定，印度海岸警卫队是为"保护海洋及海洋区域中其他印度国家利益"服务的。如前所述，其法定义务包括：（1）确保人工岛屿、海上终端、设施和其他建筑物和设备的安全；（2）给渔民提供保护，包括在海上遇险时提供帮助；（3）采取措施保护海洋环境并且防止和控制海洋污染；（4）在缉私行动中协助海关和其他当局；（5）执行有关海洋方面的法律法规；（6）其他事项，包括采取维护海上生命和财产安全的措施，根据授权收集科学数据等。

显然，实现这些任务的先决条件之一就是海岸警卫队必须具备充分的海上监视的能力。实际上，海上监视是海岸警卫队存在的理

由。其海上监视手段主要有：[①]

1. 运用船舶进行海上监视

目前，印度海岸警卫队拥有各型巡逻船几十艘，它们涵盖了近海巡逻舰（OPVs）、深海巡逻舰、救援船、污染控制船、拦截船等。大型巡逻舰都装载了一架直升飞机。海岸警卫队的船只几乎都是由印度船舶公司建造。

虽然海岸警卫队的作战能力已经达到很高水平，但显而易见，它们分散在两个海岸和诸多岛屿之间，有些船只航速有限，且探测识别违法行为的雷达能力不足。例如，以每小时 14 海里的速度计，一艘水面舰艇需要十四多个小时才能到达印度的专属经济区的外缘。假设监测雷达的范围是 30 海里，这个雷达覆盖了 15 艘船，这些船彼此之间保持着一定距离，那么雷达监测的总范围相对于整个专属经济区来说，实在是微不足道的。虽然印度海军军舰也在相关海域巡逻，但是它们的任务不是监管专属经济区。因此毫不奇怪，印度海岸警卫队往往是在某些特定的海域范围内保持着有效的监视。

这方面的案例很多。例如，印度海岸警卫队和海军紧密协同，密切监视保克海峡和马纳尔湾，分别防止斯里兰卡泰米尔激进分子的渗透（Tasha 行动）以及防止泰米尔难民的涌入（Nakabandi 行动）；1993 年孟买连环爆炸后，重点监视马哈拉施特拉邦和古吉拉特邦海岸（Swan 行动）；在安达曼和尼科巴群岛遏制外国侨民在内陆小港偷猎行为（Bulund 行动）。自成立以来，印度海岸警卫队共逮捕了在印度水域非法捕鱼的 500 艘外国拖网渔船，以及约 5700 名人员。

2. 运用飞机进行海上监视

目前，印度海岸警卫队主要借助沿海侦察飞机和中程侦察飞机，

---

① 有关这方面的论述见 Rahul Roy - Chaudhury, "Maritime surveillance of the Indian EEZ", *Strategic Analysis*, Vol. 22, No. 1, 1998, pp. 49 – 59.

用来执行空中监视专属经济区的任务。和巡逻船相比，它们速度更快，并且能够在任何限定时间内覆盖一个更广泛的海域。问题是：即使飞机在专属经济区范围内进行海上巡逻时发现违反印度法律的行为，也不能够直接采取行动。在最好的情况下，它们可以向其所在的区域/地区总部报告违法船只/拖网渔船的位置、速度和方向，并且交由巡逻船来逮捕违法者。尽管有这样的不足，但飞机在海上污染调查方面起到了很重要的作用。鉴于海上巡逻范围过于广阔，而海岸警卫队的巡逻飞机明显不足，故增强海岸警卫队和海军之间的协调十分重要。

（三）滨海海域感知能力建设

新世纪以来，由海军、海岸警卫队和海警队组成的海岸巡逻队发展迅速。在特定时段内，印度整个西部海岸都受到印度海军和海岸警卫队舰船的连续监控，并具备一定的能力来监测潜在威胁，及时地采取行动消除这类威胁。

这方面，海军在所有沿海邦都进行常规“演练”，自 2008 年以来，在全国范围内共进行了 100 多次类似演练，这大大加强了沿海安全。2009 年至 2014 年 5 年间，印度海岸警卫队先后举行了 108 次海岸安全演习（Coastal Security exercises），150 次滨海安全行动（Coastal Security operations），确保在滨海和专属经济区进行有效巡逻、对标准作业程序进行检验。[①] 此外，在国家和邦级涉海机构之间进行的机构协调也取得了很大的进展。

除了海军和海警不间断的巡逻外，现代科技也被运用于沿海监管。74 个自动化身份识别系统（Automatic Identification System，AIS）接收器形成链条，无缝覆盖印度整个海岸。此外，在印度本土和岛屿的沿海地区，还有相互重叠的 46 个沿海雷达站作为补充。

---

① Ministry of Defence, Government of India, *Annual Report, 2014—2015*, p. 47. http://mod.nic.in/writereaddata/AR1415.pdf. 2015. 12. 30

2014 年 11 月 23 日，作为增强海域感知能力的一部分，印度成立了国家指挥控制通信和情报网络中心（The National Command Control Communication Intelligence Network，NC3I）。这个重要的沿海安全网络通过静态传感器链条、74 个自动化身份识别系统、长程识别和跟踪系统等多种技术手段，收集了所有在印度近海活动的轮船、帆船、渔船和其它船只的信息。这些数据在古尔冈（注：新德里的卫星城）的信息管理和分析中心（IMAC）进行融合和分析，并将编译后的通用作战图（Common Operation Picture，COP）传达给分布在印度沿岸的 51 个海军和海岸警卫队节点。[①] 这样，印度向建设沿海安全屏障迈出了重要的一步。

身份认证问题则是通过建立一个集中的数据库来解决，该数据库登记了超过 20 万艘在印度沿海作业的渔船的资料信息，并在这些渔船上装备了合适的设备，以完善对渔船的身份认证和追踪。印度的渔民群体都是技术熟练的水手，他们的协助对于印度海上安全而言是不可或缺的。如今渔民已成为印度海上安全体系结构中的“耳和眼”。取得这样的成就则是通过广泛传播海上安全意识，通过海军和海岸警卫队在印度沿海地区开展与安全相关的活动来达成的。如印度海军和海岸警卫队定期实施社团互助计划（Community Interaction Programmes），帮助渔民树立安全防范意识。仅在西部海军司令部，单是 2014 年一年，就举办了近 70 场这类的活动。通过这些活动，渔民们被强烈建议并警告不要越过国际海洋边界，如此才能维护其自身利益。如今，印度渔民已经拥有 GPS 接收器，因此能够清楚知道自己在海上的方位。

海军和海岸警卫队也为沿海地区的水警提供定期的海上培训。2014 年，仅在西部海警区就有超过 250 名水警接受了训练。为了拥

---

① Ministry of Defence, Government of India, *Annual Report, 2014—2015*, p. 35. http://mod.nic.in/writereaddata/AR1415.pdf. 2015. 12. 30

有永久的训练设施，印度政府最近通过了在泰米尔纳德邦和古吉拉特邦设立水警训练局的方案，这将为水警提供更好的专业训练。

大体上，海上监视的有效性依赖于两项关键能力——侦察能力和识别能力。通常，单靠侦察本身是不够的。每当侦察一艘船只或渔船时，为了将其从该区域其他船舶中分辨出来，就需要进行识别。这就意味着要有能力扫描一片宽阔的海域，提供高分辨率的图像，并进行实时传输。毫无疑问，不管是船舶还是飞机，都不能完全达到这些标准。相反，未来对专属经济区进行有效的海上监视的两种可能的选择是：在海上部署无人机以及发射专属此任务的卫星。而这正是印度未来实施有效的海上侦察和识别的主要方向。

二、 印度关于海洋的基本国策主张

新时期，随着印度海洋国土意识的不断增强，充分利用海洋、发展海洋经济、保护海洋环境、维护海洋安全，便成为了印度海洋政策的指导方针。像其他沿海国家一样，印度深刻地认识到，其国民经济、特别是沿海地区经济社会的发展，有赖于对海洋的合理开发利用，因而需要在国家层面上做好顶层设计，制定并宣传国家海洋国策主张，以推动海洋强国建设目标的实现。根据印度政府颁布的《海洋政策声明》、《海洋议题：2010—2020》等文件，我们可以一窥印度关于海洋的基本国策主张。[1]

（一）关于海洋发展利益的定位与法律保障

就印度的海洋基本国策而言，首先也最重要的是关于海洋是印度最后一道防线的政策主张。印度认为，印度的国家安全，包括印度的海外贸易，有赖于印度洋。所以，印度历届政府谨记当年潘尼

① 鉴于前文已经对高级政治方面的内容做了较为详细的论述，故这里主要探讨低级政治方面的内容，即主要涉及的是海洋经济社会方面的情况。

迦的教导，强调印度来日的伟大，在于印度洋。本着这样的理念，印度对海洋发展利益的定位明确且一贯，即印度的海洋发展利益作为印度国家崛起的重要支柱之一，与国家海洋安全利益紧密相关，不可分割。

实际上，在印度眼中，三大因素决定了印度海洋利益的头等重要地位。一是绵长的海岸线和先辈们的航海探险，组成了印度特有的海洋传统。尽管印度作为一个海洋民族多被诟病，但印度洋实实在在地为印度提供了维护和拓展海洋利益的机遇，故印度政府强调应对之善加利用。为了维持海洋发展利益，印度鼓吹应拥有海洋“进取心”和“求知精神”，就像其先辈们那样，去利用印度洋，去控制印度洋；二是《联合国海洋法公约》不仅一定程度上改变着国际海洋秩序，而且基于这一条约，印度获得了200多万平方千米的管辖海域，这大约占其陆地面积的三分之二。据此，印度有权在这一海区使用生物和非生物资源。另外，印度作为印度洋开发的“优先投资方”，有权在印度洋15万平方千米的深海海域开采多金属矿产。三是印度现代海洋科技的发展进步，包括借助其他科学领域的实践，使得印度在开发利用海洋方面处于前所未有的有利地位。

由此，自然推导出印度海洋发展战略的基本思路，即通过弘扬和激发特有的海洋传统，辅之以现代海洋科技，在《联合国海洋法公约》的制度框架内，来挖掘新时期印度推进海洋事业所需的足够强劲的内在动力，从而使其海洋发展事业与世界大国地位追求保持一致。

（二）关于海洋资源利用战略

印度认为，历史上，印度先民们就在近海或远海航行，海洋成为了许多人的生计来源。即使是现在，不论是国有还是私有的印度企业，都在利用海洋资源，包括从海洋中获取大量的鱼类、碳氢化合物以及矿产资源。在测量、绘制海图以及探索海洋的过程中，人们获取海洋和海床的基础知识，并在海岸建设和海洋发展事业中取得了成功。

但是，印度的海洋环境不仅广阔，而且复杂，充满了不确定性。要充分、高效地利用海洋资源，印度就必须建立起集中的、完善的海洋机制，以协调各方力量。这是因为：随着海洋利益的拓展、海洋资源开发的加速，系统的、跨学科的、多维的海洋知识日显重要。也就是说，获取充足的海洋知识（包括海床、水文、气柱、物理、地理、生物等知识），是掌控、管理以及利用丰富的海洋自然资源的基础。除了利用这些知识以发掘印度洋的资源潜力之外，印度还需要拥有一定的海洋技术来开发这些资源，包括勘测、开采、运输、提炼等技术及其相关基础设施。

就资源利用而言，印度认为重点应放在以下几个方面：一是对生物资源（如鱼和藻类）的利用，为此需要勘查海洋生物资源，建立可供商业利用的动物群的详细目录；二是对非生物资源（如碳氢化合物和重金属矿物）的开采；三是利用波能、热能、潮汐能和含盐梯度等海洋可再生资源；四是从深海中开采多金属结核。为此，需要对深海矿产资源的可利用情况进行勘查和评估。

总之，印度认为，需要通过配套的基础设施和政策举措，以及其他的可促进海洋技术发展的一切必要的手段，来建造各种型号的海洋调查船，开发人力资源，制定周密的资源开采计划，发展先进的海洋技术，特别是要加大对公海和专属经济区内海洋资源的可利用情况的勘查和开发利用。

（三）关于海洋科技研发与国际合作战略

无论是海洋发展利益的维护，还是海洋资源的开发利用，都有赖于海洋科技的研发，其中包括有关的国际合作。就海洋科技战略而言，印度强调，海洋开发与其他领域的科学技术成果紧密关联。因此，当印度发展基础性的海洋科学和技术时，如发展海洋环境科技时，这方面的技术进步就必须要与利用和保护海洋环境相协调；由于新增了200多万平方公里的海洋专属经济区，印度的国家疆界明显地被拓展了，随之而来的是新增资源的利用问题，如海洋能源、矿产和食物等，这就需要大幅度提升海洋工程技术，尤其是涉及建筑、材料、仪器、潜水装置和船舶推进系统方面的技术；对于鱼类和藻类等自然食物资源的开采，以及对人工食物资源的养殖，都需要水产业的科学方法和海洋文化加以指导；为了调查海洋资源和监测海洋环境，必须要对海底映射、测量学、海洋动力学，对潮流、海波、漩涡，对海洋动物群、海洋生物学和海洋物理学进行研究，还需要对海底矿产定位，进行绘图和评估。以上所有领域开展的研究，必须反复检验，才能对海洋环境有大致的了解，并确保其准确科学。此外，海洋科学和技术只有不断超越当前的技术发展水平，才能有望在未来取得重大的技术突破。

除了研究和发展基础科学外，印度认为，还应该加大对深海的勘探。与深海调研相似，专属经济区和近海也需要进行深入的调查和取样，这样才能评估多金属结核、重金属、化石和磷石灰矿藏带来的财富。

毫无疑问，在海洋科技研发方面，印度强调了本土科技能力的进步对于印度的重要意义。在成长为海洋强国的过程中，印度必须自力更生，为此需要大力发展本土海洋科技，这些技术包括海洋仪器设备、潜水系统、坐标的定位与维护、海洋材料研发、海洋数据收集仪器、抗腐蚀技术、深潜技术、港口和船只建造技术、船舶修理能力等。道理很简单，在多样性的海洋开发方面，除了要有足够的人力资源，以上技术也是必不可少的。

而本土技术创新依赖大量的技术人员，因此印度制定了相应的人才发展计划。印度强调，要积极鼓励年轻的科学家、技术人员和工程师加入海洋发展计划，同时有步骤地吸纳海外科学家。此外，海洋技术引进也是印度海洋发展计划的一个重要组成部分，故而国际合作不可或缺。

（四）关于海洋监管与保护战略

在海洋发展战略中，海洋监管与保护战略至关重要，它是良好的海上秩序、可持续的海洋开发、和谐的人海关系的重要保证。像其他国家一样，为保护海洋环境与海洋资源，印度需要一套完整的法律框架和相应的执法力量的支持。这方面，印度已经颁发了一系列关于海域、渔业的法律法规；印度海岸警卫队作为海上执法机构之一，主要负责海洋执法巡查；而涉海协调工作则由印度海洋发展局负责，其协调机能不断地增强。

新时期，在海洋监管与保护方面，为了满足应对不断增长的挑战的需求，加强现有机构间的合作与协调日益重要。印度强调，海洋发展局作为总的协调机构，将与印度其他相关部门紧密联系，以形成合力，促进各领域机构的能力建设。显然，一个以发展海洋为目的的复杂的计划需要精细设计管理方式；而海洋发展局功能的扩大，则需要其他机构的鼎力支持，如此才能在符合印度国情的基础上促进海洋事业的高速发展，从而确保印度始终站在国际海洋发展的前沿。此外，基于海洋是人类共同遗产的精神，印度强调与发展中国家和发达国家建立紧密合作关系之必要，以便在海洋监管与保护方面通力协作，互利共赢。

鉴于涉海部门的多元化，特别是鉴于海洋科技信息的快速增长，为满足不同部门、不同群体的多样化信息需求，海洋数据库建设便成为了必需的一项。为此，印度海洋发展局负责建立了综合数据系统，使其拥有收集、校对和传播信息的功能，从而获取本土和国外两方面的资源。1997 年印度海洋发展局启动的国家数据浮标计划（National Data Buoy Programme），作为海洋观测和信息服务的有机组成部分，其功效显著：搜集的数据可用于持续监测近海和海洋环境；获取的实时海面气象数据对于天气预报的可靠性、向沿海居民预告迫近的自然灾害至关重要；长期的海洋地理数据可增进对于印度洋环流的认识；获取的海水表面温度和海水质量参数等数据是判定潜在渔场的重要依据；有关海波、海风和洋流的数据对于沿海和海上建筑的设计十分重要；对海面状况的实时感知，特别是获取的海风、海浪和洋流等方面的数据，对于安全航行不可或缺。①

总之，随着地区和国际战略环境的变化，印度国家利益的海外拓展，印度洋对于印度经济与安全的重要性日益上升。正是在这样的大背景下，印度海洋经济科技与发展战略作为一个独立的系统被推出。作为低级政治领域的一项分支战略，它与作为高级政治领域的印度海洋安全战略相互作用，有机契合，共同支撑着印度的海洋强国地位追求。

① Indian National Science Academy, *Pursuit and Promotion of Science*, chapter XXXV, "Department of Ocean Development", p. 353.

第六章 印度的海军建设与力量运用

对于印度来说，其海军发展史真正反映了印度作为后殖民国家的特性与困境，即一方面强调独立自主发展的重要意义，另一方面又依赖于宗主国，或者说与宗主国千丝万缕的联系，即便是在独立后也难以割断。实际上，今天的印度海军脱胎于英属印度海军，即分治前夕的皇家印度海军，因而其早期海军建设深受英国的影响，这一局面一直到 20 世纪 50 年代中后期才慢慢地得以改变。之后，经过第二次印巴战争和第三次印巴战争的洗礼，以及 20 世纪 80 年代在斯里兰卡和马尔代夫实施的干预行动，印度海军在现代化进程中逐渐走出南亚，走向更为广阔的印度洋，并日渐成长为印度洋地区首屈一指的海上力量。冷战结束后，随着印度洋地区战略环境的深刻变化，印度朝向“有声有色的大国”步伐的加快，印度海军的职能任务也有了明显的变化。作为支撑和彰显印度大国地位的一支重要的武装力量，印度海军无论是现代化程度、力量规模，还是指挥体系、海军战略方面，均取得了令人赞叹的成就。可以说，冷战后，印度真正迎来了海军建设大发展的战略机遇期。而印度海军实力的发展，不可避免地要影响印度洋地区安全形势，牵引着印度洋海上力量分布态势的变化，并最终影响着印度的安全、发展与威望。

第一节　印度海军的成长与早期发展

从1947年宣告独立开始到1971年的第三次印巴战争，是独立后印度海军建设和发展的第一个阶段。在这一发展阶段的初期，印度海军基本上是在英国的影响下摸索着前进。由于主要的安全困扰来自陆上，相较而言来自海上的安全威胁远非直接和紧迫，结果使得印度海军未能受到足够的重视。20世纪60年代后期，随着英国宣布撤离苏伊士运河以东地区，印度洋地区安全环境开始出现显著的变化，特别是在印巴关系和美苏关系的联动效应的作用下，印度对海军地位作用的认识有所强化。但总体上，由于印度政府主要的安全关切在于陆上安全问题，故在三军建设中，海军力量的发展依然有限。尽管如此，这一阶段印度海军还是取得了一定的成就，成为一支拥有航空母舰的地区性海上力量，为以后的进一步发展打下了基础。

一、　独立初期的印度海军及其发展规划

1947年8月，英国政府正式宣布了撤出南亚次大陆的蒙巴顿方案，决定对英属印度实施分治，即分别成立独立的印度斯坦和独立的巴基斯坦，土邦则自由选择其前途。1947年8月15日，印度宣告独立，但其以非暴力不合作运动方式赢得的独立，同样付出了巨大的代价。1947年的印巴分治不仅造成了领土的分割、国民身份认同的改变、大规模的移民潮和教派冲突，同时也导致了统一的武装力量的解体。其中，皇家印度海军一分为二，即大体按照2：1的比例

进行分割，其中2/3归印度所有，1/3归巴基斯坦所有。尽管印度海军[①]设法从皇家印度海军中获取了最好的舰船，但独立后印度海军的规模仍然有限，各型舰船20艘，以及这些舰船配备的1000名军官和10000名士兵。[②] 不仅如此，分治导致海军建设问题重重。例如，皇家印度海军主要的训练设施都位于巴基斯坦的卡拉奇，所以独立后的印度不得不重新修建自己的新设施；大量的穆斯林官兵，特别是在涉及通信、工程、鱼雷和枪械领域的军士长和军士选择加入巴基斯坦海军，结果在印度海军内部留下了大量的人员空缺；[③] 由于组成皇家印度海军指挥骨干力量的英国军官在分治后大都选择离开，印度不得不通过借聘的方式留下一部分英国高级军官，尽管他们为独立的印度海军发展奠定了基础，但是也使得独立后的印度海军一度严重依赖于英国。

表1　皇家印度海军1947年分割表[④]

印度	巴基斯坦
单桅战舰（sloops）	
萨特累季号（HMIS Sutlej） 朱木拿号（HMIS Jumna） 基斯特纳号（HMIS Kistna） 考维利号（HMIS Cauvery）	那巴达号（HMPS Narbada） 戈达瓦里号（HMPS Godavari）
护卫舰（Frigates）	
提尔号（HMIS Tir） 库克利号（HMIS Kukri）	沙姆谢尔号（HMPS Shamsher） 丹努什号（HMPS Dhanush）

① 独立时的印度海军仍称皇家印度海军（Royal Indian Navy）。1950年1月26日，印度宣告自己为共和国，皇家印度海军因此改名为印度海军（Indian Navy）。

② Singh, *Blueprint to Bluewater*, pp. 39－40.

③ 在皇家印度海军中，海军水兵80%从旁遮普和孟买总督辖区征召，其中75%是穆斯林，9%是印度教徒。详见G. M. Hiranandani, *Transition to Triumph*, chapter 1: "The Growth of the Navy till 1965." http://indiannavy.nic.in/book/growth-navy-till-1965; Rahul Roy-Chaudhury, *Sea Power and Indian Security* (London: Brassey's, 1985), pp. 26－27.

④ http://www.bharat-rakshak.com/NAVY/History/WW2/1-Division.html.

续表

印度	巴基斯坦
轻巡洋舰（Corvettes）	
阿萨姆号（HMIS Assam）	
扫雷舰（Minesweepers）	
奥里萨号（HMIS Orissa） 德干号（HMIS Deccan） 比哈尔号（HMIS Bihar） 库马翁号（HMIS Kumaon） 罗希尔坎德号（MIS Rohilkhand） 开伯尔号（HMIS Khyber） 卡纳夫号（HMIS Carnafic） 拉其普特号（HMIS Rajputana） 康坎号（HMIS Konkan） 孟买号（HMIS Bombay） 孟加拉号（HMIS Bengal） 马德拉斯号（HMIS Madras）	卡提阿瓦号（HMPS Kathiawar） 俾路支号（HMPS Baluchistan） 奥德号（HMPS Oudh） 马尔瓦号（HMPS Malwa）
测量船（Survey Vessel）	
调查者号（HMIS Investigator）	
拖网渔船（Trawlers）	
纳西克号（HMIS Nasik） 加尔各答号（HMIS Calcutta） 科钦号（HMIS Cochin） 阿姆利则号（HMIS Amritsar）	兰普尔号（HMPS Rampur） 巴罗达号（HMPS Baroda）
电动扫雷艇（Motor Minesweepers）	
MMS 130 MMS 132 MMS 151 MMS 154	MMS 129 MMS 131
汽艇（Motor Launch）	
ML 420	
港口防御汽艇（Harbour Defense Motor Launches）	

续表

印度	巴基斯坦
HDML 1110	HDML 1261
HDML 1112	HDML 1262
HDML 1117	HDML 1263
HDML 1118	HDML 1266
所有的登陆艇归印度所有	

尽管面临着如此严峻的考验，独立后的十天内，即 1947 年 8 月 25 日，印度海军司令部就出台了《重组和发展皇家印度海军计划纲要》（Outline Plan for the Reorganisation and Development of the Royal Indian Navy）。其序言指出："印度已站在新时代的十字路口——一个工业化的时代、一个过去难以想象的与外国广泛联系的时代、一个海外贸易快速扩张的时代。在这样的时代里，海军赢得世界尊重对于印度来说并不是什么奢侈品，而是至关紧要的必须。"《纲要》紧接着指出："只要印度仍留在了英联邦，它的任务就将大为减轻，因为它将获得英国和其他自治领海军的援助。但即便这样，它仍然被希望、实际上它也希望自己作为印度洋首屈一指的主权国家，能为整个英联邦的海军防务做出与这一地位相称的贡献。故目前的紧迫任务就是要在短时间内建设一支由印度人指挥和组成的平衡的海军特遣力量，一旦提出需求，它有能力在东部海域施加确凿无疑的影响。"[①]基于上述指导思想，印度海军司令部提出了独立后印度海军的发展规划。由尼赫鲁担任主席的印度内阁防务委员会，最终于 1953 年原则上批准了印度海军提出的计划纲要。在为期 10 年的海军采购计划中，海军提出短时间内采购 2 艘轻型舰队航母、9 艘驱护舰、4 艘驱逐舰、4 艘潜艇，以及基于训练和辅助目的的各型小舰船的短期采购计划；其远景发展规划则为 4 艘舰队航母、2 艘轻型舰队

① 引自 Singh，*Blueprint to Bluewater*，p. 40.

航母和280架舰载机。计划在第一阶段，即1954年采购第一艘轻型舰队航母，期间基本支出为1.313亿卢比，经常性支出为0.869亿卢比。计划于1956年采购第二艘轻型舰队航母。四大舰队航母计划于1958年、1960年、1962年和1963年采购，另外134架飞机在1955年至1963年之间完成采购。

表2　独立初期印度海军10年发展计划表①

舰艇类型	数量	采购时间
轻型舰队航母	2	1954年1艘、1956年1艘
护卫舰	9	1949年3艘，1953年、1955年和1956年各2艘
驱逐舰	4	1957年和1958年各2艘
潜艇	4	1957年和1958年各2艘 已装备2艘
扫雷艇	6	已装备
坦克登陆艇	1	已装备
测量船	1	已装备
摩托艇	5	已装备
小型登陆船	28	已装备
舰载战斗机	32	1952年和1954年各16架
舰载攻击机	32	1953年和1955年各16架
作战训练机	18	1951年12架，1953年2架，1954年4架
观察训练机	8	1951年和1952年各4架
舰载机设备		1950年全部到位

二、 初期印度海军建设的困境与成就

在第一个阶段，印度海军建设可谓是困难重重，不仅有来自内

① Singh, *Blueprint to Bluewater*, p. 48.

部的各种压力和困扰，而且还有来自英国的外部压力。正是在这种困境之下，印度海军摸索出了一条符合自身国情军情的发展之路，为以后的发展壮大奠定了基础。

（一）印度海军的问题时期

当英国在1947年结束对南亚的殖民统治时，印度这个新独立的国家不得不开始考量自己的海军能力。印度海军司令部提交的计划纲要的第五章，就强调了印度海军的终极任务是：战时保卫其远海航行不被干预；维护任何情形下印度的海上供给安全；确保其港口和沿岸航线的开放；阻止任何敌军在其海岸登陆，以及支持陆军实施的一切军事行动。

但是，独立后一直到20世纪60年代中后期，由于印度洋上的防务问题很大程度上交给了英国人，印度海军战略指导思想的核心就是确保印度海军超越巴基斯坦海上力量，能在战时战而胜之；从1962年10月中印边境武装冲突到1971年印度成功地肢解巴基斯坦这一关键十年里，由于主要的军事行动发生在中印和印巴陆上边境地区，印度海军未能实施任何独立的军事行动，因而几乎没有什么荣耀可言。结果，它不仅在政治家们那里难以找到同情者，而且一直未能找准自己的定位，即“防御谁”的问题始终未能解决。换言之，专注于陆上安全的客观现实，以及海军自身定位不清，决定了印度政府把发展陆军和空军置于优先位置，海军被忽视也就在情理之中了。[①]

结果，在尼赫鲁时期，印度未能发展一支强大的海军。相反，经济条件的限制和其他军事需求使得印度洋在印度的战略规划和防御预算中降级了。究其原因，在于决策者的战略意识问题。1950年，尼赫鲁的逻辑就是：“海军需要高素质的训练，但规模要小，时

① Raju G. C. Thomas, “The Indian Navy in the Seventies”, *Pacific Affairs*, Vol. 48, No. 4, Winter 1975—1976, p. 501.

机到了再进行扩充。”[①] 但在尼赫鲁时期，这种所谓的合适时机一直没有出现。所以，即便是在 1962 年战败后重整军备的“防务优先”时期，印度海军关于采购潜艇和小型水面舰艇的计划也被纳入陆军采购计划之中，且少有成功，故其海军舰船大多数还是二战时期的老旧装备。

首先，印度海军建设的首要问题体现在发展计划的反复修订上。

1948 年，海军中将爱德华·佩里（Edward Parry）继承了印度首任海军总司令、英国海军少将约翰·霍尔（John Hall）的职位，成为印度海军的总司令（在 1950 年印度宣布成为共和国后成为海军参谋长）。1948 年 9 月和 10 月，佩里代表印度海军分别提出了建设一支拥有 69 艘和 49 艘舰船的海军计划。这年 12 月，佩里最终推出了《海军的作用》（The Role of the Navy）的发展规划，建议建设一支拥有 47 艘舰船的小规模海军，包括 2 艘舰队航母、3 艘巡洋舰、8 艘护航驱逐舰、4 艘舰队驱逐舰、4 艘潜艇、4 艘 A/A 级护卫舰、2 艘 A/S 级护卫舰、6 艘扫雷艇、1 艘坦克登陆舰、1 艘测量船、5 艘汽艇、7 艘小型登陆艇、2 个舰载机中队。[②] 1949 年，印度政府批准了为期 10 年的海军发展计划（不包括潜艇），但此后由于经费严重不足而不得不修改该计划。

1951 年，海军中将马克·派奇（Mark Pizey）出任印度海军参谋长，并提出了一个新的为期十年的海军替代计划，该计划有两个显著特点：一是将印度海军纳入英国整体防御框架，为此正式提出了建立反潜部队的计划，以便在西方阵营针对苏联的反潜战中扮演关键角色；二是在这样的架构下，印度海军与西方的合作是必然的，

---

① Nehru to Baldev Singh, 10 May 1950, Selected Works of Jawaharlal Nehru. 2nd ser. Vol. 14 Part 2 (New Delhi: Jawaharlal Nehru Memorial Fund, 1993), 280 – 283, 283. 引自 Scott, “India's ‘grand strategy’ for the Indian Ocean: Mahanian visions”, p. 102.

② Hiranandani, *Transition to Triumph*. chapter 1: “The Growth of the Navy till 1965”. http://indiannavy.nic.in/book/growth-navy-till-1965.

故英国应将其最先进的军舰和武器系统，以及必要的训练、作战条例移交给印度海军。[①] 但该计划同样由于经费原因和英印矛盾再度搁置。1956 年 4 月 30 日，印度内阁防务委员会批准了采购轻型舰队航母的计划。5 年后，即 1961 年 3 月 4 日，印度终于装备了首艘轻型舰队航母“维克兰特”（INS Vikrant）号，成为亚洲第一个拥有航母的国家。

1956 年，海军中将斯蒂芬·卡里尔（Stephen Carlill）出任海军参谋长。此际，巴基斯坦已经加入了中央条约组织和东南亚条约组织，并因此获得了美国的军事援助，包括直接提供 2 艘驱逐舰、8 艘扫雷艇，以及帮助支付经费让英国助其翻新改造并提供 1 艘巡洋舰和 4 艘驱逐舰。鉴此，1957 年印度海军建议印度政府关注海军建设，以应对巴基斯坦海军实力的增长。一年后，印度政府同意了印度海军的建议，包括立即购买 3 艘“亨特”级（Hunt Class）驱逐舰。

1958 年，海军中将、印度人拉姆·达斯·卡塔里（Ram Dass Katari）出任印度海军参谋长。此际，印度海军的建设和装备采购政策已经发生了明显的变化，即朝着本土化和苏联化方向转型，尽管它依然无法割断与英国的联系。

1963 年是印度海军建设史上的分水岭。由于在 1962 年中印边境武装冲突中战败，印度政府成立了一个专门小组，来详细评估印度的防务需求。鉴于将中国视为主要威胁，尼赫鲁政府决定大力发展陆军和空军，海军不仅得不到增强，而且被边缘化了。《1964—1969 年防务计划》就是基于这一思路实施的。

其次，印度海军的问题还反映在海军所占预算份额上。

印度独立的最初三年（1948—1951 年），印度海军在印度国防预算中所占份额为 4.7%—4.8%；在 1955—1957 年，海军所占份额

---

① James Goldrick, *No Easy Answers: The Development of the Navies of India, Pakistan, Bangladesh and Sri Lanka* (New Delhi: Lancer Publishers, 1997), p. 25.

达到了10.1%，但依旧很低；在1957—1958年，则滑落至9.7%；在1961—1962年一度跌至7.9%；在中印边境武装冲突之后的1963—1964年，海军预算仅占了3.4%；及至1968年也只占了4.9%。由于长期被忽视，结果印度海军在上世纪五六十年代的羸弱十分明显，它在1965年与巴基斯坦的战争中表现得消极无用：印度海军不仅没能战胜巴基斯坦海军，甚至没能进行成功的阻截。相反，它却见证了巴基斯坦海军的成就。[①]

（二）印度海军对英依赖与英印矛盾

对于独立后的印度海军来说，其最显著的特色就是英国海军的消极影响。1947年8月15日，独立后的印度政府任命刚刚晋升为海军少将的英国皇家海军军官约翰·霍尔作为印度海军——皇家印度海军的总司令，而正是霍尔代表印度海军提出了第一份十年发展计划。对此，印度海军中将V. A. 卡马特曾指出："从独立到独立后的许多年里，印度海军一直是英国皇家海军的小小模仿，完全依靠英国皇家海军，不但在舰艇方面，而且在所有的战斗条令的发展方面都是如此。"[②]

实际上，1947年，印度就向英国提出了海军采购方案，包括采购2艘轻型舰队航母。独立后印度海军第一艘巡洋舰，就是来自英国皇家海军的"阿基里斯"号巡洋舰（HMS Achilles），印度将之命名为"德里"号（Delhi），该舰总造价为73.65万英镑，标准排水量为7030吨，满载排水量为9740吨，最大航速达32节；1949年，印度海军从英国皇家海军手中获得了3艘"R"级驱逐舰"罗瑟拉姆"号（HMS Rotherham）、"里道特"号（Redoubt）和"雷德尔"号（Raider），印度将之分别命名为"拉其普特"号、"拉纳"号（Rana）和"兰吉特"号（Ranjit），并以之组成第11驱逐舰中队。

---

① Scott, "India's 'grand strategy' for the Indian Ocean-Mahanian visions", pp. 102 – 103.

② 转引自辛格著：《南亚海军》，第48页。

同年4月11日，二战中从英国租借的4艘坦克登陆艇中的1艘“复仇者”号（HMS Avenger），为印度海军所采购，更名为“马佳尔”号（HMIS Magar）。[①] 1951年，印度海军又从英国引进了3艘“亨特”二型（1610吨）驱逐舰，分别是“哥达瓦里”号（Godavari）、“恒河”号（Ganga）和“格姆提”号（Gomti）。值得注意的是，这一时期印度海军获得的都是英国的老旧军舰，而获得航空母舰的决定也被延缓了。[②] 1957年12月，从英国订购的第二艘现代化巡洋舰“迈索尔”号（Mysore）交付印度海军；1958年印度最终决定从英国购买皇家海军“赫拉克勒斯”号（HMS Hercules）航空母舰的船体，从而迈出了海军发展最关键的一步。1961年3月4日，印度第一艘轻型航空母舰“维克兰特”号加入印度海军现役。

尽管印度与英国保持着海军合作关系，但早在1949年，英国海军部与印度海军间的紧张关系就显现得十分明显。究其根本，在于印度海军在英军将领的统率和影响下，其海军角色作用被置于英联邦的印度洋海军战略大框架内来予以界定。换言之，英国希望将印度海军的作用主要限定为为盟国船只护航、保护本国的港口，即让其一直充当大舰队的依附性伙伴。[③] 相反，印度却希望在英国的帮助下，建设一支“与其亚洲邻居相比具有优势地位的海军力量”。[④] 这样，英国和印度就在印度海军的角色和建设目标问题上产生了巨大的分歧。[⑤]

不仅如此，英国还对印度海军配备什么类型的舰船拥有决定权，

---

① Satyindra Singh, *Under Two Ensigns: The Indian Navy 1945—1950* (New Delhi: Oxford and IBH Publishing, 1986), Chapter 2 “Plans for the Development of the navy”, pp. 43 –65.

② G. V. C. Naidu, *The Indian Navy and Southeast Asia* (New Delhi: Knowledge World, 2000), pp. 34 –35.

③ Sukhwant Singh, India's War since Independence: Defence of the Western Front, Vol. II (New Delhi: Viksa India, 1981), p. 85.

④ Tughlak, “The Birth of the Indian Navy”, *The Naval Review*, April 1956, Vol. XLIV, No. 2, p. 175.

⑤ Naidu, *The Indian Navy and Southeast Asia*, p. 33.

因为印度海军装备的采购完全源自英国。这方面，英国拒绝了印度对于潜艇和远程海上侦察机的采购项目，对其发展海军航空兵也持保留态度。实际上，英国很清楚，帮助印度发展海军航空兵部队和提供相应的装备，需要有政府间的正式协议，而尼赫鲁总理早已明确表示，开展两国间的防务谈判将使他处境尴尬，因为独立后印度奉行的基本外交安全战略是“不结盟”。英国负责英联邦事务的国务秘书帕特里克·戈登·沃克（Patrick Gordon Walker）在写给印度海军总司令霍尔的一封信中，就坦承英国与印度在印度海军拟担负的功能问题上存在分歧，包括印度发展海军力量的真实意图问题；两国高层防务谈判的可行性问题；印度将巴基斯坦视为敌人，而英国着眼于英联邦整体利益考量希望印巴采取共同的海军战略，这两者间的分歧对英印海军合作关系的影响等问题。[①] 英印之间的上述分歧，不可避免地影响到了英国政府的对印度的海军军售计划。

（三）海军指挥架构走向完备

独特的历史和战略环境，使得分治后的印度海军不仅依然保持着皇家印度海军的名称，而且依然处在英国皇家海军高级将领的领导之下。独立后的十年里，印度海军总司令或曰参谋长一职由英国人担任，分别是1947—1948年的约翰·霍尔，1948—1951年的爱德华·佩里，1951—1956年的马克·派齐和1956—1958年的斯蒂芬·卡里尔。直到1958年8月，即独立11年之后，拉姆·达斯·卡塔里有幸成为了被任命为海军参谋长的第一名印度人。

对于印度海军来说，尽管其历史悠久，但是1947年的分治不可避免地使得这支海军一度陷入混乱状态。所以，重整海军军制、特别是重组其指挥架构，便成为了当务之急。1947年8月，独立后的印度政府将英国人、海军少将霍尔任命为皇家印度海军的首任司令官，他的参谋长是海军准将马丁·诺特（Martin L. Nott）。这是两位

---

① Singh, *Blueprint to Bluewater*, pp. 59 - 60.

富有远见卓识的指挥官，他们在当时的印度总督蒙巴顿勋爵的领导之下，并有以下主要海军军官的协助：第一任海军计划主任、海军中校查特吉（A. K. Chatterji）、海军计划参谋军官、海军少校克里希纳（N. Krishnan）和辛格（Y. N. Singh）（印度海军第一位航空兵）。当时，印度海军司令部下设有五个主要参谋军官职位（Principal Staff Officers），它们是：参谋长（Chief of Staff）、人事参谋长（Chief of Personnel）、物资参谋长（Chief of Material）、行管参谋长（Chief of Administration）和海军航空兵参谋长（Chief of Naval Aviation）。

主要借鉴英属印度海军的经验，同时结合独立后的自身实际，印度将舰队的指挥权划归一个海军准将独立指挥，这种体制被称为皇家印度海军的“准将指挥体系”（commodore commanding）。之后，海军又被纳入从陆军中分离出来的海军司令部（Naval Headquarters）的直接控制之下。1950 年 1 月 26 日，印度宣布它是一个共和国。在这种国体下，武装部队的最高统帅是印度总统。因此，“皇家印度海军总司令”的称号随即被“印度海军总司令”（Commander in Chief）取代，不久，印度海军最高长官的称号最终确定为“海军参谋长”（Chief of the Naval Staff）。

印度海军司令部的第一次重组是在 1955 年。当海军总司令变为海军参谋长后，原先的参谋长变成了海军助理参谋长（Deputy Chief of Naval Staff），行管参谋长一职被取消，其职责分给了其他部门。

及至 20 世纪 60 年代中期，印度《1966—1971 年防务计划》原则上同意了海军的扩张计划，总预算为 44 亿卢比，编制从 21000 人增加到 31000 人。这样，在 1967 年，海军助理参谋长改为海军副参谋长（Vice Chief of the Naval Staff），海军航空兵参谋长改为海军参谋长助理（Assistant Chief of the Naval Staff）。1968 年，海军参谋长（Chief of the Naval Staff）升格为海军上将。另外，海军采购计划主管被撤销，责权划归海军副参谋长；负责在本土建造“林德”级（Leader Class）护卫舰的林德计划主管也被撤销，职权划归物资参谋长。

在这一时期内，印度还根据地理上的需要，在东部海域和西部海域重组了岸上司令部。1952 年组建海军西部舰队，一年后组建科钦航海站，并开始着手建立海军航空兵部队。[①]

到 1965 年时，印度海军已经拥有了一艘轻型航母，该航母装备了“海鹰”喷气战斗轰炸机、“贸易风”固定翼反潜飞机和“云雀—III”直升机。此外，还有 2 艘巡洋舰、6 艘驱逐舰、12 艘护卫舰、4 艘巡逻快艇、6 艘远洋扫雷舰、9 艘沿岸和近海扫雷艇、1 艘坦克登陆舰、6 艘坦克登陆艇、2 艘舰队补给船等舰只。这个编制使得印度海军具备很强的为运输队护航的能力，即使在通过敌人水域时，航母提供的空中支援和巡洋舰的重型火力都能够很好地保卫航运安全，这也意味着印度海军在保证自己的海港和海上航线不受敌人水面舰艇攻击的同时，还拥有一定的攻击能力。

三、 1965—1971 年印度海军的发展

对于印度海军来说，1965 年具有十分重要的意义。这一年，英国官员访问华盛顿，具体讨论两国合作防卫苏伊士运河以东地区的问题，其撤离苏伊士运河以东地区的迹象显露无遗。结果，有关美苏两个超级大国在印度洋上角逐的议论泛起，印度为此不得不去认真思考英国撤离后的印度洋防卫问题。这年，印巴第二次战争爆发，战争中印度海军的表现乏善可陈。1965 年 9 月 7 日，印度同苏联签订一项海军装备协定，初期的一揽子采购计划包括 4 艘潜艇及其补给舰、轻型反潜护卫舰以及中型登陆舰，结果印苏海军合作关系有

---

① 参见 Mark Pizey，“The Indian Navy Today”，*Asian Review*，January，1956，p. 49. and Lorne J. Kavic，*India's Quest for Security：Defence Policies 1947—1965*（Berkeley：University of California Press，1967），p. 120. 同样参见 C. U. Bhaskar，“Indian NavAir”，*USNI Proceedings*，Vol. 113，No. 3，March 1987，p. 106；Singh，*Blueprint to Bluewater*，pp. 133 – 138.

了显著的发展。

更为重要的是，在1964年尼赫鲁去世后，接替尼赫鲁出任印度总理的拉尔·巴哈杜尔·夏斯特里（Lal Bahadur Shastri），在外交战略上开始着手修正尼赫鲁的影响，更加积极主动地强调实力政策。在海洋和海军事务上，早先英印紧密合作关系尽管是在英联邦架构下，但对于印度来说至少产生了两个方面的不利影响：一是与作为西方大国的英国间的海军合作关系，明显有悖于印度的对外战略——不结盟；二是过多地依赖于英国皇家海军，特别是印度海军被局限于小伙伴的身份定位，不符合独立后印度决心作“有声有色的大国”这一国家战略目标。为此，印度在调整对外战略的同时，也开始对其海军建设进行调整，主要表现在两个方面，一是渐渐摆脱英国的束缚，逐步加大与苏联间的军售合作关系，二是加速印度海军独立发展的步伐。

对于印度来说，此际的现实情况是：1965年第二次印巴战争后，印度洋上来自巴基斯坦的海上威胁变得明显且真切，同时多支海军力量并存这一大趋势日渐明朗。在此背景下，印度政府不得不重视一度被严重忽视的印度海军建设问题。时任海军参谋长A. K. 查特吉中将明确指出，为了保卫印度的海岸和边远岛屿，保卫印度的海洋利益，特别是为了维持印度洋上的力量均势，印度需要“全面接管印度洋”。[①]

虽然海军极力主张在英国人撤离之后由印度海军来填补印度洋上的真空，将印度海军打造成一支主导性力量，但显然印度政府的首要防务关切仍然是陆上安全问题。对于印度来说，印度洋并不是首要战略区，故而海军也就无法成为印度政府的宠儿。印度依然是陆军当家作主，其鼓吹者甚至谴责海军的扩张和向印度洋投射力量

① Tomas, *Indian Security Policy*, pp. 152 – 153; “India and Seapower,” *The Hindu*, 11 December 1966.

是“过时的帝国主义思想”的表现。[1] 尽管如此，来自巴基斯坦的威胁还是使得海军受到了前所未有的重视。1964 年，印度政府提出新的一轮五年防务计划，决定阶段性地扩充海军。短短几年内，印度海军实力大幅增加。1968 年 3 月 1 日，海军参谋长查特吉被晋升为上将，与陆军和空军参谋长地位相同。这不但是对海军的一个巨大的精神鼓励，也象征着海军得到了认可。

表 3　1965—1971 年印度海军实力统计表[2]

年份	1965—1966	1966—1967	1967—1968	1968—1969	1969—1970	1970—1971	1971—1972
航空母舰	1	1	1	1	1	1	1
潜艇	—	—	1	1	2	2	2
巡洋舰	2	2	2	2	2	2	2
驱逐舰	3	6	3	2	2	2	3
护航驱逐舰	—	—	—	5	5	1	9
多用途护卫舰	—	—	—	—	—	—	1
反潜护卫舰	3	3	5	5	5	5	5
防空护卫舰	3	3	3	3	3	—	—
巡逻艇	—	—	—	2	5	10	10
扫雷艇	—	2	2	2	2	4	4
登陆舰	2	2	1	1	1	1	1
登陆艇	—	—	3	2	3	3	3
海防快艇	—	1	3	1	1	1	1
其它护航船只	5	2	—	2	3	—	—
调查船	2	2	2	—	1	1	—
兵力（单位：千人）	16	17	17	20	20	40	40

1965 年后，由于无法从英国海军部采购潜艇，印度开始重视自

① D. Palit, “Outmoded Imperial Concepts,” *Hindustan Times*, 29 December 1969.

② Naidu, *The Indian Navy and Southeast Asia*, p. 41.

身能力建设，同时寻求苏联的援助。相应地，其海军建设出现了两个新的变化，一是重视本土化。这方面首先是急剧增加本国造船厂的建设活动，重点是加强印度国防部下属的两大国有造船厂，即孟买的马扎刚造船厂和加尔各答的花园研发车间（Garden Reach Workshop）的建设。1965—1966 财年，上述两大造船厂的国防预算分别为 1100 万卢比和 740 万卢比；及至 1966—1967 财年，分别上涨为 1580 万卢比和 1490 万卢比。4 年后，即 1971 年第三次印巴战争前夕，对马扎刚造船厂的投入达到了 1.468 亿卢比。1968 年 10 月 23 日，在英迪拉·甘地总理的主持下，第一艘印度产的“林德”级护卫舰——“尼尔吉里”号（Nirgri）下水。“尼尔吉里”号的建造可以被看作是印度本土海军建造计划的重大突破，标志着印度进入了自力更生建造军舰的时代。[①] 此外，在软件建设方面，印度海军不再停留在被动接受外国海军作战条令的阶段。随着印度本土海军人才的成长，无论是战略层次还是战术层次，其自主意识日益强烈。[②]

二是对外军事采购政策的一大变化，就是减少对英国的依赖，同时加强印度海军与苏联海军的紧密联系。1965 年之前，印度海军装备的采购主要来自英国。1965 年 9 月，印度与苏联达成海军军购协议。[③] 这一时期，因考虑到亲近苏联会急剧恶化现有的同英国皇家海军的关系，且转而使用苏式装备会给印度海军刚刚建立完善起来的指挥控制、装备操作、战斗条令和后勤保障带来巨大问题，所以印度在保持同苏联接触的同时，并没有急于改变依赖英国的现状。实际上，印度海军渴望能够同时从两个敌对国家获得最好的海军装备，并为此保证敌对双方均无法获取对方舰船的信息。据此，印度

① 根据 1964 年与英国达成的军购协议，印度利用英国 470 万英镑的贷款购买其造船设备和图纸，在孟买的马扎刚造船厂（Mazagon Dock Limited）为印度海军建造英国“林德”级反潜护卫舰。“尼尔吉里”号是第一艘。

② Goldrick, *No Easy Answers*, p. 35.

③ Goldrick, *No Easy Answers*, p. 34.

将所有苏式装备置于印度东部的维萨卡帕特南港，并为此建立起了全新的设施，包括新的潜艇基地，对操作苏联装备的印度海军官兵进行专门的培训，建立新的海军船厂以便修理和改装苏联舰船。

1968 年 7 月，从苏联采购的 1 艘大型攻击潜艇“卡尔瓦里”号（I. N. S. Kalveri）抵达维萨卡帕特南海军基地，同时还订购了其余 6 艘；从苏联订购的“别佳”（Petya）级驱护舰和“黄蜂”（Osa）级导弹艇在印度海军 1971 年封锁巴基斯坦卡拉奇港的军事行动中作用巨大。到 1975 年，印度海军除了购自英国的 1 艘航母、2 艘巡洋舰、3 艘驱逐舰外，8 艘潜艇、8 艘导弹艇和 3 艘登陆艇全部购自苏联，26 艘护卫舰中的 10 艘、9 艘海岸巡逻船中的 5 艘购自苏联。[①] 尽管面临着苏式武器系统、配件、作战条令等完全不适用于现有的英制装备等现实问题，但在当时的国际形势下，倒向苏联不失为一个可行的战略选择。[②] 故在西方眼中，印度已经明显地倾向于苏联，尽管印度的外交家们一直否认这一点。[③]

在苏联的帮助下，这一时期印度海军有了很大的发展，其中特别是潜艇部队和反潜能力建设有了长足的进步。及至 1971 年，印度海军官兵人数已达 4 万人，作战舰只增至 74 艘，包括一艘航母。而巴基斯坦海军此时只有 1 万人，没有航空兵。[④] 印度明显取得了对于巴基斯坦的海上力量优势。对此，巴基斯坦表达了强烈的担忧，认为“在英国撤离印度洋地区之后，印度致力于成为印度洋上主导性海军的野心，近年来已经成为并将继续成为印度所有小邻国的焦虑之源”。[⑤]

---

① Thomas, *The Indian Navy in the Seventies*, pp. 502 – 503.

② Naidu, *The Indian Navy and Southeast Asia*, p. 39.

③ Singh, “The Changing Paradigm of India's Maritime Security”, p. 232.

④ 丁一平等编著：《世界海军史》，北京：海潮出版社，2000 年版，第 713 页。

⑤ *Dawn*, 2 June 1970.

第二节　印度海军的阶段性崛起

1971年至20世纪末的30年，可以称之为印度海军阶段性崛起的关键时期，这一时期又可分为两大阶段。其中，1971年第三次印巴战争到1991年冷战结束这二十年，是印度海军发展最迅速的时期。外部特别是南亚地区战略环境的深刻变化、印度海洋利益的加速拓展、印度洋战略态势的新趋向、印度国家实力的显著增强，所有这些因素共同作用，促使印度海军建设进入了一个新时期。在这二十年内，印度海军获得了第二艘航空母舰、新的导弹驱逐舰和现代化的潜艇，海军航空兵部队获得了大量新式战斗机和直升机，结果其海军实力显著增强。同时海军基地和船只整修设施也得到了扩展和提升，并具备了自己建造护卫舰和轻型巡洋舰的能力。在迅速发展的过程中，印度海军史无前例地成为了印度政府执行其外交政策的工具，也成为其它国家的印度洋战略必须考量的重要因素之一。[①] 但是，冷战结束至20世纪末这十年间，由于国际战略环境的巨变和国内政治生态的深刻变化，印度海军力量建设再次出现波折，进入了一个短暂的被忽视期。但总体上看，1971年至20世纪末的三十年间，是印度海军建设的大发展时期，也是其作为印度外交政策工具体现得淋漓尽致的时期，无论是海军战略的转型发展还是力量建设方面，其成就远大于缺陷。

一、　急速发展的印度海军（20世纪70年代）

1962年在与中国边境武装冲突中的惨败、1965年第二次印巴战

① Goldrick, *No Easy Answers*, p. 104.

争造成的僵局，使得印度在南亚地区的强国形象大打折扣，特别是1969—1971年间美苏印中巴关系的重组，使得印度警觉到：南亚地区国家可能转向域外大国寻求帮助，来抗衡印度的压力与影响。在基辛格于1971年7月访问北京不久，印度外交部长便于7月20日在议会做了如下陈述："我真诚地希望中美关系的缓和不会以损害其他任何国家、尤其是本地区国家的利益为代价。但是，我们现在还不能排除这种可能性……因此，我们一直在考虑防止这种情况发生的方法，以及应对这种情况的措施。"[①] 为此，强化地区大国地位，优化外在战略环境，成为这一时期印度的主要战略取向。

1971年8月，印度和苏联签订了为期20年的、明显带有准军事同盟性质的友好条约，[②] 即《印苏友好合作条约》。条约规定：任何一方遭到进攻或受到进攻威胁时，缔约双方应立即共同协商，以便消除这种威胁，并采取适当的有效措施保证两国的和平与安全。条约签署后不久，即1971年底，印度就发动了第三次印巴战争，成功地肢解了巴基斯坦，东巴基斯坦作为新生的孟加拉国宣告独立。这样，巴基斯坦在南亚的地位进一步削弱，成为了一个中等国家，这一根本态势确保了印度在南亚地区的绝对优势地位。实际上，1971年以后，巴基斯坦便放弃了与印度进行全面战争的想法，而中国一直试图通过政治途径来解决两国边界问题。结果，印度面临的陆上威胁显著下降了。正是在这一背景下，印度海军建设开始走上了快车道。

首先，在整个70年代，印度的安全环境发生了深刻变化，那就是来自陆上的威胁较之以前明显减弱。在南亚地区，巴基斯坦这一传统对手被印度成功地肢解了，加之印苏准同盟外交关系的确立，

---

① Bangladesh Documents, Vol. I, p. 708. 转引自：Onkar Marwah, India's Military Intervention in East Pakistan, 1971—1972, *Modern Asian Studies*, Vol. 13, No. 4, 1979.

② Rajan Menon, "India and the Soviet Union: A New Stage of Relation", *Asian Survey*, Vol. 18. No. 7, 1978, p. 732.

结果是巴基斯坦处于印度和苏联两强的战略包围之下；在对华关系上，印度政府也表露出了改善关系的意向，认识到稳定的中印关系对于地区和平与安全至关重要。外交政策的优化无疑有效减缓了印度的陆上战略压力，结果陆军传统的老大地位开始受到某种程度的冲击。随着印度陆军和空军地位的相对下降，印度海军提出了自己的建设目标，那就是：印度海军不仅需要能够保卫印度的国家安全利益，而且需要能够在包括南亚在内的广大地区稳居海军首强国家的优势地位。①

其次，提出并实行“保陆制海”、“近海控制”战略。所谓“保陆制海”，就是在巩固和扩大印度在南亚次大陆上的霸权地位的同时，一步步完成对印度周边海域的控制，并以此为基点，逐步强化对印度洋其他海区的掌控，以填补英国撤出苏伊士运河以东后留下的权力真空。所谓“近海控制”，是指在印度的海空实力还不足以有效掌控印度洋的情况下，印度首先应确保对孟加拉湾和阿拉伯海的附近海域的控制，以剥夺敌人利用该海域的机会，维护自身使用海洋的权力，以保障印度东西侧翼的安全。实际上，“保陆制海”和“近海控制”是一体两面，前提是在保持和巩固陆上安全的同时，将战略视角逐步地转向浩瀚的印度洋，并基于自身实力和海上战略态势，从沿海防御走向区域控制，再伺机走向远洋威慑。

据此，这一时期印度海军的任务主要包括：

（1）在与巴基斯坦发生军事冲突时保卫印度的海岸、近海设施和海上商业运输通道；

（2）出于封锁巴基斯坦、打击巴基斯坦海岸和经济区资产、进而确保自身行动自由的目的，在印巴冲突中压制巴基斯坦舰队，如果可能的话将其摧毁；

① Zinger Marcust, “The Development of Indian Navy Strategy since 1971”, *Contemporary South Asia*, Vol. 2, Issue 3, 1993.

（3）保卫安达曼—尼科巴群岛不受侵略，这种侵略包括纯粹海军行动和向海岸投送部队与武器装备的登陆行动；

（4）对于任何拥有威胁印度海洋利益能力的外国海军，应拒阻它们出现在印度大陆附近和专属经济区内；

（5）宣告并维护印度在国家战略利益区内的利益。[①]

印度海军上述五个方面的任务，决定了印度在加强海军区域作战能力建设的同时，还必须强化对强大对手的海上威慑能力，即所谓的海军力量在应对任何交战国时应具备实施可信威慑的能力。[②]

实际上，1971 年的第三次印巴战争中美国海军特混舰队驶进孟加拉湾、1973 年第四次中东战争引发的国际石油危机，使得印度战略决策层逐渐意识到海军在维护国家利益中的关键作用。结果，尽管在陆军中还有部分人士对于发展海军存有异议，[③]但随着海军地位的提高，海军军费开支得以大幅度提升，特别是在基本建设费用中所占的比例增幅尤为巨大，到 1974 年占了总量的 50%，其国防开支占比也稳步提升。[④] 以不变价格计算，印度国防开支从 1972—1973 年度至 1979—1980 年度只增加了 8.4%，但其中海军军费却增长了 24.3%。[⑤]

再次，根据战略环境和使命任务的变化，印度海军相应地进行了编制体制的调整优化和装备的更新升级。围绕着“平衡舰队”概念，1972 年印度宣布了在安达曼群岛组建联合部队司令部并将布莱尔港发展为前进基地的计划，这预示着安达曼—尼科巴群岛的防务

---

① Goldrick, *No Easy Answers*, pp. 115 – 116.

② S. N. Kohli, *Sea Power and the Indian Ocean* (New Delhi: Tata McGraw Hill Publishing Co., 1978), p. 90.

③ 参见 D. K. Palit, "Outmoded Imperial Concepts", *The Hindustan Times*, 29, December, 1969; N. B. Grant, "Navy's Blue Water Obsession", *Journal of the United Services Institute of India*, July-September, 1989.

④ Raju G. C. Thomas, "The Politics of Indian Navy Re-Armament, 1962—1974", *Journal of the United Service Institute of India*, October-December, 1976, p. 341.

⑤ Goldrick, *No Easy Answers*, p. 110.

问题将通过三军合作的方式来解决。[①] 1976 年，印度海军在半岛西南部的科钦组建了南部海军司令部，使海军地区司令部由 2 个增至 3 个，分别管辖印度半岛的东西南海域，其海上防御布局不仅趋于合理，而且趋于稳定。这一时期，印度海军编制体制调整还反映在海岸警卫队的成立上。[②]

在调整优化指挥控制体制的同时，印度海军继续从国外采购先进的武器装备，并积极加强自身造舰能力建设。在 1971 年的战争中，印度海军尽管表现突出，但仍然饱受非议，主要原因是其海军主要舰船超期服役带来的不可靠问题。其中，一度引以为豪的“德里”号与“迈索尔”号都已经进入它们服役以来的第 40 个年头；R 级驱逐舰也已经锈迹斑斑；即使是英国最新建造的 12 型、14 型、41 型护卫舰，平均服役时间也已超过 10 年以上。[③] 有鉴于此，印度在 20 世纪 70 年代开始了海军武器装备的更新换代。在海军航空兵部队方面，印度用“海鹞”式垂直/短距起降飞机取代了“维克兰特”号航母上的“海鹰”飞机，用“海王”直升机取代了“贸易风”固定翼反潜飞机执行反潜任务，并引进了“卡—25/28”反潜直升机、“伊尔—38”海上侦察/反潜飞机等装备；在舰艇方面，先后从苏联采购了 5 艘按其要求改进的“卡辛”级驱逐舰、3 艘“纳奴契卡”级（“杜尔格”级）轻型护卫舰、5 艘“塔兰图尔”II 级轻型护卫舰以及 4 艘“阿巴伊”级轻型护卫舰（“保克”II 型）等舰船。同时，印度于 1972 年开始实施本国驱逐舰造舰计划。20 世纪 70 年代末，印度开始建造自行设计的“哥达瓦里”级（Godavari）护卫舰，

① Government of India, *Anuual Report*, *1972—73* (New Delhi: Ministry of Defence, 1973), p. 32.

② V. A. Kamath, "The Emergence of the Indian Coast Guard", *Journal of the United Services Institute of India*, July-September 1979, pp. 231 – 240.

③ *Jane's Fighting Ships 1968—69* (London: Sampson Low, Marston & Co., 1968), pp. 320 – 321.

从而有效填补了先进水面主战舰艇数量不足的漏洞。[①] 1978 年，印度海军制定了《二十年发展规划》，决定进一步提高各类战舰数量。[②]

表 4　20 世纪 70 年代印度海军实力统计表[③]

	1973—1974	1974—1975	1975—1976	1976—1977	1977—1978	1978—1979	1979—1980
航母战斗群	1	1	1	1	1	1	1
潜艇	4	5	8	8	8	8	8
巡洋舰	2	—	2	2	2	3	—
驱逐舰	1	2	3	3	3	—	—
护卫舰	9	7	26	26	25	25	22
小型护卫舰	—	—	—	—	—	3	3
巡逻艇	8	9	9	15	8	16	16
小型巡逻船只	9	30	—	—	—	—	—
扫雷艇	20	20	8	8	8	8	9
登陆舰	1	1	1	1	1	1	1
登陆艇	3	3	—	6	6	6	6
兵力（单位：千人）	30	40	30	42. 5	46	46	46

二、 作为外交政策工具的印度海军 （20 世纪 80 年代）

及至 1980 年，印度已经确立起了在南亚地区的核心国家地位，同时印度国内政治生态也发生了重大变化。1980 年，国大党再次赢得选举，自此至 1984 年间，英迪拉·甘地总理开始了她的第二个任

---

① 关于印度海军自主造船能力的发展，详见 Sureshwar D. Sinha, *Sailing and Soldiering in Defence of India* (New Delhi: Chanakya Publications, 1990), p. 182 – 184. Rajeshwer Nath, "Problem and Prospects of Shipbuilding in India", in *Maritime India*, ed. K. K. Nayyar, pp. 244 – 272; Goldrick, *No Easy Answers*, pp. 112 – 113.

② Pushpinder Singh, "The Indian Navy: Modernization and Strategy in the 1980s", *Asian Defence Journal*, July, 1987, pp. 4 – 19.

③ Naidu, *The Indian Navy and Southeast Asia*, p. 43.

期。此际，国际政治领域的一大事态，就是苏联于1979年入侵阿富汗而引发的国际政治大变局。出于苏印友好关系考虑，一方面，英·甘地政府努力为苏联的行为辩解；另一方面，又不得不向国内表示，印度正在作出努力，使苏联尽快从阿富汗撤军。同时，印度意识到，苏联出兵阿富汗以及印度偏向苏联，将对印度长远的国家安全利益造成损害，因为其他域外大国将不可避免地要被引进南亚，从而严重影响印度在1971年印巴战争后在南亚取得的主导地位。实际上，在苏联入侵阿富汗之后，美国恢复了对巴基斯坦的军事援助。正是在这种形势下，1983年，英·甘地提出了被称为“印度主义”（India Doctrine）的外交政策，即强调印度不会干涉这一地区任何国家的内部事务，除非被要求这么做，但它也不能容忍外来大国的这种干涉行为；如果需要外部援助来应付危机，地区国家应首先从本地区内寻求援助。[①] 之后，出任印度总理的拉吉夫·甘地继续执行其母亲的外交政策。[②] 应当指出，“印度主义”外交的提出有其特定的时代背景，特定的对象，但作为印度南亚政策的组成部分之一，它无疑直接影响到了印度的海军战略和建设。那就是：在威胁评估上，印度认为自身的安全环境开始恶化，[③] 表现为美苏在印度洋上的争霸愈演愈烈，南亚国际关系两极化趋势明显，而印度同南亚其他国家的海上利益冲突也开始浮上水面。在这样的战略环境下，印度海洋安全战略的调整也就势在必行。

首先，印度明确提出并实施所谓的“区域性海洋控制”战略。20世纪80年代，印度认识到，美苏在印度洋日趋激烈的战略竞逐、自身在印度洋地区利益的多元化、南亚地区岛国政治生态变化催生

---

① Iftekharuzzaman："India Doctrine：Relevance for Bangladesh"，in Kabir and Hassan，eds.，Issues and Challenges Facing Bangladesh Foreign Policy，pp. 18 -43. 转引自 Iftekharuzzaman，ed.，Souh Asia's Securit，p. 17.

② Harish Kapur，India's Foreign Policy 1947—1992：Shadows and Substance（New Delhi：Sage Publieations，2004），p. 92.

③ Naidu，*The Indian Navy and Southeast Asia*，p. 50.

的外交政策新动向，决定了其战略关注的重点在于印度洋。1980 年 9 月 4 日，英迪拉 · 甘地总理在新德里的一次公开演讲中强调，过去海洋给印度带来了征服者，“今天，我们发现它仍然充满危险。”① 基于这种认识，为维护其海洋利益，印度认为必须建设强有力的海军，制定与这些利益相适应的海洋安全战略。②

在“区域性海洋控制”战略架构下，印度需要一支什么样的海军呢？1981 年，印度海军上将塔希里阿尼（R. H. Tahiliani）在一篇文章中，将海军活动区域按照战略利益范围划分为全球、远洋、毗连水域和沿海四个层次。他认为，只有超级大国才拥有全球海军。而对于印度来说，它所需要的是一支能够用来实施区域性海洋控制的海上力量，即一支介于远洋海军和毗连水域海军之间的海上力量。③ 显然，这一时期的“区域性海洋控制”战略，目的旨在借助海上力量维护地区稳定、支援友好国家和充当海上国际警察，来确保自身在北印度洋地区的优势地位。

其次是运用海军力量在南亚地区实施“印度主义”外交，即对斯里兰卡和马尔代夫实施干预行动。由于历史和现实原因，独立后的斯里兰卡民族矛盾尖锐，并在 1983 年 7 月爆发武装冲突。由于地理邻近，印度认为，自身安全利益与斯里兰卡局势紧密关联。④ 为了避免地区不稳定因素影响其国家安全，印度告诫斯里兰卡等邻国：它们可以相对自主地处理外部关系，但这必须与印度广泛的地区安全追求相一致。⑤ 本着这样的理念，对于斯里兰卡内战，印度分别于 1983 年、1985 年和 1986 年进行了三次外交调停工作，以期平息事

---

① Kumar, “The Indian Ocean”, p. 239.

② Naidu, *The Indian Navy and Southeast Asia*, p. 51.

③ R. H. Tahiliani, “Maritime Strategy”, *Journal of the United Services Institute of India*, January-March 1981, pp. 222 - 230.

④ Alan J. Bullion, *India, Sri Lanka and the Tamil Crisis 1976—1994* (New York: Printer, 1995), p. 162.

⑤ Bullion, *India, Sri Lanka and the Tamil Crisis 1976—1994*, p. 45.

态。1987 年，斯印双方最终达成《印斯和平协议》，印度政府明确表态不支持斯里兰卡泰米尔人的独立运动。为了保证协议的顺利实施，印度于 1987 年 7 月派出了 5 万人组成的维和部队进入斯里兰卡，但这一举动并未被斯里兰卡的僧伽罗人和泰米尔人两族接受。结果，斯里兰卡内战演变成泰米尔伊拉姆“猛虎”解放组织与印度维和部队之间的战斗。①在这场长达三年的维和行动中，印度失去了 1200 多名士兵的生命，斯里兰卡的局势则进一步恶化。在这样的形势下，1990 年 3 月 24 日，印度维和部队提前全部撤出斯里兰卡，并表示不再干预斯里兰卡的民族问题，不再支持“猛虎”解放组织。1991 年 5 月，印度总理拉吉夫·甘地遭“猛虎”解放组织派出的自杀式袭击者的暗杀，这促使印度举国上下对“猛虎”解放组织一致声讨。1992 年，印度宣布“猛虎”解放组织为非法组织，禁止其在印度本土活动，并加强了与斯里兰卡政府的合作。2009 年 5 月 18 日，斯里兰卡政府宣布击毙泰米尔伊拉姆猛虎解放组织的最高领导人韦卢皮莱·普拉巴卡兰（Velupillai Prabhakaran），彻底击败了“猛虎”解放组织。

1988 年印度对马尔代夫的干预行动是印度总理拉·甘地将印度版“门罗主义”推向高潮之举。1988 年，为了确保对印度具有重要战略意义的岛国马尔代夫不落入他国之手，印度成功地阻止了想要推翻马尔代夫穆蒙·阿卜杜拉·加尧姆政变阴谋。马尔代夫行动再次表明了新德里想要干预邻国以确保地区稳定的意愿。正如该地区一名外交官所言，此次行动暴露了印度的地区霸权野心。②

总之，在干涉斯里兰卡和马尔代夫的行动中，印度海军作为印

---

① 这方面可参见时宏远：“斯里兰卡民族冲突的根源、发展及前景”，《南亚研究季刊》，2006 年第 1 期；刘艺：“从跨境民族的视角看斯里兰卡泰米尔人问题”，《南亚研究》，2007 年第 2 期。

② Devin T. Hagerty，“India's Regional Security Doctrine”，*Asian Survey*，Vol. 31，No. 4，April 1991，pp. 351 – 363.

度推行印度版“门罗主义”即“印度主义”外交政策的有力工具，发挥了重要作用，同时也证明了其海军投送能力的长足进步，暴露了印度渴望控制印度洋的战略图谋。1988 年 12 月，时任印度海军参谋长在接受《印度时报》记者采访时公然宣称：“印度海军已经有能力在印度洋地区充当警察了。”①

再次是着手“蓝水海军”建设。基于区域性海洋控制战略和地区干预行动构想，印度的海洋视野在 20 世纪 80 年代远远超出了传统的海岸和毗连海域，向着更广阔的远洋区域扩展。相应地，印度海军日益热衷于“蓝水海军”概念，并在航母、核潜艇和海军航空兵建设上着力朝着这一方向努力。②

在水面舰艇方面，除了增强主要舰种（驱逐舰和护卫舰）外，1987 年，印度第二艘航母“维拉特”号（INS Viraat）也加入了现役，标志着印度海军开始具备蓝水能力。③ 与超级大国能够搭载 80—90 架飞机的大型航空母舰相比，印度的航母显得角色作用有限。但是，由于印度没有像超级大国美国和苏联所面临的那种战略挑战，其在印度洋地区的对手巴基斯坦的海上实力相对有限，故一艘轻型航母足以满足印度的需求。

在核潜艇方面，1987 年 12 月，印度明确表示将从苏联租借核潜艇，将之作为正在进行的潜艇部队现代化改造计划的一部分。④ 1988 年 2 月，印度第一艘核动力潜艇“查克拉”号（INS Chakra）服役。尽管该潜艇并没有装备核武器，也没有任何核武器的模拟装置，但

① 曹永胜、罗建、王京地著：《南亚大象——印度军事战略发展与现状》，北京：解放军出版社，2001 年版，第 165 页。

② Ashley J. Tellis, “The Naval Balance in the Indian Subcontinent: Demanding Missions for the Indian Navy”, *Asian Survey*, Vol. XXV, No. 12, December, 1985, p. 1193.

③ 1987 年 8 月，英国的“竞技神”号（HMS *Hermes*）被重新命名为“维拉特”号（INS *Viraat*）编入现役，该航母排水量 28500 吨，航速约 28 节，能够搭载 30 架固定翼或旋翼飞机，同时配备了舰对空、空对空和空对舰导弹。见 Mahesh Vijapurkar, “Second Aircraft Carrier: Big, Beautiful and Sleek”, *The Hindu*, August 25, 1987.

④ *Times of India*, January 7, 1988. 转引自 Naidu, *The Indian Navy and Southeast Asia*, p. 55.

该潜艇的服役标志着印度成功加入了美国、苏联、中国、英国和法国等能够操控核潜艇的大国行列，它带给印度海军的不仅仅是操作经验，帮助印度海军估算出核潜艇的作战价值，坚定建造自己的核动力潜艇的决心，而且有助于形成对巴基斯坦绝对的海上军事优势，同时也向美国明确传达了印度保卫其领水和海洋利益的决心。①

在海军航空兵方面，印度海军因从苏联购进了“图—142M”反潜/侦察飞机而作战能力大增，将“一个半径4500英里，包括南非、迪戈加西亚和澳大利亚在内的地区划入了印度海军的作战范围”。②

这样，印度在20世纪80年代最终形成了一支同时具有空中、水面和水下三个维度的“平衡海军”。③

表5 20世纪80年代印度海军实力统计表④

	1980—1981	1981—1982	1982—1983	1983—1984	1984—1985	1985—1986	1986—1987	1987—1988	1988—1989	1989—1990
航空母舰	1	1	1	1	1	1	1	2	2	2
潜艇	8	8	8	8	8	8	8	11	13	16
核潜艇	—	—	—	—	—	—	—	—	1	1
巡洋舰	1	1	1	1	1	—	—	—	—	—
驱逐舰	2	2	2	3	3	3	3	4	5	5
护卫舰	29	24	21	21	23	23	23	21	24	21
小型护卫舰	4	3	3	3	3	3	4	4	5	8

① Sherill Whittington, “Indian Security and the Indian Ocean”, in J. Masselos ed., *India: Creating a Modern Nation* (New Delhi: Sterling Publishers, 1990), p. 363; A. Nicholas, “The Nuclear Powered Submarine Deal”, *Pacific Defence Reporter*, April, 1988, p. 26.

② Appan Menon, “Why a Blue Water Navy”, *The Hindu*, April 21, 1988; Michael Hamlin, “Indian Fleet Packs Heavy Punch”, *Times*, August 24, 1988.

③ 关于强烈支持建立以航母为中心的“平衡海军”的论调，参见 R. H. Tahliani, “Mere Superiority is not Adequate”, *Frontline*, May 1 - 7, 1988.

④ Naidu, *The Indian Navy and Southeast Asia*, p. 50.

续表

	1980—1981	1981—1982	1982—1983	1983—1984	1984—1985	1985—1986	1986—1987	1987—1988	1988—1989	1989—1990
巡逻艇	16	16	16	18	22	26	14	14	13	13
扫雷艇	11	14	14	14	16	19	18	18	17	20
登陆舰	—	—	—	—	—	—	—	1	11	1
登陆艇	—	6	6	6	6	9	7	8	8	—
中型登陆舰	—	—	—	—	—	—	—	—	9	9
CCU	—	6	4	4	4	4	4	4	4	9
兵力（千人）	47	47	47	47	47	47	47	47	52	52

三、 缓慢发展的印度海军（20 世纪 90 年代）

20 世纪 90 年代是一个巨大的变革时代，无论是国际体系层次还是地区层次亦或国家关系层次，均出现了不同于以往的深刻变化。对于印度来说，这一巨大变革所带来的冲击不仅影响深远，而且顺应时势变化之艰难同样明显。

首先，美苏冷战的终结直接动摇了印度原有的安全基石，印度安全观念开始出现深刻变化。第一，苏联的解体及其从南亚—印度洋地区的战略收缩，一方面有助于整体改善印度的外部战略环境，但另一方面又使得印度失去了一个重要的战略依托和可靠的安全盟友。结果，印度不得不直面新的外部战略压力与安全挑战，并主要依靠自身力量来塑造有利于自己的外部战略环境，其中包括优化对美关系、推进对华关系和公开核武装。第二，南亚地区安全威胁的内向化趋势较之以前更加明显，结果印度不得不重新审视地区安全问题，包括苏联撤军后阿富汗的“塔利班化”及其恐怖主义威胁扩散问题、印巴在克什米尔问题上的低烈度冲突、边境地区愈演愈烈的分离主义分子武装活动、印巴公开核武化后的紧张局势与国际压力，等等。在这种情势下，印度的战略关注和战略资源分配再度被拉回到了陆上而非海洋方向，印度所强调的“区域威慑战略”更多地针对来自陆上的威胁，海洋事务相对地被淡化了。

其次，印度政坛出现深度动荡。冷战后，印度政坛风云变幻，政权更迭不断，被形容为是“一个折腾中的印度（a churning India）”①。从20世纪80年代末开始，由于没有一个政党能够在联邦议会选举中获得单独组阁的多数席位，印度进入了或是国大党支持下的少数派政党执政，或是多党联合执政的时期。在1989—2004年的16年中，印度共举行了六届大选，换了九届中央政府（见下表），其中六届政府只执政了1年左右的时间，最短的只执政了13天就倒台了，这在印度独立以来的历史上前所未有。

表6　20世纪90年代印度历届政府一览表

执政时间	执政党/政党联盟	总理
1989.12.2—1990.11.10	全国阵线	维·普·辛格
1990.11.10—1991.6.21	人民党（社会主义派）	谢卡尔
1991.6.21—1996.5.16	国大党	拉奥
1996.5.16—1996.6.1	印度人民党	瓦杰帕伊
1996.6.1—1997.4.21	联合阵线	高达
1997.4.21—1998.3.19	联合阵线	古杰拉尔
1998.3.19—1999.10.13	全国民主联盟	瓦杰帕伊
1999.10.13—2004.5.22	全国民主联盟	瓦杰帕伊

这一情形与20世纪90年代前一直维持着的国大党一党执政模式相比，可谓发生了根本性的变化。毫无疑问，频繁的政权更替一定程度上影响了包括海军在内的国防和军队建设。

再次是经济领域开启的拉奥式改革在困境中艰难前行。自1947

① Stephen Philip Cohen, “Indian Perspectives on War, Peace, and International Order”, Paper for the Summer Workshop on Defense, Technology and Cooperative Security in South Asia. 转引自孙士海：“印度政治五十年”，《当代亚太》，2000年第11期，第3页。

年独立到1991年经济改革之前，印度实行的是国有经济和私营经济并存的混合模式，其主要特点是强调政府对经济计划的主导作用，重视发展国营企业和重工业，限制私营企业，排斥外资企业。结果，20世纪90年代前后，印度面临着一场前所未有的经济危机，苏联和东欧市场的崩溃不仅使印度失去了巨大的出口市场，更是动摇了印度对计划经济这种模式的信心；海湾战争的爆发又使印度丧失了重要的外汇来源，加重了印度石油进口的负担。对此，除了改革，当时的印度别无选择。1991年6月，刚刚上台的拉奥政府拉开了印度独立以来最全面的经济改革，这场改革以私有化、市场化、全球化为方向，主要在产业政策、外贸体制、金融体制等领域展开。改革实现了印度经济发展模式的转换，开创了一条与后冷战时代相适应的现代化经济发展道路。但毫无疑问，改革初期的阵痛仍然让人担忧。为了渡过难关，印度不得不求助于世界银行、国际货币基金组织等国际金融机构，但是这些机构希望印度削减国防开支来控制财政收支平衡。而印度海外援助的主要来源国，也将对印度的援助与国防支出的减少联系在一起。及至1998年5月公开走向核武化后，印度经济形势因美国、日本等西方国家实施的经济制裁而一度严峻。

安全、政治、经济领域的上述显著变化，从根本上决定了这一时期印度海军建设的力度与规模。与前二十年相比，20世纪的最后十年可以说是印度海军被忽略的十年，无论是现代化装备建设还是力量规模方面，印度海军均出现了相对下滑的趋势。

首先，20世纪90年代初开始，印度的防务预算不仅停滞不前，而且开始呈现出负增长的态势。[①] 海军军费在国防开支中所占的比例在1989年平稳增长达13.5%以后开始下跌，一直延续到90年代末期才重新受到关注。由于军费受限，直接导致了装备采购和建造上

① Jasijit Singh, “Trends in Defence Expenditure”, in Jasijit Singh ed., *Asian Strategy Review 1997—1998* (New Delhi: IDSA, 1998), pp. 51 - 60.

的困难。其次，苏联曾是印度海军的主要装备提供者，到1990年，印度海军大概超过70%的装备源自苏联。但是，苏联解体后的动荡和新生俄罗斯漫长的国防工业重组，对于印度海军的发展造成了极大的损害。不仅获取先进舰船不再是件容易的事情，而且海军现有装备开始面临严重的备件问题。① 再次，印度国内造船计划因一系列的原因遭遇巨大挫折（主要体现在"德里"号驱逐舰方面）。结果，在1987—1997年十年的时间里，印度海军舰队连一艘主要的水面舰艇都没有增加。相反，第一艘航空母舰"维克兰特"号于1997年退出现役。②

与上述不足形成鲜明对比的是，印度海军这一时期的军事外交和联合演习活动频繁。通过联合军事演习、印度舰船访问外国港口、印度港口接待外国军舰、救灾合作以及训练外国海军人员等形式，印度海军开始同印度洋沿岸和域外各国海军广泛互动，对象包括东南亚、西亚国家海军，以及来自澳大利亚、新西兰、美国、俄罗斯、法国和英国的海军。③ 主要借助于联合演习，印度海军的海上行动经验得以倍增，其战略战术也不断地取得进步。④

表7　20世纪90年代印度海军实力统计表⑤

	1990—1991	1991—1992	1992—1993	1993—1994	1994—1995	1995—1996	1996—1997	1997—1998	1998—1999
航空母舰	2	2	2	2	2	2	2	1	1
潜艇									
核动力潜艇	1	—	—	—	—	—	—	—	—

① Arjun Katoch, "How to Acquire Spare Parts", *The Hindustan Times*, January 20, 1992.

② Goldrick, *No Easy Answers*, p. 130.

③ Rahul Roy-Chaudhury, "Naval Cooperation: India and the Indian Ocean", *Strategic Analysis*, June, 1996, pp. 327 – 328.

④ Roy-Chaudhury, "Naval Cooperation", p. 322.

⑤ Naidu, *The Indian Navy and Southeast Asia*, p. 50.

续表

	1990—1991	1991—1992	1992—1993	1993—1994	1994—1995	1995—1996	1996—1997	1997—1998	1998—1999
常规动力潜艇	18	17	15	15	15	15	19	17	19
水面舰艇									
驱逐舰	5	5	5	5	5	5	5	6	6
护卫舰	20	21	21	17	18	18	19	18	18
小型护卫舰	10	13	14	15	15	17	18	19	19
导弹艇	12	9	8	6	6	6	8	6	8
近海巡逻艇	13	14	12	12	12	11	11	11	13
海岸巡逻艇	13	14	12	12	12	11	11	11	13
扫雷艇	20	22	20	20	20	20	20	20	20
两栖舰只									
登陆舰	1	1	1	1	1	1	1	2	2
中型登陆舰	9	8	8	8	8	8	8	8	8
登陆艇	9	7	7	7	7	7	10	7	7
兵力（千人）	55	55	55	55	55	55	55	55	55

表 8　印度防务预算分配和海军所占份额百分比表（%）①

年度	陆军	空军	海军
1950—1951	80. 70	14. 50	4. 80
1955—1956	73. 58	16. 31	10. 11
1960—1961	69. 29	19. 10	11. 61
1965—1966	73. 00	19. 37	3. 97
1970—1971	65. 88	20. 01	7. 94
1975—1976	64. 88	20. 06	8. 77
1980—1981	57. 85	24. 68	8. 93
1985—1986	61. 02	23. 2	12. 53
1990—1991	60. 12	24. 06	12. 73

① Rahul Roy-Chaudhury, *Sea Power and Indian Security*, pp. 193 – 194.

第三节　“自由使用海洋”——21 世纪印度的“蓝水海军”建设

21 世纪是一个充满伟大变革和希望，同时也是一个充满巨大不确定性的时代。在这样的时代里，国际政治的一大特点就是权势的转移，亦即多极化趋势不可逆转。作为崛起中的新兴大国，印度对于自己的伟大前程满怀信心。与之相应的是，印度对印度洋的战略期许，较之以前有了根本性的变化，那就是印度决心使印度洋成为“印度之洋”。用印度官方的话语来说，就是要“自由使用海洋”。问题是，印度在印度洋上的这种“自由”，是否意味着其他国家在印度洋上行动的受限呢？正因为有此疑问，新世纪的印度海洋学说及其海上军事战略，自然地成为了人们热议的话题。当然，印度的印度洋战略期许，很大程度上有赖于其海上力量——海军。正因为如此，印度海军的角色不仅仅是为了维持印度洋的和平，满足印度小伙伴和邻国的期望，尤为重要的是要以之追求印度的世界大国地位。换言之，拥有广泛能力的蓝水海军被视为是印度崛起的重要手段和标志之一。用曾任印度海军参谋长的普拉卡什上将的话说：“作为印度洋上首屈一指的海上力量，我们必须在自己的利益范围内拥有和保持持续行动的能力。”① 据此，2004 年和 2007 年，印度先后出台了《印度海洋学说》和《自由使用海洋：印度海上军事战略》两份纲领性文件。在两份文件的指导下，印度海军开始从东、西、南三个方向将触手伸向更广阔的海洋。

① 转引自 David Scott，“India's ‘Grand Strategy’ for the Indian Ocean：Mahanian Visions”，*Asia-Pacific Review*，Vol. 13，No. 2，2006，p. 97.

一、 印度世纪性崛起进程中的海洋课题

作为世界文明古国和当代非西方新兴国家之一，印度不仅始终不乏大国抱负，而且一直表现出强烈的世界大国地位欲求。特别是在崛起过程中，印度认为，国际政治的现实依然是“国家中心论”占据主导地位，即国家首要的根本关切是主权国家的自我利益，包括国际影响力。[①] 基于这一基本判断，当代印度的战略家和研究者们普遍主张印度对主要的全球性大国的政策——用一种比较精致或不那么直率的措辞说——必须与印度关于自己作为一个未来全球性角色（不管目前的困难和障碍有多大）的考虑相一致；同时，鉴于区外大国对在南亚扩展影响力怀有持久的兴趣，印度将最优先地与这些国家就双边问题和全球性战略、政治和经济问题对话，以期达成一种共识。所有这些都需要印度有更加主动的战略，以便与主要的全球性大国建立新的合作纽带。[②]

正是新世纪印度权势的显著崛起及其基本战略取向，根本上奠定了印度海军建设与发展的路线图。对于印度海军来说，它首先必须解答以下根本问题：

第一，就规模条件而言，印度的崛起世所共知。同样地，在海洋方面，一个基本的事实是：世界上几乎没有一个国家像印度那样，可以在地理上主导一个大洋——印度洋。作为一个濒海国家，印度因其半岛国家属性而深深嵌入印度洋。正是其在印度洋中漫长的三角形领土轮廓与位置，一方面为印度提供了巨大而广阔的海洋空间，

---

① Jaswant Singh, *National Security: An Outline of Our Concerns* (New Delhi: Lancers Publishers & Distributors, 1996), p. 30.

② Nancy Jetly, ed., *India's Foreign Policy: Challenges and Prospects* (New Delhi: Vikas Publishing House, 1999), p. XXIV；有关印度和平崛起，见宋德星、时殷弘：《世界政治中印度和平崛起的现实与前景》，《南亚研究》2010 年第 1 期，第 15—24 页。

另一方面奠定了其作为印度洋地区“枢纽”的地缘地位。实际上，印度是印度洋各个海域间“唯一可行的链接”，包括了马六甲海峡、孟加拉湾、印度洋中部、阿拉伯海以及印度洋在海湾地区和红海的延伸。也就是说，独一无二的地理位置使得印度在理论上具备了同时控制西部的阿拉伯海和东部的孟加拉湾，以及向南部印度洋深处拓展的基础条件。正是这一得天独厚的海洋地缘战略位置，使印度领导人坚信印度的伟大以及它在印度洋地区的主导地位。但是，这种地理优越论能在多大程度上转化为政治现实呢？显然，这取决于印度能在多大程度上将这种地理上的优势映射到国际政治舞台上。

第二，新世纪以来，世界主要的战略、经济和政治事态演进，日益集中于亚太和印度洋地区。结果，人们对大洋关注的焦点也从大西洋——太平洋转移至太平洋——印度洋。正是在这样的背景下，美国提出了新的两洋政策，即所谓的印度洋——太平洋战略。在“印太”概念下，一个基本的战略假设就是：太平洋和印度洋很有可能成为21世纪决定命运之洋。换言之，印太范围内出现的权力转移，将从根本上决定21世纪的国际面貌。其中，在印度洋地区，基本的战略态势是：美国作为唯一的超级大国，在印度洋地区享有压倒性的战略优势，并力图基于新的国际权力分布建构起有利于美国和西方的印度洋秩序；印度作为印度洋地区大国，致力于向更广阔的海洋空间辐射其权势影响，并渴望成长为印度洋上的主导型国家；俄罗斯、欧盟、日本、中国等力量，或因外交政策传统惯性，或因能源安全关切，也日益聚焦印度洋，力求实现在印度洋地区的利益存在和力量存在；环印度洋地区国家则强调了制度性安排与合作安全的重要意义，以期在现有的制度框架内维护自身的利益，防范可能的大国角逐的危害。就像一位著名学者所言，印度洋开始成为了21世纪大国权力角逐的中心。[①] 在如此多力量并存、多元互动、多

① Kaplan, “Center Stage for the Twenty-first Century”, p. 16.

领域角力的情形下，印度如何确保其“印度之洋”的战略期许呢?显然，这一问题唯有从国家大战略的高度才能找寻到答案。

第三，21 世纪作为全球化深入发展的时代，其影响如同一把双刃剑。经济领域，全球化的加速推进，直接导致全球海洋贸易的空前繁荣；安全领域，全球化也带来了安全外溢问题，即一个国家或一个地区的安全威胁与挑战，将不可避免地影响到其他国家和地区；政治领域，原有的国际政治话语权与游戏规则日益受到拷问和冲击，而新的话语和规则又难以确立起主导性影响，规则失序便成为政治全球化的一大诟病。显然，印度像其他大国一样，也处于这样一个不确定时代。“对印度洋沿岸国家进行一番粗略的审查，就会发现除去少数国家，这里大多数国家或多或少都受到以下问题的困扰：贫穷、落后、原教旨主义、恐怖主义和国内叛乱。一系列的领土和海洋争端一直存在……冷战结束以后所爆发的大多数地区冲突也都发生在印度洋地区内和其周边地区。”① 面对这种不确定性和多元威胁，20 世纪 80 年代的印度版“门罗主义”政策显然再也行不通了，印度将不得不直面印度洋上的所有问题，并着力为其顺利实现世纪崛起去构建有利的、既符合世界潮流又契合地区特质的印度洋秩序。这就是印度世纪性崛起过程中所面临的海洋课题的关键所在。

二、 新世纪印度海洋安全环境与海军职能定位

21 世纪以来，印度的海洋安全环境较之 20 世纪 90 年代冷战结束初期有了较大的变化。首先，随着国际社会对于中东地区能源需求的日益增加，印度洋因为能源安全与航运安全问题成为了世界关注的焦点。其次是传统安全与非传统安全的复合叠加趋势。一方面，

① Arun Prakash, “Submarine Building Capability Is a Void, Which We Hope to Address”, *Force*, August 8, 2005.

大国在印度洋上开启了新的一轮权力角逐，突出表现为以美英为首的西方势力频繁地从海上发起对印度洋地区国家的军事干涉，以遏制所谓的地区冲突；另一方面，导弹和大规模杀伤性武器在印度洋地区内的扩散、宗教极端主义的蔓延、海盗和恐怖主义危害的扩散，均对印度洋海上安全构成严重威胁。

鉴此，在《自由使用海洋：印度海上军事战略》文件中，印度海军对新时期印度洋地区的海洋安全环境做了以下特点概括：[1]

——印度洋地区是世界上经济差异性最极端、最突出的地区。该区域同时存在着世界上最富有的国家、发展最快的国家和世界上最贫困的国家。在印度洋沿岸和内陆国家中，绝大多数是发展中国家。

——在地区内国家暗中或不经意间援助、纵容恐怖分子颠覆活动的情况下，印度洋地区事实上已经成为全球恐怖主义的老巢之一。

——冷战后印度洋地区成为内部、外部冲突频发的场所。出于维护海洋主权和国家尊严的目的，该地区各国海洋能力都得到了大幅提升。

——印度洋地区还是一些犯罪活动的高发区，例如海盗事件、武器走私、人口和毒品交易等，特别是在非洲之角和东南亚地区这方面尤为明显。

——世界上70%的自然灾害发生在印度洋地区。

在这样的战略环境下，印度海军的职能任务相应地也有了显著的调整变化，其要旨在于：通过发展一支“蓝水海军”，使之能够顺利遂行多样化任务，以服务于印度的崛起和国家利益追求。

---

① Government of India, *Freedom to Use the Seas*, pp. 37 – 40.

表9　印度海军任务范围表①

<table>
<tr><td rowspan="12">低
↑
发生频率
↓
高</td><td rowspan="4">战争任务</td><td colspan="2" rowspan="2">海军任务类型</td><td rowspan="2">海军任务范例</td><td colspan="3">各自的任务能力</td><td rowspan="12">高
↑
强度
↓
低</td></tr>
<tr><td>大型海军</td><td>中型海军</td><td>小型海军</td></tr>
<tr><td rowspan="2">作战</td><td>控海拒海</td><td>海上封锁作战、保护海上通道等</td><td>具备</td><td>有限</td><td>局限于己方水域</td></tr>
<tr><td>濒海（联合）作战</td><td>两栖作战、海上机动等</td><td></td><td></td><td></td></tr>
<tr><td rowspan="8">和平时期任务</td><td rowspan="2">战略威慑</td><td>核威慑</td><td>冷战时期美国和苏联</td><td>具备
具备</td><td>有限
有限</td><td>不具备
不具备</td></tr>
<tr><td>常规威慑</td><td>1995年美国在台湾海峡的军事行动</td><td>具备</td><td>有限</td><td>不具备</td></tr>
<tr><td rowspan="4">联合国的任务/与国际社会一起实施干预</td><td>干涉</td><td>在帕湾、科索沃、伊拉克、阿富汗的行动</td><td colspan="3" rowspan="4">仅作为盟军的一部分</td></tr>
<tr><td>强制和平</td><td>在波斯尼亚、索马里、刚果的行动</td></tr>
<tr><td>广泛的维和</td><td>在柬埔寨、海地的行动</td></tr>
<tr><td>维和</td><td>在塞浦路斯、科威特的行动</td></tr>
</table>

① Government of India, Freedom to Use the Sea, p. 72.

续表

<table>
<tr><td rowspan="11">低↑发生频率↓高</td><td rowspan="11">和平时期任务</td><td colspan="2" rowspan="2">海军任务类型</td><td rowspan="2">海军任务范例</td><td colspan="3">各自的任务能力</td><td rowspan="11">高↑强度↓低</td></tr>
<tr><td>大型海军</td><td>中型海军</td><td>小型海军</td></tr>
<tr><td rowspan="5">外交角色</td><td>强迫、强制</td><td>维杰行动、帕拉克拉姆行动</td><td>具备</td><td>有限</td><td>不具备</td></tr>
<tr><td>力量投送</td><td>展示力量、海上存在（安抚盟友和劝阻敌人）</td><td>具备</td><td>具备但以合作为主</td><td>不具备</td></tr>
<tr><td>建立联盟</td><td>使用基地、联合巡逻和演习等</td><td>具备</td><td>具备</td><td>不具备</td></tr>
<tr><td>国际海洋援助</td><td>训练、海上基础设施、水文勘测等</td><td>具备</td><td>有限</td><td>不具备</td></tr>
<tr><td>国际人道主义援助</td><td>灾难救助、人员疏散等</td><td>具备</td><td>有限</td><td>不具备</td></tr>
<tr><td rowspan="2">维稳角色</td><td>低烈度海上军事行动</td><td>打击海盗和恐怖主义，塔沙行动、斯旺行动</td><td>具备</td><td>具备</td><td rowspan="2">仅作为盟军的一部分</td></tr>
<tr><td>维持良好的海洋秩序（海岸警卫队功能）</td><td>打击走私及毒品、军火和人口买卖，污染控制，专属经济区巡逻等</td><td>具备</td><td>具备</td></tr>
<tr><td rowspan="2">人道角色</td><td>国家建设</td><td>培养海洋意识，海军网络化训练</td><td>具备</td><td>具备</td><td>有限</td></tr>
<tr><td>国际人道主义援助</td><td>马达德行动、苏库恩行动等</td><td>具备</td><td>有限</td><td>不具备</td></tr>
</table>

三、印度海洋安全战略文件的出笼与海军力量建设

1998年5月，印度海军出台了战略防御评估文件——《战略防御评估（海洋维度）——海军愿景》。文件以一种强烈的口吻指出：印度海军必须拥有强大的海上力量，不仅要有捍卫和发展印度海洋利益的能力，还要有震慑构成海上威胁的沿海国家，或是印度洋地区（IOR）沿海国家联合发起的威胁的能力，以及具备大力提高区外强国进行干涉和实施高压政策的门槛的能力。[①] 尽管当时还看不出这一战略评估的目的——至少它贴上了标示为“海军愿景”（Naval Vision）的标签——是旨在教育广大海军官兵，拟或是使政治人物或公众相信印度海军和海权对于印度的发展、财富和安全的重要性，但毫无疑问，该文件为下一阶段海洋政策文件的出台奠定了基础。[②]

2000年初，印度海军参谋长苏希尔·库马尔（Sushil Kumar）提出：“我认为陆权时代已经终结，新千年将是海权的开始。我相信，印度将在新的世纪里，展现以及实现其成熟的海洋国家的巨大潜力，印度的海洋特质将对其未来命运产生决定性的影响。”2000年末，他又指出：“唯有印度人民党政府正确地认识到全球化时代海上力量的角色和要求……印度的国家利益与海洋安全息息相关。”他还称：“印度海军未来必须并且必将成为印度洋中的强大力量。我们必须保证印度的海洋利益得到切实的保护，我们将成为印度洋中的稳定力量，我们时刻关注我们的利益所在。”[③]

正是基于这样的理念，2004年印度发布了《印度海洋学说》这一官方文件。该文件包括了高层级的原则和定义。同时，该文件希望那些非海军部门的决策者们熟悉印度海军是怎样看待自己的，它

---

① Scott，“India's Grand Strategy for the Indian Ocean”，p. 107.

② Holmes，Winner and Yoshihara，*Indian Naval Strategy in the Twenty-first Century*，p. 62.

③ Scott，“India's Grand Strategy for the Indian Ocean”，p. 109.

是怎样和如何采取行动去保卫印度国家利益的。[①] 时任印度海军参谋长马达文德拉·辛格上将表示："希望所有的海军官兵接受该学说提出的通用概念和规划思想。"[②]

2007 年，印度海军发布了《自由使用海洋：印度海上军事战略》的文件。该战略文件在原有海洋学说的基础上，更加详细地阐释了印度的海上军事战略，包括其目的和力量运用等核心内容。此外，该文件强调了这样一种理念，即印度海军要带头"通过有创造力的运动，来传播海洋意识。"[③] 为此，该战略呼吁成立相关机构，研究和提升印度的海洋思想。

新世纪，随着上述战略文件的出台，印度海上力量建设、特别是海军建设快速推进，以期不仅用以达成海洋安全战略目标，而且为印度的大国地位追求服务。当然，在力量手段建设方面，不仅有硬的海军力量建设，而且也包括了非军事实力（nonmilitary power）和能力的建设与运用。[④] 总之，为了维护包括专属经济区和岛屿领土在内的海洋利益，印度特别强调了建设一支"蓝水海军"的必要性。

2008 年 10 月，时任印度海军参谋长梅赫塔上将就鼓吹，到 2022 年，印度海军舰艇数量将超过 160 艘，包括 3 艘航母，60 艘主力战斗舰，近 400 架飞机。[⑤] 2012 年 4 月，印度政府批准了 2012—2017 年的五年国防发展计划，以及 2012—2027 年的整体远景规划（Long-Term Integrated Perspective Plan，LTIPP）。根据这些计划，未

---

① 印度陆军和空军分别于 2004 年和 2005 年发布了各自的文件。与印度海军文件不同的是，印度陆军和空军的文件不关心教育问题，而是将笔墨集中于其战斗作用。见 Ladwig III，Walter C. "A Cold Start for Hot Wars? The Indian Army's New Limited War Doctrine." *International Security*, Vol. 32, No. 2, winter 2007/08, pp. 158 - 190.

② Government of India, *Indian Maritime Doctrine.*

③ Government of India, *Freedom to Use the Seas*, p. 96.

④ Holmes, Winner and Yoshihara, *Indian Naval Stragety in the Twenty-first Century*, p. 17.

⑤ "Indian Navy Chief Admiral Sureesh Mehta Spells Out Visions 2022." *India Defense*, August 10, 2008. www.india-defense.com/print/3954.

来十年，印度海军计划列装90多个战斗平台。[①]

显然，新时期印度海军建设的目的不仅仅是为了对付像巴基斯坦这样的印度洋沿岸国家，而是针对美国在印度洋上的力量存在和中国在印度洋上的活动。为此，印度明确要求其海军应具备以下能力：能够在印度洋任何区域内（战略支点、关键性岛屿、印度洋沿岸以及关键海上航线）投送军力；有能力阻止中国海军进入印度洋相关海域；在可能变化的战略环境下，对美国海军在印度洋的作战能力形成关键的潜在限制。[②]

表10　印度国防预算简表（单位：一千万卢比）[③]

军种/部门		2010—2011 实际数字 (Rev + Cap)	2011—2012 实际数字 (Rev + Cap)	2012—2013 实际数字 (Rev + Cap)	BE 2013—14 (Rev + Cap)
陆军		78239.69	84081.29	91450.51	99003.03
海军		27119.20	31115.32	29593.53	36343.46
空军		38176.49	45614.01	50509.13	57503.94
国防生产局（DDP）	军械总署（DGOF）	（－）133.32	（－）456.37	（－）267.86.	（－）508.66
	质检总署（DGQA）	565.73	665.19	695.67	720.18
国防发展研究局（R&D）		10148.92	9893.84	9794.80	10610.17
总计		154116.71	170913.28	181775.78	203672.12

基于这样的要求，在海军建设中，航空母舰建设意义尤其重大。

① 有关印度海军建设的情况，参见 David Scott, "India's Aspirations and Strategy for the Indian Ocean - Securing the Waves?", *Journal of Strategic Studies*, Vol. 36, No. 4, 2013, pp. 495-499.

② Berlin, "India in the Indian Ocean", p. 77.

③ http://mod.nic.in/forms/Mainlinks.aspx? lid=1584&Id=56.

前舰队司令拉加·梅农（Raja Menon）认为，印度作为一个 GDP 超过所有印度洋沿岸国家之和的国家，其海洋战略必须是面向大洋的。其中，航母依靠其巨大的体量而成为重要的工具。[①] 事实上，一支由三艘航母编队组成的海军已经进入了印度政府的视野。

2013 年 12 月，印度将从俄罗斯采购并改装后的“戈尔什科夫海军上将”号航母（Admiral Gorshkov）更名为“维克拉玛蒂亚”号（INS Vikramaditya），使之正式加入印度海军现役序列。该航母的航程为 14000 海里，与“维拉特”号航母的 5000 海里的航程相比，它代表了航空母舰在航程方面的巨大提高。除了现役的两艘航母外，印度政府还于 2003 年 1 月通过了建造本土航母计划，这艘名为“维克兰特”号（INS Vikrant）的国产航母于 2013 年在科钦造船厂下水，总吨位达 4 万吨，可搭载 40 架舰载机，计划在 2017 年加入现役。印度还计划在 2025 年前后建造第二艘本土航母“维沙尔”号（INS Vishal），以取代老旧的“维拉特”号航母。[②] 届时，印度海军将实现其同时拥有三艘航母的蓝水海军梦想。

2011 年 1 月，新型坦克登陆舰“莎克蒂”号（INS Shakti）加入东部海军司令部行列；其姊妹舰“迪帕克”号（INS Deepak）同年 10 月入列西部海军司令部。用时任海军参谋长的话说，这些坦克登陆舰“能够支持我们的武装力量在远离印度海岸的地方去维护印度的海洋利益”，以及在整个印度洋实现力量投送。[③]

除航母和大型坦克登陆舰外，印度其他大型水面舰艇包括：1 艘“加尔各答”级（Kolkata）、3 艘“德里”级、5 艘“拉其普特”级导弹驱逐舰，并计划由新一代的“加尔各答”级驱逐舰逐渐取代“拉其普特”级驱逐舰。护卫舰方面，除了从俄罗斯接收的、装备有

---

① R. Menon, “Gorshkov and the Indian Navy,” *Daily Times*, 27 January 2003.

② “India to launch aircraft carrier INS Vikrant today” . *The* Times of India, *12 August 2013.*

③ Nirmal Verma, ‘Address by Chief of the Naval Staff’, 1 Oct. 2011. 5http: //indian-navy. nic. in/CNSSpeeches/CNSSpeech_ 01 - 10 - 11_ Commissioning_ of_ INS_ Shakti. pdf;

先进的超音速“布拉莫斯”巡航导弹（BrahMos Cruise）的“塔尔瓦”号、“特里苏尔”号和“塔巴尔”号护卫舰外，对其他护卫舰的更新换代也在进行之中。在核动力潜艇方面，印度经与俄罗斯谈判，耗费20亿美元，购得了一艘核动力潜艇，被命名为“查克拉”号（INS Chakra）。另外，印度自己建造的核动力弹道导弹潜艇“歼敌者”号（INS Arihant）于2009年7月26日下水海试。印度计划在将来拥有6艘核动力潜艇。2006年2月，印度与法国达成协议，决定由法国为印度建造6艘最新式的“鲉鱼”级（Scorpene）攻击型潜艇。此外，2006年4月，波音公司投标为印度提供8架P—8A反潜飞机，从而极大地提高了印度海军巡航能力与侦察能力。印度希望，到“十四五”计划末，即2027年，印度能够拥有超过150艘水面舰艇，500多架飞机或直升机。如今，印度海军正朝着到达能力上具备地区性、发展前景上具备远洋性、能力塑造上充满积极性的海上力量方向稳步迈进。①

---

① R. B. Suri, “Shape and Size of the Indian Navy in the Early 21st Century”, in *Maritime India*, ed. by K. K. Nayyar, pp. 210, 225.

第七章　影响印度海洋战略未来走势的根本因素

就印度海洋战略未来走势而言，尽管存在着诸多的影响因素和推动力，但以下三个方面无疑具有根本性：首先，印度海洋战略必然深受国际战略环境、特别是大国权势政治的影响。可以说，全球地缘政治大趋势从根本上塑造了印度海洋战略的基本取向；[①] 其次，印度的国家大战略目标是印度缔造和贯彻其海洋战略的基本依归。众所周知，独立以来，印度就确立了争做“有声有色的大国”这一大战略目标，并以此规划其分支战略，包括海洋战略。换言之，印度的海洋战略在服务于海洋安全与发展需要的同时，主要服务于追求大国地位这一根本目标；再次是印度洋战略环境的影响与牵引作用。随着大国争夺海洋资源和控制海洋战略支点的竞争日益激烈，作为全球战略支点极为集中的印度洋地区，自然充斥着多方利益的交汇与博弈，结果使得区内和区外诸多国家在印度洋上都有着利益存在和力量存在。正是印度洋上战略态势的变化，催生了印度海洋安全观念的变化，进而直接影响其海洋战略的缔造与实施。

---

① Sangram Singh, “Maritime Strategy for India”, *Maritime India*, ed. by K. K. Nayyar, p. 197.

第一节　21 世纪全球地缘政治大趋势与大国权势角逐

新世纪以来，大国权势转移进程的加快，已经在一定程度上动摇了“9·11”事件后恐怖主义、民族分离主义和极端宗教势力作为首要安全问题的核心定位，成为主要大国不得不认真研究和应对的重要因素。换言之，传统的国与国之间的权势斗争已经并将继续冲淡非传统安全的影响力，地缘政治依然将从根本上塑造着地区事态和主要角力者之间的关系，而这正是大国权势政治的内在逻辑。当今，主要大国的首要地缘战略关切和基本战略取向尽管有其历史传承的一面，但变化十分明显。无疑，大国间的地缘角逐和战略博弈，一方面牵引着国家关系的发展变化，另一方面又在整体上塑造着当今国际政治的基本风貌。

一、 21 世纪全球地缘政治大图景

冷战后，国际政治的一个重要方面便是苏联解体开启的全球地缘政治重大变更过程，促使各主要大国“必须根据实力的新现实调整……对政治地理重要性的理解”，其中特别重要的，是明晰那些在地缘政治方面有活力和有能力引起国际力量分布发生潜在重要变化的欧亚国家，并弄清它们各自的政治精英的基本对外政策目标，以及谋求实现这些目标可能造成的后果。[①] 布热津斯基的上述告诫，至今仍具有现实意义。从地缘政治的整体观念出发可以发现，冷战后、

---

① 布热津斯基著：《大棋局》，第 53 页。

特别是新世纪以来，国际政治的一大特征，就是权势转移背景下欧亚大陆新的地缘聚合趋势，加之美国和俄罗斯作为欧洲侧翼大国地缘角色的转换，以及“印度洋—太平洋”作为新的地缘战略区域的成长，正在深刻塑造着全球地缘政治大图景。

（一）欧亚大陆的战略聚合趋势

谈及欧亚大陆，尽管麦金德、布热津斯基等地缘政治理论家们在理论上勾勒了其地缘政治全景图，但随着新世纪全球权势转移进程的加速，今天的欧亚大陆日益呈现一种前所未有的战略聚合特征，并可大体分为三个地缘战略板块，即欧亚大陆上发达的西部（中、西欧国家）、快速发展的东部（主要涵盖了中国和东盟以及作为发达国家的日本、韩国），以及处于这两者之间的新的战略聚合区“中南亚”。①

首先，在欧亚大陆的西部，至少是从欧共体成立以来，其战略聚合态势就从不曾停顿过，并最终在冷战结束后以欧盟的形式宣告了大欧洲时代的来临。即欧洲国家在秉持关于经济一体化、科技一体化、外交一体化、防务一体化等共识的基础上，较为成功地构建起了超国家身份认同——欧盟。实际上，欧盟的成长，不仅仅是国家观念的巨大变革，也是战略布局上的大手笔，即通过观念、制度和力量建设，对欧盟成员国实行一体化管理、对邻近地区实行危机管控、对国际政治实行全球治理，从而确保欧盟及其主要大国稳居国际权势等级结构的最顶层。换言之，欧盟通过成功地缔造一个超级战略聚合体——欧盟，使得传统的欧洲大国得以以整体力量和一个共有身份重新出现在世界政治舞台上，从而既保证了欧盟作为未来一极的发展趋势不受冲击，又进一步挖掘了内部强劲的发展动能，扩张了世界影响力。结果，世界主要力量都不得不重视和发展对欧

---

① 有关论述见宋德星：“世界政治中的‘中南亚’——新的地缘政治图景”，《外交评论》2011年第5期，第1—10页。

关系。2016 年，虽然英国公投脱欧对于欧盟的一体化进程冲击巨大，但欧盟战略上聚合这一大的趋势不会改变。

与欧亚大陆西部不同，冷战后的欧亚大陆东部的大国关系处于一种亚稳定状态，即“一种外部僵硬而仅有相对较小的灵活性的状态……这种状态易于受到因不和谐的力量冲击而造成的破坏性连锁反应的损害”。[①] 究其原因，首先是冷战体系的崩溃使得高度结构化的东亚国家关系出现了大分化和大重组趋势；其次是东亚地区出现的权势转移进程。这一进程既包括了东亚地区力量，如日本的“普通国家化”追求，中国致力于实现中华民族伟大复兴的中国梦，东盟的一体化努力，也包括了区外强国美国的东亚政策大调整，其“重返亚太”战略很大程度上强化了美国作为太平洋国家的身份属性。上述新的力量态势，使得东亚国家关系一方面出现新的内在张力，另一方面又难以按照单一逻辑予以固化。结果，主要大国既看到了巨大的历史机遇，又深深地感受到了某种战略压力，即对基本道路选择满怀自信的同时，还有一种源自国家关系不确定性之上的战略隐忧。

除去人们所熟知的日益聚合化的欧州和东亚外，冷战后的中亚—阿富汗—南亚地区，连同紧邻着的伊朗，由于地缘上的紧密相互依存、相似的安全脆弱性和共同面临着的体系层次的战略压力，结果在各方相互角力过程中，渐进地增强了其地缘战略聚合趋势，以及地区国家（印度和中国）和区外大国（美国和俄罗斯）对该地缘区域的战略敏感性，因而可以被视为是一个成长中的地缘战略区域——“中南亚”。该地区从欧亚大陆的心脏地带一直延伸到印度洋，故而不仅能够深刻地影响着欧亚大陆心脏地带的政治事态，而且还因为直达印度洋而拥有了振兴经济不可或缺的世界主要大市场。

① 布热津斯基著：《大棋局》，第 203 页。

但由于“中南亚”尚属于“未融入全球化进程的空隙区”，[①] 加之处在该区域中的国家多数是弱国家或“失败国家”，故而成为了当今世界上典型的地缘政治黑洞，故其战略聚合趋势很大程度上由危机所牵引。

（二）欧洲侧翼大国美国和俄罗斯的地缘角色转换

作为侧翼大国，美国的地缘战略价值在于维护欧洲大陆列强间的均势不被打破，特别是要制衡那些具有世界野心的欧陆大国的霸权扩张图谋，甚至包括在体系战争爆发的情形下战而胜之，以便重塑国际体系的稳定，如一战中美国加入协约国一方战胜德意同盟国集团，二战中加入反法西斯联盟打败德意日法西斯和军国主义者。但是，冷战后以非西方新兴大国崛起为标志的全球权势转移进程，迫使美国不得不转换自身的角色定位，即它将不再是欧陆体系的平衡者（balancer），转而成为了欧亚大陆的大战略促进者（grand facilitator）。用一位研究者的话说，美国的这一角色转换，根本就在于它有能力通过维持全球和地区均势，将其自身利益与其他国家的利益和国际社会的主要目标相结合，从而确保其领导者地位。[②]

也就是说，包括中国和印度在内的“全球性强国的崛起”，自然会导致现世界秩序领导者——美国的战略警觉。如何与中国、印度、俄罗斯等非西方大国共处，便成为新世纪美国的一项重要的外交课题。该课题必须回答这样一些根本问题：

（1）在“他者的崛起”不可避免的情势下，美国该如何主动地塑造国际体系新架构，使之既具有一定的包容性，同时又不至于根

---

① 巴尼特在出版发行《五角大楼的新地图》和《行动蓝图：一个值得创造的未来》两书中，把空隙区分为四个部分：1. 包含北非、中东、中亚以及西南亚的伊斯兰世界；2. 亚太边缘部分；3. 包含加勒比海、中美洲以及南美洲安第斯地区的拉美地区；4. 撒哈拉沙漠以南的非洲地区。见：［美］托马斯·巴尼特，王长斌等译：《五角大楼的新地图：21 世纪的战争与和平》，北京：东方出版社 2007 年版，特别见第四章；Thomas P. M. Barnett, *Blueprint for Action: A Future for Creating* (New York: Berkley Books, 2005).

② Alberto R. Coll, “America as the Grand Facilitator”, *Foreign Policy*, No. 87, Summer 1992.

本损及自己作为超级大国的国际威望。

（2）如何处理好美国与其他大国的矛盾，使之既不酿成巨大风险（体系战争），又能生成为美国的战略机遇。

俄罗斯作为另一个侧翼大国，其地缘角色转换更多地是一种被动与无奈，其直接结果是苏联的解体及其开启的新的一轮实力中心动态转移进程。[①] 就俄国来说，“过去俄国虽然落后于欧洲，但却自认为比亚洲先进。但从那以来[②]，亚洲发展的速度要快得多……我们发现自己不再处于‘现代化的欧洲’和‘落后的亚洲’之间，而是处于‘两个欧洲’之间的一个奇怪的中间地带。”[③] 结果，再也不是经典地缘政治理论所说的欧亚大陆心脏地带压迫边缘地带，而是出现了欧亚大陆的外围势力经由边缘地带向心脏地区渗透的局面，如美国主导下的北约东扩。虽然俄罗斯几百年来的外交史是一部它从国际体系的边缘走向舞台中心的历史，[④] 但今天的俄罗斯显得有点黯然失色。“更重要的是，它不再掌握自己在国际上的命运，而成为他国外交政策的对象”。[⑤]

（三）“印太”海洋地缘战略区的浮现

冷战以来，特别是新世纪以来，世界主要大国和力量中心，不管是从地缘战略考量，还是从地缘经济出发，抑或基于地缘文化，无不关注太平洋和印度洋，这不仅是因为该地区大国云集，战略利益交汇，现实冲突和矛盾众多，还由于国际体系意义上的权力转移进程主要由这一地区宏大的国际事态所催生，其中特别是中国和印

---

① 有关这方面的论述见宋德星：“地缘政治、民主转型与俄罗斯外交政策”，《太平洋学报》2004 年第 12 期，第 52—61 页。

② 指苏联解体以来。

③ 《我们的安全困境》，美国《外交政策》季刊，（1992 年秋季）88 卷，第 60 页。转引自布热津斯基著：《大棋局》，第 125—126 页。

④ Cyril E. Black, “The Pattern of Russian Objectives,” in Ivo J. Lederer, ed., *Russian Foreign Policy Essays in Historical Perspective* (New Haven: Yale University Press, 1962), pp. 3 – 38.

⑤ ［美］罗伯特·A. 帕斯特编，胡利平、杨韵琴译：《世纪之旅——七大国百年外交风云》，上海：上海人民出版社，2001 年版，第 187 页。

度的双重崛起，美国倾力“重返亚太”，日本决心“普通国家化”，东盟致力于发挥地区主导性影响力。结果，从海洋地缘政治角度出发，人们发现在世界大洋中，太平洋和印度洋地区的战略整合意义重大。

关于“印度洋—太平洋”概念，尽管学界早在2007年就明确地提出了，但真正产生重大影响的，是美国、澳大利亚等国政府文件对这一概念的政策性阐释。

随着中国和印度实力的稳步增长、印度洋地区战略重要性的持续上升，美国的印度洋战略也必然要发生改变。2012年1月，美国在其官方文件《维持美国的全球领导地位——21世纪防务的优先任务》中，明确提出了新的两洋战略，即“印度洋—太平洋”战略。显然，这是对美国总体海洋战略影响深远的一次转变，它进一步强化了美国的印度洋力量存在，也进一步强化了印美战略关系。① 同样地，随着自身实力的增长，印度也自然地把印度洋作为新一轮战略扩展的重点方向，力图通过积极的政治、外交、军事手段，主动塑造印度洋地区格局，以期形成掌控印度洋的局面，继而在此基础上向毗邻印度洋的地区辐射影响力。② 故在印度眼中，印度洋和太平洋有着战略上的天然联系。2012年8月9日，澳大利亚国防部长斯蒂芬·史密斯公开宣称澳大利亚的战略利益在印度洋—太平洋区域，这是澳大利亚政府高官在国际安全方面首次引入“印太”这一新的战略地域概念。随后，澳大利亚2013年版《国防白皮书》也指出：“一个新的印度洋—太平洋战略弧开始出现”，印度洋正越来越成为

---

① Kaplan, “Center Stage for the Twenty-first Century”, p. 25.

② 有关印度的印度洋战略，见宋德星：“新时期印度的海洋安全认知逻辑与海洋安全战略”，《印度洋经济体研究》，2014年第1期，第16—32页；宋德星、白俊：“论印度的海洋战略传统与现代海洋安全思想”，《世界经济与政治论坛》，2013年第1期，第17—29页；宋德星、白俊：“新时期印度海洋安全战略探析”，《世界经济与政治论坛》，2011年第4期，第38—51页；宋德星、白俊：“‘21世纪之洋’—地缘战略视角下的印度洋”，《南亚研究》，2009年第3期，第31—45页。

具有重要战略意义的地区。[1] 之后，“印太”这一提法成为了澳大利亚、美国、印度等国政府和战略界的新宠，并最终为国际社会所接受。

正是由于美国和印度之间在海洋方向上的相互需求和战略互动，使得“印度洋—太平洋”日益取代“大西洋—太平洋”，发展成为了一个新的地缘战略区域。应当指出，“印太”地缘战略区是海权国家与陆海复合型国家新一轮战略聚合的结果，因而不仅直接影响了海上事态，也深深地影响着陆上（作为“世界岛”的欧亚非洲）事态，其地缘战略价值不可低估。

二、 印太地区新的一轮大国权势博弈

众所周知，冷战时代的一个显著特征就是其确定性，即国际体系的高度结构化——两极化，结果是威胁的来源不仅具有确定性，且主要是单维度的，即来自理性行为体——国家——的军事威胁，因而也是容易预判的。而今天，国务家们再也无法奢望可以像冷战时期那样将威胁主要置于政治—军事范畴来考量。于是，“不确定性”（uncertainty）[2] 便成为世界主要大国在思考国家战略时一个通用的词语，而“印太”地区也不例外。就其未来战略发展态势而言，根本动能在于该地区浮现的新一轮大国权势博弈。

（一）中美日的大战略考量

就地缘政治张力而言，大国东亚博弈不仅体现为外交政策的折

---

① Australian Department of Defence, Defence white Paper, May 2013. http://www.defence.gov.au/WhitePaper2013/.

② 这方面的论述可参见 Henry A. Kissinger, “We Live in An Age of Transition”, *Daedal us*, V. 124, Summer 1995; Richard N. Haass, “Beyond Containment: Competing American Foreign Policy Doctrines for the New Era”, in Eugene R. Wittkopf, Christopher M. Jones, eds., *The Future of American Foreign Policy* (Beijing: Peking University Press, 2003), p. 22.

冲，更是国家意志的较量。[1] 其中，尽管中国对国家的根本道路做了非常仔细的考虑，以保证其可持续发展基于“和平估算”，谋求和平崛起，[2] 但毫无疑问，中国以可持续发展为根本目的的和平崛起，和以中华民族伟大复兴为终极追求的中国梦的实现，将不得不在一个充满巨大不确定性的新的战略时代里实施。这个时代首先也最重要的变化就是：“当冷战结束时，原先两极体系的‘内在的’秩序（inside order）随之变成了‘外衍的’秩序（outside order）。也就是说，内在秩序的逻辑向着更大的全球体系拓展了。”[3] 当然，所谓的“内在秩序的逻辑”，实际上就是美国的国际政治逻辑。毫无疑问，对于美国而言，其最大的国际政治逻辑便是防范一个地区大国成长为足以挑战其世界领导者地位的体系强国。用《中美国》一书的作者汉德尔·琼斯的话说就是：“对于一个强大的美国来说，中国是它的朋友；但对于一个虚弱的美国来说，中国是它的威胁。”[4] 所以，随着“中国因素”的影响持续增大，美国对中国崛起的焦虑感和紧迫感也在进一步上升，对华戒备、防范和牵制也明显增多。亨利·基辛格就直白地指出：“美国外交政策面临的挑战，是在不刺激中国民族主义的同时，一旦它（对美国）构成了威胁，就坚定地应对之。”[5] 可见，中国政府实现中华民族伟大复兴的中国梦，首要的外

---

① 宋德星：“国家意志与大国东亚地缘战略大角逐”，《外交评论》2014 年第 6 期，第 1—15 页。

② 新加坡总理李显龙就持这种观点。见 P. S. Suryanarayana，“China，India Seek Peaceful Rise，Not Hegemony，Says Lee，” *The Hindu*，May 31，2008. 中国政府 2011 年 9 月发表的《中国的和平发展》白皮书，系统阐释了和平、发展、合作之间的战略逻辑关系。见中华人民共和国国务院新闻办公室：《中国的和平发展》（2011 年 9 月）。http：//www. gov. cn/zwgk/2011 – 09/06/content_1941258. htm.

③ 随着东欧剧变、苏联的解体，苏东集团的内在秩序也随之消亡，唯有美国为首的西方阵营的国际秩序得以存续下来。参见 G. John Ikenberry，Thomas J. Knock，Anne-Marie Slaughter & Tony Smith，*The Crisis of American Foreign Policy*（N. J.：Princeton University Press，2008），p. 21.

④ Handel Jones，*ChinAmerica：the uneasy partnership that will change the world*（New York：McGraw Hill，2010），p. xx.

⑤ Henry Kissinger，*Does America Need a Foreign Policy? Toward a Diplomacy for the 21st Century*（New York：Simon & Schuster，2001），p. 136.

部障碍就是来自美国对于中国崛起的战略猜忌和在东亚地区的对华地缘掣肘。特别是当中国提出要致力于建设海洋强国，致力于“一带一路”建设之际，中美在海洋方向的较量便以前所未有的力度和规模集中展开了。目前，中美在东亚的博弈，涉及外交、经济、军事、文化等方方面面，完全超越了纯粹的外交政策范畴，成为了国家意志的大较量。其中，对于中国来说，它直接关乎“中国梦”的实现。

正是由于认识到以东亚为核心的亚太地区是美国维持和实现其世界领导者地位和国家利益的关键地区，奥巴马上台后特别强化了美国的太平洋国家身份属性，并在政策上给予保证，即强力推行“重返亚太”政策。据此，在其他地区实行战略收缩的同时，美国全方位地加大了对东亚的战略投入。如今，美国已经初步形成了以传统同盟体系为基础、以伙伴国家为依托、以干预地区热点议题为抓手、以应对新兴国家崛起与地区格局变化为重点、以强化美国亚太主导地位为目标的全方位战略布局。其目的旨在向中国和国际社会表明：美国作为最强大的太平洋国家不仅不可战胜，而且领导地位不可取代；美国的政策基于其实力地位，即主要依靠美国自身的力量优势，以及依靠其灵巧的战略谋划，包括国际规范的强调和同盟体系的强化；美国不希望中国与东亚地区的海权国家形成紧密的伙伴关系，以免出现一个排美的东亚共同体。可见，奥巴马政府针对中国的政策设计，也早已超越了纯粹的地区均势范畴，演变成为一项着眼于美国世界领导地位的大战略谋划，而这恰恰就是冷战结束以来美国历届政府在其《国家安全战略报告》中反复强调的主题，亦即美国的国家意志所在。

相较于中国和美国而言，日本最大的地缘战略困境则是：作为一个亚欧大陆的边缘岛国，它将不得不面对着一个强大的、大一统的东亚大国——中国，以及一个强大的、拒绝孤立主义的美洲大国——美国。理论上，处在太平洋东西两强之间的日本，不仅难以从根本上改变其战略资源分散化的困境，甚至难以保有世界一流大国地位。为此，保罗·肯尼迪在《大国的兴衰》中曾中肯地提出："日本虽然具有独特的地理位置、纪律和刚毅精神这类丰富的资源，却不足以弥补其与美国和苏联这类洲际大国在实力上的巨大差距，事实上日本只能在国际权势的等级结构中以一个中等强国的身份出现。"[①] 但日本从不甘于做一个"小却闪闪发光的国家"。[②] 在日本的传统战略观念中，强权及其各种象征（特别是首屈一指的军事实力、世界头等大国地位）是安全和威望的保证，故而与世界强国平起平坐始终成为日本整个民族的抱负与追求，并为实现这一最高目标进行着不懈的努力甚至牺牲。[③] 正是凭借着灵活的外交和国家转型发展，日本得以在相当长时间内维护着其大国地位和影响力。此外，应当指出的是，尽管面向陆海两个方向，但源于历史的大陆情结就如同基因一样，深深根植于日本的战略思维之中，并始终制约着日本的大战略缔造。[④] 也就是说，朝向海洋方面的一系列战略运筹，最终仍然是为了化解来自东亚大陆的战略压力，或者是为了确保抓住东亚大陆上出现的战略机遇。

故对于当今日本来说，其"普通国家化"战略尤为集中凸显了上述基本的战略思路。该战略不仅仅是对政治—军事大国地位的一种追求，而是作为一种全新的国家形象设计，即要求日本彻底摒弃二战后所形成的"贸易国家路线"，实现"自主性"、"平等化"与"大国化"，并最终成为一个在国际上发挥与其国力相称的作用的"普通国家"。在安倍晋三政府时期，日本大战略的这种调整与转向，

① ［美］保罗·肯尼迪著，蒋葆英等译：《大国的兴衰》，北京：求是出版社，1988 年版，第 259—263 页。

② （日本）武村正義：《小さくともピカリと光る国・日本》，光文社，1994 年，第 183 页。

③ ［美］肯尼思·B·派尔："日本：一味追求强权的机会主义"，载帕斯特编：《世纪之旅》，第 264 页。

④ 宋德星、殷实："地缘属性、文化特质与日本的大战略：一项侧重于地理与文化维度的分析"，《世界经济与政治》2007 年第 8 期，第 56—64 页。

尽管是以强化日美同盟为主轴，但却凸显出了强烈的制华色彩，即渴望构建一个海权国家联合阵线，来应对其所谓的“中国威胁”，从而为日本顺利实现战略转向营造一个总体有利的国际环境。

（二）印度的大国地位关切与中美印三边互动逻辑

对于国际社会来说，当代印度对于世界大国地位的渴求，简直就是一项国际政治常识。尼赫鲁的一句最有名的断言就是：“印度以它现在所处的地位，是不能在世界上扮演二等角色的。要么做一个有声有色的大国，要么就销声匿迹。中间地位不能吸引我。我也不相信任何中间地位是可能的。”[①] 在此，需要就印度大国地位渴求强调的是下述历史和现实：印度打过三次大规模的印巴战争和一次中印边境冲突，而且当今依然执着于大规模的战略武力和常规武力建设；然而另一方面，虽然晚于中国的“转向”，但与之类似，印度至少近二十年来的国家基本方向选择是和平或基本和平的崛起。用新加坡总理李显龙的话说，印度和中国都对根本的国家道路做了非常仔细的考虑，以保证它们的可持续发展基于“和平估算”；印度也像中国那样，谋求和平崛起。[②]

首先，就国际体系而言，朝向世界大国地位的目标赋予了印度某种修正主义角色，因为其隐含的假设不仅是印度终将成长为一个世界性大国，而且还多少认定，二战以后主要由美国塑造并维系着的、以联合国安理会五个大国为表征的全球权势等级结构，对印度来说是不能接受的，因为它在一定程度上妨碍了印度对上述目标的追求。[③] 所以，毫不奇怪，自诩为“世界上最大的民主国家”的印度，却对美国主导下的国际体系的许多价值观念、规则、规范甚至

---

① 尼赫鲁：《印度的发现》，第 57 页。

② P. S. Suryanarayana, “China, India Seek Peaceful Rise, Not Hegemony, Says Lee,” *The Hindu*, May 31, 2008.

③ 这种思想即使通常不予明言，但尼赫鲁及其继任者们对此都坚信不疑。Baldev Raj Nayar, “India as a Limited Challenger?” in T. V. Paul and John A. Hall, eds., *International Order and the Future of World Politics* (Cambridge: The Cambridge University Press, 1999), p. 217.

运作机制并不认可，并力图以自己独特的方式减轻甚至是消除这一体系施加的种种制约。这也就是为什么冷战后印度公开走向核武化，以及在联合国安理会改革问题上体现得如此急切的原因所在。

当然，印度政策制定者们也清醒地认识到，在抵制冷战后美国的单极图谋时，印度完全没有必要与唯一的超级大国美国进行战略对抗。[①] 就像一位美国外交史家指出的那样，印度和美国并不像某些论断所称的那样将注定不和。"不和是因为几乎没有对话，或缺乏相互理解，或者是存在着严重的错误认识，或者是因为美国和印度彼此间有麻烦。"[②] 此外，20 世纪 90 年代以来日益加强的美印经济、科技和军事合作，在印度燃起了一种新的希望：经济上的相互依存不仅有助于增进美印间的良好关系，也不仅仅是对美国采取的那些让印度感到有可能损害其国家利益的行动施加某种制约，而且还将"外溢"到其他领域，特别是有助于印美安全战略领域的合作，[③]

其次，在地缘战略意义上，完全可以预料，未来在亚洲，美中印三国中间只要一国的行为被另外两国解读为控制亚洲的前兆，它就很可能面临着被另外两国联合制衡的可能。其中，作为一个本土远在美洲的大国，同时作为一个拥有显赫的总体优势的超级大国，美国在这场地缘战略大棋局中容易占有主动，其政策取向将直接影响中国和印度的安全环境。与此同时，正是由于美国在一个长时期内显著的总体优势，也正是由于中印两国各自发展成为强国的必然趋势，美国总的来说宁愿与它们各自合作，利用它们之间的矛盾，但一般也会防止它们之间的大冲突，以免美国不得不面临选择甚至直接卷入之虞。就印度来说，它所在的南亚次大陆作为一个地理上

---

① Abhay R. Karve, "Indo-US Strategic Relations: Moving from Estrangement to Engagement". http://www.ndu.edu/library/n4/n03AkarveIndo-US.pdf.

② Dennix Kux, *India and the United States: Estranged Democracies, 1941—1991* (Washington D.C.: National Defense University Press, 1992), pp. XII－XIII.

③ 有关这方面的观点见 S. S. Mehta, *Launching India into the 21st Century* (New Delhi: Minerva Press, 1999), p. 112.

与东亚相对隔绝的独特单元，使得印度未来发展的战略空间主要是印度洋区域及其邻近外缘，因为在那里这么做的可能成本相对最低，可用力量则相对最大，而在一个很长的时期内，那里并非中国的首要的战略关注重点。如此，加上中印两国必定相当长期的国内优先、经济优先的发展战略，美中印三国间的极化局面即两极对抗少有可能出现。

结果，对印度来说，除了自助（self-help）之外，“均势”加“搭车”（bandwagoning- with-balance）便成为最佳的战略选择。“搭车”就是搭美国之车，因为美国是主要的全球性大国和最强大的国家，而且相对亲近印度和需要借印度制衡中国。但是，缔造均势是印度的根本和长久的目标。印度对外政策的长远趋势是谋求均势而非美国优势，甚至也不是美印优势。因为：第一，如果能与那些拥有强大的经济和军事实力的国家构建起稳定和有选择的合作关系，就能确保印度应对超级大国美国的颐指气使；第二，谋求均势是一项保险的政策，因为当世界走向多极结构时，印度将在有少数几个力量中心的这一结构中确保占据有利的一极地位；第三，对国内来说，均势也是必须的，因为印度的公众舆论近乎一贯地不赞成与任何大国结成同盟。①

第二节　印度的世纪性崛起与外交安全政策

21 世纪，印度作为新兴大国的崛起已无可争议。作为印度崛起的动力，当代印度尊奉着一种战略现实主义的治国信条，它的一个最重

---

① Kanti Bajpai, “India's Security and the Future of the South Asia,” in Jetly, ed. , *India's Foreign Policy*, pp. 83 – 84.

要的成分或最突出的表现，在于通过哪怕不受欢迎甚或遭致国际制裁的战略举措，来促使世界认识到作为大国的印度不仅仅是概念和言论意义上的，而且确实是一个按照基本的战略规划不断迈进的基本现实。在崛起过程中，印度把追求“有声有色的大国”地位作为对外政策的根本目标，并为此在南亚、亚洲和全球三个层面上推行其外交战略，即基于“地区核心国家”的身份定位，在南亚地区反对印巴间的均势政治；基于多中心国际体系构想，在亚洲着力推行对华均势政策；在全球体系层次上，对于作为现世界体系领导者的美国，印度一方面大力鼓吹印美“天然盟友”关系，另一方面又强调战略自主性和平等性，以彰显自己作为一个崛起中的大国应有的国际威望。

一、　印度的世纪性和平崛起①

独立以来，印度始终表现出强烈的世界大国地位欲求。从独立前国大党领袖尼赫鲁的要做“有声有色的大国”的豪言壮语，到印度人民党领袖的“21 世纪超级大国”鼓吹，再到国大党政府的“印度世纪”宣扬，莫不如此。就人口、幅员和自然资源而言，印度具备了成长为世界一流大国的基础规模条件；从衡量大国地位的某些关键性指标数据看，也呈现出令人刮目相看的竞争力。同时冷战后国际格局的重大变更和当代世界的基本潮流，又为它现今和未来和平或基本和平的崛起提供了前所未有的机遇。然而另一方面，印度面对的种种困扰殊难排除，它身受的内外制约颇为严重。尽管如此，新世纪，印度的强劲崛起依然前景向好。

（一）印度实力的世纪性崛起

历史和世界政治逻辑表明，从 19 世纪后期开始，直至当今时代

① 以下有关内容主要引自宋德星、时殷弘：“世界政治中印度和平崛起的现实与前景”，《南亚研究》2010 年第 1 期，第 15—24 页。内容略有修改。

和可以预见的未来，世界大国的基础规模条件与先前相比急剧提高。[①]换言之，要成为当今和未来世界政治中的一流角色，必须具备先进的技术水平和现代经济、政治和社会组织方式之外，还必须要有足够大的“权势基值”，亦即接近或居于世界前列的疆域、人口和自然资源规模。[②]显然，具有这种规模条件的国家，世界上除了美国、中国、俄罗斯和一个尚待充分一体化的未来欧洲外，大致只有印度。

首先，已有的基础规模使印度具备成长为世界大国的起码条件。根据印度人口普查数据，目前印度人口已经突破12亿大关，仅次于中国；有利的地形和适宜的气候使印度一半以上的陆地可以耕种，从而能以占世界2.4%的土地养活约占世界17%的人口；印度几乎拥有南亚次大陆的全部矿产资源，其中特别是铁矿资源居世界第三位，铝土矿储量位居世界第五位。

其次，在印度的世纪性崛起中，经济和军事力量的显著增强意义重大。自20世纪90年代初开启市场经济改革以来，印度经济维持着较为稳定的高速增长态势。从2005年起，印度经济增长率连续三年突破9%。2008年以来，尽管受到全球金融危机的冲击，但印度仍然是世界上经济发展速度最快的国家之一。2012、2013、2014财年印度GDP同比增长率分别为5.1%、6.9%、7.4%。[③] 与此相应，印度整体经济实力显著加强。2015年，就GDP总量而言，印度

---

① 有关世界大国地位应有的规模条件的论述，主要参见下述两部重要著作：Ludwig Dehio, *The Precarious Balance: Four Centuries of European Power Struggle* (New York: Random House, 1962); Paul Kennedy, *The Rise and Fall of the Great Powers: Economic Change and Military Conflict from 1500 to 2000* (New York: Random House, 1987).

② 有关国际体系中世界大国的论述见时殷弘：“关于中国的大国地位及其形象的思考”，《国际经济评论》1999年第9—10期，第43—44页。

③ Ministry of Statistics and Programme Implementation, Government of India, *Annual Report, 2014—2015*, p. 4; pp. 14 - 15. http://mospi.nic.in/Mospi_New/upload/mospi_annual_report_2014-15.pdf; “State of the Indian Economy: An Opportunity for Revival”, Feb. 2015, p. 7. http://www2.deloitte.com/in/en/pages/tax/articles/state-of-the-indian-economy-2015.html; 中华人民共和国国家统计局:《2014年世界经济形势回顾与2015年展望》，2015年2月27日。http://www.stats.gov.cn/tjsj/zxfb/201502/t20150227_686531.html。

成为了世界第7大经济体。

在军事和准军事高技术方面，印度也体现出了大国实力。印度不仅维持着就现役部队兵员数量而言世界第三大武装力量，而且作为事实上的核武器拥有国，继续大力推进战略核力量建设，中远程弹道导弹研发也相当迅速，并在2009年7月下水了第一艘核动力战略导弹潜艇。用《纽约时报》的话说，这是印度政府广泛努力的一部分，即造就一支与崛起印度的世界地位相称的军队。[①]

印度踌躇满志，对自己成为世界大国的有利条件怀有尽管夸张、但仍相当如实的想象。用印度外交秘书2003年初在华盛顿演讲中的话说，印度的面积、处于亚洲要地十字路口和商贸交通关键通道的位置、政治的稳定和民主制度的适应力、将十亿人口结合在无与伦比的多样性之中的广泛共识、它的人民在科学知识领域的进取心和技能、它对权势的"节制和负责任"的行使，使之成为亚洲乃至其外的稳定和安全的一个不可或缺的要素。[②]

（二）印度和平崛起的基本战略机遇

像中国一样，印度的和平崛起，在最重要的外在环境方面，可以说面临着前所未有的历史性战略机遇。

冷战结束以来，适用于中国的一个根本判断也适用于印度（虽然印度对此的认识速度、坚信程度和利用能力显然尚不如中国），那就是在世界政治的很大部分变化着的基本性质中，和平发展有其坚实的基础。与先前的历史时代相比，战争作为国家利益的有效工具的价值，总的来说已大为衰减，国际关系的日常首要问题越来越从领土、军事安全转向经济问题和软权力问题，国际经济互相依赖的

---

① Lydia Polgreen, "India Launches Nuclear Submarine," *The New York Times*, July 26, 2009. 关于印度现役部队规模，见"India Armed Forces," http://en.wikipedia.org/wiki/Indian_Armed_Forces.

② "India-US Partnership: Meeting Emerging Security Challenges," Foreign Secretary Mr. Kanwal Sibal's address at the Carnegie Endowment for International Peace, February 4, 2003. http://www.usindiafriendship.net

程度和影响愈益增大，国家在经济、文化、外交和道义影响方面的表现一般来说越来越比军事表现重要，同时各种跨国的非传统威胁愈益突出。在这样的变化中，和平发展符合世界政治的基本潮流，且具有相当大的根本保障。① 不仅如此，印度发觉世界已经从美苏主导下的高度结构化的两极世界进至了一个新世界——许多行为体至关重要地影响和参与塑造世界政治面貌，这给印度带来了适应的必需，也带来了广阔的发挥大国作用的余地。

除此之外，中国强劲崛起背景下美国政府乃至整个西方大为增长的对印度的战略期望——借印制华，成为了印度崛起的另一大战略机遇。这一点尤有长久和广泛的含义，它至今的头号象征就是美国布什政府经三年努力达成并经美国国会批准的美印核协议，被《纽约时报》恰当地称为旨在重新界定冷战时代经常彼此抵牾的美印两国之间的关系，将印度发展为制衡崛起中的中国的一大力量。② 虽然对美国来说，印度将来究竟可能成为另一个英国（作为忠诚的盟国），还是可能成为另一个法国（在根本的意识形态价值上与美国相同，但仍经常靠损害美国利益去追求自身利益），或是可能成为另一个中国，仍然远不能确定。③ 但就时下而言，印美战略合作依然有着较为坚实的基础。

（三）印度崛起前景的严重制约

正如可以为中国崛起编制一份关于有利条件与不利条件的"决算表",④ 就印度崛起也可以这么做。印度的基本的严重弱点显而易见。虽然处于不断改善之中——其贫困率由 2005 年的 37.5% 下降为

---

① 时殷弘："中国和平崛起与世界秩序"，《神州交流》，第 4 卷第 3 期，2007 年 7 月，第 19 页。

② Peter Baker, "Senate Approves Indian Nuclear Deal", *The New York Times*, October 1, 2008.

③ Anand Giridharadas, "What Role for Emerging India as: A U. S. Ally?" *International Herald Tribune*, February 7, 2007

④ C. Fred Bergsten, Gates Bill and Nicholas R. Lardy, *China: The Balance Sheet—What the World Needs to Know Now about the Emerging Superpower* (Washington, D. C.: Center for Strategic and International Studies, 2006).

2013 年的21.9%，贫困人口相应地从4.07 亿下降到2.7 亿。其中农村贫困线以下人口比率从2005 财年的41.8%下降到25.7%，城市则从25.7%降到13.7%。[①] 但总体上，印度的贫困率在新兴经济体中仍属于比较严重的。印度社会中的种姓不平等、贫富差距所引发的失业、教育不足、购买力差等问题，极大地影响了社会的积极性、市场的消费能力和政策的执行力，进而阻滞了外资的进入动力。2013 年，外贸空心化（以非实体的服务外包为主）、内需疲弱（穷人阶层过多）的印度，在卢比贬值、石油价格上涨的情况下，直接造成了政治动荡和“五月大罢工”。正是在这样的大背景下，主政地方时经济工作成就斐然的莫迪代表印度人民党在2014 年印度大选中成功地击败了国大党辛格政府，出任新一届印度政府总理。

与中国的相关方面相比，印度的一些基本弱点尤其显出它们深远的历史性质和深刻的文化性质。中国拥有世界上最漫长的连续不断的历史，印度却在不少意义上是个晚近得多的造就物，在19 世纪中叶往后的英国统治时期里才获得它当今的大部分领土；中国文明很大程度上由它与国家的关系界定，印度文明却与种姓社会难解难分；中国有非常经久有力的人口认同感和文化同质性，印度则以族裔、语言、文化、宗教方面的巨大多样性和异质性为特征，它们造就或助成了大得多的内部异己感。[②] 中国文化传统虽有阻碍但更多地便利或促成了中国人总的世俗心态、实利精神和事业心，这与在印度常有的宗教执迷、实利禁忌和闲暇偏好相比更具“现代性”。与当代中国相比，经常为其民主制自豪的印度也有经济政治体制和基本政策方面的重大缺陷，那是一些印度著名学者痛感的：根深蒂固地

---

① 印度农村每月消费支出低于816 卢比、城市低于1000 卢比的定义为贫困人口。见中华人民共和国商务部：“印度2012 财年人口贫困率下降至21.9%”。http://www.mofcom.gov.cn/article/i/jyjl/j/201307/20130700215130.shtml

② Martin Jacques, *When China Rules the World: The Rise of the Middle Kingdom and the End of the Western World* (London: Allen Lane, 2009), pp. 338 – 339.

怀疑自由市场和外国投资，禁止农民自由售卖产品，束缚民间经济活动自由的大量清规戒律，善治善政在许多地方的缺乏，其“混乱的杂牌民主”（chaotic brand of democracy）经常未能提供公益和保障基本权利等。[①]

看似自相矛盾但实际上有其深刻的文化统一性的是，印度一方面有强烈的大国抱负和民族主义心理，但另一方面除了意欲凌驾周边小国和巴基斯坦外，大致缺乏真正的区外进取意愿，如果预料成本较为高昂的话。有印度学者就此不无失落地指出，部分地归因于英印统治时期的战略——安全欲求，印度长期缺乏权势欲望。后者据称源于一种富有活力的文化，冲动式地趋于扩展利益存在和权势；前者则是反应式和内向型的，仅在安全面临真正挑战时才会被激发起来。[②] 这一战略文化心理，加上印度国内多半因社会特性而大致层出不穷的种族骚乱、教派冲突、民族分离主义事件，阻滞了印度在战略经济乃至战略本身意义上走出南亚。

此外，国际地缘政治结构对印度既有有利的一面，也有不利的一面。仍然令印度耿耿于怀或心怀不安的是，美国在与印度发展关系的同时，坚持与印度的地区对手巴基斯坦结盟或向其提供军事支持，其目的被印度学者不无夸大地称为“地区遏制”，即制衡印度或减小其优势地位。与此同时，与防扩散反扩散的一般立场和国内外政治需要相关，美国仍以虽则显著减弱了的力度对印度进行某些技术限制甚至制裁，制定和争取维持一些限制印度核武器和弹道导弹领域发展的国际体制。[③] 还有，由于印度不时采取某些对华不友善态势，或者做出容易被中国有理由设想为对华不友善的动作，加上印

---

① Edward Luce, "India Frets as China Rises," *Financial Times*, August 7, 2003.

② Bharat Karnad, *Nuclear Weapon & Indian Security: The Realist Foundations of Strategy* (New Delhi: Macmillan India, 2002), p. 449.

③ Baldev Raj Nayar and T. V. Paul, *India in the World Order: Searching for Major-Power Status* (Cambridge: Cambridge University Press, 2003), p. 2.

度存有对巴基斯坦的显著敌意和中印关系存在其他重要的现实阴影及历史宿怨，中国当然一定意义上是印度必须考虑（而且事实上被它过度考虑）的一个重大且经久的战略制约要素，尽管两国都愿意有选择地发展关系，并且决心避免50多年前的大规模冲突的重演。最后，至少同样重要的是，印度的地区对手巴基斯坦虽然内部隐患异常严重，与印度在实力对比上处于显著下风，但它拥有1.8亿多人口和核武器，分别与美、中两国保持友好和密切的关系，国内的宗教情感和历史记忆与印度深刻对立。因而，不管其未来命运如何，也不管经久防止新的印巴大冲突对地区和世界安全如何重要，巴基斯坦都将是印度地缘政治权势的一大制约。

二、 致力于“有声有色的大国”目标的三维一体大外交

作为一个有着深厚战略思想传统和伟大抱负的国家，印度在南亚、亚洲和全球体系三个层次上的外交政策尽管手段和风格各异，但就其根本而言，无不是着眼于大国地位追求这一根本目的，它们三维一体，有力地彰显了印度大国外交的特有风貌。[①]

（一）反对南亚均势——印度地区外交的本质

印度战略文化传统与“地区核心国家”的历史定位，很大程度上决定了印度的地区战略目标，它们包括：第一，确保印度的地区霸权领导地位；第二，使其他的地区国家、特别是巴基斯坦接受印度的这一地位，使之合法化；第三，“说服”区外主要大国对印度这一地位的认可。可见，印度的地区战略作为对外战略的一个重要组成部分，其成败的关键不仅取决于它与主要大国的关系，还取决于印度的地区作为。

---

① 这部分内容主要引自宋德星、周健：“‘做一个有声有色的大国’——‘三维一体’的印度大国外交”，《唯实》，2014年第9期，第90—94页。

冷战后，在印度外交决策圈中，一个广泛的共识是：在追求世界一流大国地位的过程中，印度外交政策的首要目标是致力于使南亚地区国家和区外国家、特别是大国接受印度的南亚霸权领导地位。所以，印度坚持其他南亚国家的外交政策必须考虑到印度的利益和地位，或至少是在那些对印度来说十分重要的问题上，不要与印度发生冲突。为此，印度希望南亚其他国家在地区问题上必须自加限制，不寻求或依附于任何外部势力。用塞缪尔·亨廷顿的话说，印度是一个有着全球大国野心的“地区利维坦”（Local Levathen）。[①]

在追求这一目标的过程中，对印度来说，双边主义战略手段赋予它相对的优势地位，这不仅有助于避免南亚问题的国际化，也排除了南亚其他国家联合起来反对它的可能性。当然，印度的这种绝对双边主义遭到了南亚其他国家的广泛质疑，称之为是“霸权外交的隐含声明”。[②] 根本上，印度的优势——它的规模、经济、工业、科技、军事和核力量优势，仍然是南亚大多数国家威胁观念的主要根源。有鉴于此，印度一些有战略远见的人士和领袖指出：“我们外交政策的真正挑战，在于我们在伊斯兰堡、加德满都、科伦坡和达卡的成功的外交，而不是在大国首都的成功外交。”[③]因为世界对印度的评判主要是基于印度邻国的视角。与邻国的敌对关系注定会妨碍印度追求其在世界上的应有地位。例如，印度与巴基斯坦之间的敌对关系成为妨碍印度追求安理会常任理事国目标的一个重要因素。此外，与邻国的关系直接影响着印度的安全，包括军事和非军事安

---

① Aditi D. Juvekar, *Partners in Conflict – Perceptions and Realities of Indo-US Relations* (Mumbai: Himalaya Publishing House, 1997), p. 31.

② Babhani Sen Gupta, Regional Cooperaton and Development in South Asia, Vol. 1 (New Delhi: South Asia Pub., 1986), p. 22.

③ Jagat S. Mehta, "Revitalising India's Foreign Policy," *Monthly Commentary on Indian Economic Conditions*, Vol. XXVI, No. 5, December 1984, p. 305. 转引自 Madhusudan Mishra, *Bharatiya Janata Party and India's Foreign Policy* (New Delhi: Uppal Publishing House, 1997), pp. 96 – 97.

全。[1] 可见，为实现世纪性崛起，印度必须首先稳定南亚，稳定自己在南亚的霸权领导地位。

（二）追求中印间均势——印度亚洲外交的根本着力点

在亚洲区域体系中，印度首要的根本关切是中印之间的均势。对此，出任过瓦杰帕伊政府防务与外交事务高级顾问、政府外长的贾斯旺特·辛格曾强调指出，冷战的结束明显地造就了美国的单极地位，但同时也导致其他权势中心的崛起。国际均势的支点已从欧洲转向了亚洲，亚洲均势伴随着新的同盟和新的安全真空正在形成。他誓言，印度将为缔造一个稳定的亚洲均势努力做出自己的贡献。[2] 而在论及中印关系时，印度著名国务家迪克西特（J. N. Dixit）曾告诫说："我们必须记住，最大的现实是中印之间的不对称。相对于印度来说，中国更大的经济实力和军事实力使印度警觉到，中印关系完全不是基于相互尊重。（对华关系的）目的应是营造一种稳定的氛围，以便改变上述不平衡，以及减轻中国政策中的这部分内容，这就是印度政策和战略的关注点。"[3] 印度著名的防务专家 K. 苏布拉马尼亚姆也说："如果你（印度）拥有能够威慑中国的核武器和导弹，并且能够加强经济实力和扩大同美国、欧盟及日本的贸易，这就是同越来越强大的中国抗衡的一个途径。"[4]

所以，与中国进行不言自明的实力竞赛，从而确保中印之间的力量均势，便成为一项重大战略任务，一种面向未来的历史使命。其中，在印度看来，1998 年的核试验至少是改变了与中国之间的力量不对称，恢复了亚太地区的力量平衡，特别是因苏联从亚洲抽身

---

① M. Dubey, "India's Foreign Policy: Arms and Strategy", in Jetly, ed. , India's Foreign Policy, p. 23.

② Jaswant Singh, " Against Nuclear Apartheid," *Foreign Affairs*, Vol. 77, No. 5, Sept. / Oct. 1998.

③ J. N. Dixit, "India's Foreign Policy and Its Neighbours", (New Delhi: Gyan Publishing House, 2001), p. 248.

④ 路透社新德里 1997 年 7 月 6 日电。

而导致的有利于中国的亚洲力量对比局面得到了修正。所以，印度相信，在21世纪的亚太新安全秩序中，印度将能得到美国和其他国家更多的尊重，就像今天的中国一样。对此，尼赫鲁大学的一位学者就指出："如果说1962年的战争是中印关系中的一个分水岭，意味着两国关系从一个极端走向另一个极端，以及改变了次大陆的权势结构，那么，1998年印度的核爆炸则是第二个巨大的转折点，产生了几乎同样的效果。"① 正因为如此，曾出任印度人民党政府外交部长的亚希万特·辛哈才会有下述自信：印度的对华政策不是基于对中国的强大的畏惧，也不是基于对中国经济发展的妒忌。② 换言之，它基于新的势力均衡这一现实。③

（三）"有限的挑战者"——印度对美制衡与"搭车"战略

印度认为，冷战后的世界是一个更加不稳定的世界。在两极格局中，印度选择了不结盟；在正向多极世界过渡的世界里，"均势"加"搭车"（bandwagoning- with-balance）成为印度的根本战略选择。印度认为，由于美国是最强大的国家，搭美国的车显然是一种理性的反应。所以，毫不奇怪，在有关海湾战争、反对恐怖主义和经济问题等各种议题上，新德里总是站在华盛顿一边，或者是软化其立场。如前所述，尽管"搭车"无可厚非，但缔造均势才是根本之举。④

尽管在核武化问题上存在着明显的国家利益冲突，尽管印度对于美国在经济和战略（至少是印度的关心部分）之间划出一条明显

---

① Alka Acharya, "India-China Relations: An Overview," in Surjit Mansingh, Indian and Chinese Foreign Policies in Comparative Perspective (New Delhi: Radiant Publishers, 1998), p. 190.

② Inaugural Address by Mr. Yashwant Sinha, India's External Affairs Minister, at the Fifth Asian Security Conference, orgnised by the Institute for Defence Studies and Analysis, New Delhi, 4 February 2003.

③ 这方面的论述见宋德星："21世纪的中印关系：印度的根本战略关切及其逻辑起点"，《南亚研究》2007年第2期，第3—8页。

④ Kanti Bajpai, "India's Security and the Future of the South Asia," in Jetly, ed., India's Foreign Policy, pp. 83 – 84.

的界线感到极大的失落，但印度还是认为，在21世纪，鉴于对美关系的重要性，以及两国关系中不可忽视的特有困难，印度应以经济为基点，促进双边关系，发挥经济的“外溢”功能。① 所以，印度一直存有这种期望，认为美国会对印度采取一种包容战略。在哈佛大学的演讲中，时任印度人民党政府外长的辛哈就指出：“冷战时期，决定印美战略关系的向度是约翰·福斯特·杜勒斯的格言：‘如果不站在我们一边，就是反对我们。’印度拒绝加入反共产主义军事同盟体系，并致力于不结盟运动，而这限制了我们在那个时期的关系。这或许可以解释，与美国在亚洲其他地区的利益相比，为什么美国在印度的利益如此的有限。值得高兴的是，现在所有的这一切都已经改变了。世界上最大的民主国家和最强大的民主国家已经走到了一起，而这在以前从未有过。”②

实际上，很多印度学者相信，“对美国和西方国家来说，不阻挠印度逐步实现其大国抱负将是有利的。这不仅仅是因为它们大体上不可避免，而且因为很大程度上多数印度人的基本价值观和利益与西方相一致。印度深厚的民主传统、它的市场经济、它的开放的文化和英语语言，以及它作为一个崛起的、强大的，但本质上满足于现状的大国角色，为增进印度与西方之间的关系打下了基础”③。显然，这绝非仅是理论上的推断。实际上，随着冷战后美国和印度战略关注点的南移，即南向移动到印度洋地区，两国在确保海湾地区到马六甲海上航道安全方面有了某种战略一致性。④ 这就是有的学者所说的，印度通过接受美国在印度洋北部有其安全利益来换取美国

① 有关这方面的观点见 Mehta, Launching India into the 21st Century, p. 112.

② Speech by External Affairs Minister Shri Yashwant Sinha at Harvard University. Http://meaindia. nic. in/speech/2003/29ss09. htm.

③ Ross Babbage, “India's Strategic Development: Issues for the West Power,” in Ross Babbage and Sandy Gordon, eds., India's Strategic Future: Regional State or Global Power? (New YorK: St Maetin's Press, 1992), pp. 166 – 167.

④ 有关这方面的观点见 Ashok Kapur, Regional Security Structures in Asia (London and New York: Routledge Curzon, 2003), pp. 132 – 134.

更加温和的对印态度，鼓励印度在该地区发挥更加重要的作用。①

三、 21 世纪印度国家安全政策中的主要课题

新世纪伊始，随着主要大国对外战略的大调整和国际事态的发展变化，印度对外政策较之以往更加的积极主动。在面对复杂的国内国际环境时，印度将着力点放在了那些事关其崛起的根本性问题上，其安全政策主要聚焦于下列几大方面：一是国内的种姓、民族矛盾与恐怖主义威胁；二是与美中巴的安全关系；三是印度洋上的安全挑战。

（一）国内安全威胁问题

新世纪以来，印度国内的种姓、民族、宗教矛盾越来越被各界所关注。“贱民”（Dalits）群体在种姓偏见受到政府百般压制的情况下依旧是遭受迫害的主体。仅 2007 年，新德里的冲突管控研究所（the Institute for Conflict Management）就登记了 27000 起针对“贱民”的暴力侵害事件；在西部的马哈拉施特拉邦，右翼党派如“湿婆神军”（the Shiv Sena）经常性地对外来劳工实施攻击，试图将后者从当地驱赶出去；在西南的喀拉拉邦、卡纳塔克邦，及东部的奥里萨邦，印度教民族主义者将占少数的基督徒列为袭击目标；在东北部的“七姐妹”邦中，2001 年之后，至少有 1 万人死于暴恐行动之中；最后，以“印度圣战者”（Indian Mujahideen）为代表的伊斯兰极端主义者对印度主要城市均有袭击记录。② 印度学者对于其国内普遍存在的暴力行为表达了担忧，认为除非对日益壮大的印度教原教旨主义者做些什么，诸如像“印度青年民兵”（the Dajrang Dal）

---

① K. K. Katyal, “New Fields of Cooperation,” *The Hindu*, 23 October 1987.

② Michael Kugelman, ‘Looking in, Looking out: Surveying India's Internal and External Security Challenges’, in Michael Kugelman ed., *India's Contemporary Security Challenges* (Washington D. C.: Woodrow Wilson International Center for Scholars, 2011), p. 6.

这样的组织总有一天会成为印度的大麻烦。

在诸多反政府组织中，纳萨尔主义（毛主义运动）[①] 越来越成为印度国内最大的安全威胁。2005 年 4 月 13 日在德里召开的受毛主义运动影响各邦的首席部长会议上，印度总理曼莫汉·辛格曾指出："可以毫不夸张地说，纳萨尔主义已成为迄今为止我国国内安全面临的最大的挑战。"[②] 如今，该组织所引发的暴力对抗已经蔓延至印度三分之二以上的邦，超过三分之一的行政区划，而且大多在资源丰富的中东部地区。[③] 仅 2009 年，纳萨尔主义者就宣布对数百人的伤亡负责，其中包括了印度的准军事部队。而印度安全部队的清剿似乎并没有起到很好的效果，2010 年上半年内，就有 200 名安全部队人员损失于纳萨尔主义者的手中。[④] 纳萨尔主义的崛起充分反映了印度国内贫富矛盾的激化，该组织宣称代表了受到剥削和打压的大多数贫困者，而印度国内的社会环境给这一组织的发展壮大提供了土壤。这方面，2013 年仍高达 2.7 亿的贫困人口无疑是未来印度国家安全的不稳定要素。印度内政部文件也认为，纳萨尔主义的根源在于贫穷和欠发展所导致的压迫感和沮丧感。[⑤]

（二）与美中巴的安全关系

在 1999 年卡吉尔冲突之后，印巴关系似乎进入了一段休眠期。2004 年，双方开始了和平对话；2005 年，印度外长实现了 16 年来

---

① 有关这方面的论述见：孙培钧："纳萨尔主义农村武装斗争——印度政府国内安全的头号威胁"，《四川大学学报》（哲学社会科学版），2006 年第 5 期；宋丽萍、张淑兰："试论 21 世纪印度毛主义运动暴露出的国家政府缺陷"，《南亚研究》2015 年第 2 期，第 81—95 页。

② 转引自孙培钧：《纳萨尔主义农村武装斗争——印度政府国内安全的头号威胁》，《四川大学学报》（哲学社会科学版），2006 年第 5 期，第 90 页。

③ Gautam Navlakha, "Maoists in India," *Economic and Political Weekly*, June 3, 2006, p. 2187; Rahul Bedi, "Maoist Insurgency Spreads in India," *Jane's Intelligence Review*, July 1, 2006, pp. 21 – 25.

④ Ministry of Home Affairs, Government of India, *Annual Report 2009 – 10*, http://www.mha.nic.in/pdfs/AR%28E%290910.pdf.

⑤ Bidyut Chakrabarty and Raja Kumar kujur, *Maoism in India* (New Delhi: Routledge, 2010), p. 31.

的首次访巴。这期间，尽管双方重新爆发冲突的危险并没有完全被排除，但双方都不得不更加关注国内日益浮现的一系列政治与安全问题。

2010 年夏，美国《华尔街日报》曾披露，巴基斯坦最主要的情报机构三军情报局（Inter-Services Intelligence）在其一份内部报告中指出，国内的冲突，而非印度军队，成为了巴基斯坦国家安全最大的威胁。这是巴基斯坦“独立以来首次未将印度贴上最大威胁的标签”。[①] 但这一结论显然并不是巴基斯坦国内的共识。对于印度而言，来自巴基斯坦的真正威胁主要在于其核武器、所谓的“代理人战争”和极端主义组织的跨境威胁。后者在 2008 年孟买爆炸案后成为了印度面临着的紧迫的安全问题。换言之，印度政府担心这种袭击所造成的大面积恐慌和杀伤效果，将使印度境内的恐怖组织去寻求复制这样的袭击。

由于加入了全球反恐联盟，加之又是“反恐前线国家”，巴基斯坦从美国和国际社会那里获得了大量的经济和军事支援。显然，这与印度指责巴基斯坦支持恐怖主义的单边主张背道而驰。不仅如此，印度还担心巴基斯坦可能将那些用于反恐的援助，拿来用以针对印度。因而，印度政府开始更多地将巴基斯坦问题置于印美关系、印中关系的框架之下进行审视和考量。

关于对华政策，除去所谓的亚洲领导权竞争这一广泛议题外，印度在安全领域的对华关切主要集中于三大问题：一是中印边界问题，二是所谓的中国的“印度洋战略”问题，三是所谓的中巴安全合作关系问题。

对于前者，中国与印度在边界问题上已经有了一个较为稳定的行为模式，即双方在不断的谈判、不断的谅解中，努力维持着现状，

---

① Chidanand Rajghatta, “ISI's Sudden Turnaround: Says Terror Bigger Threat Than India,” *Times of India*, August 17, 2010, http://timesofindia.indiatimes.com/world/pakistan/ISIs-sudden-turn-around-Says-terror-bigger-threat-than-India/articleshow/6326267.cms.

并为边界问题的最终解决塑造一个有利的氛围和现实基础，尤其是不使之影响两国关系的大局。换言之，中印双方均从战略的高度，来审视和发展双边关系，来努力推动边界问题的最终解决。

与边界安全问题相比，印度战略界更大的关注点并非在北方，而在于南方，在于中国的海上战略。印度认为中国的海军发展“不透明”且“意志坚定”，甚至坚信中国海军在印度洋上的存在，不仅是为了其海上航路的安全，更是为了在未来从海上“包围”印度。[①] 这种“珍珠链”式的战略设想尽管从未得到证实，但印度却相信这就是中国的“印度洋战略”。

至于中巴安全关系，印度始终保持着相当程度的忧虑和警惕。无论是对于中国与巴基斯坦之间正常的军事合作，还是对于中国与巴基斯坦之间的合作项目，诸如中巴经济走廊建设，印度总是愿意从零和的安全博弈视角去分析问题，去放大其中的消极面和所谓的“针对印度”的成分。

在对美安全关系方面，印度强调并大力发展与美国的合作关系。在一份名为《改革国家安全体系》（Reforming the National Security System）的报告中，印度公开声称：“美国在全球战略设计上的优势……在可见的未来还不会消失。”报告还建议与美国发展“基础广泛的接触”以维护印度的安全利益。[②] 事实上，印美关系在新世纪以来一直呈上升趋势，2004 年印美就已经在核问题上达成了初步谅解，至 2008 年 10 月，印度与美国达成了《印美核能合作协议》。之后，印美之间的合作很快进入军事安全领域。看似美国已然取代了冷战时期苏联的位置，成为了印度国防建设的主要支持者。但 2010 年开始，印度似乎又在给印美“特殊关系”降温。通过在战机竞标中抛弃 F/A—18E/F 和 F—16IN，内心高傲的印度人试图向世界证

---

① Kugelman, *India's Contemporary Security Challenges*, p. 15.

② The National Institute for Defense Studies of Japan, *East Asia Strategy Review 2013*, May 2013, p. 27.

明，它并不只是美国在亚洲“平衡”中国的“棋子”，印度仍是主权独立、战略自主、外交独立的国家，“不结盟”政策的内核依然有效。所以，在大力发展对美关系的同时，印俄关系也在不断地提升，双方的安全合作也进展顺利。这方面最典型的案例就是印度把从俄罗斯引进的航母“戈尔什科夫海军上将”号改名为“维克拉玛蒂亚”号，并于2014年入列印度海军。

（三）印度洋上的安全挑战

如前所述，经过几十年的努力，印度的印度洋战略已经取得了明显的阶段性成果，其海军力量建设成就在印度洋地区有目共睹，特别是其“泛印度洋”战略视野令人印象深刻。但与此同时，印度对于印度洋的安全关切也与日俱增。首先，随着新时期印度国家利益的拓展，来自海洋上的传统安全威胁与非传统安全威胁日渐增多，包括海洋污染、船舶航行安全、海盗威胁、恐怖主义海上渗透活动、主要对手的海上行动等等。其次，印度洋地区秩序的失范导致该地区战争和冲突不断，进而使得域外大国的海空力量借机进驻印度洋地区。对印度来说，这不仅仅是一股强大的牵制性力量，而且直接冲击了印度的地区大国地位和影响力。再次是印度洋制度建设起步不久，且印度在其中的影响力和号召力远非如其所期望的那样令人满意。换言之，以强大、平衡的军事和外交手段来主动塑造印度洋地区事态的能力，同样受到不同程度的挑战，这不仅限制了印度向印度洋毗邻地区辐射其影响力，而且有碍于其掌控印度洋局势。在整个印度洋地区，从战略态势上看，印度依然处于一种战略守势，其在加强自身海上力量建设的同时，仍有赖于区域性海上合作，其中特别是与美国的合作。①

① Berlin, “India in the Indian Ocean”, p. 83.

第三节　印度洋上的主要力量架构与印度海洋观念的嬗变

21 世纪，具有世界性影响的主要战略、经济和政治事态渐次集中于印太地区。在这样的大背景下，尽管比太平洋和大西洋要小，但印度洋的地缘战略和地缘经济地位仍使得它具有独特的重要意义，其安全形势也日渐清晰地展现出三个层面并存的特征。第一是全球政治体系层面的权势较量，具体表现为印度洋区域外大国美国、欧盟、中国、日本等力量在该地区通过多种方式竞相施展影响力并努力保障自身的利益存在和力量存在。第二是地区层面，表现为印度洋区域内国家在安全事务上的角力，其中包括印度与巴基斯坦之间、部分阿拉伯国家之间以及部分东非国家之间存在的争端。这些争端往往带有比较敏感的军事意涵。第三是功能层面，表现为非传统安全领域，如海盗的武装劫掠行为、恐怖主义袭击、武器与毒品走私以及海洋生态的恶化等等。[1] 其中，对印度来说，影响其海洋战略未来走势的诸因素中，印度洋上主要力量架构和次区域安全态势的发展变化，可谓最根本也最具挑战性。

一、 催生印度洋战略态势发展变化的主要力量

就国际政治而言，冷战的结束实际上是伴随着大国在印度洋上对伊拉克军事行动的展开而拉开序幕的。1990 年 8 月 2 日，伊拉克

① Thean Potgieter, "Maritime security in the Indian Ocean: strategic setting and features," *Institute for Security Studies*, Research Paper, No. 236, August 2012, pp. 2 - 3.

入侵科威特。为了阻止这一侵略，联合国安理会授权美国及其盟国将一支庞大的舰队部署到了海湾地区，以帮助科威特恢复国家独立和主权。在“沙漠风暴”行动开始之际，印度洋地区已经部署了17个国家的超过175艘战舰。随着海湾战争的结束，大部分国家的战舰被撤出，而美国的海上力量则一如既往地留在了印度洋。之后，随着国际格局的演进，主要大国和地区力量对印度洋的战略关注日益上升，成为催生印度洋战略态势发展变化的主要动能。显然，在印度洋地区，具有重要战略影响力和巨大利益关切的大国，除了印度外，主要就是美国、欧盟、中国和日本。它们的印度洋政策及力量部署，将在很大程度上决定未来印度洋的海洋秩序，以及相互间的关系。

（一）域外大国的印度洋战略

毫无疑问，美国的印度洋战略从属于其全球战略。就美国来说，尽管其不是印度洋国家，尽管其对中东地区石油的依赖仅占其石油进口总量的二成，但这并不意味着印度洋地区无关紧要。美国在印度洋地区的战略目标就是在确保西方盟国（包括日本）能源安全的同时，保证大中东特别是波斯湾和肥沃新月地带这一关键性战略区域始终控制在美国的手中。可见，美国的印度洋战略，除了能源安全关切外，很重要的一点就是如何有效地掌控大中东事态的发展。所以，无论是阿富汗战争还是伊拉克战争，抑或伊朗核危机，都直接影响着美国在印度洋地区的整体战略态势。美国前副国防部长道格拉斯·费思曾指出：“印度洋对美国有重要战略价值，故其在这一地区的海外军事基地数量仅次于欧洲和亚太，美军将全面控制印度洋具有战略意义的航道、海峡和海域。”[①]

无疑，美国对中东地区的高强度控制和在印度洋上强大的军事

---

① 转引自刘中民：“印度洋与南亚、西亚沿海的海洋战略角逐”（下），《海洋世界》，2008年第12期，第75页。

存在，为美国主导印度洋地区事务奠定了很好的基础。在冷战期间，美国一度取得了印度洋霸权。但随着印度和中国实力的快速上升，以及印度洋重要性的持续提升，美国的印度洋战略必然要发生重大改变，即从以前的控制战略转型为灵活的结盟优先战略（coalition builder supreme）。所谓的结盟优先战略，就是美国在保持自身作为印度洋地区最为强大的海上力量的同时，同所有希望合作的国家共同应对威胁和挑战、管理印度洋事务。[①] 这样既可以有效减轻美国的负担、化解地区冲突，也可以多方面遏止挑战美国领导权的地区国家。

但是，结盟优先战略并不意味着美国在印度洋上的力量收缩。在一份名为《2025 年海军陆战队前景和战略》（Marine Corps Vision and Strategy 2025）的文件中，美军认为印度洋及其毗邻水域将成为本世纪全球冲突和竞争的中心。美国海军暗示，他们一直在印度洋和西太平洋，而不是大西洋寻求进一步的前沿存在。[②]

从严格的地理层面上讲，日本与印度洋相距遥远。日本本岛靠近欧亚大陆的东面，但从人口分布上看，又是背向亚洲发展的。其本州岛尽管距离朝鲜半岛不到 100 英里，但大都市却集中于东海岸面朝北美大陆的少数微型平原上（这里地形更适宜居住）。日本上述独特的地理和人口构造，使东京面临不同的道路选择。毫无疑问，日本作为东亚和太平洋国家，印度洋在东京的战略思维中并不处于主要位置，但情况正在发生变化。地处远东的日本虽然传统上甚少关注遥远的印度洋事务，如今却公开宣示了其在这一区域的利益存在。这方面，除了能源安全和商业航道安全考量之外，其一大战略考量还在于遏制中国因海权上升而不断扩大的战略影响。

---

① U. S. Department of Defense, "*A Cooperative Strategy for 21st Century Seapower*," October 2007, http: //www. navy. mil/maritime/MaritimeStrategy. pdf; Kaplan, "Center Stage for the Twenty-first Century", p. 28.

② Kaplan, "Center Stage for the Twenty-first Century", p. 25.

众所周知，作为岛国的日本十分依赖于中东的石油供应，以及连接着日本和它最重要的海外市场——欧洲——的印度洋。可以说，印度洋航道上的任何重大事态，都将直接损害日本的经济利益。所以，采取切实措施保卫广阔印度洋上的航道及其船只安全，开始成为东京防卫战略的一大议题，并反映在以下四个方面：第一，“9·11”恐怖袭击后的三周内，日本政府迅速通过了一项《反恐特别措施法》（Anti-Terrorism Special Measure Law，ATSML）。依据该法，日本海上自卫队突破了最初仅为美国和英国船只进行加油的限制，转而向其他八个联军伙伴提供了此类服务。第二，2001 年开启的全球反恐战争给海上安全增添了一个新的维度，即包括用于制造核武器的裂变材料在内的大规模杀伤性武器技术经由公海及其上空发生的扩散。为此，日本作为创始国加入了防扩散安全倡议（Proliferation Security Initiative），日本海岸警卫队和海上自卫队得以参加防扩散安全倡议的各类活动。第三，作为维持海上秩序的努力的一部分，日本积极参加了海上灾难救援活动。最后，基于对中国海军现代化迅速推进的共同关切，日本加强了与印度间的战略合作与交流。

其中，南海问题成为了日本遏制中国的主要战略抓手之一。首先，日本认为，南海航线对其经济发展和国家安全来说十分重要，甚至形容为“生死攸关”；① 其次，日本认为，南海问题与中日东海争端的关联度很大，南海问题的最终解决可以给东海问题提供一个样本。② 因此，日本一方面努力向东盟展示其海上能力及“和平意图”，另一方面挑拨和扶植个别东盟国家对抗中国，并谋求把南海问题纳入到多边制度框架之中，以便使该问题国际化和长期化。③

---

① Euan Graham, *Japan's Sea Lane Security 1940 - 2004: A Matter of Life and Death?* (London: Routledge, 2006).

② Ken Jimbo, "Japan, and ASEAN's maritime security infrastructure", *East Asia Forum*, June 2, 2013,

③ Dario Agnote, "Japan seeks expanded ASEAN maritime security forum", *Kyodo News*, October 25, 2011.

总之，有三大持久因素直接影响着日本的印度洋战略：第一，防御的目的可能诱使日本关注印度洋，特别是关注印度洋上重要的地缘战略通道，如马六甲海峡、巽他海峡、龙目海峡。为此，关于日本自卫队必须尽可能地远离日本海岸去保卫那些重要航道的主张，在日本已经引起了广泛的共鸣。第二，"印太"概念的生成正使得印度洋和太平洋成长为一个无缝连接的战略区，这将直接影响日本对于印度洋的地理空间的认知逻辑。第三，日本周边安全环境的舒缓。换言之，一旦日本周边安全环境恶化，日本在远离本土的印度洋地区花费大量政治和军事资源的意愿将急剧下降。

印度洋历来是部分欧洲国家的重要战略利益区和关键性战略通道。冷战结束前后，这些战略利益的具体内涵以及欧洲捍卫这些利益的观念与手段发生了重大变化。冷战时期，印度洋对欧洲国家（这里指西方阵营内的国家）安全的重要性集中在地缘政治与安全层面上，集中在确保途经印度洋的战略通道以及位于印度洋的某些战略支点（如苏伊士运河、亚丁湾、霍尔木兹海峡、马六甲海峡、迪戈加西亚岛等）的掌握方面。冷战后，上述某些传统的安全关切逐渐地失去了相应的国际格局的依托，而某些非传统安全因素却在一系列相互纠缠的复杂条件的作用下凸显出来。它们构成了当前欧盟与其成员国在印度洋地区的重要安全关切。①

首先，印度洋有多条对欧盟来说非常重要的国际航道，尤其是其北部的霍尔木兹海峡、亚丁湾，南部靠近好望角等海区的国际航线，它们承载着欧盟外贸与能源运输的很大一部分。在2008年欧盟阶段性地评估其安全战略实施情况的文件中，能源安全及其运输已经被明确列为欧盟的优先安全利益。第二，印度洋海域的武装劫掠行为正在与恐怖主义建立某种联系。根据相关调查研究，在地理位

---

① Marianne Riddervold, "Finally flexing its muscles? Atalanta-The European Union's naval military operation against piracy," *European Security*, Volume 20, Issue 3, 2011, p. 388.

置接近的条件下，非洲之角的海上劫掠团伙正在与也门等国的阿拉伯半岛“基地”组织分支建立联系。第三，印度洋地区的海上劫掠行为宛如一颗非法行为的种子，正在滋生或鼓励其他类型的海上非法行为。因为当正常合法的海上行为从相关海域逐渐萎缩甚至消失之后，非法行为就会前来填补这个真空。海上劫掠的大量非法所得鼓励了武器、毒品以及人口走私等非法行为的进一步猖獗，并为这些行为提供了经济基础。由于地理上的接近，这些非法行为通过红海和其他途经北非的路线到达地中海后，就将对欧洲的非传统安全领域构成现实威胁。

针对上述威胁着欧洲安全的诸因素，欧盟于 2008 年 12 月发起了“阿塔兰特”行动。[①] 该行动的基本目标为：在联合国授权以及国际法许可的范围内采取积极进取的海上安全措施，通过军事与民事多种途径的综合运用，确保印度洋相关海区和航线的安全，并最大限度地降低海上不安全因素对沿岸国家经济活动和社会秩序的影响。[②] “阿塔兰特”行动的具体任务有四个：第一，为世界粮食计划署（WFP）向索马里国内难民运送食品等物资援助的船只提供保护，同时，为非洲联盟（AU）在索马里实施安全行动的海上运输提供保护。第二，对于在索马里周边海域出现的海盗和武装劫掠行为展开预防、震慑以及压制等行动。第三，保护在索马里周边海域航行的民用船只的安全。第四，为索马里沿海渔民的正常生产作业提供监护。2009 年 11 月 10 日，欧盟与塞舌尔签订协议，使其军队和地方人员在“阿塔兰特”行动中拥有了特权和豁免权。

在欧盟海上力量的护卫下，向欧盟提出保护申请的世界粮食计

---

① 宋德星、孔刚：“欧盟的印度洋安全战略与实践——以‘阿塔兰特’行动为例”，《南亚研究》2013 年第 3 期，第 1—15 页。

② The Council of the European Union, *Council Joint Action 2008/851/CFSP on a European Union Military Operation to Contribute to the Deterrence, Prevention and Repression of Acts of Piracy and Armed Robbery off the Somali Coast*, Brussels, November 2008. http://eur-lex.europa.eu/LexUriServ/LexUriServ.do?uri=OJ:L:2008:301:0033:0037:EN:PDF.

划署的船只，在向索马里运送粮食等物资援助的过程中，实现了安全航行。与此同时，欧盟海上力量根据与非洲联盟达成的协议，为非盟在索马里展开的安全行动提供海上交通护卫，有效地填补了非盟相关安全手段的空白，为非盟的行动提供了有力支持。此外，欧盟在亚丁湾等地开辟的“海上安全走廊”已经为数千艘途经该繁忙水域的民用船舶提供了安全保护。[①] 在欧盟与北约、美国、俄罗斯、中国等的相互合作下，相关海域武装劫掠的发案率已经得到了有效遏制。

除去美国、日本、欧盟等域外力量，中国作为在印度洋地区有着重要利益存在的国家，其印度洋战略也为国际社会所关注。毋庸置疑，由于中国在印度洋地区有着巨大的利益存在和利益关切，经略印度洋也就成为当今中国一项十分重要的战略举措。中国的“一带一路”倡议，以及在印度洋地区展开的一系列行动，既基于国家利益的考量，也基于互利共赢的义利观。同时，中国走向印度洋也给了美印以抹黑中国的口实。结果，中国在巴基斯坦援建的瓜达尔港，在缅甸修建的港口和公路，在斯里兰卡帮助修建的港口，等等，尽管是基于双边协议，但印度却囿于其传统的“印度主义”战略思维，纯粹从安全战略视角来曲解中国与其他国家间正常的经济合作关系。无疑，一些国家对中国的印度洋战略意图的曲解和战略猜忌，给中国在该地区维护正当合法的国家权益造成了相当大的困难。

与话语抹黑中国相比，更大的挑战则是印美两国妄图独控或联合掌控印度洋的政策主张。在印度洋地区，尽管印美各自强调要发挥主导作用，但两国在印度洋地区鲜有博弈，相反双边关系不断升温，且不同程度地包含着针对中国的色彩。可见，一旦印美形成海洋合作体制，将对中国经略印度洋造成严重的影响。正是在这样的

① Lutz Feldt, “Maritime Security: Operation Atalanta - Europe’s Contribution,” *Strategic Series*, No. 185, ISPSW, April 2012, p. 6. http://www.ispsw.de.

大背景下，中国践行着一种有别于印美的海洋秩序观和海洋战略观，即高举“和谐海洋”和“21世纪海上丝绸之路”的大旗，通过建立利益共同体和命运共同体，为经略印度洋夯实基础。

在推进21世纪海上丝绸之路建设过程中，中国高度重视对印关系。不可否认，作为自然选择的结果，印度因其地理位置必然会在印度洋地区扮演重要角色。换句话说，中国在经略印度洋时，发展对印关系就显得十分重要。对此，中国外交部国际经济司一名官员明确表示：从历史角度看，印度位于海上丝绸之路和陆上丝绸之路的交汇点。早在2000多年前，印度通过南方丝绸之路已经与古代中国进行过非常好的交流。“因此在中国，我们有着这样的观点：中国和印度都得益于两条丝绸之路。基于这个原因，中国政府必然认为，要想打造一带一路，印度自然是我们的重要合作伙伴之一。”① 实际上，中印两国作为金砖国家集团的成员，有着深化合作的良好基础。而一旦中印构建起互利合作局面，将有力地遏制美国的印度洋霸权图谋。②

当前，就中国的印度洋利益拓展与维护而言，最大的问题在于所需的手段和资源尚不完全具备，且现有手段的综合运用与内在平衡问题远未解决。为此，中国应努力通过和平或基本和平的手段、更加合理的成本来维护自身在印度洋地区的合法权益，积极参与印度洋海洋秩序建设，保持在该地区有限的力量存在，同时致力于同美印以及其他国家间的互利合作，发展广泛的共同利益。

首先，在体系层次上，目前印度洋地区新的秩序正处于建构之中，而中美印作为印度洋上最为重要的“利益攸关方”，它们的互动

① 中华人民共和国国务院新闻办公室：“外媒：中国力推‘新丝绸之路’，望印度发挥作用。”http：//www. scio. gov. cn/ztk/wh/slxy/31214/Document/1377843/1377843. htm.

② 在《季风：印度洋与美国权力的未来》一书中，美国战略学者罗伯特·卡普兰就表达了一种担忧，认为中印两个大国在追求大国地位的过程中，将不可避免地把战略重心从大陆转向海洋，进而势必对美国的海洋霸权和利益产生不利影响。见 Kaplan, *Monsoon*, p. 10.

将在很大程度上决定着印度洋地区的稳定与繁荣。为此，中国主要从国际体系层次出发，来思考美印等大国的印度洋战略谋划、力量部署及其与中国之间的互动问题，因为这将在很大程度上决定未来印度洋的海洋秩序。其次，在区域层次上，如前所述，印度洋北部从亚丁湾到马六甲海峡这一广阔的弧形地带包括了许多现实和潜在的冲突。作为负责任的发展中大国，中国需要一项全面的兼顾陆上和海上事态发展变化的战略，以应对各种危机事态和挑战，表明自己的利益存在和责任担当。再次，在国别层次上，中国需要针对印度洋地区不同类型、不同区域的国家，建立和发展不同层次的国家关系，其中尤其需要着力对那些关键国家外交施为，增信释疑。最后，在议题层次上，印度洋地区的传统安全威胁和非传统安全威胁种类众多，这无疑对中国国家利益的拓展构成了严重的威胁。为此，中国政府迫切需要就海上运输通道安全问题、非传统安全威胁问题开展预研，以便灵活施策，有效应对。

在经略印度洋的过程中，除了上述层次应对外，还需把握好以下五个环节：一是搞好顶层战略设计；二是强化法律保障；三是加强力量手段建设；四是提升危机管理能力；五是推进国际合作。特别是要通过推动“21 世纪海上丝绸之路”建设，通过建立利益共同体和命运共同体，共同维护印度洋地区秩序。当然，海洋秩序并不是一个静态的概念，而是一个发展的观念，它不仅体现在各主要海上强国力量分布的变化与关系互动上，还体现在海洋资源的开发利用和海上贸易的发展上。故而在今天，现代海洋利益的争夺，已经从历史上通过海洋争夺陆地转变为争夺海洋本身，人类开始进入大规模开发利用海洋的新阶段。无疑，随着海洋意识的不断强化和海洋开发的进一步深入，海洋秩序还会根据有关各方的利益和要求做出更加合理的调整。[①] 所以，中国政府反复强调指出，中国在维护和拓展包括印度洋区域在内的合法的海洋权益时，并不排斥其他国家合理地追求自己的国家海洋利益。反之亦然。

（二）环印度洋主要力量的印度洋政策

环印度洋地区，尽管国家众多，但对于印度而言，能够直接影响其印度洋战略的地区力量，主要是澳大利亚和巴基斯坦。

作为南太平洋的岛国，澳大利亚西邻印度洋，东接太平洋。这样的地理位置尽管使得澳大利亚在东亚、亚太概念中地位相对尴尬，但在“印太”概念中却居于枢纽的位置。实际上，澳大利亚三分之一的海上专属经济区在印度洋，其煤炭、铁矿石、液化天然气等资源的外运相当大一部分需要经由印度洋。因此，确保印度洋海上安全对澳大利亚意义重大。

由于印度洋的安全，特别是它的海上航线安全对于澳大利亚有着十分重要的战略价值，印度洋在澳大利亚的防务和国家安全规划以及海洋战略中的重要性不断提升。澳大利亚在2013年《国防白皮书》中多次强调印度洋日益重要的战略价值，并提出要加强与美国在印度洋地区事务的合作。[②] 故对于澳大利亚而言，其防务范畴已深入印度洋，即印度的后院。

巴基斯坦虽然算不上是印度洋地区海上大国，但对于印度的战略影响丝毫不亚于其他力量。在印度人眼中，就国际政治而言，尽管印度和巴基斯坦有着根本性差异，即印度立志要成为全球性力量，认为巴基斯坦是一个远弱于自己的国家。但不论新德里的想法如何，包括美国在内的其他力量总是将印度和巴基斯坦相提并论。在可以预见的未来，巴基斯坦与印巴安全关系将始终是印度外交政策的中

---

① 宋德星、程芬：“世界领导者和海洋秩序——基于长周期理论的分析”，《世界经济与政治论坛》2007年第5期，第104页。

② Australian Department of Defence, Defence white Paper, May 2013. http://www.defence.gov.au/WhitePaper2013/.

心所在。实际上，印巴三个方面的相互作用将直接影响印度的海洋观与行为。首先是印度海军在未来印巴冲突或危机中的角色定位问题；其次是巴基斯坦采取的旨在抵消印度海上力量增长的举措；再者是巴基斯坦与其他大国的海上合作关系。

二、印度洋主要次区域的安全态势

从印度洋地缘政治版图上看，印度半岛将印度洋北部分为东侧的孟加拉湾和西侧的阿拉伯海两个部分。印度则是马六甲海峡和霍尔木兹海峡之间的支点。这一地理位置决定了印度的利益和关切横贯整个印度洋，散布在多个次区域内。也就是说，对印度而言，印度洋具有特殊的战略、经济和生态意义。可以说，印度的命运与印度洋主要战略区域的繁荣稳定息息相关。

（一）孟加拉湾—马六甲海峡—南中国海区域

在印度国土的东部，是孟加拉湾。毫无疑问，在该地区，就整体规模而言，印度可谓是一家独大。尽管如此，位于中南半岛西部的缅甸，由于地处南亚、中国和东南亚的结合部，占据着东亚大陆通往印度洋的重要地理空间，其作为孟加拉湾的沿岸国家，属于典型的海权与陆权竞相争夺的重要支轴国家。实际上，在发展与缅甸关系时，印度始终没敢忽视中国和美国的影响。而以马六甲海峡为分界线的东南亚地区，冷战后区域一体化的势头明显加快。如今，东盟这一区域组织不仅有了强劲的内在发展动力，而且获得了主要大国的外在支持。该组织以东盟地区论坛为平台，积极牵引地区安全合作议题，确保自身利益和关切不受侵害。而贯穿于东南亚和中国之间的南海地区，作为连接太平洋和印度洋的重要水域，由于岛屿争端的浮现，使得该地区形势处于持续紧张但又不失有序管控的状态之中。可以说，日渐显现的美国、中国、印度和东盟之间的战略博弈，自然地使得上述三片海区——孟加拉湾、马六甲海峡、南中国海——成为了角力的舞台且自成一体。其中，印度尤其关注中国的海军活动，他们相信罗伯特·卡普兰的告诫：中国推行的是一种“横向扩张”的“两洋战略”，即在太平洋和印度洋同时扩展影响力。[①]

出于经济利益和长远威胁评估的考量，印度政府于1992年确立了“东向”政策。初期，该政策主要是出于经济考量，认为若将南亚与东南亚经济连成一体，将有利于区域繁荣、稳定与和平。同时，印度战略家们心知肚明：经济一体化有着深远的安全战略意义。如今，尽管经济因素仍是“东向”战略的支柱之一，但其多维影响已经展露无遗。通过与东盟举办峰会，与新加坡、澳大利亚、日本、美国等国举行双边或多边海军演习，印度的“东向”政策不仅势头不减，而且也见证了印度在发展与周边地区的关系时，海上力量所扮演的外交角色。

在“东向”过程中，印度高度重视向马六甲海峡地区拓展影响。这除了历史和文化上的联系外，还基于现实国家利益的考量。也就是说，确保海上航线安全、加强经济一体化以及遏制中国影响力，成为了印度在这一海区的战略利益的有机组成部分。在此过程中，加强与越南等友好国家的关系，将权势投射到南中国海，自然成为了印度“东向”政策的题中之义。其中，特别是针对所谓的中国的印度洋“珍珠链战略”，印度借南海政策反向牵制的意涵十分明显。[②]

（二）波斯湾—红海—索马里海域区域

由于巨大的石油储量，世界各国都对印度洋产生了强烈的兴趣。因为石油不仅仅是“工业的血液”，而且具有非同寻常的战略意义。其中，波斯湾及其周边国家因为拥有大量的油气资源而备受关注。

---

① 卡普兰著：《季风》，第10页。

② Khurana, “China-India Maritime Rivalry”, p. 89.

显然，对于这一重要的战略地区，世界主要力量无不尽一切可能施加自己的影响。其中，对于世界领导者美国来说，控制该战略区域成为其头等任务之一。通过与海湾合作委员会成员国加强合作，特别是借助沙特阿拉伯这一盟友的支持，美国得以有效地打击或遏阻反美势力——萨达姆·侯赛因的伊拉克和什叶派政权伊朗，从而稳固地确立了自己在这一区域的霸权领导地位。

对于印度来说，尽管波斯湾地区对其经济发展和能源安全至关重要，但在红海和阿拉伯海，只要美国还在履行保障海上安全的任务，印度海军和海岸警卫队就将一如既往地采取“搭车”战略，即将任何同海上安全相关的政治问题抛给美国，借此一面打造自己的远航能力，一面将维持印度西部弧形战略地带良好秩序的任务托付给以美国为首的安全力量。

当然，印度在这一海区并非无所作为。实际上，在波斯湾地区，印度与伊朗保持了较为密切的合作关系。首先，伊朗能够满足印度的能源需求，为此双方在能源领域进行了广泛的合作。[①] 其次，印度与伊朗在安全领域的合作也不断推进。双方除了举行海上联合演习外，还就印度向伊朗提供军事技术援助、帮助伊朗整修恰巴哈尔港（Chahbahar）达成协议。需要指出的是，该港与中国援建的巴基斯坦瓜达尔港相距不到100千米。[②] 再次，发展与伊朗的关系，其地缘政治效应尤为明显，即通过拉拢伊朗和阿富汗，可有效地钳制宿敌巴基斯坦。

与波斯湾地区鲜明的传统安全色彩不同的是，非洲之角因为非

---

① 这方面甚至一度包括印度准备同伊朗修建一条从伊朗途径巴基斯坦最终抵达印度的长达2700公里的输油管道。Khalid Mustafa, “Iran-Pakistan-India Gas Pipeline: Pakistan to Get $80 Million in Transit Fee”, *Daily Times* (Pakistan), November 17, 2004, available at www. dailytimes. com.

② 参见C. Christine Fair, Jalil Roshandel, Sunil Dasgupta, and P. R. Kumaraswamy, *The Strategic Partnership between India and Iran* (Wahington, D. C.: Woodrow Wilson International Center, 2004); Kaplan, “Center Stage for the Twenty-first Century”, pp. 20 - 21. 印度同伊朗并不是没有矛盾，双方在伊朗核问题等领域存在分歧，参见M. K. Bhadrakumar, “South Asia in a Spot over Iran”, *Asia Times*, November 15, 2004.

传统安全威胁而格外引人瞩目。该地区的非法行为，多与周边国家尤其是索马里的国内形势密切相关。可以说，索马里国内局势的动荡使得正常经济活动难以开展，大量沿海居民不得不寻找非法的营生活动。而海盗行为带来的可观利润通过各种途径被索马里国内的某些政治势力（如与政府和非盟对抗的“索马里青年党”）所攫取，这进一步加剧了该国中央政府施政的难度，从而使索马里安全局势呈现出恶性循环的特点。实际上，自 2005 年起，索马里海盗就吸引了全世界的注意。在过去的几年里，索马里海盗往来于索马里北部、东部和南部海域，其针对过往船只进行的袭击活动持续增多，攻击范围亦有所扩大，甚至已经蔓延至远离索马里的坦桑尼亚、塞舌尔和马达加斯加周边海域，甚至靠近莫桑比克海峡。此外，以索马里海盗为典型代表的印度洋海上劫掠行为带来的一个潜在风险就是次生的生态灾难的发生。由于非法团伙掌握的武器威力越来越大，其针对油轮、运输化学品或放射性物质的船只的破坏性也不断增大，在激烈的劫掠或营救行动中，很难完全排除各种泄露情况的发生，由此可能造成严重的环境污染。

为维护该地区良好的海上秩序，美国发起并领导了索马里海域护航行动，结果主要大国海上力量依据联合国安理会的有关决议，在印度洋广阔海域进行巡航。对此，尽管一度迟疑，但印度最终还是加强了国际合作打击海盗的力度，同时也表露出了自己的战略担忧，即担忧域外力量借此染指印度洋，进而引发所谓的大国角逐印度洋的不利局面。

（三）西南印度洋区域

西南印度洋地区包括肯尼亚、坦桑尼亚、莫桑比克和南非等沿海国家和马达加斯加、毛里求斯、科摩罗、塞舌尔等岛国，以及包括法属留尼旺岛在内的六个分散的岛屿。其中，西南印度洋的岛国在地质构造、自然禀赋、经济状况、风土文化以及自然灾害等方面都有着高度的相似之处。除了法属领土外，受岛国性质和资源短缺等因素影响，可持续发展问题是该地区发展中岛国所面临的主要挑战，这促使它们积极加入到国际和地区组织中，比如印度洋委员会、小岛屿国家联盟、南部非洲发展共同体以及东部非洲和南部非洲共同市场等。这些组织为该地区的岛国和沿海国家提供了一个平台来表达它们的集体诉求，并就地区重要问题采取一致行动。

如前所述，非洲之角周边地区由于海盗缘故而增加的海上不安全感已经蔓延到了莫桑比克海峡，这使得周边国家诸如肯尼亚、坦桑尼亚、莫桑比克、马达加斯加、塞舌尔以及毛里求斯等都产生了很大的忧虑，因为海上贸易对于这些国家来说极为重要。西南印度洋地区国家除了缺乏应对日益增长的海盗和其他非法活动的能力外，沿海国和岛国的最大忧虑还在于它们没有足够的能力和人力去保卫其广阔的专属经济区。所有这些促使沿海诸国和岛国与地区大国和域外大国加强安全关系，以获得这些大国的安全和资金支持。

正因为如此，印度洋非洲地区开始受到传统大国和新兴大国越来越多的关注。这方面较为明显的是美国，它新建了非洲司令部，并已采取一系列举措与非洲国家展开合作。在此过程中，西南印度洋地区格外受到重视。其他大国或力量诸如欧盟、印度和南非也表现出介入该地区安全事务的态势。中国也加大了对该地区国家的投入，覆盖了包括安全在内的很多方面。而西南印度洋地区沿海国中的大部分国家已经表现出一种态势：只要能够带来经济利益，在安全事务上它们可以接受多重战略影响。例如，西南印度洋地区的毛里求斯和塞舌尔这类国家，就可以为部署在该地区的外国海军舰船和潜艇提供非常有利的加油设施和后勤补给。

域外大国和地区大国在西南印度洋沿海诸国周边不断增长的安全利益反映了主要大国对该地区长远的战略关注。美国和欧盟以加强该地区的海上安全为抓手，已参与到该地区事务之中。南非与这些沿海国家深化双边关系的动机可以归为它想在南部非洲地区维持其领导地位。中国在非洲有着重要的经济利益，西南印度洋沿海的海上设施可为非洲大陆和中国之间逐年递增的海上贸易提供有效的支撑。将来，中国在印度洋执行任务的舰船可以在较为友好的西南印度洋沿岸诸国经常使用其港口设施，比如塞舌尔。总之，域外大国和地区大国的竞争已经反映在了有关国家和西南印度洋沿海诸国之间被精心设计的安全关系上。

对于这些新的安全战略态势，印度心情复杂。特别是印度与南部非洲和拉丁美洲国家的经贸联系，越来越多地依赖于西南印度洋地区的海上贸易通道。因此，提升与西南印度洋沿海国家的友好关系成为了印度的当务之急。实际上，印度一直以来都与该地区保持着强有力的关系，它与西南印度洋地区的莫桑比克、毛里求斯和塞舌尔有着正式的国防与安全合作机制，相互间海上安全领域的合作努力包括协助建设海岸警卫队、人员培训、专属经济区的监视巡逻、为偏远地区岛屿提供后勤保障、反海盗巡逻以及海洋调查船的水文科学调查等。印度担心，域外大国和地区大国可能会通过向西南印度洋沿海诸国提供更多的战略选择，从而削弱印度的影响力。

实际上，在印度的世界观中，非洲海岸是印度洋海域毋庸置疑的组成部分，它构成了印度洋地区的西界。恶劣的生活条件，加之外汇储备匮乏、治理能力低下、民主管理缺失、人口增长率过高、贫富差距不断扩大，这些问题构成了印度洋沿岸地区持续动荡的温床。波斯湾、西亚和非洲地区的不稳定也随之扩散到了海上。故此，印度海军开始在印度洋西岸遂行非作战任务。例如，2008 年夏，印度军舰驶入西印度洋、红海以及地中海，先后经停埃及、叙利亚、肯尼亚、尼日利亚、马达加斯加以及塞舌尔等国，行动时间长达 2 个月。此次海军外交巡航的主要目的在于向世界宣示，尽管这些地区之前并未得到印度的充分重视，但如今新德里已经注意到了自身在这一区域不断增长的经济和安全战略利益。

三、 当代印度海洋安全观念的嬗变

某种意义上讲，印度国内有人将印度洋看作自己的海洋的这种观点一直存在。这方面，除了潘尼迦这样的海洋派外，凯沙夫·维迪亚（Keshav Vaidya）也在《论印度的海军防卫》（The Naval Defence of India）一书中提出了其宏大的海洋期望，主张印度即使无法控制所有的世界五大洋，但至少要主导印度洋。他强调："印度洋必须成为印度湖。也就是说，印度必须毫无争议地成为印度洋海域的首强力量。"据此，他认为，至少在印度洋上，印度海军的实力必须是无敌的，不仅能够保护其海岸，还能保护远洋前沿。"印度要控制的不仅仅是其近海地区，还必须延伸至远洋，远离其自身海岸……我们的海洋前哨必须在各个方向上得到足够的拓展"，"这些远洋边界最远向东要延伸至苏门答腊海峡和马六甲海峡，并包括这一范围内所有的陆地；在西面，印度的前沿要拓展至好望角、马达加斯加、毛里求斯、索科特拉岛、亚丁湾和波斯湾；在南面，是印度洋的广阔区域，印度必须依靠移动基地和堡垒（例如军舰和航母），以确保对这一海域进行持续的巡视。"① 一句话，印度需要有一支强大的蓝水海军。

尼赫鲁也曾经强调，印度因为其地理位置，巨大的潜力，在事关中东、印度洋、东南亚防卫问题上的枢纽地位这一事实，决定了它的主导地位。② 并认为"在整个印度洋地区发生的任何事情，都和印度有关，这是无法改变的事实。"③ 副总理萨达尔·帕特尔（Sar-

---

① K. Vaidya, *The Naval Defence of India* (Bombay: Thacker, 1949), pp. 91, 101, 9, 29. 转引自 David Scott, "India's 'Grand Strategy' for the Indian Ocean: Mahanian Visions," pp. 100 – 101.

② J. Nehru, "India and the Membership of the Security Council," 30 October 1946, *Selected Works of Jawaharlal Nehru. Second Series. Vol. 1* (New Delhi: Jawaharlal Nehru Memorial Fund, 1984), ed. S. Gopal, p. 464.

③ Nehru, "Nationalisation and Private Enterprise," 28 March 1948, *Selected Works of Jawaharlal Nehru. Second Series. Vol. 5* (New Delhi: Jawaharlal Nehru Memorial Fund, 1987), p. 394.

dar Patel）也发表了同样的言论："印度的地理位置和其自身特点，决定了它不可避免地要拥有一支强大的海军来保卫其海岸线，并在围绕我们的广大水域进行常态化巡航。"①

如今，印度的战略构想依托印度洋而生。对此，印度前总理瓦杰帕伊于2003年就曾公开宣称：印度的安全环境从波斯湾一直延伸到马六甲海峡，跨越整个印度洋，包括西北部的中亚和阿富汗、东北部的中国和东南亚。为此，印度的战略考量也应相应地扩展到这些地区。② 继任的国大党政府总理曼莫汉·辛格也重申："我们的战略脚步（strategic footprint）到达了非洲之角、西亚……东南亚甚至更远，直到印度洋的边缘。这一现实认识告知并活跃了我们的战略思考和防御计划。"③

上述政要的言论，充分暴露了印度渴望主宰印度洋的野心。印度达成这一目标的可能性有多大呢？在印度看来，只有两大力量可以阻止印度实现这一目标：美国海军力量的优势地位和中国崛起的海上力量。但由于美国更多的关注于太平洋，关注于美中海军竞争关系，结果使得美国与印度的安全联系空前地加强了。作为"天然盟友"，美国承诺帮助印度成为21世纪的世界性大国，而其最直接的意义就是在印度洋方面美印加强了合作关系。④ 正是在美国的帮助下，印度海军开始加速前进。当然，印度对于美国在印度洋上的力量存在也抱有相当的警惕，其担忧主要有二：一是美军可能进一步

① S. Patel, 20 November 1948, cited Vaidya, *The Naval Defence of India*, frontpage. 转引自 David Scott, "India's 'Grand Strategy' for the Indian Ocean: Mahanian Visions," pp. 101 - 102.

② Atal Vajpayee, cited in Subash Kapila, 'India Defines her Strategic Frontiers', SAAG Paper 832 (4 Nov. 2003), www. saag. org/papers9/paper832. html; Subhash Kapila, "Indian Ocean: Strategic Imperatives for India to keep it Indian", *SAAG Paper 5242* (4 Oct. 2012). http://www. southasiaanalysis. org/node/10024

③ Manmohan Singh, 'PM's Address at the Combined Commander's Conference', 24 Oct. 2004. http://pmindia. nic. in/speech/content. asp? id374; David Scott, "Indian 'Footprints'" in the Indian Ocean: Power Projection for the 21st Century', *Indian Ocean Survey*, Vol. 2, No. 2, 2006, pp. 1 - 26.

④ U. S. Department of Defense, "*Indo-U. S. Framework for Maritime Security Cooperation*," http://www. defense. gov/news/Mar2006/d200600302indo-usframeworkformaritimesecuritycooperation. pdf.

谋求在西印度洋上的那些既小又脆弱的岛国的军事存在；二是由此引发的大国竞争将导致地区国家间的竞逐，甚至引发印度洋沿岸国家内部动荡。[①] 这显然有违印度的战略利益追求。

至于中国，在印度看来，它既是陆上强国，也是海上强国，且是巴基斯坦最强大的友好邻国，与印度争夺地区领导权的最主要的对手。由于不再受到俄罗斯的威胁，中国海军会重点关注中国的东部和南部海域，包括印度洋，这就使得中印之间将不可避免地处于一种战略竞争态势。这一假设尽管缺乏事实依据，但却为印度国内一些人所热衷，他们甚至认为：尽管美国在较长时间内仍将是印度洋上的主要力量，但在“印太”这一新的海洋战略框架内，只要假以时日，美国这一“天然盟友”会认可甚至帮助其获得印度洋上的主导性地位；[②] 而中国力量进入印度洋，只会强化中印间的战略竞争态势。这也是当前印度和西方关于印度洋大国竞逐的主题所在，其本质在于通过渲染“中国威胁论”，以淡化美印间的矛盾与分歧，从而确保它们各自利益的最大化。

可以预言，在印度洋已经成为举世瞩目的地缘政治和地缘经济焦点的情形下，地处印度洋中心位置的印度，必然会利用好这一机遇，在与其他力量竞逐的过程中，努力寻求与其世界大国地位相称的印度洋首屈一指的大国地位。

---

① Harrison and Subrahmanyam eds., *Superpower Rivalry in the Indian Ocean*, p. 247.

② D. Scott, “The ‘Indo-Pacific’ —New Regional Formulations and New Maritime Frameworks for US-India Strategic Convergence”, *Asia-Pacific Review*, 2012.

结语　印度海洋战略中的中国因素

21 世纪，尽管国际社会关于印度洋作为地缘战略核心区域之一的认识进一步被强化，但在世界大洋中，印度洋地区的区域内合作和战略整合却相对滞后。结果，一方面印度洋主要沿岸国不得不放眼印度洋之外，致力于发展区外贸易和区外关系；另一方面，地区外大国凭借实力优势，借助地区热点问题，相机卷入印度洋地区事务之中。自然地，大国博弈便成为了印度洋地区地缘政治的主轴。这方面，就主导性影响而言，印度和美国的作用不言而喻。如前所述，印度在印度洋地区采取战略进取态势，不仅是其海上力量增长的结果，更是印度崛起和更宏大的全球均势重组这两类几乎同时发生的事态的使然。需要指出的是，在印度的海洋战略中，中国因素始终存在，且多被视为负面和消极的因素。

纵观冷战后印度的对华政策，从中我们不难发现，尽管印度政府和领导人在不同的场合多次强调“中印两国互不构成威胁”，但由于边界问题、中印双重崛起、中印巴关系、中印美关系等因素的共同作用，印度仍不时流露出对华严重的不信任。印度 2014—2015 年度国防报告宣称：“印度仍然关注和警惕中国在印直接和延伸边界的逐步增长的军事存在，以及中国在边境地区大力发展的战略性基础设施。”[①] 正如一位中国学者所指出的那样：“印度虽承认中国对它‘没有迫在眉睫的军事威胁’，但仍视中国为‘潜在威胁’、‘印度21世纪最大的安全挑战’。”[②] 许多印度官员和学者依然认为“两国战略信条之间存在某种程度的不和谐”。[③] 其中，印度政府尤为警惕中国在印度洋和南亚地区影响力的上升——中国在巴基斯坦援建的瓜达尔港、帮助缅甸修建公路等有利于地区发展的互利共赢的正当经贸和发展援助计划，常常被印度曲解为中国旨在包围印度。[④] 其中，就印度的海洋战略而言，特别是其海洋安全战略考量中，中国因素一直挥之不去，并集中反映在关于中国的印度洋战略臆想即所谓的“珍珠链战略”之中。

应当指出，“珍珠链战略”这一称谓是美国人的首创。2004年，由美国国防工业承包商汉密尔顿公司（Booz-Allen-Hamilton）负责撰写的《亚洲能源的未来》（“Energy Futures in Asia”）这一报告，称中国正在印度洋采取一种“珍珠链”式的战略：从中东到南中国海的海上航道沿线，中国正致力于建立各种战略关系，以保护中国的能源利益，同时为广泛的安全目标服务。报告中，美方为这一“战略”搜集了许多“证据”，包括中国在南海的钻井平台、援建缅甸的港口、柬埔寨的铁路、泰国的运河及港口、孟加拉国的集装箱港口设施以及巴基斯坦的瓜达尔港建设等等，并对中国实施该“战略”的原因进行了分析，称中国“一直担心在波斯湾和中亚地区有着大

① Ministry of Defence, *Government of India*, *Annual Report*, *2014—2015*, p. 6. http://mod.nic.in/writereaddata/AR1415.pdf. 2015. 12. 30

② 梁洁筠：“印度的国家安全战略”，载张敏秋主编：《跨越喜马拉雅障碍：中国寻求了解印度》，重庆：重庆出版社，2006年版，第254页。

③ Jasjit Singh, “Future of Sino-Indian Relatons”, *Strategic Analysis*, Vol. 16, No. 2, March 1994, p. 1516.

④ Arun Prakash, “China's Maritime Challenge in the Indian Ocean”, *Maritime Studies*, Vol. 7, No. 1, 2011, pp. 1 - 16; Swaran Singh, “China's Forays into the Indian Ocean: Strategic Implications for India”, *Journal of the Indian Ocean Region*, Vol. 7, No. 2, 2011, pp. 235 - 248; Kaplan, “Center Stage for the Twenty- First Century”, p. 17.

量驻军的美国，会在台海局势紧张时切断霍尔木兹海峡或马六甲海峡的石油供应线。而中国超过一半的原油进口，要经过这一地区。”①报告于2005年初被美国媒体曝光，此后“珍珠链战略”这一称谓开始进入人们的视线。

在国际社会大肆炒作“珍珠链战略”的过程中，作为所谓“珍珠链战略”的重要相关方的印度自然不会置身事外。总体上，对于中国的印度洋战略，印度战略界保持了相当的战略警觉甚至是敌意，相信中国虽未明言但实质上在推行一项旨在“针对印度”的前出印度洋的海洋战略。概括起来，印度方面的主要观点有三派：

第一，中国的印度洋“珍珠链战略”是一项具有防卫性质的、旨在保障能源安全的战略。印度认为，随着经济的高速发展，中国对海外石油供应的依赖度日益上升，特别是对中东地区和非洲的油气资源的依赖明显。但受制于自身的地理位置——中国离世界上重要的海运航线距离遥远，且位于印度洋上的重要航线均被对华不甚友好的大国美国所控制，因而这些海上航线对于中国来说十分脆弱，其中特别是连接中国和中东以及非洲的海上交通要冲马六甲海峡。但对于这个可以称之为中国“海运咽喉”的重要战略支点，中国的海上力量却无法予以有效控制。相反，该海峡处于美国海军甚至是印度海军的控制之下。由此也就产生了所谓的“马六甲困局”（Malacca dilemma）。② 为了规避“马六甲困局”这样的窘境，中国不得不走得更远，依靠“珍珠链战略”直接进入印度洋。③

第二，中国的印度洋“珍珠链战略”是一项针对印度的、军事

① Juli MacDonald, Amy Donahue, and Bethany Danyluk, “Energy Futures in Asia”, Booz-Allen-Hamilton Report Sponsored by the US Department of Defence's Office of the Net Assessment, November 2004. 详见 David Walgreen, “China in the Indian Ocean Region: Lessons in PRC Grand Strategy”, *Comparative Strategy*, Vol. 25, No. 2, 2006, pp. 55 - 73.

② Bill Gertz, “China builds up strategic sea lanes”, *Washington Times*, 18 January 2005. http://www.washtimes.com/national/20050117 - 115550 - 1929r.htm.

③ Harsh V. Pant, “India in the Indian Ocean: Growing Mismatch between Ambitions and Capabilities”, *Pacific Affairs*, Vol. 82, No. 2, Summer 2009, p. 289.

色彩鲜明的攻势战略。印度反复强调，即便是在新世纪，为了“遏制”印度的崛起，中国仍延续着早先的对印包围战略。体现在印度洋上，就是中国正在推行一项军事意义浓厚的“珍珠链战略”，其“珍珠”主要是围绕印度的各国港口设施，除了巴基斯坦瓜达尔港、斯里兰卡的汉班托塔港、孟加拉国的吉大港等著名的“珍珠”外，还包括孟加拉国的大科科岛、汉依岛，巴基斯坦的伯斯尼港，马尔代夫的马朗等。[①] 印度前外交秘书、国家安全顾问委员会委员坎瓦尔·西巴尔在评论中国实施所谓的“珍珠链战略”的目的时说得更加直白，称“中国建设这些港口和中转站的行为，目的就是要制衡和破坏印度在这些地区的固有影响力”。[②] 对此，曾任印度海军参谋长的梅赫塔上将也强调：“军事上，我们针对中国的战略必须包括缩小（对华）军事差距和反击中国在印度洋地区日益增长的影响力。”[③]

第三，中国的印度洋“珍珠链战略”不仅仅是一个海军战略，也不完全只是一个地区战略，它展示了中国企图获得更大的权力、争取更加美好未来的勃勃雄心，因而是一项大战略。[④] 印度洋由于其独特的地理位置，是世界贸易和能源运输的枢纽，沿岸地区热点问题交织，大国在此战略博弈激烈。印度认为，作为崛起的大国，中国将势力植入印度洋不言自明。所以，从长远来看，中国的印度洋战略将在两大方面发挥重要作用：一是在经济上使之成为中国崛起的重要战略依托，二是其海上力量能够对印度洋关键海域实施有效的海洋控制，以确保中国国家利益的拓展与维护。正因为如此，中国的“珍珠链战略”是由港口、机场、外交纽带和军事现代化等要

---

① Gurpreet S. Khurana, “China's ‘String of Pearls’ in the Indian Ocean and its Security Implications,” *Strategic Analysis*, Vol. 32, No. 1, January 2008, pp. 1 – 39；刘庆：“‘珍珠链战略’：印度的认知与应对”，《南亚研究季刊》，2010 年第 2 期，第 22 页。

② Vikas Bajaji, “China's ‘string of pearls’ meant to encircle India?”, February 2010.

③ Sureesh Mehta, “India's National Security Challenges”, 10 Aug. 2009.

④ Swaran Singh, “China's Forays into the Indian Ocean: Strategic Implications for India”, pp. 235 – 248.

素构成的，是中国保障本国能源供应安全、获得海外军事基地、增强军事力量投放能力、扩大国际权势影响的一项“大战略”，因而将不可避免地导致中美印三国在印度洋地区力量对比的变化，而这就是新时期印度洋上大国权势竞逐的核心问题所在。

毫无疑问，在分析所谓的中国的印度洋“珍珠链战略”时，尽管也有一些较为理性的观点，如强调中国现实的能源安全关切，是一种加强外交关系的政治性和经济性的举措等，但总体上，认为该战略旨在获取海外军事基地、强调其军事属性的论述在印度占据了主流。显然，这种在“受害者心理”和“被包围感”驱动下的战略臆想，不仅无助于中印两国间的增信释疑，而且无助于两国间的互利合作。

上述印度关于中国的印度洋战略的臆想，隐含的逻辑在于其否定中国在印度洋的利益存在和力量存在，并把这种存在视为对印度利益的否定，是一种典型的冷战思维和零和博弈思想。显然，中国决不会因为印度单方面的指责而放弃自己在印度洋地区合法合理的利益追求。像其他大国一样，印度洋不仅在中华民族赖以自豪的海上远航历史中留下了浓墨重彩的一笔，而且直接关乎当今中国的发展、安全与崛起，关乎中国海洋强国地位的建设。

毫无疑问，印度洋的地缘战略价值，很大程度上有赖于其在能源安全方面的重要性。能源在过去的一百多年时间里，一直是变化中的大国地缘政治游戏中的关键因素，并在当今的世界地缘政治中继续居于主导地位。[①] 尤其是在经济全球化的今天，能源安全已经不能像通常理解的那样仅仅是指保护进口的能源，特别是石油和天然气的装载、运输和储存等防御性措施，能源安全概念实际上涵盖着更为广泛和复杂的问题。用一位研究者的话说，我们需要重新定义

① Rakesh Chopra, “Energy Security for the Asian Region 2020 and Beyond”, *Maritime India*, ed. by K. K. Nayyar, p. 112.

能源安全的内涵，即“保卫直接或间接受到与能源利用相关因素影响的国家利益，而这些可利用的能源影响着国家的发展进程，包括总体经济在长时期内的持续增长”。[①]

故从传统意义上的能源安全即能源的开采和运输安全而言，印度洋不仅是印度和西方国家的海上生命线，对中国来说它也有着同样重要的战略地位。首先，随着中国能源需求量的不断增长，从中东横跨印度洋途径马六甲海峡的海上航线，事实上已成为中国经济发展的主要动脉。中国进口的原油主要来自中东、非洲和亚太地区，其中大部分是经马六甲海峡运输的，每天通过马六甲海峡的船只近六成驶往中国，其中绝大部分是油轮。现有数字表明，中国对于原油的需求在 1995 年至 2005 年的十年间翻了一番，且在接下来的 15 年中，这个数字将再次翻一番；预计在 2020 年，中国每天将进口约 730 万桶原油——占沙特阿拉伯计划输出石油的一半。而输往中国的石油和石油制品中，有超过 85% 的货品要跨越印度洋并通过马六甲海峡。[②] 所以，中国的国家发展战略和经济安全同印度洋紧密地联系在了一起。

除去能源安全外，印度洋地区对于中国的意义，还在于国家关系的建构。在人文地理方面，与大西洋和太平洋不同，印度洋尽管为众多国家所环绕，但印度洋国家主要是发展中国家或弱国家。正因为印度洋地区国家群体成分多元复杂，因而对新时期中国的外交政策提出了新的更高的要求。首先，在发展与印度洋沿岸非洲国家关系时，中国的一大挑战便是西方国家诬称中国为“新殖民主义者”，为此需要树立正确的义利观，以提升中国外交的亲和力和感召

① Rakesh Chopra，“Energy Security for the Asian Region 2020 and Beyond”，pp. 116 – 117.
② 这方面的数据主要见 Kaplan，“Center Stage for the Twenty-first Century，p. 20.

力；[①] 其次，在发展与石油生产国之间的关系过程中，如何规避政治和经济风险问题日益显得紧迫；第三，在诸如索马里这类弱国家或“失败国家”的重建问题上，中国需要在国际多边架构中积极行动，有所作为，切实树立起良好的负责任大国形象；第四，在发展与印度、南非等金砖国家关系时，如何着眼世界大势强化互信与合作，便成为一项紧迫任务。此外，与澳大利亚、东盟国家的关系，也考验着中国的外交智慧。总之，发展与环印度洋地区国家关系既要基于印度洋地区的地缘政治现实，又要基于次区域和国别情势，来缔造和建构一个有利于中国国家利益有效拓展和维护的外在战略环境。

与上述经济和外交意义相比，经略印度洋对于中国成长为世界海洋强国的意义在今天更是不言而喻。随着中国的世纪性崛起，印度洋毫无疑问地成为了中国国家利益拓展的重要方向之一。换言之，今天印度洋对于中国的重要性，不仅体现在中国的经济安全、特别是能源安全以及与之紧密关联的海上通道安全问题上，而且还体现在它对于中国在新世纪里成长为海洋强国的试验意义上。实际上，在古代中国历史上，海上丝绸之路就与印度洋密不可分，而郑和下西洋的壮举更是奠定了古代中国的海上大国地位。当历史进入到21世纪之时，经略印度洋便自然地与历史和未来紧密地关联在了一起。据此，习近平主席代表中国政府提出了建设“21世纪海上丝绸之路”的倡议，以期在共同历史记忆的基础上开启与东南亚、南亚、中东和非洲国家全面合作的历史新篇章。[②]

正是在这个意义上，印度洋地区在中国“一带一路”倡议中具有无可替代的重要地位。该地区不仅人口众多，资源丰富，国际航

---

① 王毅：“开启中国外交新征程”，《世界知识》，2014年第1期，第29页。这是王毅外长在中国公共外交协会2013年12月16日在北京中国人民对外友好协会友谊馆和平宫举办的“新起点、新理念、新实践—2013中国与世界”研讨会上的演讲。

② 中国国家主席习近平2013年10月3日在印度尼西亚国会发表题为《携手建设中国—东盟命运共同体》的重要演讲。http：//news. xinhuanet. com/politics/2013 -10/03/c_ 117591171. htm

道和战略支点令世界瞩目，而且就国家属性而言，其属于典型的发展中国家聚合区。经略这样一个海洋战略区域，显然有助于彰显中国的发展中大国身份定位，有助于彰显中国主张的以经济合作和文化交融为先导的国家间关系发展模式，有助于彰显中国积极倡导的和谐海洋秩序建设。一句话，经略印度洋，将极大地彰显中国作为海洋强国崛起的世界意义，即中国的海洋强国建设，根本上不同于西方殖民海洋的历史模式，它以构建发展中国家利益共同体和命运共同体为根本目的，以“和谐海洋”为依归。用中国外交部长的话说，就是不论中国发展到什么程度，都将坚持为发展中国家说话办事，坚定维护发展中国家的正当权利和共同利益。①

作为发展中大国，中国始终坚持走和平发展道路，坚持合作共赢，坚持义利兼顾，坚持不干涉内政。基于这些原则，中国政府提出了“一带一路”倡议，创设了丝路基金，推动建立了亚洲基础设施投资银行，以实际行动同世界各国一道打造利益共同体和命运共同体。显然，只要本着这样的理念，同时紧跟和平、发展、合作、共赢的时代潮流，中印两国就能够不断超越“求同存异”，从而实现“聚同化异”，在印度洋地区实现互利共赢。

① 王毅：“开启中国外交新征程”，《世界知识》，2014 年第 1 期，第 30 页。

主要参考书目

一、印度政府相关文件

1. Ministry of Defence, Government of India, Annual Report, 2014—2015.

2. Ministry of Defence, Government of India, Annual Report, 2013—2014.

3. Ministry of Defence, Government of India, Annual Report, 2012—2013.

4. Ministry of Defence, Government of India, Annual Report, 2011—2012.

5. Ministry of Defence, Government of India, Annual Report, 2010—2011.

6. Indian Navy, Strategic Defence Review: The Maritime Dimension-A Naval View, 20 May 1998.

7. Government of India, Indian Maritime Doctrine (New Delhi: Integrated Headquarters, Ministry of Defence (Navy), 2004).

8. Government of India, Freedom to Use the Seas: India's Maritime Military Strategy (New Delhi: Integrated Headquarters Ministry of Defence (Navy), 2007).

9. Ministry of Shipping, Government of India, Annual Report:

2013—2014.

10. Ministry of Shipping, Government of India, Maritime Agenda: 2010—2020.

11. Planning Commission, Government of India: Twelfth Five Year Plan (2012 - 2017): Faster, More Inclusive and Sustainable Growth (New Delhi: Sage Publications India, 2013), Volume I.

12. Planning Commission, Government of India: Twelfth Five Year Plan (2012 - 2017): Faster, More Inclusive and Sustainable Growth (New Delhi: Sage Publications India, 2013), Volume II.

13. Planning Commission, Government of India: Twelfth Five Year Plan (2012 - 2017): Faster, More Inclusive and Sustainable Growth (New Delhi: Sage Publications India, 2013), Volume III.

14. Ministry of Shipping, Government of India, Updated Strategy Document a ligned with the 21st Plat Priorities.

15. Ministry of Petroleum & Natural Gas, Government of India, Annual Report (2013—2014).

16. Ministry of Shipping, Government of India, Innovation Strategy Document, March 2014.

17. Ministry of Petroleum & Natural Gas, Government of India, Strategic Plan for 2011—17.

18. National Institute of Ocean Technology, Ministry of Earth Science, Government of India, Annual Report (2013—2014).

19. Ministry of Earth Sciences, Government of India, Ocean Policy Statement (2004).

20. Ministry of Earth Sciences, Government of India, Annual Report (2013—2014).

21. Ministry of Home Affairs, Government of India, Annual Report (2009—2010).

二、 中文文献

（一）学术论文

1. 王历荣："印度洋与中国海上通道安全战略"，《南亚研究》，2009 年第 3 期。

2. 王新龙："印度海洋战略及对中印关系的影响"，《南亚研究季刊》，2004 年第 1 期。

3. 王磊："做一个'有声有色的世界大国'——解析印度的全球大国之梦"，《南亚研究季刊》，2014 年第 3 期。

4. 王德华："试论中国的'和谐印度洋战略'"，《社会科学》，2008 年第 12 期。

5. 叶正佳："印度对南亚邻国政策的调整和'古杰拉尔主义'"，《国际问题研究》，1997 年第 4 期。

6. 史春林："印度洋航线安全和中国的战略对策"，《南亚研究季刊》，2010 年第 3 期。

7. 刘中民："印度洋与南亚、西亚沿海的海洋战略角逐"，《海洋世界》，2010 年 6 月。

8. 刘中民："国际海洋形势变革背景下的中国海洋安全战略——一种框架性的研究"，《国际观察》，2011 年第 3 期。

9. 刘庆："'珍珠链战略'：印度的认知与应对"，《南亚研究季刊》，2010 年第 2 期。

10. 刘新华："论中印关系中的印度洋问题"，《太平洋学报》，2010 年第 1 期。

11. 朱翠萍："中国的印度洋战略：动因、挑战与应对"，《南亚研究》，2012 年第 3 期。

12. 许可："印度洋的海盗威胁与中国的印度洋战略"，《南亚研究》，2011 年第 1 期。

13. 汪海：“从北部湾到中南半岛和印度洋——构建中国联系东盟和避开‘马六甲困局’的战略通道”，《世界经济与政治》，2007年第9期。

14. 宋志辉：“美印在印度洋上的博弈对双边关系的制约与推动”，《南亚研究季刊》，2008年第3期。

15. 宋德星：“南亚地缘政治构造与印度的安全战略”，《南亚研究》，2004年第1期。

16. 宋德星：“21世纪的中印关系：印度的根本战略关切及其逻辑起点”，《南亚研究》，2007年第2期。

17. 宋德星、程芬：“世界领导者和海洋秩序——基于长周期理论的分析”，《世界经济与政治论坛》，2007年第5期。

18. 宋德星、白俊：“‘21世纪之洋’——地缘战略视角下的印度洋”，《南亚研究》，2009年第3期。

19. 宋德星、时殷弘：“世界政治中印度和平崛起的现实与前景”，《南亚研究》，2010年第1期。

20. 宋德星：“世界政治中的‘中南亚’——新的地缘政治图景”，《外交评论》，2011年第5期。

21. 宋德星、白俊：“论印度的海洋战略传统与现代海洋安全思想”，《世界经济与政治论坛》，2013年第1期。

22. 宋德星、白俊：“新时期印度海洋安全战略探析”，《世界经济与政治论坛》，2011年第4期。

23. 宋德星：“新时期印度的海洋安全认知逻辑与海洋安全战略”，《印度洋经济体研究》，2014年第1期。

24. 李兵：“印度的海上战略通道思想与政策”，《南亚研究》，2006年第2期。

25. 张文木：“世界霸权与印度洋——关于大国世界地缘战略的历史分析”，《战略与管理》，2001年第4期。

26. 时宏远：“美国的印度洋政策及其对中国的影响”，《国际问题研究》，2012 年第 4 期。

27. 邵永灵、时殷弘：“近代欧洲陆海复合国家的命运与当代中国的选择”，《世界经济与政治》，2000 年第 10 期。

28. 郑励：“印度的海洋战略及印美在印度洋的合作与矛盾”，《南亚研究季刊》，2005 年第 1 期。

29. 胡娟：“印度的印度洋战略及其对中国的影响”，《东南亚南亚研究》，2012 年第 2 期。

30. 陶亮：“印度的印度洋战略与中印关系发展”，《南亚研究》，2011 年第 3 期。

31. 黄正多：“古杰拉尔主义及其对印度外交的影响”，《南亚研究季刊》，2005 年第 4 期。

32. 曾信凯：“中国‘印度洋困境’中的美国因素”，《南亚研究》，2012 年第 2 期。

33. 傅小强：“印度‘东向’的地缘、历史及认知变化分析”，《现代国际关系》，2004 年第 9 期。

34. 楼春豪：“印度洋新变局与中美印博弈”，《现代国际关系》，2011 年第 5 期。

35. ［印］潘尼迦：“现代印度的政治动力”，《世界知识》，1950 年第 12 期。

（二）专著译著

1. 丁一平等编著：《世界海军史》，北京：海潮出版社，2000 年版。

2. 马加力著：《关注印度——崛起中的大国》，天津：天津人民出版社，2002 年版。

3. 阮光峰等著：《印度海上力量：挺进大洋》，北京：海洋出版社，1999 年版。

4. 陈平生主编：《印度军事思想研究》，北京：军事科学出版社，1992 年版。

5. 孙士海主编：《印度的发展及其对外战略》，北京：中国社会科学出版社，2000 年版。

6. 郑汕主编：《印度战略文化与国防政策》，北京：军事科学出版社，2005 年版。

7. 张忠祥著：《尼赫鲁外交研究》，北京：中国社会科学出版社，2002 年版。。

8. 张敏秋主编：《跨越喜马拉雅障碍：中国寻求了解印度》，重庆：重庆出版社，2006 年版。

9. 曹永胜、罗健、王京地著：《南亚大象——印度军事战略发展与现状》，北京：解放军出版社，2002 年版。

10. ［澳］A. L. 巴沙姆主编，闵光沛等译：《印度文化史》，北京：商务印书馆，1997 年版。

11. ［印度］贾瓦哈拉尔·尼赫鲁著，齐文译：《印度的发现》，北京：世界知识出版社，1956 年版。

12. ［美］兹比格纽·布热津斯基著，中国国际问题研究所译：《大棋局——美国的首要地位及其地缘战略》，上海：上海人民出版社，1998 年版。

13. ［美］罗伯特·卡普兰著，吴兆礼、毛悦译：《季风：印度洋与美国权力的未来》，北京：社会科学文献出版社，2013 年版。

14. ［德］赫尔曼·库尔克，迪特玛尔·罗特蒙特著，王立新等译：《印度史》，北京：中国青年出版社，2008 年版。

15. ［印］K·R·辛格著，崔峰等编：《南亚海军》，北京：海潮出版社，2005 年版。

16. ［英］哈·麦金德著，林尔蔚、陈江译：《历史的地理枢纽》，北京：商务印书馆，2010 年版。

17. ［英］麦金德著，武原译：《民主的理想与现实》，北京：商务印书馆，1965 年版。

18. ［英］杰弗里·帕克著，李亦明等译：《二十世纪西方地理政治思想》，北京：解放军出版社，1992 年。

19. ［印］克·拉简德拉·辛格著，周水玉、李淼译：《印度洋的政治》，北京：商务印书馆，1980 年版。

20. ［美］保罗·肯尼迪著，蒋葆英等译：《大国的兴衰》，北京：求是出版社，1988 年版。

21. ［美］斯蒂芬·科亨著，刘满贵等译：《大象和孔雀——解读印度大战略》，北京：新华出版社，2002 年版。

22. ［美］A·J·科特雷尔和 R·M·伯勒尔编、上海外国语学院译：《印度洋：政治、经济、军事上的重要性》，上海：上海人民出版社，1976 年版。

23. ［印度］潘尼迦著，吴之椿、欧阳采薇译：《印度简史》，北京：三联书店，1956 年版 。

24. ［印］K·M·潘尼迦著，德隆、望蜀译：《印度和印度洋——论海权对印度历史的影响》，北京：世界知识出版社，1965 年版。

三、 英文文献

（一）英文论文

1. Appadorai, A., "India's Foreign Policy", International Affairs (Royal Institute of International Affairs), Vol. 25, No. 1, 1949.

2. Bedi, Rahul, "Maoist Insurgency Spreads in India," Jane's Intelligence Review, July 1, 2006.

3. Berlin, Donald L., "India in the Indian Ocean", Naval War College Review, Vol. 59, No. 2, Spring 2006.

4. Bukarambe, Bukar, "Zone of Peace or Strategic Primacy: Politics of Security in the Indian Ocean", Bulletin of Peace Proposals, Vol. 16, No. 1, 1985.

5. Campbell, Gwyn, "The Indian Ocean World: Africa in the First Global Economy", Transforming Cultures eJournal, Vol. 3 No 2, November 2008.

6. Chari, P. R., "The Indian Ocean: Strategic Issues", International Studies, Vol. 60, No. 2, Spring 1984.

7. Chaturvedi, Sanjay, "Common Security? Geopolitics, Development, South Asia and the Indian Ocean", Third World Quarterly, Vol. 19, No. 4, 1998.

8. Gangadharan, S., "Indian Navy: the Power of Design", Strategic Affairs, 16 September 2000.

9. Ghosh, P. K., "Indian Ocean Naval Symposium: Uniting the Maritime Indian Ocean Region", Strategic Analysis, Vol. 36, No. 3, May – June 2012.

10. Hagerty, Devin T., "India's Regional Security Doctrine", Asian Survey, Vol. 31, No. 4, April 1991.

11. Jukes, Geoffrey, "Security Problems in the Indian Ocean Area", India International Centre Quarterly, Vol. 3, No. 4, October 1976.

12. Kaplan, Robert D., "Center Stage for the Twenty-first Century: Power Plays in the Indian Ocean," Foreign Affairs, Vol. 88, No. 2, March/April 2009.

13. Khurana, Gurpreet S., "The Maritime Dimension of India's Energy Security", Strategic Analysis, Vol. 31, No. 4, July 2007.

14. Khurana, Gurpreet S., "China s 'String of Pearls' in the Indian Ocean and Its Security Implications", Strategic Analysis, Vol. 32, No. 1, January 2008.

15. Kumar, Chandra, "The Indian Ocean: Arc of Crisis or 'Zone of Peace'?" International Affairs, Vol. 60, No. 2, Spring 1984.

16. Marcust, Zinger, "The Development of Indian Navy Strategy

since 1971", Contemporary South Asia, Vol. 2, Issue 3, 1993.

17. Mathur, Anand, "Growing Importance of the Indian Ocean in Post-Cold War Era and Its Implication for India", Strategic Analysis, Vol. 26, No. 4, 2002.

18. Misra, K. P., "Vacuum of Power in the Indian Ocean", Indian Journal of Politics, Vol. VI, No. 2, August 1977.

19. Misra, K. P., "International Politics in the Indian Ocean", Orbis, Vol. 14, Issue 4, Winter 1975.

20. Naidu, G. V. C., "Propectives for IOR-ARC Regionalism: An Indian Perspective," Journal of the Indian Ocean Region, Vol. 8, No. 1, 2012.

21. Namboodiri, P. K. S., "The Indian Ocean: Need for a New Approach", Strategic Analysis, April 1979.

22. Panikkar, K. M., "Regional Organization for the Indian Ocean Area", Pacific Affairs, Vol. 18, No. 3, Sep., 1945.

23. Pant, Harsh V., "India in the Indian Ocean: Growing Mismatch between Ambitions and Capabilities", Pacific Affairs, Vol. 82, No. 2, Summer 2009.

24. Pant, Harsh, "China's Naval Expansion in the Indian Ocean and India-China Rivalry", The Asia-Pacific Journal, Vol. 18, No. 4, 2010.

25. Power, Paul F., "Indian Foreign Policy: The Age of Nehru", The Review of Politics, Vol. 26, No. 2, April 1964.

26. Prakash, Arun, "China's Maritime Challenge in the Indian Ocean", Maritime Studies, Vol. 7, No. 1, 2011.

27. Rao, P. V., "Indian Ocean Maritime Security Cooperation: the Employment of Navies and Other Maritime Forces", Journal of the Indian Ocean Region, Vol. 6, No. 1, 2010.

28. Riddervold, Marianne, "Finally Flexing Its Muscles? Atalanta-

The European Union's Naval Mmilitary Operation against Piracy", European Security, Volume 20, Issue 3, 2011.

29. Ritcheson, Philip L., "Nuclearization in South Asia", Strategic Review, Vol. 21, No. 4, Fall 1993.

30. Roy-Chaudhury, Rahul, "Naval Cooperation: India and the Indian Ocean", Strategic Analysis, June, 1996.

31. Roy-Chaudhury, Rahul, "Maritime Surveillance of the Indian EEZ", Strategic Analysis, Vol. 22, No. 1, 1998.

32. Scammell, G. V., "After Da Gama: Europe and Asia since 1498", Modern Asia Studies, Vol. 34, No. 3, July 2000.

33. Scott, David, "The 'Indo-Pacific'—New Regional Formulations and New Maritime Frameworks for US-India Strategic Convergence", Asia-Pacific Review, 2012.

34. Scott, David "India's 'Grand Strategy' for the Indian Ocean: Mahanian Visions," Asia-Pacific Review, Vol. 13, No. 2, 2006.

35. Scott, David, "Indian 'Footprints' in the Indian Ocean: Power Projection for the 21st Century", Indian Ocean Survey, Vol. 2, No. 2, 2006.

36. Scott, David, "India's Aspirations and Strategy for the Indian Ocean - Securing the Waves?" Journal of Strategic Studies, Vol. 36, No. 4, 2013.

37. Sheth, V. S., "Indian Ocean in the Globalizing World", Alternatives: Turkish Journal of International Relations, Vol. 1, No. 4, Winter 2002.

38. Sinha, Uttam Kumar & Arvind Gupta, "The Arctic and India: Strategic Awareness and Scientific Engagement", Strategic Analysis, Vol. 38, No. 6, 2014.

39. Singh, Jaswant, "Against Nuclear Apartheid", Foreign Affairs,

Vol. 77, No. 5, Sept. /Oct. 1998.

40. Singh, K. R., "Indian and the Indian Ocean", South Asia Survey, Vol. 4, No. 1, 1997.

41. Singh, K. R., "The Changing Paradigm of India's Maritime Security", International Studies, Vol. 40, Issue 3, 2003.

42. Singh, Swaran, "China's Forays into the Indian Ocean: Strategic Implications for India", Journal of the Indian Ocean Region, Vol. 7, No. 2, 2011.

43. Subrahmanyam, K., "Naval Security Doctrine for India", Strategic Analysis, Vol. 12, No. 11, February 1990.

44. Tellis, Ashley J., "The Naval Balance in the Indian Subcontinent: Demanding Missions for the Indian Navy", Asian Survey, Vol. XXV, No. 12, December, 1985.

45. Vasan, R. S., "India's Maritime Core Interests", Strategic Analysis, Vol. 36, No. 3, 2012.

46. Walgreen, David, "China in the Indian Ocean Region: Lessons in PRC Grand Strategy", Comparative Strategy, Vol. 25, No. 2, 2006.

47. Yoshihara, Toshi, "Chinese Views of India in the Indian Ocean: A Geopolitical Perspective", Strategic Analysis, Vol. 36, No. 3, May 2012.

48. Yoshihara, Toshi and James R. Holmes, "Don' t Expect Much from Japan in the Indian Ocean", Journal of Military and Strategic Studies, Volume 13, Issue 2, Winter 2011.

（二）英文专著

1. Azam, Kousar J., ed., India's Defence Policy for the 1990s (New Delhi: Sterling Publishers, 1992).

2. Babbage, Ross and Sandy Gordon, eds., India's Strategic Future: Regional State or Global Power? (New YorK: St Martin's Press,

1992）.

3. Ballard, G. A., Rulers of the Indian Ocean（London: Duckworth, 1927）.

4. Barnes, Ruth, ed., Textiles in Indian Ocean Societies（London: Routledge, 2012）.

5. Bezboruah, Manoranjan, U. S. Strategy in the Indian Ocean: The International Response（New York: Praeger, 1977）.

6. Chaudhuri, Kirti N., Trade and Civilisation in the Indian Ocean: An Economic History from the Rise of Islam to 1750（Cambridge: Cambridge University Press, 1985）.

7. Dixit, J. N., India's Foreign Policy and Its Neighbours（New Delhi: Gyan Publishing House, 2001）.

8. Doyle, Timothy and Melissa Riscly, eds., Crucible for Survival: Environmental Security and Justice in the Indian Ocean Region（New Brunswick: Rutgers University Press, 2008）.

9. Frank, Andre Gunder, ReOrient: Global Economy in the Asian Age（Los Angeles, CA: University of California Press, 1998）.

10. Goldrick, James, No Easy Answers: The Development of the Navies of India, Pakistan, Bangladesh and Sri Lanka（New Delhi: Lancer Publishers, 1997）.

11. Graham, Euan, Japan's Sea Lane Security 1940 - 2004: A Matter of Life and Death?（London: Routledge, 2006）.

12. Gupta, Manoj, Indian Ocean Region: Maritime Regimes for Regional Cooperation（New York: Springer, 2010）.

13. Harrison, Selig S. and K. Subrahmanyam, eds., Superpower Rivalry in the Indian Ocean: Indian and American Perspectives（Oxford: Oxford University Press, 1989）.

14. Hiranandani, G. M., Transition to Eminence, the Indian Navy

1976—1990 (New Delhi: Lancer Publishers, 1999).

15. Holmes, James R., Andrew C. Winner, and Toshi Yoshihara, Indian Naval Strategy in the Twenty-first Century (New York: Routledge, 2009).

16. Jetly, Nancy, ed., India's Foreign Policy: Challenges and Prospects (New Delhi: Vikas Publishing House, 1999).

17. Jones, Handel, ChinAmerica: The Uneasy Partnership That Will Change the World (New York: McGraw Hill, 2010).

18. Juvekar, Aditi D., Partners in Conflict – Perceptions and Realities of Indo-US Relations (Mumbai: Himalaya Publishing House, 1997).

19. Kaplan, Robert D., Monsoon: The Indian Ocean and the Future of American Power (New York: Random House, 2011).

20. Kapur, Ashok, Regional Security Structures in Asia (London and New York: Routledge Curzon, 2003).

21. Karnad, Bharat, Nuclear Weapon & Indian Security: The Realist Foundations of Strategy (New Delhi: Macmillan India, 2002).

22. Kearney, Milo, The Indian Ocean in the World History (New York and London: Routledge, 2004).

23. Khilnani, Sunil, The Idea of India (New York: Farrar Straus & Giroux, 1995).

24. Kissinger, Henry, Does America Need a Foreign Policy? Toward a Diplomacy for the 21st Century (New York: Simon & Schuster, 2001).

25. Kohli, S. N., Sea Power and the Indian Ocean (New Delhi: Tata McGraw Hill Publishing Co., 1978).

26. Kugelman, Michael, ed., India's Contemporary Security Challenges (Washington D. C.: Woodrow Wilson International Center for Scholars, 2011).

27. Kux, Dennix, India and the United States: Estranged Democracies, 1941—1991 (Washington D. C. : National Defense University Press, 1992) .

28. Laipson, Ellen, and Amit Pandya, eds. , The Indian Ocean: Resource and Governance Challenges (Washington D. C. : Stimson, 2009) .

29. Laipson, Ellen, and Amit Pandya, eds. , On the Move: Migration Challenges in the Indian Ocean Littoral (Washington, DC: Stimson, 2010) .

30. Mansingh, Surjit, Indian and Chinese Foreign Policies in Comparative Perspective (New Delhi: Radiant Publishers, 1998) .

31. McPherson, Kenneth, The Indian Ocean: A History of the People and the Sea (Delhi: Oxford University Press, 1993) .

32. Mehta, S. S. , Launching India into the 21st Century (New Delhi: Minerva Press, 1999) .

33. Metcalf, Homas R. , Imperial Connections: India in the Indian Ocean Arena, 1860 - 1920 (Berkeley: University of California Press, 2007) .

34. Michel, David, and Russell Sticklor, eds. , Indian Ocean Rising: Maritime Security and Policy Challenges (Washington, D. C. : Stimson, 2012) .

35. Mishra, Madhusudan, Bharatiya Janata Party and India's Foreign Policy (New Delhi: Uppal Publishing House, 1997) .

36. Misra, R. N. , Indian Ocean and India's Security (Delhi: Mittal Publications, 1986) .

37. Mohan, C. Raja, Sino-Indian Rivalry in the Indo-Pacific (Washington D. C. : Carnegie Endowment for International Peace, 2012) .

38. Mohan, C. Raja, Crossing the Rubicon: The Shaping of India's New Foreign Policy (New Delhi: Viking, 2003).

39. Moorthy, Shanti, and Ashraf Jamal, eds., Indian Ocean Studies: Cultural, Social, and Political Perspectives (London: Routledge, 2012).

40. Naidu, G. V. C., The Indian Navy and Southeast Asia (New Delhi: Knowledge World, 2000).

41. Nayar, Baldev Raj, and T. V. Paul, India in the World Order: Searching for Major-Power Status (Cambridge: Cambridge University Press, 2003).

42. Nayyar, K. K., Maritime India (New Delhi: National Maritime Foundation, 2005).

43. Pandya, Amit, and Rupert Herbert-Burns with Junko Kobayashi, Maritime Commerce and Security: The Indian Ocean (Washington, DC: Stimson, 2011).

44. Panikkar, K. M., The Future of South-East Asia (New York: Macmillan, 1943).

45. Panikkar, K. M., The Basis of an Indo-British Treaty (New Delhi: Oxford University Press, 1946).

46. Panikkar, K. M., Asia and Western Dominance: A Survey of the Vasco Da Gama Epoch of Asian History, 1498—1945 (Kuala Lumpur: The Other Press, 1953).

47. Panikkar, K. M., An Autobiography (Oxford: Oxford University Press, 1977).

48. Parekh, Bhikhu, and Thomas Pancham, eds., Political Discourse: Explorations in Indian and Western Political Thought (New Delhi: Sage Publications, 1987).

49. Paul, T. V., and John A. Hall, eds., International Order and

the Future of World Politics (Cambridge: The Cambridge University Press, 1999).

50. Payoyo, Peter Bautista, Ocean Governance: Sustainable Development of the Seas (New York: United Nations University Press, 1994).

51. Pearson, Michael, The Indian Ocean (London: Routledge, 2003).

52. Roy-Chaudhury, Rahul, Sea Power and Indian Security (London: Brassey's, 1995).

53. Sakhuja, Vijay, Asian Maritime Power in the 21st Century- Strategic Transactions: China, India and Southeast Asia (New Delhi: Pentagon Press, 2012).

54. Sathiadhas, R., R. Narayanakumar and N. Aswathy, eds., Marine Fish Marketing in India (Kochi, Kelara: Central Marine Fisheries Research Institute, 2012).

55. Sherwood, Dick, Maritime Power in the China Seas: Capabilities and Rationale (Canberra: The Australian Defense Studies Center, 1994).

56. Singh, Jaswant, National Security: An Outline of Our Concerns (New Delhi: Lancers Publishers & Distributors, 1996).

57. Singh, Jaswant, Defending India (London: Macmillan Press Ltd, 1999).

58. Singh, K. R., The Indian Ocean: Big Power Presence and Local Response (Columbia, Mo.: South Asia Books, 1978).

59. Singh, Satyindra, Under Two Ensigns: The Indian Navy 1945—1950 (New Delhi: Oxford and IBH Publishing, 1986).

60. Singh, Satyindra, Blueprint to Bluewater: The Indian Navy, 1951 - 1965 (New Delhi: Lancer International, 1992).

61. Tangredi, Sam J., Globalization and Maritime Power (Wash-

ington D. C. : National Defense University Press, 2002).

62. Tanham, George K., Indian Strategic Thought: An Interpretive Essay (Rand: National Defense Research Institute, 1992).

63. Vaidya, K., The Naval Defence of India (Bombay: Thacker, 1949).

64. Villiers, Allan, The Indian Ocean (London: Museum Press, 1952).

后　　记

21世纪，不仅人类生活与海洋的联系显著增多，而且国家对于海洋的热情与关切可谓前所未有。正是在这样的大背景下，一些有着伟大民族抱负和海洋情怀的大国纷纷出台了自己的海洋国策主张与海洋战略，印度就是其中的典型代表之一。对于中国学术界而言，对于印度的海洋国策与战略的探究，不仅有着现实情势和国家利益的巨大牵引作用，而且学术自觉与学术追求的意义同样不可忽视。本人对于印度洋的系统思考，主要归因于自己在外交、安全和战略层面对南亚和印度的长期研究，对国家大战略和海权理论的浓厚兴趣与知识累积，特别是得益于2010年获批并已结项的国家哲学社会科学基金项目《地缘战略背景下的印度洋与中国国家安全研究》（批准号10BGJ012）的巨大推动，与海军指挥学院冯梁教授就国家哲学社会科学基金重大项目《海上通道安全与国家利益拓展研究》（批准号12&ZD065）、中国海洋发展研究中心重点项目《海洋大国发展历史经验教训及其现代海洋观研究》（项目编号AOCZD）所进行的长期的有益的学术合作，以及我与白俊联合发表的关于印度洋和印度海洋安全战略方面的系列文章的巨大促进。在此尤其是要感谢白俊，书中第二和第四章的部分内容，就是源自我们一起发表的文章。

《印度海洋战略研究》一书的顺利出版，离不开上海市美国问题研究所的鼎力支持，特别是胡伟所长的关心与推动。作为上海市美国问题研究所推出的《美国·亚太地区国家海洋战略研究》系列丛书中的一本，本书在结构安排与写作思路上均得到了上海市美国问题研究所及同行专家的有益帮助。上海市美国问题研究所胡伟所长、倪建平副所长，上海社会科学院的金永明研究员，海军指挥学院冯梁教授，解放军国际关系学院的成汉平教授，云南财经大学印度洋地区研究中心的朱翠萍教授，云南省社会科学院南亚研究所的胡娟副研究员等专家学者的意见建议、相关研究成果、相互就印度洋问题所进行的学术交流，均使我获益良多，在此一并表示感谢。在出版之前，中国现代国际关系研究院海洋战略研究所副所长楼春豪对书稿进行了详细的审阅，并给出了很好的修改意见；复旦大学国际问题研究院的张家栋教授也审阅了书稿，其相关建议让我获益匪浅。对于他们的真知酌见我深表谢意并由衷敬佩。此外，还要感谢一直支持我从事学术研究的妻子孙熙和女儿宋恺敏，她们给我的鼓励是我写作的最大动力。就本书写作目的而言，作为中国学者的一项研究成果，本人深盼能够在学理思考、战略分析、问题意识和政策启迪等方面均能有所斩获，并努力使之既基于事实阐释，又体现中国情怀。当然，书中的错漏之处完全由本人负责。作为一名学人，真诚渴望能够得到学界同仁的批评指正，以期未来更加全面、更加深刻、更加理性地深化对印度海洋战略的认识。

作者

2016 年 9 月 15 日于江苏南京